五十嵐 邦 正 著

資本会計制度論

東京 森山書店 発行

は　し　が　き

　本書はドイツを中心にオーストリア及びフランスを含めた資本会計制度について論究したものである。近年，この資本会計制度に関する議論が盛んに行われている。わが国では平成9年の商法改正によりストック・オプションの導入に伴う自己株式の取得規制の緩和を契機として，それ以降度重なる商法の改正があった。このうちで特に資本会計制度に関するものを挙げれば以下の通りである。平成11年の商法改正では株式交換及び株式移転の制度に伴う株式交換剰余金及び株式移転剰余金の資本準備金追加と，時価評価の許容による評価差額の配当規制が行われた。平成12年の商法改正では会社分割制度の創設による分割剰余金が資本準備金に追加された。平成13年の商法改正では金庫株の解禁，額面株式の廃止，法定準備金に関する取崩の緩和と減資差益の資本準備金からの削除，議決権制限株式の導入，新株予約権付社債の制度化が行われた。

　そして，平成15年に「会社法制の現代化に関する要綱試案」，平成16年には「会社法制の現代化に関する要綱案」がそれぞれ公表された後，最終的に平成17年に「会社法」が制定された。その結果，この会社法及び会社計算規則における資本会計制度においては主に次の点が改正された。資本の部から純資産の部への呼称及びその構成内容の変更が行われる。最低資本金制度が廃止される。種類株式として取得請求権付株式及び取得条項付株式の多様化が認められる。組織再編に伴う資本金への組入れ方法が変更となる。源泉が同じ場合には準備金を増減させて剰余金を増減させることが認められるが，源泉が異なる場合にはそれは禁止される。剰余金の配当に際してその財源に応じて利益準備金または資本準備金を計上する。一定の条件を満たせばいつでも剰余金の配当が可能となる。金銭以外の現物配当が認められる。分配可能額について繰延資産のほかにのれんも新たに規制の対象となる。このように，わが国の伝統的な資本会計制度は近年において大きく変容したといってよい。

　筆者はこれまで静的会計論を長年メインの研究テーマとしてきた関係で，こ

の資本会計制度に関する研究分野との接点をほとんど有しておらず，むしろ直接的な関係はきわめて薄いといっても過言ではない。せいぜい貸借対照表に関する総資本概念または純資産概念において間接的に"資本"の会計と関係するだけである。この分野に興味をもった切っ掛けは，すでに触れた一連の資本会計制度の変遷である。このようなわが国の資本会計制度の方向が果たして妥当性を有するのか否かという問題に大いに関心を抱いたのである。そこで，その点を検討するためには，ぜひともわが国の母法であった欧州資本会計制度の現状及び動向を理解し，それと比較する必要がある。

このような背景から，まずドイツの商事資本会計制度の分析に着手した。その後，税務資本会計制度や出資者借入金の資本化制度，メザニン・ファイナンスの会計等にも論究するとともに，またオーストリア及びフランスの資本会計制度にも範囲を広げて検討を加えた。残された問題点及び課題も少なくないが，ともかくこの段階においてその研究結果をひとまず整理し，本書の公刊を決意した。ドイツ等を中心とする資本会計制度は，今なおわが国の会社法を改善し発展させるうえで，示唆に富む大いに参考となるべき内容を包含しているからである。本書が多少なりともわが国の資本会計制度の充実及び改革に向けて議論の材料を提供できれば幸いである。忌憚のないご意見やご批判を乞う次第である。

本書の構成は以下の通りである。これは大きく第1部から第4部までの部分と，補論とから構成される。

第1部は，まずドイツの資本会計制度の総論を取り扱う。これは第1章～第3章から成る。「第1章　ドイツ会計制度における自己資本概念」では，会社法・商事貸借対照表法及び税務貸借対照表法・経営経済学の各視点からみた自己資本概念について論究する。「第2章　ドイツ商事資本会計制度」においては，特に商事貸借対照表における資本金・資本準備金・利益準備金を中心にその特徴を解明する。「第3章　ドイツ税務資本会計制度」では，これまであまり論じられていないドイツ所得税法及び法人税法固有の資本会計制度の特徴を摘出する。

第2部はドイツ資本会計制度の各論について取り上げる。これは第4章～第6章から構成される。「第4章　ドイツ株式法における減資差益」においては，

平成13年に変更となったわが国の減資差益の妥当性を検討するため，ドイツ株式法における減資差益の処理法について論究する。「第5章　ドイツにおけるストック・オプション」では，ストック・オプションに関していまだに国際的な会計基準を制度化していないドイツの考え方について明らかにする。「第6章　ドイツ出資者借入金の資本化制度」においては，有限会社法を中心に一定の条件が満たされると，出資者借入金を資本化するドイツ独特の制度について考究する。

　第3部は負債と資本の中間的な形態としてのメザニンファイナンスの会計について取り上げる。これは第7章～第10章から成る。「第7章　メザニンファイナンス会計序説」では，メザニンファイナンスの種類を持分メザニン・負債メザニン・ハイブリッドなメザニンに分けて各内容を整理する。「第8章　享益権の会計」においては，基本的には債務法上の性質を有するが，その返済期限及びその報酬について多種多様な形態がある享益権の商法上及び税務上の会計処理について考察する。「第9章　匿名組合の会計」では，個人的な内部出資の一形態を示す匿名組合の会計処理に関して商法上及び税務上に分けて論じる。「第10章　新株予約権付社債の会計」では，新株予約権付社債の商法上及び税務上の処理とともに，国際的な会計基準との相違点について明示する。

　第4部は第1部から第3部にわたって取り上げたドイツ資本会計制度を統括し，展望する。これは第11章と第12章から構成される。「第11章　資本会計制度の特質と意義」においては，これまでの内容を商事資本会計制度・税務資本会計制度・メザニンファイナンス・個別論点に整理し，その特徴を明らかにする。「第12章　ドイツ資本制度の動向と行方」において，2006年に公表された有限会社法改正案にみられる資本制度の動向，ドイツの伝統的な資本制度とIASとの関係で目下議論されている支払能力テスト導入の是非，さらに2007年の商法改正参事官草案及び2008年の商法改正政府草案にそれぞれ示された資本制度の改正内容を考察する。

　補論は補論1と補論2から成る。補論1では，オーストリアの資本会計制度のうち（1）において商事資本会計制度，（2）において税務資本会計制度，（3）において出資者借入金の自己資本化法についてそれぞれ論じる。補論2ではフランスの商事資本会計制度について論究する。

市販性の乏しい本書の刊行にあたって，日本大学商学部から出版助成金(B)の交付を受けることになった。ここに記して感謝する次第である。

　今回も本書の出版に際して特段のご配慮と，いろいろお世話いただいた森山書店社長菅田直文氏及び取締役編集部長土屋貞敏氏に深謝し，お礼を申し上げる。

　　平成20年8月

五十嵐　邦正

目　次

第1部　資本会計制度総論

第1章　ドイツ会計制度における自己資本概念

第1節　序 …………………………………………………………………3
第2節　会社法上の自己資本 …………………………………………3
　1　形式的自己資本 …………………………………………………3
　2　実質的自己資本 …………………………………………………4
　　2.1　個別契約上，責任資本と同一視される他人資本 …………4
　　2.2　出資契約上，責任資本と同一視される他人資本 …………5
　　2.3　強制法上，責任資本と同一視される他人資本 ……………5
第3節　貸借対照表法上の自己資本 …………………………………6
　1　商事貸借対照表法 ………………………………………………6
　　1.1　個人商人及び人的会社における自己資本 …………………6
　　1.2　資本会社における自己資本 …………………………………7
　2　税務貸借対照表法 ………………………………………………13
　　2.1　基本的立場 ……………………………………………………13
　　2.2　所得税法上の自己資本 ………………………………………14
　　2.3　法人税法上の自己資本 ………………………………………16
第4節　経営経済学上の自己資本 ……………………………………21
　1　ズボボダの所説 …………………………………………………21
　　1.1　従来の自己資本の定義 ………………………………………21
　　1.2　従来の自己資本の定義に対する批判 ………………………22
　　1.3　財産権アプローチの視点 ……………………………………23
　　1.4　リスク面による自己資本及び他人資本の画定 ……………24

2　シュナイダーの所説……………………………………………25
　　　　2.1　法的な自己資本概念…………………………………………25
　　　　2.2　経営経済的な自己資本概念…………………………………25
　　　　2.3　リスク資本とその種類………………………………………26
　　第5節　結……………………………………………………………28
　　　1　論旨の整理……………………………………………………28
　　　2　ドイツ会計制度における自己資本の意義……………………29

第2章　ドイツ商事資本会計制度
　　第1節　序……………………………………………………………36
　　第2節　ドイツ商法における資本の分類……………………………37
　　第3節　引受済資本金………………………………………………37
　　　1　株式と資本金…………………………………………………37
　　　2　引受済資本金の表示…………………………………………38
　　　3　引受済資本金の増加…………………………………………38
　　　4　引受済資本金の減少…………………………………………39
　　　　4.1　通常の減資……………………………………………………40
　　　　4.2　簡易の減資……………………………………………………40
　　　　4.3　株式の消却……………………………………………………42
　　　　4.4　減資差益の処理………………………………………………44
　　第4節　資本準備金…………………………………………………45
　　　1　資本準備金の種類……………………………………………45
　　　2　商法第272条2項4号の資本準備金…………………………45
　　第5節　利益準備金…………………………………………………47
　　　1　法定準備金……………………………………………………47
　　　2　自己持分準備金………………………………………………47
　　　3　定款準備金……………………………………………………48
　　　4　その他の利益準備金…………………………………………49
　　　5　準備金の取崩…………………………………………………50
　　　　5.1　資本準備金と法定準備金の取崩……………………………50

5.2　準備金の取崩順序 ……………………………………52
　第6節　ドイツ商事資本会計制度の特徴 ……………………………52

第3章　ドイツ税務資本会計制度

　第1節　序 ……………………………………………………………59
　第2節　商法上の自己資本の内容 ……………………………………59
　第3節　税務上の自己資本の構成要素 ………………………………60
　　1　商事貸借対照表と税務貸借対照表 ……………………………60
　　2　法人税法における自己資本の構成要素 ………………………61
　　3　税務上の払込み ………………………………………………61
　　　3.1　出資法上の払込み …………………………………………61
　　　3.2　隠れた払込み ………………………………………………62
　　　3.3　法人税法固有の自己資本の範囲 …………………………64
　　4　税務上の払込勘定 ……………………………………………71
　　5　会社財産の資本金組入れと減資に伴う処理 …………………72
　　　5.1　会社財産の資本金組入れによる処理 ……………………72
　　　5.2　減資に伴う処理 ……………………………………………73
　　6　旧自己資本 ……………………………………………………74
　　7　中性的資産 ……………………………………………………74
　　8　隠れた利益配当 ………………………………………………75
　第4節　税務上の処分計算 …………………………………………77
　　1　処分計算の第1段階 …………………………………………77
　　2　処分計算の第2段階 …………………………………………78
　　　2.1　配当支払額と配当可能利益(U-2)との差額がマイナスのケース …78
　　　2.2　配当支払額と配当可能利益(U-2)との差額がプラスのケース ……78
　　3　処分計算の具体例 ……………………………………………78
　　　3.1　中性的資産(U-1)が配当支払額を上回るケース ………78
　　　3.2　中性的資産が処分額を下回るケース ……………………79
　第5節　結 ……………………………………………………………81

第2部　資本会計制度各論

第4章　ドイツ株式法における減資差益

第1節　序 …………………………………………………………………87
第2節　ドイツ株式法における減資の種類 …………………………87
 1　通常の減資 …………………………………………………87
 2　簡易の減資 …………………………………………………88
 3　株式の消却による減資 ……………………………………89
第3節　減資差益の処理 ………………………………………………89
 1　通常の減資による減資差益 ………………………………89
  1.1　有償減資による減資差益 ……………………………89
  1.2　無償減資による減資差益 ……………………………90
  1.3　減資目的が明確でない減資差益 ……………………90
 2　簡易の減資による減資差益 ………………………………91
  2.1　簡易の減資実施に対する要件 ………………………91
  2.2　減資差益の取扱 ………………………………………92
 3　株式の消却による減資差益 ………………………………93
 4　減資差益の表示 ……………………………………………93
第4節　結 …………………………………………………………………94
 1　ドイツ株式法における減資差益の特徴 …………………94
 2　わが国の会社法における減資差益の処理 ………………95

第5章　ドイツにおけるストック・オプション

第1節　序 …………………………………………………………………98
第2節　ストック・オプションに関する商法規定と
   ドイツ会計基準・公開草案第11号 ……………………99
 1　ストック・オプションに関するドイツ商法規定 ………99
 2　ドイツ会計基準・公開草案第11号 ………………………99
  2.1　ドイツ会計基準・公開草案第11号の概要 …………99

2.2　ドイツ会計基準・公開草案第11号に対する批判的見解…………101
　第3節　ストック・オプションに関する諸見解……………………108
　　1　引　当　金　説……………………………………………108
　　2　処　理　不　要　説…………………………………………109
　　3　諸見解の整理と試論の展開…………………………………110
　　　3.1　諸　見　解　の　整　理……………………………………110
　　　3.2　試　論　の　展　開…………………………………………111
　第4節　自己株式の付与によるストック・オプション……………114
　　1　ドイツ会計基準・公開草案第11号の見解…………………114
　　2　リュッケの見解………………………………………………115
　　　2.1　ストック・オプションの付与時点…………………………115
　　　2.2　自己株式の取得……………………………………………115
　第5節　税法におけるストック・オプション………………………117
　　1　新株発行を伴うストック・オプション……………………117
　　　1.1　発行企業側の処理…………………………………………117
　　　1.2　権利者側の処理……………………………………………119
　　2　自己株式の取得によるストック・オプション……………121
　　　2.1　発行企業側の処理…………………………………………121
　　　2.2　権利者側の処理……………………………………………122
　第6節　結……………………………………………………………123

第6章　ドイツ出資者借入金の資本化制度

　第1節　序……………………………………………………………127
　第2節　出資者借入金の資本化規定…………………………………128
　　1　有限会社法の規定……………………………………………128
　　2　判　例　ルール………………………………………………129
　　3　新　ルール……………………………………………………130
　　4　2つのルールの比較とその検討……………………………131
　　　4.1　2つのルールの比較………………………………………131
　　　4.2　2つのルールの比較検討…………………………………132

第3節　出資者借入金と商事貸借対照表 …………………………133
1　自己資本説 ………………………………………………133
1.1　形式的自己資本 ………………………………………133
1.2　実質的自己資本 ………………………………………134
2　自己資本と他人資本の間の中間項目計上説 ……………135
3　負債説 ……………………………………………………135
3.1　債務法上の立場 ………………………………………135
3.2　実質的自己資本のメルクマールを重視する立場 ……136
3.3　負債としての特別明記 ………………………………137
4　劣後条項のある出資者借入金 ……………………………137
5　諸説の検討 ………………………………………………138

第4節　出資者借入金と税務貸借対照表 …………………………139
1　自己資本説 ………………………………………………140
2　負債説 ……………………………………………………140
3　劣後条項のある出資者借入金 ……………………………141
4　諸説の検討 ………………………………………………142

第5節　出資者借入金と債務超過の判定 …………………………143
1　負債説 ……………………………………………………143
1.1　あらゆるケースでの負債説 …………………………143
1.2　継続の見込みがあるケースのみ負債説 ……………143
2　非負債説 …………………………………………………144
3　劣後条項のある出資者借入金 ……………………………145
4　諸説の検討 ………………………………………………146

第6節　出資者借入金資本化制度の準用 …………………………147
1　商法規定への準用 ………………………………………147
2　株式法 ……………………………………………………147

第7節　結 ………………………………………………………148
1　論旨の整理 ………………………………………………148
2　出資者借入金資本化制度の意義 …………………………149

第3部 メザニンファイナンスの会計

第7章 メザニンファイナンス会計序説
第1節 序 …………………………………………………………………157
第2節 メザニンファイナンスの概要 …………………………………157
 1 メザニンファイナンスとメザニン資本 ………………………157
 2 メザニンファイナンスの種類 …………………………………158
第3節 持分メザニン ……………………………………………………158
 1 享益権 ……………………………………………………………158
  1.1 享益権に関する法規定と特徴 ……………………………158
  1.2 享益権の会計処理 …………………………………………159
 2 匿名組合 …………………………………………………………161
  2.1 匿名組合に関する法規定と特徴 …………………………161
  2.2 匿名組合の会計処理 ………………………………………162
第4節 負債メザニン ……………………………………………………163
 1 劣後債 ……………………………………………………………163
 2 利益参加債 ………………………………………………………164
 3 その他の負債メザニン …………………………………………164
第5節 ハイブリッドなメザニン ………………………………………165
 1 資本化される借入金 ……………………………………………165
 2 新株予約権付社債 ………………………………………………165
 3 その他のハイブリッドなメザニン ……………………………166
第6節 結 …………………………………………………………………166

第8章 享益権の会計
第1節 序 …………………………………………………………………169
第2節 享益権の種々相 …………………………………………………169
 1 享益権の歴史 ……………………………………………………169
 2 享益権の法的性質 ………………………………………………170

         3　享益権に付与される財産権の形態 …………………………………171
          3.1　成　果　参　加　権…………………………………………………171
          3.2　残余財産分与権………………………………………………………172
    第3節　享益権に関する商法上の会計処理 ……………………………………173
      1　発行企業側の処理 ……………………………………………………………173
          1.1　自己資本または他人資本の帰属………………………………………173
          1.2　発行プレミアム及び発行割引額の処理………………………………175
          1.3　報酬・損失負担の処理…………………………………………………176
      2　保有者側の処理 ………………………………………………………………176
    第4節　享益権に関する税務上の会計処理 ……………………………………177
      1　隠れた利益配当に該当するケース …………………………………………177
      2　利益配当に該当するケース …………………………………………………178
          2.1　利益参加の要件…………………………………………………………179
          2.2　清算時の財産分与参加の要件…………………………………………180
      3　事業支出に該当するケース …………………………………………………180
      4　享益権の償還及び売却時の処理 ……………………………………………181
          4.1　清算時の財産分与はないが，利益参加と損失負担のある場合……181
          4.2　定額償還の定めのある場合……………………………………………182
    第5節　国際的な会計基準とドイツ享益権 ……………………………………182
      1　IFRSとドイツ享益権 ………………………………………………………182
          1.1　IFRSにおける負債及び資本の定義 …………………………………182
          1.2　IFRSにおけるドイツ享益権の取扱 …………………………………183
      2　アメリカGAAPとドイツ享益権 ……………………………………………184
          2.1　アメリカの優先株とドイツ享益権……………………………………184
          2.2　アメリカ優先株の会計…………………………………………………184
    第6節　結 ………………………………………………………………………185

第9章　匿名組合の会計
    第1節　序 ………………………………………………………………………189
    第2節　匿名組合の歴史 …………………………………………………………189

第3節　商法上の匿名組合に関する規定 ……………………………191
1　商法規定 ……………………………………………………191
2　匿名組合のメリット ………………………………………193
3　匿名組合の種類 ……………………………………………194
3.1　典型的匿名組合 …………………………………………194
3.2　非典型的匿名組合 ………………………………………195
第4節　営業者の会計処理 …………………………………………196
1　匿名組合に関する記帳義務 ………………………………196
2　匿名組合員による出資金の取扱 …………………………197
2.1　出資方法の種類とその処理 ……………………………197
2.2　出資金勘定の性質とその表示 …………………………198
2.3　出資時点における匿名組合員の出資金に関する処理 ………199
2.4　匿名組合員の損益持分の処理 …………………………201
第5節　匿名組合員の会計処理 ……………………………………203
1　年次決算書における匿名組合構成員に関する処理 ………203
1.1　表示すべき資産の部 ……………………………………203
1.2　匿名組合構成員たる資格の評価 ………………………204
2　利益持分及び損失負担の処理 ……………………………205
第6節　税務上の取扱 ………………………………………………207
1　税務上の匿名組合の区別 …………………………………207
2　典型的匿名組合の処理 ……………………………………208
2.1　営業者の取扱 ……………………………………………208
2.2　匿名組合員の取扱 ………………………………………209
3　非典型的匿名組合の処理 …………………………………210
3.1　営業者及び非典型的匿名組合員の利益持分会計（第1段階）……210
3.2　非典型的匿名組合員の特別事業財産会計（第2段階）…………211
第7節　国際的な会計基準とドイツ匿名組合 ……………………212
1　IFRSとドイツ匿名組合 ……………………………………212
2　アメリカGAAPとドイツ匿名組合 ………………………213
第8節　結 …………………………………………………………214

第10章　新株予約権付社債の会計

第1節　序 …………………………………………………………220
第2節　商法上の規定 ……………………………………………220
第3節　商法上の処理 ……………………………………………221
  1　一般的な新株予約権付社債 ……………………………221
    1.1　一般市場利子率で発行プレミアムを伴う発行のケース ……221
    1.2　一般市場利子率を下回る発行のケース ………………222
  2　強制転換条項付新株予約権付社債 ……………………223
第4節　税務上の処理 ……………………………………………225
  1　ワラント債 ………………………………………………225
  2　転換社債 …………………………………………………225
  3　強制転換条項付新株予約権付社債 ……………………226
第5節　IFRSによる処理 …………………………………………226
  1　自己資本デリバティブとしての新株予約権付社債 ……226
  2　他人資本としての新株予約権付社債 …………………228
  3　IASによる新株予約権の性格規定 ……………………229
    3.1　履行の種類 ………………………………………………229
    3.2　交換条件 …………………………………………………230
第6節　結 …………………………………………………………230

第4部　総括と展望

第11章　資本会計制度の特質と意義

第1節　商事資本会計制度 ………………………………………237
  1　資本金制度及び資本維持制度 …………………………237
  2　実質的自己資本概念と出資者借入金の資本化制度 …239
    2.1　実質的自己資本概念 ……………………………………239
    2.2　出資者借入金の資本化制度 ……………………………242
第2節　税務資本会計制度 ………………………………………243

第3節　メザニンファイナンス ……………………………………246
　　第4節　個　別　論　点 ……………………………………………247

第12章　ドイツ資本制度の動向と行方
　　第1節　序 ……………………………………………………………252
　　第2節　資本制度改正に関するMoMiG政府草案の概要 …………253
　　　1　資本調達に関する改正案 ……………………………………253
　　　　1.1　最低資本金の引き下げに関する改正点 ………………253
　　　　1.2　最低資本金の引き下げに対する反応 …………………254
　　　2　資本維持及び出資者借入金の資本化制度に関する改正点 …255
　　　　2.1　資　本　維　持 ……………………………………………255
　　　　2.2　出資者借入金の資本化制度 ………………………………256
　　第3節　資本制度と支払能力テスト ………………………………258
　　　1　支払能力テスト批判説 ………………………………………259
　　　2　支払能力テスト支持説 ………………………………………260
　　　　2.1　資本維持制度の問題点 ……………………………………260
　　　　2.2　支払能力テストの根拠 ……………………………………261
　　　3　そ　の　他　の　見　解 ………………………………………263
　　　　3.1　暫定的資本制度堅持説 ……………………………………263
　　　　3.2　折　衷　説 …………………………………………………264
　　　　3.3　試　論　の　展　開 ………………………………………265
　　第4節　資本制度改正に関するBilMoG草案の概要 ………………268
　　　1　BilMoG参事官草案 ……………………………………………268
　　　2　BilMoG政府草案 ………………………………………………270
　　第5節　結 ……………………………………………………………271

補論1　オーストリア資本会計制度（1）
　　　　　　―商事資本会計制度―
　　第1節　序 ……………………………………………………………277
　　第2節　資本の部の分類 ……………………………………………277

xvi 目次

第3節 資本金の増加及び減少 … 279
　1 株式と資本金 … 279
　2 資本金の増加 … 280
　　2.1 通常の新株発行 … 280
　　2.2 条件付資本増加 … 280
　　2.3 認可資本の増加 … 281
　3 資本金の減少 … 282
　　3.1 通常の減資 … 282
　　3.2 簡易の減資 … 282
　　3.3 株式の消却 … 284
第4節 準備金等 … 285
　1 資本準備金 … 285
　2 利益準備金 … 287
　　2.1 法定準備金 … 287
　　2.2 定款準備金とその他の準備金 … 288
　3 貸借対照表利益 … 289
　4 配当規制 … 290
　5 自己株式の取扱 … 291
第5節 結 … 292

補論1　オーストリア資本会計制度（2）
—税務資本会計制度—

第1節 序 … 297
第2節 オーストリア税法における
　　　自己資本の基本的スタンス … 297
第3節 所得税法における共同事業体 … 298
　1 共同事業体の概要 … 298
　2 共同事業体の要件 … 299
　3 様々な出資 … 300
第4節 法人税法上の出資資本 … 303

1　法人税法第8条の規定 ………………………………………303
　　　1.1　出資による払込みと払戻し ……………………………303
　　　1.2　明細リスト勘定 …………………………………………305
　　　1.3　設　　例 …………………………………………………307
　　　1.4　公示の払込みと隠れた払込み …………………………308
　　2　法人税法における自己資本の論点 ………………………309
　　　2.1　参　加　資　本 …………………………………………309
　　　2.2　享　益　権　資　本 ……………………………………309
　　　2.3　出　資　者　借　入　金 ………………………………310
　　　2.4　自己資本増加利子 ………………………………………313
　第5節　結 …………………………………………………………313

補論1　オーストリア資本会計制度（3）
―出資者借入金の自己資本化法―

　第1節　序 …………………………………………………………318
　第2節　出資者借入金の自己資本化法の制定 ……………………318
　　1　自己資本化法の趣旨 ………………………………………318
　　2　自己資本化法の骨子 ………………………………………319
　第3節　自己資本化法の沿革 ……………………………………320
　　1　自己資本化法制度までの経緯 ……………………………320
　　2　自己資本化法への発展 ……………………………………321
　　　2.1　1991年最高裁判所の判決 ………………………………321
　　　2.2　1993年倒産法改正案 ……………………………………322
　　　2.3　2002年自己資本化法政府草案 …………………………324
　　　2.4　自己資本化法の制定 ……………………………………325
　第4節　自己資本化法の概要 ……………………………………326
　　1　会社の危機に関する内容 …………………………………326
　　　1.1　従　来　の　解　釈 ……………………………………326
　　　1.2　新　し　い　解　釈 ……………………………………327
　　2　信用供与の内容 ……………………………………………329

  3 自己資本化法の適用範囲 ……………………………………331
   3.1 会社の種類 ………………………………………………331
   3.2 出資者の範囲 ……………………………………………331
 第5節 結 …………………………………………………………334
  1 オーストリア自己資本化法の特質 ………………………334
  2 自己資本化法の意義と問題点 ……………………………335

補論2　フランス商事資本会計制度

 第1節 序 …………………………………………………………338
 第2節 フランスにおける資本の分類 ………………………………338
  1 フランス商法における資本の分類 ………………………338
  2 プラン・コンタブル・ジュネラルにおける資本の分類 ……339
 第3節 資　本　金 …………………………………………………341
  1 資本金の概要 ………………………………………………341
  2 資本金の増加 ………………………………………………341
  3 資本金の減少 ………………………………………………342
  4 資本の償却 …………………………………………………345
 第4節 資本性差益と再評価差額金 …………………………………345
  1 資本性差益 …………………………………………………345
  2 再評価差額金 ………………………………………………346
 第5節 準　備　金 …………………………………………………347
  1 法定準備金 …………………………………………………347
   1.1 本来の意味での法定準備金 …………………………347
   1.2 長期純増価 ……………………………………………348
  2 取崩不能準備金 ……………………………………………348
  3 定款もしくは契約による準備金 …………………………349
  4 規則による準備金 …………………………………………349
  5 その他の準備金 ……………………………………………349
 第6節 投資助成金と法定引当金 ……………………………………349
  1 投資助成金 …………………………………………………349

2　法定引当金 …………………………………………………350
第7節　配当規制 ……………………………………………………351
　　1　配当規制に関する規定 ……………………………………351
　　2　配当可能利益の計算 ………………………………………352
第8節　自己株式 ……………………………………………………353
　　1　自己株式の取得ケースとその規制 ………………………353
　　2　上場企業における自己株式の取得 ………………………353
　　　2.1　自己株式取得の条件とその一般的処理 ………………353
　　　2.2　従業員への供与目的による自己株式の取得 …………354
第9節　フランス資本会計制度の特徴 ……………………………355

参考文献 ………………………………………………………………361

第1部　資本会計制度総論

第1章
ドイツ会計制度における自己資本概念

第1節 序

　社会科学において資本（Kapital）は様々な意味で用いられてきている。例えば経済学・経営学・商法などの各分野で資本概念はそれぞれ重要な位置を占めているのである。しかし，その概念及び内容については必ずしも同一であるわけではない。資本は実に多種多様である。逆にいえば，"資本"と表現しても，その中味は無色透明に近く，その内容はある意味で何かの元になることを示唆するにすぎず，その意味するところは明らかではない。"資本"の前に何らかの形容詞かあるいは限定をつけないと，それは漠然とした意味を示すにすぎない。例えば経済上の資本であるとか，あるいは経営上の立場からみた資本という表現がそれをよく物語るといってよい。本章では，主としてドイツ会計制度を中心にその自己資本概念を検討する。特にそれについて会社法，商事貸借対照表法・税務貸借対照表法から成る貸借対照表法及び経営経済学といった各視点から自己資本概念を明らかにする。

第2節　会社法上の自己資本

1　形式的自己資本

　会社法上，法形式的な側面からみると，形式的な（formell）自己資本と他人資本との区別がまず考えられる。このうちで前者の形式的な自己資本は一般に次のような特徴を要するといわれる。シュミット（K. Schmidt）は次の3点を指摘する[1]。

① 自己資本は原則として構成員（企業の所有者）に関係する。
② 自己資本は拘束資本（gebundes Kapital）であり，自由な信用の解約が奪われる。
③ 自己資本は責任資本（haftendes Kapital）であり，倒産時には倒産債権（Insolvenzforderung）の適用が除外される。

一方，形式的他人資本は第三者に対する債務法上の請求権（schuldrechtlicher Anspruch Dritter）を示す[2]。したがって，それは倒産時に倒産債権となる。形式的自己資本の金額は，資産と他人資本の金額との差額として算定される[3]。

2 実質的自己資本

形式的自己資本と対立するのが実質的な（materiell）自己資本である。その出発点となるのは，ファイナンスとしての形式面に左右されない自己資本の責任任務（Haftungsaufgabe）であり，企業維持に対する拠出（Beitrag）である[4]。つまり，リスクの程度に応じて常に自己資本は最初にリスクにさらされ，その後に他人資本がリスクを負担する。その結果，破産時には自己資本が失われ，他人資本はその返済が期待されるにすぎない。両者の間の責任法上の対立が最も明らかとなるのは倒産状況である[5]。

この責任資本面から自己資本を想定するとき，機能的自己資本[6]（funktionales Eigenkapital）が重視される。これは劣後的責任資本[7]（nachrangiges Haftkapital）あるいは準自己資本[8]（Quasi-Eigenkapital）とも呼ばれる。別言すれば，これは法形式的には他人資本に属するが，債権者保護（Gläubigerschutz）の見地からは機能的自己資本とみなされる[9]。この機能的自己資本には，①個別契約上，責任資本と同一視される他人資本，②出資契約上，責任資本と同一視される他人資本，③強制法上，責任資本と同一視される他人資本の3つの種類がある。

2.1 個別契約上，責任資本と同一視される他人資本

このケースに該当するのが劣後条項（Rangrücktrittklausel）の付与された他人資本である。これは，一般に信用上の契約関係を前提としたうえで，債権者との関係にある信用が会社の自己資本と同様に取り扱われる。その結果，劣後条項のある債権は，倒産時に劣後債権となる。その場合には，会社債権者の弁済

後に貸借対照表利益（Bilanzgewinn）もしくは清算剰余額（Liquidationserlös）からのみ，その信用は返済され，破産時には適用されない[10]。このような劣後条項は会社を更生するケースに締結される。

2.2 出資契約上，責任資本と同一視される他人資本

これは匿名出資（stille Einlage）による資金が資本リスクを負担し，倒産時には債権として申し立てができないケースである。この典型が匿名出資である。これには典型的匿名組合（typisch stille Gesellschaft）と非典型的匿名組合（atypisch stille Gesellschaft）とがある。このケースに関係するのは財産への参加と損失負担の要件をもつ後者である[11]。

公開合資会社の分割払込み（gesplitte Einlage）は，有限責任社員が自己の出資額のほかに貸付金の提供もしくは匿名出資をすることが義務づけられている契約を指す。この分割払込みを責任資本と解するためには，連邦財政裁判所（Bundesfinanzhof；BFH）によると，その信用供与が出資者の拠出に該当することが条件である。しかし，シュミットによると，拠出と出資（Einlage）とは区別されるべきで，拠出に借入資本を用いるときもあれば，物財の用益提供もある。したがって，責任資本の根拠にとって拠出は必ずしも十分ではなく，信用が出資者の権利を示すか否かといった契約全体から判断する必要がある[12]。

2.3 強制法上，責任資本と同一視される他人資本

このケースで重要となるのが自己資本化される信用（eigenkapitalersetzender Kredit）である。これは実務上有限合資会社（GmbH & Co. KG）に適用される。この会社は，合資会社の無限責任社員に有限会社自体がなる会社形態である。有限会社の出資者が1人であれば，この1人の出資者がこの会社について無限責任社員であり且つ有限責任社員ともなる。したがって，この会社形態は実質的には一種の人的会社（Personengesellschaft）とみなされる。このため，出資者からの会社に対する他人資本は財務状況により会社の自己資本と同様に処理される。具体的には有限会社の最低資本金（25,000ユーロ）を下回るほど財務状況が悪化したときに出資者が会社に対して資金を提供する貸付金のケースである（有限会社法第32a条・第32b条）。このような資本化法（Kapitalersatzrecht）は必ずし

も単に有限会社固有の問題ではない。シュミットは法制度全般にわたってその必要性を重視する[13]。この資本化法は，"正規の企業ファイナンスの諸原則"（Grundsätze ordnungsmäßiger Unternehmensfinanzierung）に基づき，出資者はファイナンスの責任（Finanzierungsverantwortung）を伴うという考え方である。

第3節　貸借対照表法上の自己資本

会社法と並んで貸借対照表法（Bilanzrecht），つまり商事貸借対照表法（Handelsbilanzrecht）及び税務貸借対照表法（Steuerbilanzrecht）でも自己資本が問題となる。

1　商事貸借対照表法

ドイツ商法において自己資本に関して規定するのは商法第247条1項，第266条3項AⅠ，第268条3項及び第272条である。商法第247条1項の規定は，ドイツ商法典第3編第1章に属するもので，すべての商人に適用される。これに対して，第266条3項以下の規定は第3編第2章に属し，資本会社に対する補足規定としての性質を有する。

1.1　個人商人及び人的会社における自己資本

商法第247条1項によると，貸借対照表は固定資産及び流動資産，自己資本，負債及び計算限定項目に分類される。この規定における自己資本は一般に企業に対する商人（所有者）の持分（Anteil）を貨幣で表現したものである。その金額は基本的には資産と負債の差額として算定される。したがって，自己資本は明らかに差額概念とみなされる。個人商人及び人的会社の無限責任社員に対しては，債務に関して無限責任が課せられる。そのため，資本会社と異なり個人商人及び人的会社には投下資本の事前責任機能（Voraushaftungsfunktion）はなく，資本調達及び資本維持に関する規定はない。

1.2 資本会社に対する自己資本
1.2.1 形式的自己資本
　商法第266条3項Aによると，自己資本は引受済資本金（gezeichnetes Kapital），資本準備金（Kapitalrücklage），利益準備金（Gewinnrücklage），繰越利益（Gewinnvortrag）もしくは繰越損失（Verlustvortrag），年度剰余額（Jahresüberschuß）もしくは年度欠損額（Jahresfehlbetrag）に分類される。商法第272条は，このような自己資本の構成要素について規定する。しかし，商法規定において自己資本は明確に定義されていない。

1.2.2 実質的自己資本
　商事貸借対照表上の自己資本に関しても実質的自己資本概念を重視する考え方が展開されてきている[14]。その直接的な切っ掛けは享益権（Genussrecht）の会計処理をめぐる問題である。ここで享益権とは一般に債務法上の請求権を意味し，そこでは成果参加権と残余財産分与権という財産権が付与される。この内容からみて，享益権は株式に類似する性質を有する[15]。

(1) ドイツ経済監査士協会における自己資本の考え方
　ドイツ経済監査士協会の専門分野委員会（Hauptfachausschuss des Instituts der Wirtschaftsprüfer in Deutschland；以下，HFAと略す。）の公式見解は，商法上の債権者保護の観点から経済的観察法（wirtschaftliche Betrachtungsweise）に基づき享益権の自己資本表示については次の3つを要件とする[16]。
　① 劣後性
　② 報酬の成果依存性（Erfolgsabhängigkeit der Vergütung）及び全額までの損失負担（Teilnahme am Verlust bis zur vollen Höhe）
　③ 資本提供の長期性（Längerfristigkeit der Kapitalüberlassung）

① 劣後性　　劣後性とは，倒産時もしくは清算時にすべてのその他の債権者の債権弁済後にはじめて享益権資本の弁済を意味する。この劣後性の要件には特に異論はない。

② 報酬の成果依存性及び全額までの損失負担　　報酬の成果依存性の具体的な内容に関しては，HFAは特に触れていない。ただ，報酬の成果依存性により分配した後には配当規制がある。基準となる利益として年度剰余額，貸借対照表利益，配当可能利益（ausschüttungsfähiger Gewinn）などが考えられる。

全額までの損失負担については，1) 遅くとも返済時点で損失負担が実施され，配当規制のある自己資本構成要素に影響せず，2) 発生損失と自己資本構成要素との相殺は，享益権資本の金額がゼロとなった場合にのみ認められるという2つの前提がある。

報酬の成果依存性部分のほかに最低限度の成果独立的部分が加味されていても，享益権の発行は認められる。その場合には最低限度の成果独立部分の支払について自己資本構成要素には配当規制があり，資本維持に抵触しない報酬の支払が前提条件となる。

③ **資本提供の長期性**　1993年に公表された"享益権会計"のHFA草案では，清算ないし破産の前に享益権の所有者による解約の可能性がなく，無期限の資本提供が実は享益権の自己資本表示に対する要件であった[17]。しかし，1994年のHFA公式見解では資本提供の長期性に代わった。つまり解約の可能性があり，あるいは享益権の返済期限が無期限でなくとも，資本提供が長期的であれば享益権の自己資本表示を妨げないというわけである。資本提供の長期性に関する具体的内容についてHFAは明示していない。

(2)　様々な見解

既述の通り，劣後性以外の要件については様々な見解が提唱されている。

① **報酬の成果依存性**　報酬の形態には〔図表1-1〕で示すように様々なケースが考えられる。(a)のタイプは，もちろん報酬の利益依存的とはいえない。固定報酬を支払う場合，損失負担面を考慮して一般的な債務の市場利子率よりもレートを高く設定し，貸借対照表利益が法定準備金の取崩によって生じるときには，企業リスクが生じるからである[18]。ここでは企業の利益のいかんにかかわらず，通常の債券と同様に一定の利息が支払われる。

このような利益依存性の厳格な解釈ではなくて，弾力的な考え方もある。それによると，(b)のタイプであっても，企業に利益が発生した場合に限り支払われたり，あるいは損失が生じたときには直ちに当該年度には支払われず，次期以降に利益が発生した年度にその固定報酬の補填を認めるという考え方である。また，HFAと同様に配当規制の対象とならない自己資本の構成要素から支払われるときには，利益依存性があるとみなされる[19]。

(a)及び(b)のタイプ以外のケースは，少なくとも利益に左右されて報酬

〔図表1-1〕 享益権に関する様々な報酬形態

報酬形態
- (a) 利益独立的固定利息
- (b) 利益依存的固定利息
- (c) 利益依存的分配
  - イ 利益率に依存した利益参加
  - ロ 配当に依存した利益参加
  - ハ 年度剰余額もしくは貸借対照表利益の割合による利益参加
- (d) 結合的報酬形態
  - イ 利益独立的利息構成要素プラス利益依存的分配
  - ロ 利益依存的利息構成要素プラス利益依存的分配

出典：K. Küting・H. Kessler, Genußrechtskapital in der Bilanzierungspraxis, in : Betriebs-Berater, 第51巻第8号, Beilage 4, 1996年2月, 8頁。

が支払われる要素が含まれるので，自己資本計上の要件となる。(d)のイのタイプでは最低限度の固定利息分が含まれる。この部分をめぐって解釈が分かれる。1つは，前に触れたHFAの見解のように，たとえ最低固定利息要素が含まれていても，その支払が自己資本の配当規制の対象要素に影響しなければ，それを容認するという弾力的な考え方である。他の1つは，それとは違って最低固定利息が配当規制の対象となる部分に影響しなくとも，その支払は報酬の利益依存性とはいえないと解する厳格な立場である。(c)のイは企業の利益率を利益依存性のメルクマールとして用いるタイプである。また，その利益として年度剰余額を用いたときには，報酬は利益測定（Gewinnermittlung）のプロセスに関係する。貸借対照表利益及び配当可能利益を用いるときには，株式法第58条の規定により定款の定めで取締役及び監査役が年度剰余額の2分の1を限度として利益処分の権限を有する関係で，報酬は利益処分（Gewinnverwendung）のプロセスに属する。

② **全額の損失負担**　享益権の金額に関する損失負担を問題とするとき，それには以下のケースが考えられる[20]。

損失負担
- (a) 年度欠損額に負担 ── 収益性に依存した負担
- (b) 貸借対照表損失に負担 ── 持分割合による負担
- (c) 減資額に負担

(c)の減資に対して享益権の金額を負担させる場合には，必ずしもHFAが義

務づけている資本維持を堅持することができない。というのは，減資に際してあらかじめ資本準備金及び法定準備金（わが国の利益準備金に相当する。）を取り崩すのが一般的だからである[21]。この点は（b）の貸借対照表損失の場合も同様である。貸借対照表損失も配当規制されている資本準備金あるいは法定準備金を含めた準備金との相殺が認められる。（a）の年度欠損額を全額の損失負担に用いるときには，そのような資本維持に抵触しない。年度欠損額は準備金の取り崩しによって影響されないからである。このような理由から，厳格な資本維持を堅持するとすれば，年度欠損額に享益権の全額を負担させるのが望ましい。利益参加が貸借対照表利益であり，損失負担が年度欠損額であれば準備金の取崩に基づいて貸借対照表利益に参加し，年度欠損額で損失負担するケースも生じる[22]。

　全額の損失負担のさせ方については，次の2つの見解が対立している。1つは，蒙った損失を享益権資本に按分的に負担させて減額するという見解である。他の1つは，自己資本の金額が特別に保護されている自己資本の金額を下回る場合にのみ，損失負担をすればよいという見解である。HFAは後者の立場に立つ。

　享益権の契約のなかには損失負担について享益権の返済期間までに実施することを予定せず，この償還以降に自由に処分可能な自己資本が再び生じるときに享益権の債権者はその将来の年度剰余額に対する請求権を有するという定めは，損失の全額負担及び自己資本表示に反する[23]。損失負担に関して享益権の償還額までの再補充義務（Wiederauffüllungsverpflichtung）及び失われた分配の事後的支払義務（Nachzahlungsverpflichtung）も契約で定めることができる。

　損失負担について劣後契約の定めがあるときには，企業の清算時に損失負担も生じる。

③　**資本提供の長期性**　　実質的自己資本の要件として最も論議が活発なのがHFAの指摘する資本提供の長期性である。それが具体性を欠くからである。享益権の返済期間の有無等の契約内容を整理すれば，以下の〔図表1-2〕の通り多種多様なタイプがある。

　まず返済期限の定めのあるものと定めがないものとに大別できる。前者に関してその返済期限を5年，5年から15年，15年から25年，そして25年を超える

〔図表 1 - 2〕 享益権に関する契約内容の種々のタイプ

返済期間		解約不能	解約可能	
			発行者に解約権	保有者に解約権
(a) 定めのあるもの（期限付）	5年	ア	イ	ウ
	5年～15年	エ	オ	カ
	15年～25年	キ	ク	ケ
	25年～	コ	サ	シ

(b) 定めのないもの（無期限）
　解約不能（ス）
　解約可能：発行者に解約権（セ）・保有者に解約権（ソ）

出典：C. Dross, Genußrechte, München, 1996年, 60頁を参照し, 筆者が一部加筆した。

ものに細分できる。解約権には通常の解約権と特別の解約権とがある。前者は一般的な解約権を指す。これに対して後者は, 他企業が過半数の出資をしているとき, 支配契約及び利益提供契約を締結しているとき, 享益権の報酬に対する支払が滞っているとき, 支払停止（Zahlungseinstellung）あるいは企業の倒産手続が開始されたときに解約できるものをいう[24]。このような解約権が享益権の発行者側にあるケースとその保有者側にあるケースとがある。したがって, 返済期間の定めと解約権の組み合わせによりアからシまでのタイプがある。返済期限の定めがなく, 企業の倒産もしくは清算まで返済が予定されておらず無期限のときには, 解約不能の定めがある場合（ス）と解約可能な場合（セ・ソ）とがある。解約の内容については返済期限の定めがあるケースと同様に考えることができる。

このように, 資本提供の長期性についてその基準を最も厳しく無期限で且つ解約権のないものから, 最も緩和化して返済期限5年, 且つ2年間の解約告知期間を経過すると解約権の行使を容認するタイプまである。

1.2.3　貸借対照表への表示方法

(1)　自己資本の部への計上否定説

機能的自己資本に関する貸借対照表表示方法に関して, ビーデマン（H. Wiedemann）は形式的自己資本に相当する部分をコア自己資本（Kerneigenkapital）と呼ぶ。このコア自己資本のほかに実質的自己資本を問題とすると, さらに任意の補完資本（gewillkürtes Ergänzungskapital）と強制的責任資本（erzwungenes

Haftkapital) がある。補完資本に属するのが匿名組合や享益権などである。強制的責任資本に属するのが有限会社法第30条及び第32a条・第32b条における出資者借入金（Gesellschafterdarlehen）の自己資本化（Eigenkapitalersatz）に対する規定である。しかし，この補完資本及び強制的責任資本をファイナンスの責任面から実質的自己資本概念とみなす考え方は法制度にはなじまず，それを自己資本の部に表示すべきではないと彼は主張する[25]。

(2) 自己資本の部に対する計上説

機能的自己資本を自己資本の部に表示すべきであるという見解もある。ルター（M. Lutter）は，匿名組合及び享益権に関して損失負担と劣後性の条件があれば，債権者保護の見地からそれらを債務に表示するのは妥当ではなく，自己資本の部のなかに表示すべきであると説く。その場合，商法第266条3項で例示する自己資本の部においてそれらを収容する適当な箇所がない。そこで，商法第265条5項2文に基づいて利益準備金と繰越利益または繰越損失との間か，あるいは自己資本の部と引当金の部との間にそれらの項目の表示のいずれかを認める[26]。このルターのほかにティーレ（S. Thiele）も自己資本の一定要件を満たすものについては，自己資本の部への表示を支持している[27]。

(3) 独立項目設置説

第3の見解は，貸借対照表の貸方側の分類において自己資本と負債との中間項目を独立して設置し，そのなかに機能的自己資本を表示すべきであるとする考え方である。例えばミュラー（W. Müller）がその代表者である。その根拠は商法第265条5項2文の規定である。それに従うと，内容が規定された項目と整合性をもたないときには，商法第273条の"準備金的性質を有する特別項目"及び商法第268条3項の自己資本で塡補されない欠損額と同様に，定められた項目とは異なる再分類が許容される。機能的自己資本の独立表示は財産及び財務の状況に関する真実の写像の表示に合致し，自己資本と他人資本との中間による資本調達形態を明示させることにつながる[28]。クノベーコイク（B. Knobbe-Keuk）も実質的な面から形式的な他人資本を責任資本と非責任資本に細分することを提唱する[29]。その結果，貸借対照表の貸方側は自己資本・責任資本・非責任資本の3つに分類される。このうちで責任（他人）資本に属するのは，劣後債，更生証書（Besserungsschein）の発行を伴う債権放棄による出資，

自己資本に表示されない享益権資本，自己資本化される出資者借入金である[30]。

このような独立項目の設置説に対して，ティーレは以下の面から批判的である[31]。

① すべての商人に対する商法第247条１項の規定，すなわち貸借対照表の貸方側を自己資本・負債・計算限定項目に分類するという考え方に反する。
② 商法第273条２項による準備金的性質を有する特別項目はあくまで税務上の影響を配慮したものにすぎず，商法上のGoBに反する。
③ 商法第265条５項による追加項目の再分類規定は資本会社に対する補完規定であり，そもそも中間的独立項目の設置を意図したものではない。
④ 会計上の評価規定は自己資本と他人資本の明確な区分を要求している。
⑤ 中間項目の設置は資産と負債の関係表示に反する。

2　税務貸借対照表法

2.1　基本的立場

ドイツでは税務貸借対照表（Steuerbilanz）の作成にあたっては商事貸借対照表がベースとなる。これを基準性原則（Prinzip der Maßgeblichkeit）という。留意すべきは，両者が必ずしも同一内容であることを意味するわけではない。たしかに商事貸借対照表上の自己資本は税務貸借対照表のそれを一義的に規制するけれども，両者の自己資本の金額は商事貸借対照表と税務貸借対照表の以下に示す関係からみて同一ではない[32]。

① 商法上の資産化及び負債化の命令は税務上も資産化及び負債化の命令となる。
② 商法上の資産化及び負債化の禁止は税務上も同様である。
③ 商法上の資産化選択権については，税務上はその資産化が命令される。
④ 商法上の負債化選択権については税務上は負債化が禁止される。
⑤ 税務上の貸借対照表計上に対する選択権があるものについては，商事貸借対照表と一致して行使されねばならない。
⑥ 商法上の評価選択権が税務上許容されるかが検討されねばならない。

⑦ 税務上の評価選択権については，商事貸借対照表との同一の評価がその条件となる。

　税務貸借対照表はたしかに修正された商事貸借対照表を意味し，両者の自己資本の間には密接な関係がある。しかし，特に③，④及び⑥を中心に商事貸借対照表の自己資本と税務貸借対照表のそれとの間には差異が生じうる。したがって，両者の自己資本の範囲は必ずしも同一とは限らない。

　実務では課税所得計算において所得税施行令（Einkommensteuer-Durchführungsverordnung）第60条2項2文に従って商事貸借対照表をベースとし，その修正を一般に貸借対照表の枠外で実施する。つまり商法上の利益に修正した額を課税所得とする。このため税務上の自己資本の金額は必ずしも明確ではない。税務貸借対照表を商事貸借対照表から独立して作成すると，税務上の自己資本の金額を把握できる。例えば，商法第249条1項により偶発損失引当金（Droh-Verlustrückstellung）の計上は認められるが，所得税法第5条4a項によってその計上は禁止される。そこで，税務貸借対照表を作成するとすれば以下に示す商法上の仕訳を税務上では逆仕訳する必要がある。

　　　（借）偶発損失引当金繰入　×××　（貸）偶発損失引当金　×××

　その結果，税務上の貸借対照表においてその自己資本の金額を明確に認識できる。このような独自の税務貸借対照表作成は，後述する税務上の自己資本に関する各構成要素の算定及び税務上の自己資本の処分の順序を確定する際にも大いに意義がある[33]。

2.2　所得税法上の自己資本

　所得税法（Einkommensteuerrecht）第15条1項2文の規定において固有の自己資本が問題となる。これによると，合名会社（offene Handelsgesellschaft），合資会社（Kommanditgesellschaft）及び出資者が事業の企業者，つまり共同事業者（Mitunternehmer）とみなされねばならない出資者の利益持分（Gewinnanteil）は営利事業の所得（Einkunft）と解される。ここで共同事業者の要件は①共同事業者リスク（Mitunternehmerrisiko）と，②共同事業者イニシアティブ（Mitunternehmerinitiative）の2つである。この要件を満たす共同事業者の事業は

共同事業体 (Mitunternehmerschaft) となる。

　①の共同事業者リスクとは，利益及び損失の参加並びにのれん (Geschäftswert) を含む会社財産への秘密積立金 (stille Reserve) への参加を意味する[34]。②の共同事業者イニシアティブとは，一義的には企業の意思決定への参画を意味する。但し，この意思決定に関しては出資契約に伴う権限をもつ必要はない。業務執行者等で関与しさえすれば十分である。匿名組合員は一般に企業管理には関与せず，合資会社の有限責任社員 (Kommanditist) の権利をもたない。このため，2つの要件のうちで共同事業者イニシアティブの要件はそれほど強くない。したがって，商法第233条に従い，閲覧権 (Einsichtsrecht) 及び監督権 (Kontrollrecht) を有していれば十分で[35]，具体的には年次決算書 (Jahresabschluss) 及び状況報告書 (Lagebericht) を匿名組合員に交付すればよい。共同事業者リスクは共同事業者イニシアティブに比べてより重要となる。匿名組合員が合資会社の有限責任社員と違って損失負担をしないという条件のもとでは共同事業者とはならない。また，匿名組合において事業財産に債務法上参加していないときには，原則として非典型的匿名組合と解される。例えば，当該匿名組合員が典型的匿名組合員よりも内容上広範囲に企業に対する影響力を有していたり，あるいは企業の業務執行を任されているケースなどがそれに該当する[36]。

　この共同事業者となりうるのは，自然人あるいは法人だけではない。合名会社，合資会社，共同事業を営む民法上の組合 (Gesellschaft bürgerlichen Rechts) もなりうるし，非典型的匿名組合も同様である。

　所得税法第20条1項4号1文に従うと，出資者が共同事業者とみなされないときには，匿名組合員の収入は資本財産所得となる。この匿名組合は典型的匿名組合に該当する。その結果，営業者 (Inhaber) が典型的匿名組合員に対して支払う利益持分は所得税法上事業所得から事業支出 (Betriebsausgabe) として控除される。これに対して，所得税法第15条1項の所得は非典型的匿名組合による所得に該当し，この組合員の利益持分は事業所得から控除されず，所得処分 (Einkommenverwendung) となる。この点から，非典型的匿名組合員の出資は実質的に所得税法上の自己資本と解される[37]。

2.3 法人税法上の自己資本

所得税法上と同様に,法人税法上もまた自己資本に関する固有の範囲が問題となる。

2.3.1 享益権

法人税法（Körperschaftsteuerrecht）は享益権について次のように規定する。

> 法人税法第8条3項2文　隠れた利益配当（verdeckte Gewinnausschüttung）及び資本会社の利益と清算剰余額（Liquidationserlös）への参加の権利と結びついている享益権のすべての配当は,所得を減額しない。

この規定により,継続的な利益参加及び清算剰余額への参加を契約内容とする享益権は法人税法上の自己資本と解され,それに対する配当は所得処分とみなされる。

この享益権に関する税務上の2つの要件は,すでに触れた商法上の享益権に関する自己資本計上の要件と類似する。しかし,両者は必ずしも一致するとは限らない。前者においては損失負担は必要要件ではなく,後者では一般に解約権があってもよく,あるいは返済期限が定められていても,一定の条件を満たせば自己資本として計上できるからである。

また,法人税法上は上記の2つの要件を満たす享益権はたしかに自己資本に属するが,しかし商法上は損失負担という要件を欠くので,その享益権は他人資本とみなされる。これとは逆に,商法上3つの要件を満たす享益権は自己資本に属するけれども,税務上は清算剰余額への参加がないときには,他人資本とみなされる。

この税務上の享益権に関する取扱は1934年4月17日のドイツ帝国財政裁判所（Reichsfinanzhof ; RFH）によって下された判決にルーツをもつ。つまり経済的な負担比較から,支払われた資本サービスによって資本提供者がどの程度経済的に負担されるかを問題とする[38]。その結果,利益の参加と清算剰余額の参加の要件をもつ享益権は,この経済的な負担比較により株式の発行と経済的に同質であると判断される。

(1) 利益の参加

利益の参加は，利益に対する報酬請求権への制約により事業リスクへの参加を意味する。これには様々なタイプがある。

① **最低固定報酬に利益依存的追加報酬を加味するケース**　最低固定報酬に利益依存的追加報酬を加味するタイプでは，前者に関して法人税法上の事業支出とみなし，後者に対しては事業支出とはみなさず，両者を区分処理することは通説では否定される。その理由は，一方で支払利息の区分について法人税法第8条3項2文は想定していないし，他方でもし支払利息を区分処理するとすれば，享益権を他人資本と自己資本とに区分する必要が生じるからである[39]。後者に関して各企業の平均的な利益予測に基づいて税務上の判断をすると，主観的な予測問題が介入する。この他人資本と自己資本との区分に関して客観性が乏しいので，経済的な負担の実施が不可能となる。最低固定報酬が比較可能な社債発行で支払われるべき利率よりも下回るときにはリスク移転につながり，結果的に利益参加の意図がある[40]。

② **利益額の大きさに報酬が依存し変動するタイプ**　利益額の多寡によって報酬が変動するタイプもある。この場合に享益権の報酬がそれと比較可能な社債発行時点に一般的な資本市場利子率を下回るときには，すでに触れた最低固定報酬に利益依存的追加報酬のタイプと類似する。そこで，①と同様にリスク移転があったと判断し，利益参加の条件を満たす[41]。

③ **十分な貸借対照表利益がある場合を条件とした固定報酬のケース**　貸借対照表利益が十分な金額である場合に限り固定報酬を支払い，かつ損失年度で受け取れなかった固定報酬の支払請求権を利益発生年度で事後的に取り戻すことができないケースがある。これは利益参加があったと解される。これに対して，優先的な取戻支払請求権がある場合に利益参加があるか否かが問題となる。この点に関して，ブリーゼマイスター（S. Briesemeister）は次の立場を示す。「報酬の後払いは同じく貸借対照表利益の存在を前提とし，それ故に貸借対照表利益がないときに普通株式の発行に類似して資本提供者の負担はないので，資本提供を受ける者の経済的負担の同一性の面で，利益参加の仮定が示される[42]。」逆に，報酬はたしかに損失状況にさらされるが，しかし遅くとも返済時点に直ちに取り戻され，それ故に利益依存的報酬の不足分が決定的な性質

をもたず，単に支払猶予の取り決めであるときには，利益参加とはいえない[43]。
(2) 清算剰余額への参加
清算剰余額への参加には以下のケースがある。
① 清算前に券面額での返済のケース　享益権の保有者が解約権を行使したり，あるいは所定の期間に基づいて会社の清算前に券面額の返済が予定されているときには清算剰余額への参加はない[44]。但し，税務当局は享益権の返済期限が30年を上回るときには，事実上清算時点と同様とみなす。
② 清算時に秘密積立金に参加することを条件とした返済のケース　返済期限があらかじめ定められておらず，解約権もない場合に返済が清算時点で実施され，享益権の保有者が債権者の弁済後の残余財産について秘密積立金の参加のもとで持分を有するときには，清算剰余額への参加があったとされる[45]。
③ 清算時点における券面額による返済のケース　資本提供者の解約権がなく清算時点ではじめて返済されるが，しかし秘密積立金への参加がなくて単に券面額で返済されるときには，税務当局は返済請求権の金額にかかわらず清算剰余額への参加があったと捉える。これに対して，最高裁判所の財政裁判及び通説はそれを否定する。法人税法第8条3項2文でいう清算剰余額は，税務当局の主張するようにその総額を意味せず，あくまで残額による決定を意味すると解するからである[46]。したがって，この解釈によると，清算剰余額への参加はないと判断される。
④ 清算前に秘密積立金への参加を条件とする返済のケース　企業の清算前に秘密積立金に参加することを前提として返済されるケースについて，見解が分かれる。税務当局及び文献の一部は清算前にも秘密積立金への参加があるときには清算剰余額への参加があり，そのような享益権は税務上の自己資本としての性質を有すると解する。他の見解は，出資者が会社の存続期間中には返済請求権をもたず，清算以前に解約権ないし返済期限により返済請求権のある享益権保有者は出資者よりも税務負担が大きいので，税務上の自己資本としての性質を否定する[47]。この点に関してブリーゼマイスターは，清算前に秘密積立金を含めて精算される享益権が税務上の自己資本と認められるためには，最低返済請求権がなく，残余額としてその返済額が決定される場合であると主張する[48]。享益権に最低返済請求権があれば，出資者に比べて享益権者が有

利な立場にあり，負担の同一性がないので，税務上の自己資本ではない。

⑤ 返済請求権の取り決めのないケース　税務当局は，返済請求権の金額にかかわらず，企業の清算前に返済が要求されない場合には常に清算剰余額への参加があったとみなす。それは，資本提供者の返済請求権が除外されたケースも同様であるとされる。この根拠として，普通株の発行による負担に対する経済的な負担の同一性が援用されている。しかし，この法的見解に対して法人税法第8条3項2文の規定に反すると判例及び文献は批判する。返済請求権がないときには，明らかに清算剰余額への参加はないからである[49]。

このような法人税法第8条3項2文の利益参加及び清算剰余額についてブリーゼマイスターは〔図表1-3〕のように整理する。

〔図表1-3〕　法人税法第8条3項2文の利益参加及び清算剰余額への参加の内容

1	利益参加：例えば	1) 完全な利益依存的報酬のタイプ 2) 最低固定報酬に利益依存的追加報酬を加味したタイプ 3) 利益額の大きさに報酬が依存し変動するタイプ		
2	清算剰余額への参加			
返済範囲		返　済　期　間		清算時点
^		清　算　前		^
^	券面額が上限	(1) 他人資本		(2) 他人資本
^	秘密積立金への参加	(3a) 実体保証がある	(3b) 実体保証がない	(4) 自己資本
^	^	他人資本	自己資本	^

出典：S. Briesemeister, Hybride Finanzinstrumente im Ertragsteuerrecht, Düsseldorf, 2006年, 135頁。

2.3.2　出資者の長期借入金

法人税法第8a条に従うと，以下の主な条件を満たすときには，出資者の長期借入金に対する支払利息に関して事業所得から控除できず，利益配当とみなされる[50]。

① 他人資本の債権者となるのは，原則として資本金に対して重要な出資をしている持分所有者である。

② 重要な出資とは，資本会社に対して直接的あるいは間接的に25%以上の出資をしている持分所有者である。但し，人的関係があり，あるいは支配する他の持分所有者と併せて25%以上の持分所有者も含まれる。また，重

要な出資がなくとも，資本会社に対して支配的な影響力を行使できるときにも，それと同等とみなされる（法人税法第8a条3項）。
③ 他人資本は固定報酬の支払を要する長期借入金を指す。
④ 出資者からの長期借入金が自己資本の1.5倍を上回る。
⑤ ④でいう自己資本は次の算式で算定される（法人税法第8a条2項）。

> 引受済資本金－未払込額－資本会社の資本金に対する出資額の簿価＋資本準備金＋利益準備金±繰越損益＋年度剰余額（年度欠損額の場合はマイナス）＋準備金的性質を有する特別項目の50％（商法第273条）－商事貸借対照表における人的会社への投資の簿価＋人的会社に対する資産の簿価の出資割合部分

⑥ 出資者の長期借入金に対して支払われる報酬のうちで25万ユーロは非課税枠となる。この金額を上回るときに隠れた利益配当となる。

2つの要件を満たす享益権の報酬と同様に，上記の一定の要件を満たす出資者からの長期借入金の支払利息が隠れた利益配当と解されるので，この出資者の長期借入金も享益権と類似して税務上の自己資本の範囲に含まれるか否かが問題となる。しかし，それは否定される。2つの要件を備えた享益権とは違って，出資者の長期借入金は出資としての性質をもたず，依然として他人資本のままだからである。ただ，税負担の面から出資者からの長期借入金の支払利息の一定部分が隠れた利益配当とみなされ，課税所得の算定上事業支出として控除できないにすぎない。

この法人税法第8a条の規定により出資者の長期借入金に対する報酬を実質的に隠れた利益配当とみなす趣旨は，ドイツ税法にある資本調達自由の原則（Grundsatz der Finanzierungsfreiheit）に対する一定の制限を示す点にある[51]。この原則によると，税法上は資本会社の出資者が自由に自己資本でも他人資本でも資本調達することができる。ところが，自己資本の報酬は利益配当であり，それを課税所得から控除できないのに対して，他人資本の報酬たる支払利息は課税所得の算定上事業支出として控除できる。このため，この異なる課税負担の面から，法人税法第8a条において異なる資本調達に対して税務上の均等な取扱が要請される[52]。

税務上の自己資本の範囲が特に問題となるのは⑤との関係である。この⑤について通説では商法上の実質的自己資本概念を前提とする。この見解に従うと，税務上の自己資本とみなされる享益権は既述のHFAの規定する商法上の実質的自己資本概念には含まれず，これから除外されて商法上は他人資本とみなされる。その結果，税務上の自己資本に該当する享益権や非典型的匿名組合などが法人税法第8a条2項でいうセーフヘイブンたる自己資本として税務上機能しなくなる。そこで，この現行の法人税法第8a条2項の不備と誤解を是正するためには，その規定の自己資本が明確に税務上の自己資本を指すように文言を修正すべきであるという見解が有力である[53]。これによると，法人税法第8a条の適用される他人資本は商法上の他人資本ではなくて，法人税法上の他人資本に限定される。

第4節　経営経済学上の自己資本

貸借対照表法における自己資本について経営経済学（Betriebswirtschaftslehre）による接近方向も展開されている。その代表者がズボボダ（P. Swoboda）とシュナイダー（D. Schneider）である。彼らはリスク面から自己資本問題に接近する。

1　ズボボダの所説

1.1　従来の自己資本の定義

ズボボダは経営経済学上自己資本について以下の5つの定義があると考える[54]。

① 自己資本は所有者によって直接的もしくは間接的に提供された資本である。（通説）
② 自己資本は利益に依存した報酬を伴う資本である。
③ 自己資本は脱退請求権を有する資本である。
④ 自己資本は責任資本である。
⑤ 自己資本は支配権，財産権及び利益請求権によって特徴づけられる資本である。

①から⑤までの自己資本の定義では，その資本提供の期限が一義的でない[55]。

1.2 従来の自己資本の定義に対する批判

①から⑤までの自己資本の定義に対して，ズボボダは次の3つの面から批判する。

(a) 特定の資本形態を自己資本もしくは他人資本に分類する際の明確性の面

(b) 十分な分類の明確性が得られたときに，分類の操作可能性の面

(c) 分類が明確でしかもその分類について操作可能性がないときに，企業のファイナンスに関して十分な情報提供をもたらすかどうかの面

まず①は，(a) に関して誰が一体企業の所有者であるのかについて法的な確定が必要となる。法的意味での株主が株式会社の所有者なのか，享益証券の保有者や匿名出資者もまた所有者といえるのかどうかが問題となる。彼によると，たとえ法的な面から所有者であるかどうかが明確になっても分類上の操作可能性があるので，その情報内容は疑わしい[56]。

②はたしかに (a) の条件を満たすが，(b) の条件を必ずしも満たさず，操作可能性がある。というのは，利息が少しでも利益に連動するように定めさえすれば，当該資本は自己資本に該当するからである。

③は (a) の条件を満たすが，(b) の要件について操作可能性がある。例えば，返済時点の貸借対照表合計額が一定の範囲を超えると，返済額が1％増加するという条件を定めれば，脱退請求権は企業価値に左右され，当該資本は自己資本に帰属する。返済額が固定していれば，利益請求権への依存度がきわめて高くとも，それは常に他人資本となる[57]。このような理由から，③の情報価値は低いと判断される。

④は (a) の要件自体を満たさない可能性がある。というのは，優先株式はこの④において自己資本に属するのか，それとも他人資本に属するのかは必ずしも明らかではないからである。それを決定するには優先条項や劣後関係等といったファイナンス契約から判断されねばならず，自己資本の確定に関して明確性を欠く[58]。

⑤は支配権の内容，例えば信用提供者の共同決定権 (Mitspracherecht) や拒否権 (Vetorecht) がどの程度支配権に与えられているのかが確定する場合にはじめて (a) の要件は満たされるにすぎない。しかし，その明確性が得られると

しても，やはりその分類に関する操作可能性は否めない。かなりリスクのある資本形態を他人資本に移し替えるためには，一定の返済請求権もしくは固定報酬を取り決めさえすればよく，この⑤も情報価値に乏しい[59]。

1.3 財産権アプローチの視点

このように，彼は自己資本の定義に際して従来の定義ではいずれも問題があり，別の視点にその拠り所を求める。その出発点が新制度的財務理論（Neue institutionalistische Finanzierungstheorie）に基づく財産権アプローチ（Property-Right-Ansatz）である。これは完全資本市場を前提とする新古典派の批判から生まれたもので，不完全資本市場と様々なファイナンス形態とを想定する。この財産権アプローチでは企業経営者と出資者との間はファイナンス契約と解される。両者において提供された資金に関してプリンシパル・エイジェンシー関係が成立し，このファイナンス契約に伴う財産権が問題となる。

従来はこの財産アプローチにおいて特に出資者によるファイナンスのリスク面のみが強調されてきた。彼はこの点に実は大きな問題点を見出す。企業のリスクに関与するのは出資者だけに限らず，それ以外の様々な資本提供者，例えば債権者や従業員もまた同様だからである。例えば債権者にとっては倒産法の制定，債権者保護規定（減資に際しての配当規制など），担保設定，情報義務の取り決め，財務ルールの遵守に伴う取引の制限等がこれに該当する。従業員も同様に契約期間や解約権の保護などに関して企業のリスク全体の一部を負担する。

この点について彼は次のように述べる。「第1に，財務上の要求の多様性から資本形態の2つのグループの一元的な分類はかなり恣意的にならざるをえず，この分類の情報内容はその理由から疑問にちがいない。しかし，第2にすべての財務請求権の決定的メルクマールはリスクであることが明らかとなる。請求権と結びつくリスクによってはじめて資本提供者は経営者の共同意思決定権，解約権の要因及び行動の制約を契約する誘因となる。2つのグループに資本形態を分類することは，その理由からリスク面に関係づけられねばならないであろう[60]。」

1.4 リスク面による自己資本及び他人資本の画定

このリスク面から彼は自己資本及び他人資本の画定を検討する。ここで重要となるのは第1にリスクの程度である。第2に，自己資本に存在するリスクの範囲である。前者については利回りの標準偏差が問題となる。いま，信用の利回りを10％，支払期限1年，返済不能の可能性3％と仮定する。また，この信用の利回りは10％あるいは－100％かのいずれかであるとする。期待される利回りは次のように計算される。

$$0.97 \times 0.10 + 0.03 \times (-1) = 0.067$$

その結果，利回りの標準偏差は以下の式で算定される[61]。

$$\sqrt{0.97\,(0.10-0.067)^2 + 0.03 \times (-1-0.067)^2} = 0.1876$$

彼はこの基準が明確であるだけでなく，契約条件によって操作可能でないこ

〔図表1－4〕 ズボボダによる自己資本と他人資本の画定

	段　　階			
	投資リスクが高い		投資リスクが低い	
	出資者の請求権	与信者の請求権（固定請求権）	出資者の請求権	与信者の請求権（固定請求権）
同等の出資者によってファイナンスが完全に実施される。	自己資本（リスク程度が危険な境界をオーバーしたとき）	―	他人資本（リスク程度が危険な境界以下のとき）	―
信用によるファイナンスの程度が低い		他人資本	当初は他人資本，その後場合によっては自己資本	他人資本
信用によるファイナンスの程度が高い		他人資本（但し十分担保のある場合）自己資本（それ以外）		他人資本

出典：P. Swoboda, Der Risikograd als Abgrenzungskriterium von Eigen- versus Fremdkapital, in : S. Stöppler 編, Information und Produktion, Festschrift für Waldemar Wittmann, Stuttgart, 1985年，所収，357頁。

とに着目する。ただ，リスクの程度に関して将来発展の予測及びその確率が必要である。彼は自己資本及び他人資本についてリスク程度に応じて，リスクが高いのが自己資本，リスクが低いのが他人資本とみなされる。これを整理したのが〔図表1-4〕である。

このような投資リスクの高いものを自己資本，投資リスクの低いものを他人資本と捉えて両者を区別する場合，その実践性が問題となる。言い換えれば，果たして彼の主張を直ちに貸借対照表法制度に実行に移し，恣意性なく適用可能かどうかという点である。ここに彼の所説の大きな問題点が存するといえよう。

2 シュナイダーの所説

2.1 法的な自己資本概念

次にシュナイダーの所説について取り上げる。彼はこれまでの法的な自己資本について以下の3つの面で整理する[62]。

① 商法第266条に基づく貸借対照表分類上の自己資本は，商法上の利益測定における純財産としての差額を示す。

② 金融制度法（Kreditwesengesetz）第10条に基づいて自己資本は責任自己資本を示す。

③ 自己資本は事実上債務超過（Überschuldung）でないことを意味する。

2.2 経営経済的な自己資本概念

しかし，彼によると，経営経済的関連性を説明する概念は，測定目標に関するこのような法的定義から区別する必要がある。つまり，自己資本は測定目標の名称で用いられるのに対して，自己資本の提供（Eigenkapitalausstattung）は考察されるべき現実の実情に対する理論上の概念を示す。この自己資本の提供を他人資本の提供から区別しなければならない。問題は両者の経営経済的な違いである。この点について彼は企業への払込による将来の支払請求権を取得する投資家の権利及び義務を重視し，次の4点を指摘する[63]。

① 一定額の請求権としての負債に対する残余請求権としての自己資本の提供

② 自己資本の提供は無期限であるが，他人資本の提供は期限付きにしか利用できない。
③ 自己資本の提供は責任をもつが，負債は責任がない。
④ 自己資本の提供は処分権と結びつくが，他人資本はそれと結びつかない。

この4点を踏まえて彼は財務論において自己資本の提供に関して整理する。第1は投資家の支払請求権の視点である。第2は，純粋の自己資本の提供と純粋の負債という2つのモデル概念の摘出である。特に後者について彼は純粋の自己資本の提供を成果依存的な支払請求権と解する。その場合，個人商人あるいは人的会社の無限責任社員による払込は純粋の自己資本の提供に属さない。というのは，引き出しが成果にかかわらず可能だからである（商法第122条）。これに対して負債は成果に左右されない支払請求権である。純粋の負債は契約が明確で遵守されていれば，財務上のリスクのない資本投資である。契約が明確でなく，必ずしもそれが遵守されていなければ，負債は財務上のリスクのない投資とはいえない。成果に左右されず支払請求権が履行されない危険は倒産リスクと呼ばれる。この倒産時に成果に左右されない支払請求権は必然的に債権者の損失を伴いながら，事後的に成果に左右される支払請求権の部分弁済となる。債権者の損失を制限する予防措置として，貨幣提供者には企業のリスク資本（Risikokapital）が役立つと彼は考える。

2.3 リスク資本とその種類

ここでリスク資本とは，リスク資本提供者が貨幣を投資するよりもリスクの少ない貨幣提供者にとって，倒産に対するバッファーとしての任務の引き受けを意味する[64]。この場合，リスク資本に損失へのバッファーとしての任務を想定するとしても，リスク資本は自己資本の提供と同義ではない。自己資本の提供もまた他人資本の提供よりもリスクが小さいことがありうるからである。このため，現実の財務契約の多様性により，損失のバッファーとなる自己資本の提供と，それを要しない負債との間の明確な境界線を引くことは不可能で，企業の倒産時におけるすべての財務契約に関するリスクの程度は測定されない。

そこで，彼はリスク資本を倒産法及び契約上の定めによる企業財産によって塡補される支払請求権と捉える[65]。このリスク資本は企業自体に対するファイナンスの制度としては定義されず，企業へのその時々の貨幣提供者と定義される。ここに自己資本の提供とリスク資本の第1の区別がある。リスク資本は損失に対するバッファーを意味するので，そのなかに法的意味の負債項目も含まれる。例えば出資者借入金がその典型である。これが自己資本の提供とリスク資本の第2の区別である。さらに，自己資本の提供は内部金融による留保利益のみに関係するのに対して，リスク資本は追加的に減価償却や偶発損失引当金からのファイナンスも含める。言い換えれば，リスク資本は貸借対照表上の自己資本と一致しない。この結果，リスク資本では倒産する企業の財産からの弁済に際して優先ないし劣後の順位に基づく次の4つの区別が重要となる[66]。

第1順位のリスク資本は，商法上の認められる上限の利益測定に基づいて内部資金調達によって形成される。過小評価もしくは税務上の非課税の準備金の設定による項目もこのなかに含まれる。しかし，秘密積立金による隠れた利益は利益処分とみなされ，後述する第2順位のリスク資本とみなされる。この第1順位のリスク資本は商法上利益測定により責任量が留保される。

第2順位のリスク資本は，会計上の意味での自己資本に該当する。それには非課税の事業収入としての投資助成金（Investitionszulage）も含まれる。この第2順位のリスク資本は貸借対照表法上の租税猶予及び租税節約の可能性を利用して，商法上の利益の上限から出発する。ここでは企業財産によって塡補される支払請求権のうち，契約上もっぱら成果依存的なものが属する。

第3順位のリスク資本には，契約条件がもっぱら成果依存的な支払請求権であるが既述の第2順位のリスク資本に属さないもの，例えば享益証券，新株予約権付社債，利益参加債等と，成果独立的な支払請求権であるが，後述する第4順位のリスク資本に属さないものとが含まれる。この第3順位のリスク資本のなかには税法が隠れた額面資本金とみなす出資者借入金も含まれる。

第4順位のリスク資本は，企業財産によって塡補され，しかも成果にもっぱら左右されない法的な意味の負債支払請求権である。倒産時にはそれは別の貨幣提供者の支払請求権よりも劣後であったり，あるいはそれと同じ順位である場合も生じる。それは損失のバッファーとして役立つ。

第5節　結

1　論旨の整理

　これまでの論旨を整理すれば以下の通りである。
　第1に，会社法上の自己資本は形式的自己資本と実質的自己資本に分類される。前者は構成員による資本出資，拘束資本，そして責任資本の3つの面を有し，資産と他人資本との差額によって算定される。これに対して，後者は債権者保護との関係で自己資本の責任任務と企業維持を重視した考え方に立脚し，形式的自己資本には含まれないが，責任資本の面から実質的自己資本に属するものは機能的自己資本と呼ばれる。これには，①個別契約上，責任資本となる他人資本，②出資契約上，責任資本となる他人資本，③強制法上，責任資本となる他人資本との3つの種類がある。
　第2に，貸借対照表法上のうちで商法上の自己資本も会社法上の自己資本と同様に形式的自己資本と実質的自己資本に分類される。後者の直接的な契機は，享益権の会計処理である。HFAによれば，享益権の自己資本表示にあたっては①劣後性，②報酬の成果依存性及び損失負担，③資本提供の長期性がその要件となる。この要件の妥当性に関しては様々な議論が展開されている。しかし，機能的自己資本そのものを否定する見解はほとんどなく，それを肯定する見解が通説を形成している。ただ，その自己資本計上の要件をめぐって厳格性を主張する立場とそれを緩和する立場とが鋭く対立している。この機能的自己資本の貸借対照表に対する表示方法には，自己資本の部への計上を否定する説，自己資本の部に計上する説，そして自己資本と他人資本との中間に独立表示すべきとする説とがある。
　第3に，税法上の自己資本に関して，まず基準性原則により商法上の自己資本と税務上のそれとの間には密接な関係を有するが，両者は必ずしも同一内容を示すわけではない。所得税法上では共同事業者リスクと共同事業者イニシアティブの2つの要件を示す共同事業者とみなされる非典型的匿名組合の出資額は，事実上所得税法上の自己資本とみなされる。法人税法上でも利益参加及び清算剰余額への参加を示す享益権は税法上の自己資本と解される。一定の要件

を満たす出資者の長期借入金との関連で特にセーフヘイブンとしての自己資本の範囲をめぐって法人税法固有の自己資本の範囲が問題となる。

第4に，経営経済学においては自己資本は特にリスク面から論究される。ズボボダは投資リスクの面から自己資本を規定する。つまり，投資リスクが高いのが自己資本であり，それが低いのが他人資本とされる。シュナイダーもリスク面を重視し，リスク資本を4つのランクに分類する。第2順位のリスク資本，つまり企業財産によって塡補される支払請求権のうちで契約上もっぱら成果依存的なものが会計上の自己資本に該当する。

このように，ドイツ会計制度における自己資本概念はきわめて多様な内容を示しているのがその大きな特徴である。

2 ドイツ会計制度における自己資本の意義

最後に，ドイツ会計制度における自己資本概念の検討結果から，次の結論が得られる。

第1は，ドイツにおいてもアングロサクソンの会計及び国際財務報告基準(International Financial Reporting Standards ; IFRS)[67]と同様に自己資本をいわば形式的自己資本と捉え，資産と負債の差額とみる考え方もたしかにあるが，しかしそれを実質的自己資本と捉える見解が主流を形成する。つまり，自己資本は単に差額概念ではなく，むしろそれを積極的に定義する方向が重視されている。貸借対照表の貸方側に対する基本的なアプローチを問題とするとき，この見解は傾聴に値するものといえよう。

第2は，この自己資本の積極的な定義に関して会社法及び商事貸借対照表法では経済的観察法をベースとして債権者保護の立場から機能的自己資本もしくは準自己資本と呼ばれる考え方が明示されている点である。つまり，債務法的性質を有するとしても，例えば享益権のように，それが一定の要件をクリアすれば，債権者保護の見地から機能的自己資本と解される。これは同じく経済的観察法をベースとして担税力の面を重視する税務貸借対照表法においても基本的に同様である。また，経営経済学では特にリスク面から自己資本に接近する姿勢も無視できない。

第3は，自己資本計上の要件についてかなり具体的に議論している点であ

る。自己資本の要件として報酬の成果依存性，損失負担及び資本提供の長期性といった各面と，それらの相互の関連性を中心に深く検討する点にその意義を見出すことができる。これとの関連で，自己資本と他人資本の中間的な性質を有するハイブリッドな項目あるいはメザニン資本（Mezzanine-Kapital）と呼ばれる項目の表示問題も軽視できない。

第4は，担税力の面から商法上の自己資本の範囲とは異なる税法独自の自己資本の範囲が展開されている点である。例えば所得税法上の非典型的匿名組合のケースや，法人税法上の享益権及び出資者の長期借入金との関係がその典型である。また，税法では隠れた払込みにみられるように，税法上の出資者による払込みの範囲は商法上のそれと異なる独自の方向を示すことにも留意する必要がある。

第5は，経営経済学でリスク面から自己資本は論じられており，そこからは自己資本と他人資本との区別がかなり相対的なものにすぎないことを示唆している点である。会計制度では自己資本と他人資本の区別はきわめて重要である。しかし，両者の区別はそれとは異なる経営経済学上の立場に立つと，必ずしも絶対的ではなくて，むしろ相対的であるという見解も注目に値するといえよう[68]。

このような諸点にドイツ会計制度における自己資本概念の意義を認めることができるのである。

注

（1） K. Schmidt, Gesellschaftsrecht, 第5版, Köln・Berlin・Bonn・München, 2002年, 515頁。
（2） K. Schmidt, Quasi-Eigenkapital als haftungsrechtliches und als bilanzrechtliches Problem, in : H. Havermann 編, Bilanz- und Konzernrecht, Festschrift für Reinhard Goerdeler, Düsseldorf, 1987年, 所収, 489頁。
（3） H. Wiedemann, Eigenkapital und Fremdkapital, in : H. Beisse・M. Lutter・H. Närger 編, Festschrift für Karl Beusch, Berlin・New York, 1993年, 所収, 894頁。
（4）（5） K. Schmidt, 前掲書注（1），517頁。
（6） P. Hommelhoff, Das Gesellschafterdarlehen als Beispiel institutioneller Rechtsfortbildung, in : Zeitschrift für Unternehmens- und Gesellschaftsrecht, 1988年, 460・490頁。K.

Schmidt, Finanzplanfinanzierung, Rangrücktritt und Eigenkapitalersatz, in : Zeitschrift für Wirtschaftsrecht, 第20巻第30号, 1999年7月, 1241頁。
（7）　M. Lutter・P. Hommelhoff, Nachrangiges Haftkapital und Unterkapitalisierung, in : Zeitschrift für Unternehmens- und Gesellschaftsrecht, 第8巻第1号, 1979年, 31頁。
（8）　K. Schmidt, 前掲論文注（2）, 487・493頁。H. Herrmann, Quasi-Eigenkapital im Kapitalmarkt- und Unternehmensrecht, Berlin・New York, 1996年, 24・82-83頁。
（9）　K. Schmidt, 前掲書注（1）, 526頁。
（10）　K. Schmidt, 前掲書注（1）, 527頁。
（11）　K. Schmidt, 前掲論文注（2）, 497頁。
（12）　K. Schmidt, 前掲論文注（2）, 496頁。
（13）　K. Schmidt, 前掲書注（1）, 533頁。出資者借入金の資本化をファイナンス責任の一般原則と捉えることにビーデマンは批判的である（H. Wiedemann, 前掲論文注（3）, 909-911頁）。
（14）　ビーデマンによれば，コア自己資本は次の3つの要件を条件とする。①継続的な財産提供を前提とし投資機能を満たす自己資本は出資者から企業に提供される。②自己資本は損失負担を前提とし，責任機能をもつ。③自己資本は財産分配の利益依存性を前提とし，利益享受機能を満たす（H. Wiedemann, 前掲論文注（3）, 896-898頁）。ティーレも実質的自己資本に関してファイナンスの権利及び義務に着目し，次のような見解を展開する。まず負債概念から出発して自己資本を"非負債"と捉える。しかし，人的会社及び資本会社においては特定のケースで企業の清算以前に自己資本の返済義務も生じうるので，自己資本を"非負債"とは規定できない。そこで，次にティーレは自己資本を検討した結果，それを支払規制（Auszahlungsbeschränkungen）と規定する（S. Thiele, Das Eigenkapital im handelsrechtlichen Jahresabschluß, Düsseldorf, 1998年, 163-164頁）。その場合，彼はまず企業の存続中に自己資本の支払義務が全くないケースには，企業の清算剰余額からのみ支払義務があるにすぎない。このファイナンス条件の範囲で提供された資本は常に自己資本となる。次に，企業の存続中に支払義務はあるが，しかし以下の3つの要件，すなわち①劣後性，②持続性（資本は無期限に提供されねばならない。資本提供者の解約は5年間の解約告知期間または解約後5年間の事後責任という条件がなければならない。），③報酬の成果依存性もしくは資本提供に伴う請求権は，当期の年度剰余額からのみ履行されるにすぎないという3つの要件を満たす場合に限り，支払義務があっても自己資本となる。この支払義務の規制は人的会社及び資本会社すべてにとって共通する自己資本のメルクマールとなる。この一般的な支払規制に加えて，資本会社ではさらに次の2つの要件，i）支払について財産拘束による制限（すべての支払（報酬及び資本返済）は，自己資本が少なくとも支払から保護されている自己資本構成要素を特別に維持していなければならない。），ii）貸借対照表における当期損失との相殺は，それがもし

なければ，それが特別に支払から保護されている自己資本と相殺されねばならないという要件がさらに加わる。このティーレの所説については青木隆「ドイツにおける自己資本の特質」『商学集志』（日本大学商学研究会）第76巻第4号，平成19年3月，20-28頁参照。

(15) ドイツの享益権については，第8章参照。

(16) Hauptfachausschuß des Instituts der Wirtschaftsprüfer in Deutschland (HFA), Zur Behandlung von Genußrechten im Jahresabschluß von Kapitalgesellschaften, in : Die Wirtschaftsprüfung, 第47巻第13号，1994年7月，420頁。

(17) HFA, Entwurf einer Verlautbarung, Zur Bilanzierung von Genußrechten, in : Die Wirtschaftsprüfung, 第46巻第14号，1993年7月，447頁。

(18) K. Küting・H. Kessler, Genußrechtskapital in der Bilanzierungspraxis, in : Betriebs-Berater, 第51巻第8号，Beilage 4, 1996年2月，7-8頁。J. Baetge・B. Brüggemann, Ausweis von Genussrechten auf der Passivseite der Bilanz des Ermittenten, in : Der Betrieb, 第58巻第40号，2005年10月，2150頁。

(19) G. Emmerich・K. P. Naumann, Zur Behandlung von Genußrechten im Jahresabschluß von Kapitalgesellschaften, in : Die Wirtschaftsprüfung, 第47巻第20号，1994年10月，682頁。M. Lühn, Bilanzierung und Besteuerung von Genussrechten, Wiesbaden, 2006年，86頁。

(20)(21) K. Küting・H. Kessler, 前掲論文注（18），11頁。

(22) M. Steinbach, Der standardisierte börsennotierte Genussschein, Wiesbaden, 1999年，197頁。

(23) J. Baetge・B. Brüggemann, 前掲論文注（18），2151頁。

(24) C. Dross, Genußrechte, München, 1996年，82頁。

(25) H. Wiedemann, 前掲論文注（3），905頁。

(26) M. Lutter, Zur Bilanzierung von Genußrechten, in : Der Betrieb, 第46巻第49号，1993年12月，2445頁。

(27) S. Thiele, 前掲書注（14），233-234頁。

(28) W. Müller, Wohin entwickelt sich der bilanzrechtliche Eigenkapitalbegriff ?, in : G. Förschle・K. Kaiser・A. Moxter 編, Rechenschaftslegung im Wandel, Festschrift für Wolfgang Dieter Budde, München, 1995年，所収，460頁。

(29) B. Knobbe-Keuk, Bilanz- und Unternehmenssteuerrecht, 第9版, Köln, 1993年，107頁。

(30) B. Knobbe-Keuk, 前掲書注（29），108-111頁。

(31) S. Thiele, 前掲書注（14），86-89頁。

(32) M. Preißer 編, Unternehmenssteuerrecht und Steuerbilanzrecht, 第4版, Stuttgart, 2005年，144-146頁。

(33) E. Hoffmann, Einführung in die Körperschaftsteuer, 第2版, Herne・Berlin, 2003年, 74-75頁。
(34) G. Söffing 編, Besteuerung der Mitunternehmer, 第5版, Herne・Berlin, 2005年, 98頁。
(35) G. Söffing 編, 前掲書注 (34), 99-100頁。
(36) G. Söffing 編, 前掲書注 (34), 112-113頁。
(37) E. Brezski・T. Lübbehüsen・T. Rohde・O. Tomat, Mezzanine-Kapital für den Mittelstand, Stuttgart, 2006年, 165頁。S. Briesemeister, Hybride Finanzinstrumente im Ertragsteuerrecht, Düsseldorf, 2006年, 158頁。
(38) S. Briesemeister, 前掲書注 (37), 114頁。
(39) S. Briesemeister, 前掲書注 (37), 118頁。
(40) S. Briesemeister, 前掲書注 (37), 120頁。
(41)(42) S. Briesemeister, 前掲書注 (37), 121頁。
(43) S. Briesemeister, 前掲書注 (37), 124頁。
(44)(45) S. Briesemeister, 前掲書注 (37), 126頁。
(46) S. Briesemeister, 前掲書注 (37), 127-128頁。
(47) S. Briesemeister, 前掲書注 (37), 129頁。
(48) S. Briesemeister, 前掲書注 (37), 131-132頁。
(49) S. Briesemeister, 前掲書注 (37), 136頁。
(50) B. Jäger・F. Lang, Körperschaftsteuer, 第17版, Achim, 2005年, 315-324頁。
(51) S. Briesemeister, 前掲書注 (37), 160・168頁。この点に関して隠れた利益配当は以下の場合に生じる。①利益配当が明確なケース以外で生じる。②出資関係に基づく。③財産が減少したり、あるいは財産増加が妨げられる。④税務上の課税所得が過小表示される。このような要件を満たし隠れた利益配当が発生する場合、実務では課税所得の修正だけを貸借対照表の枠外で所得算定の範囲で実施する。それを仕訳で考えると、次のような結果をもたらす。

　　　　(借) 出資者請求権　×××　　(貸) 収益または費用　×××

借方科目は民法上は不利益を蒙った会社にとって本来は当該出資者に対する請求権を表す。しかし、その請求権が存在せず、あるいはそれに相応する有利な出資者がその損害を埋め合わせしなければ、税務上の自己資本に負担させざるをえない (E. Hoffmann, 前掲書注 (33), 167頁)。その結果、自己資本の金額自体には直接的に変化をもたらさない。
(52) D. Gosch 編, Körperschaftssteuergesetz, München, 2005年, 664-665頁。
(53) M. Lühn, 前掲書注 (19), 238-239頁。S. Briesemeister, 前掲書注 (37), 168頁。
(54) P. Swoboda, Der Risikograd als Abgrenzungskriterium von Eigen- versus Fremdkapital, in : S. Stöppler 編, Information und Produktion, Festschrift für Waldemar

Wittmann, Stuttgart, 1985年，所収，345-346頁。
(55) ズボボダは自己資本の特徴として1）処分権限，2）その長期性，3）劣後性，4）支払義務がない点を指摘する（P. Swoboda, 前掲論文注（54），346頁）。
(56) P. Swoboda, 前掲論文注（54），347頁。
(57)(58) P. Swoboda, 前掲論文注（54），348頁。
(59) P. Swoboda, 前掲論文注（54），349頁。
(60) P. Swoboda, 前掲論文注（54），355頁。
(61) P. Swoboda, 前掲論文注（54），356頁。
(62) D. Schneider, Investition, Finanzierung und Besteuerung, 第7版, Wiesbaden, 1992年，44頁。
(63) D. Schneider, 前掲書注（62），48-50頁。
(64) D. Schneider, 前掲書注（62），52頁。
(65) D. Schneider, 前掲書注（62），54頁。
(66) D. Schneider, 前掲書注（62），55-56頁。
(67) この点に関して国際会計基準（International Accounting Standards ; IAS）第32号によれば，企業が返済について無条件の権利を奪うことができるかどうかが他人資本への帰属を決定する。したがって，条件的な支払義務があるときにも，IAS第32号では他人資本に属する。この考え方に対して，ドイツではとりわけ人的会社の会計に重大な影響を及ぼす。というのは，合名会社及び合資会社などの人的会社では出資者に解約権が認められているからである（商法第132条・第161条2項）。その結果，IAS第32号に従うと，人的会社の出資者持分は他人資本に属し，しかもそれは公正価値で評価されねばならない。この点にドイツではIAS第32号に対する厳しい批判がある（K. Küting・J. Wirth・U. L. Dürr, Personenhandelsgesellschaften durch IAS 32 (rev. 2003) vor der Schuldenfalle?, in : Die Wirtschaftsprüfung, 第59巻第3号，2006年2月，77-78頁。M. Schmidt, Eigenkapital nach IAS 32 bei Personengesellschaften, in : Betriebs-Berater, 第61巻第28／29号，2006年7月，1564-1565頁）。このような事情から，IAS第32号修正案が2006年6月に公表された。これによると，①保有者が解約できず，しかも同時に発行者が自由裁量により報酬が予定されている永久債（perpetual instruments）と，②保有者が公正価値で解約できる金融商品で，一定の要件を満たし，それが最劣後的地位にあるものについては，自己資本に表示することができる。この改正案により，ドイツの人的会社の出資者持分は他人資本ではなくて自己資本への表示が可能となる。しかし，この改正案のなかで提案されている自己資本としての金融商品の公正価値評価，最劣後的地位，さらに連結財務諸表における少数株主持分の他人資本表示といった諸点を中心にドイツでは修正案に対する批判も根強い（M. Schmidt, 前掲論文，1565-1566頁。J. Baetge・H. J. Kursch・C. F. Leuschner・L. Jerzembek, Die Kapitalabgrenzung nach IFRS, in : Der Betrieb, 第59巻第40号，2006

年10月，2135-2138頁。J. Hennrichs, Kündbare Gesellschaftseinlagen nach IAS 32, in : Die Wirtschaftsprüfung, 第59巻第20号，2006年10月，1260-1261頁。Der Standardisierungsrat, Stellungsnahme zu Änderungsvorschlagen zum IAS 32, 2006年10月）。IAS第32号及び第32号修正案ではまず支払義務を中心とした他人資本の定義が一義的であり，その結果として自己資本（持分）は二義的であることが原則である。ただ，修正案では一部の項目に限り例外的に自己資本に属する項目を追加計上しているのがその特徴である。この修正案を受けて2008年2月に改正されたIAS第32号によると，解約可能商品及び清算時に支払義務が生じる金融商品については，企業の清算時に按分的な純資産に対する権利を有し，かつ清算時にその支払義務が最劣後地位であるという要件を累積的に満たすときには，自己資本と解される。但し，解約可能商品については他企業に流動資金または金銭資産を提供したり，あるいは他企業に対して金銭債務を将来的に不利な条件で発行者に対して交換する契約上の義務がなく，この商品に算入できるキャッシュ・フローの見積の測定が年次成果あるいは純資産もしくは企業価値の変動に基づくことが付加的な要件としてさらに必要となる。この改正IAS第32号は2009年から適用される。

(68) ヨーロッパ財務報告アドバイザー・グループ（European Financial Reporting Advisory Group ; EFRAG）が2008年1月に公表したディスカッション・ペーパー「負債と持分の区分」では，意思決定情報としてリスク資本（risk capital）を重視する。このリスク資本のうちで，損失負担（loss absorption）の意義を満たす資本で，かつ所有者が提供した資本を持分と捉える（EFRAG, Discussion Paper "Distinguishing between Liabilities and Equity", 2008年1月, Executive Summary（ES）21）。金融商品が損失負担の一部だけの場合には，負債と持分に分別経理する（EFRAG, 前掲論文, ES29）。ここでは損失負担アプローチの立場に立つ。これを支持する見解が表明されている（S. Müller・N. Weller・J. Reinke, Entwicklungstendenzen in der Eigenkapitalabgrenzung, in : Der Betrieb, 第61巻第21号，2008年5月，1114-1115頁）。

第2章

ドイツ商事資本会計制度

第1節　序

　この数年間の相次ぐわが国の商法改正に伴い，資本会計制度は大きく変容した。平成13年6月の改正により自己株式に関する抜本的な改正が加えられ，自己株式の取得及び保有についての目的，その数量，その保有期間に関する規制が廃止され，いわゆる金庫株が解禁された。さらに単位株制度の廃止に伴う単元株制度の導入，額面株式の全面的廃止，新たな資本準備金の追加，利益準備金の設定基準の変更，法定準備金の使用のほかに新たにその減少方法の追加等もその主な改正内容である。同じく平成13年11月の商法改正では，種類株式制度の弾力化，従来の転換株式について転換予約権付株式への名称変更や強制転換条項付株式の明文化，株式のコール・オプションを明確化した新株予約権制度の導入等が行われた。また，これまでの「計算書類規則」に代えて平成14年3月には「商法施行規則」が新たに制定され，資本の部に関する大幅な変更が加えられた。同年の5月にいわゆる「監査特例法」が改正された結果，委員会等設置会社に関する規定が創設され，連結計算書類の作成が義務づけられた。平成15年2月には「商法施行規則」の改正により，財産評価規定，貸借対照表及び損益計算書などの記載方法，配当規制に関する純資産から控除すべき金額，連結計算書類の記載方法などが定められた。

　このような一連の商法改正を経てから，平成17年7月に会社法が成立し，平成18年2月に「会社計算規則」が制定された。その結果，資本の部はかなり変容し純資産の部と呼ばれるようになった。本章ではドイツの商事資本会計制度を概観し，わが国の会社法における資本会計制度とを比較する。

第2節　ドイツ商法における資本の分類

　まず最初にドイツにおける資本の部に関する分類について取り上げる。これを規定するのは商法第266条3項である。それによると，自己資本は次のように分類される。

　引受済資本金・資本準備金・利益準備金（(1) 法定準備金（gesetzliche Rücklage）・(2) 自己持分準備金（Rücklage für eigene Anteile）・(3) 定款準備金（satzungsmäßige Rücklagen）(4) その他の利益準備金（andere Rücklagen））・繰越利益（繰越損失）・年度剰余額（年度欠損額）

　このように自己資本は引受済資本金・資本準備金・利益準備金・繰越利益または繰越損失・年度剰余額または年度欠損額の5つに分類される[1]。この特徴は，わが国と同様に引受済資本金，つまり資本金を除く部分がその発生源泉別による分類ベースで資本準備金と利益準備金に分かれている点である。このうちで株主の払込資本系列に属する資本準備金が利益準備金よりも前に位置し，拘束性の高い配列となっている。また，繰越損益と年度剰余額（または年度欠損額）を利益準備金から独立させるのも特徴である。年度剰余額に関する利益処分後の結果を示した貸借対照表利益もしくは貸借対照表損失（Bilanzverlust）の表示も認められる（商法第268条1項）。

第3節　引受済資本金

1　株式と資本金

　ドイツ商法では，株式会社は株式に分割された資本金（Grundkapital）を有する制度である（株式法第1条2項）。わが国の会社法では以前から資本金と株式が切断されているけれども，ドイツでは株式と資本金は依然として密接な関係を有している。ドイツの最低資本金は5万ユーロである（株式法第7条）。わが国では会社法の制定に伴い，この最低資本金制度を廃止した。株式には券面額のある額面株式（Nennbetragsaktien）と，それのない無額面株式（Stückaktien）とがある。この無額面株式は1998年に導入され，それ以前は額面株式しか認めら

れていなかった。額面株式の最低券面額は1ユーロを下回ってはならず（株式法第8条2項1文），額面金額未満の発行は禁止される（株式法第9条1項）。無額面株式についても額面株式と同様に資本金と関係づけられ，無額面株式の発行による資本金の額をその株数で除した1株あたりの資本金を算出し，それは1ユーロを下回ってはならない（株式法第8条3項）。1株あたりの資本金を下回る無額面株式の発行も認められない（株式法第9条1項）。このように無額面株式といっても，額面に相当する金額が算出される点で，それは不真性無額面株式（unechte nennwertlose Aktien）と呼ばれる[2]。同一企業で額面株式と無額面株式との併存は認められず，どちらかのタイプを選択する必要がある。

資本金の額は定款に記載し（株式法第23条2項3号），さらにこの資本金を額面株式についてはその額面金額とその株数，無額面株式についてはその種類があればその株式の種類とその株数を記載する（株式法第23条3項4号）。この資本金は貸借対照表において引受済資本金として表示する（株式法第152条1項1文）。

2　引受済資本金の表示

引受済資本金は，株主の有限責任を前提とする株式会社において債権者保護の見地から会社財産の一定の金額の維持を図る制度である。未払込額は貸借対照表の借方側の固定資産の前に特別に表示しなければならない（商法第272条1項2文）。そのうちで払込請求済みの金額を明示する必要がある。まだ払込請求をしていない未払込額は引受済資本金から控除し，その差額を払込請求済資本金と表示することもできる（商法第272条1項3文）。引受済資本金の払込請求済で未払込額は流動資産のうちで債権その他の財産に表示する。

3　引受済資本金の増加

引受済資本金が増加するのは，次の4つのケースである[3]。
① 払込による資本金増加。これには金銭出資と現物出資とがある。
② 条件付資本増加のケース。この条件付資本増加（bedingte Kapitalerhöhung）は，株主総会の決議に基づいて会社が新株について与える転換権もしくは購入権を用いる資本金の増加である（株式法第192条1項）。転換社債や新株引受権付社債，従業員や役員に対する新株引受権の付与などがその典型で

ある。この条件付資本の額面金額は資本金の2分の1を上回ってはならず，さらに従業員及び役員に対する新株引受権の額面金額はその発行時点の条件付資本の10分の1を上回ってはならない（株式法第192条3項）。
③　認可資本の範囲における資本金増加。これに伴い，定款の定めで取締役に対して5年以内に一定の額面金額，つまり認可資本（genehmigtes Kapital）まで新株発行による資本金増加の権限を与えることができる（株式法第202条1項）。認可資本の額面金額は認可資本の権限の与えられる時点における資本金の2分の1を上回ってはならない（株式法第202条3項1文）。この認可資本による資本金増加の特別なケースは，従業員に対する株式の出資が年度剰余額の一部からカバーされる場合である。ここでは実際の出資はなされず，取締役及び監査役がその他の利益準備金に計上しうる年度剰余額によって資本金が増加する。この実施には無限定の適正意見による監査証明が前提となる（株式法第204条3項）。
④　準備金の資本金組入れによる資本増加。これは会社に何ら資金の流入を伴わない会社財産からの資本金増加である。株主総会の決議による資本準備金及び利益準備金の資本金組入れがこれである（株式法第207条）。この資本金組入れに際しては商法第272条2項1号から3号までの資本準備金と法定準備金の合計額が資本金の10分の1あるいは定款の定めのあるそれ以上の金額を超えている場合に限られる（株式法第150条4項）。他方，商法第272条2項4号の資本準備金及びその他の利益準備金は，資本準備金及び法定準備金の合計が資本金の10分の1もしくは定款の定めでそれ以上の額を上回っているときには，その全額を資本金に組み入れることができる（株式法第208条1項2文）[4]。

このほかに会社の合併等によっても資本金は増加する。

4　引受済資本金の減少

引受済資本金は次の3つの方法で減少する。1つは通常の減資である。2つめは簡易の減資（vereinfachte Kapitalherabsetzung）である。3つめは株式の消却（Einziehung von Aktien）である。

4.1 通常の減資

　通常の減資を実施するには資本金の4分の3以上を占める多数による総会の特別決議が必要である（株式法第222条1項）。この減額は株式の額面金額の引き下げあるいは無額面株式については1株当たりの資本の減額により実施される。但し，減資によって1株当たりのその金額が最低金額の1ユーロを下回ってはならず，1ユーロを下回るときには，株式の併合により減額される（株式法第222条4項）。通常の減資目的は原則として自由であるが，債権者保護手続を要する。減資に関する登記の公告後6ヶ月以内に債権者から申し出があったときには，会社は担保を提供しなければならない（株式法第225条1項）。有償減資による資本の払戻は債権者保護手続に対する特別規定を定めた通常の減資手続においてだけである。この有償減資で生じる減資差益は会社の部分清算 (Teilliquidation der Gesellschaft) と解され，株主に対して処分の対象となる[5]。この減資差益をさしあたり資本準備金に計上しておき，株主総会の決議でその処分をできる。その場合の資本準備金は商法第272条2項4号の資本準備金に該当し，同条2項1号から3号までの資本準備金とは異なり，拘束性がない資本準備金と解される[6]。これ以外に通常の減資は欠損填補の目的などにも実施することができる。これに伴う減資差益をひとまず資本準備金に計上し，株主総会の決議で株主に対する配当財源などにその処分を決定できる[7]。減資の目的が明確でないときには，あらためて株主総会の特別決議で減資差益の処分について決定する必要がある[8]。

4.2 簡易の減資

　簡易の減資は価値減少の相殺，その他の損失の補填，あるいは資本準備金の減少により資本金を減額させる場合である。ここでは減資の目的が限定されるとともに，後述する一定の要件を満たすことが条件である。この簡易の減資は，通常の減資と同様に資本金の4分の3以上の総会の特別決議を要するが，通常の減資と異なり債権者保護手続は要しない（株式法第229条3項）。それは会社の更生 (Sanierung) を目的とするからである。簡易の減資を実施するにあたっては，次の3つの要件を満たす必要がある。①繰越利益が存在しないこと，②あらかじめ利益準備金を取り崩すこと，③資本準備金と法定準備金の合計が

減資後の資本金の10分の1を上回るときには，その超過分を取り崩すこと，この3点である（株式法第229条2項）。簡易の減資に伴う資本金の減額，資本準備金及び利益準備金の取崩額は株主に支払うことができず，それらの金額は価値減少との相殺，その他の損失の補塡，資本準備金あるいは法定準備金への組入れ以外には利用できない（株式法第230条）。

例えば，資本金（額面金額）が120万ユーロ，資本準備金が20万ユーロであり，繰越損失が30万ユーロであったと仮定する。このケースでは③の要件があるため，繰越損失30万ユーロを塡補した後の資本金と資本準備金（この例では法定準備金はゼロ）との割合が10：1とならねばならない。したがって，120万ユーロ＋20万ユーロ－30万ユーロ＝110万ユーロに10／11を乗じた額，すなわち100万ユーロが減資後の資本金となる。その結果，減資すべき金額は20万ユーロで減資差益も20万ユーロ，資本準備金の取崩額は10万ユーロ，取崩後の資本準備金は10万ユーロとなる。この減資差益は未処分利益計算のプロセスを経て資本準備金に繰り入れられる（株式法第240条）。この簡易の減資で生じる減資差益は株主に対して配当規制される。

この簡易の減資に関しては，その他の利益準備金の法定準備金への組入れ及び資本金の減額による資本準備金への組入れについては，資本準備金と法定準備金の合計額が資本金の10分の1を上回ってはならない（株式法第231条1文）。これは，資本金が絶対的に必要な範囲までしか引き下げられないように制限を加えたもので，株主の利益に役立つ[9]。例えば，資本金が20万ユーロ，資本準備金及び法定準備金が0，繰越損失がないときに，減資に伴う資本準備金の繰入額は減資後の資本金の10分の1を上回ってはならないので，20万ユーロに11分の10を乗じた181,818ユーロまで減資できる。その結果，資本準備金への繰入額はその10分の1の18,181ユーロとなる。もし繰越損失が5万ユーロであれば，減資前の資本金からこの繰越損失を控除した差額，つまり15万ユーロに11分の10を乗じた136,364ユーロまで減資できる。その結果，繰り入れられる資本準備金はその10分の1の13,636ユーロとなる[10]。

減資を決議した年度及びそれ以降の2年間以内において，想定された価値減少及びその他の損失が実際には発生しなかったり，あるいは補塡されなかったときには，減資額を下回る損失額は資本準備金に組み入れねばならない（株式

法第232条)。この趣旨は，債権者保護の見地からこの過大となった損失の修正分が株主に配当されることを回避する点にある。この処理に基づき，簡易の減資がその分だけ実施されなかったのと同じ状態となる[11]。この資本準備金への繰入は，株式法第240条に従い，損益計算書のなかで利益準備金の取崩の次に，"簡易の減資に基づく規定による資本準備金の繰入"として示す。この場合，それが商法第272条2項で掲げる1号から4号までの資本準備金に該当するかについては，法は明言していない。少なくとも4号の資本準備金には該当しない[12]。

　簡易の減資後の資本準備金及び法定準備金の合計額が資本金の10分の1に達していないときには，利益配当はできない(株式法第233条1項)。また，減資後2年以上が経過しなければ，100分の4を上回る利益は分配できない(株式法第232条2項1文)。但し，債権者の債権が弁済されたり，あるいは担保の設定を受けたときには，この限りではない(株式法第232条2項2文)。

4.3 株式の消却

　株式の消却には強制消却と任意消却とがある。いずれの株式の消却とも通常の減資手続で実施されねばならない(株式法第237条2項)。但し強制消却は原始定款もしくは定款変更の決議で定められる。通常の減資手続に基づく株式の消却のほかに株式法第237条3項で規定する株式の消却も認められている。それは会社に無償で提供された株式の消却や，年度剰余額もしくはその他の利益準備金に基づくいわゆる株式の利益消却で，株主総会の普通決議で実施でき債権者保護手続を要しない(株式法第237条3項及び4項)。つまり簡易の株式利益消却制度である。

　簡易の減資手続により株式の利益消却目的で自己株式を取得したときには，引受済資本金からその自己株式の額面金額もしくは無額面株式の計算的価値(rechnerischer Wert)を控除した金額を貸借対照表に表示する(商法第272条1項4文)。これは1998年の「企業領域における統制及び透明化改善法」(Gesetz zur Verbesserung der Kontrolle und Transparenz im Unternehmensbereich)によって新たに設けられた規定である。その結果，自己株式を利益消却目的で取得したときには，それを額面法による処理を前提として貸借対照表上は引受済資本金のマイ

ナスとして表示する。いま，自己株式取得前の貸借対照表が以下のような状態であると仮定する。すなわち，諸資産が340万ユーロ，引受済資本金が200万ユーロ，資本準備金が50ユーロ，利益準備金が70万ユーロ，年度剰余額が20万ユーロであったとする。株式消却のために額面金額20万ユーロの自己株式を40万ユーロで取得したとすると，額面法により以下のように仕訳され，減資差損は利益準備金にチャージされる。

（借）自己株式（額面金額）	200,000	（貸）諸　資　産 　　　（現　　金）	400,000
利益準備金	200,000		

その結果，次の貸借対照表が作成される。

貸借対照表　　　　　　　　（単位：万ユーロ）

諸資産	300	引受済資本金 自己株式（額面金額）　20 資本準備金 利益準備金 年度剰余額	200 180 50 50 20
	300		300

出典：H. Adler, W. Düring, K. Schmaltz 編, Rechnungslegung und Prüfung der Unternehmen, 補巻, 第6版, Stuttgart, 2001年, 107頁。

減資により自己株式を消却したときには，額面金額に相当する自己株式も同様に利益準備金と相殺されると同時に，引受済資本金の減少額を債権者保護の見地から資本準備金に組み入れる（株式法第237条5項）。その仕訳を示すと，以下の通りである。

（借）利益準備金	200,000	（貸）自己株式	200,000
引受済資本金	200,000	減資差益	200,000
減資差益	200,000	資本準備金	200,000

ドイツ株式法では株式と資本は連動しているので，株式の消却に伴い，引受済資本金は減少する。その結果として生じる減資差益は，債権者保護の見地から資本準備金に振り替えられる[13]。これに基づき，貸借対照表は以下のようになる。

貸借対照表 (単位：万ユーロ)

諸資産	300	引受済資本金	180
		資本準備金	70
		利益準備金	30
		年度剰余額	20
	300		300

出典：H. Adler, W. Düring, K. Schmaltz 編，前掲書，107頁。

なお，自己株式を取得して株式の消却が実施されず，それを転売したときには，自己株式の取得価格とその額面金額または無額面株式の計算的価値との差額はその他の利益準備金と相殺されねばならず，その他の利益準備金でも相殺できない差額は，当期の費用に計上されねばならない（商法第272条1項5文及び6文）。したがって，上記の自己株式（額面金額20万ユーロ，取得価格40万ユーロ）を15万ユーロで売却したときには，額面法による処理に基づくので，次のように仕訳される。

（借）現　　　　金　150,000　（貸）自己株式　200,000
　　　その他の利益準備金　50,000

もし，その他の利益準備金が3万ユーロしかないときには，差額の2万ユーロについては当期の費用に計上する。

4.4 減資差益の処理

減資による金額は，損益計算書のなかで利益準備金の取崩額の後に，"減資差益"（Ertrag aus Kapitalherabsetzung）として表示する（株式法第240条1文）。この規定によると，株式法第158条1項における損益計算書では貸借対照表利益のなかに減資差益は加算して示される。一方，既述のように株式法第229条1項による簡易の減資に伴う資本準備金の繰入及び株式法第232条による過大となった損失の資本準備金の繰入については，損益計算書のなかで前期繰越利益の後で貸借対照表利益の前に貸借対照表利益を減額する形で示す（株式法第240条2文）。このように，通常の減資に伴う減資差益は貸借対照表利益のなかに含まれる[14]。その結果，この減資差益は株主への配当財源となりうる。これに

対して，簡易の減資及び簡易の株式利益消却による減資差益は資本準備金に繰り入れられるので，その減資差益は配当財源とはならない。

第4節　資本準備金

1　資本準備金の種類

　商法第272条2項は資本準備金として表示しなければならない項目を4つ指摘する。その1号は，株式発行に際して額面金額を超えるプレミアム，額面金額がなければ計算的価値を超えて得られた金額である。つまり，額面超過金と，無額面株式の発行価額のうちで計算的価値を超える金額，つまり株主による払込資本のうちで引受済資本金とならなかった金額である。2号は，転換社債及び新株引受権付社債の発行に伴い，持分の取得で得られた金額である。このなかには，額面発行であっても，市場利子率よりも当該社債の利子率が低い場合も含まれる[15]。3号は，持分の優先権の授与に対しての追加払込額である。4号は，出資者が自己資本に支払うその他の追加払込額である。

　この資本準備金に計上されるのは営業上の成果ではなくて，持分所有者による資本払込に基づいて引受済資本金に属さない項目である。但し，「持分所有者の給付であっても，それが損失の発生やその予測あるいは一定の費用を相殺する目的でなされるときには，資本準備金には示されるべきではない。利益補助として支払われた金額自体は成果作用的に処理され，損益計算書に示されねばならない[16]。」

2　商法第272条2項4号の資本準備金

　4号の資本準備金に関して第1は，株主が自己資本のなかに提供する追加払込額，つまり金銭もしくは現物による給付が含まれる。現物は財産対象物（Vermögensgegenstand）でなければならない。債権の譲渡がそれに含まれるか否かは見解が分かれる[17]。1つは，資本調達に関する法規定（株式法第36a条）に基づいて，その債権が引受済資本金の補填に適さないので，その債権譲渡を資本準備金に計上することを否定する見解である。もう1つは，会社への債権譲

渡が資産化しうる出資者の給付であれば，それに伴う資本準備金を計上すべきとする見解である。

第2は，出資者による補助金を資本準備金に計上するためには，その追加払込額が資本の払込みとしての性質をもつものでなければならない[18]。利益補助としての性質をもつ場合には，利益処分の決議を経た場合にのみ，利益準備金に計上されねばならない。ここで問題なのは，追加払込額に関して成果中立的な資本補助金，すなわち資本の払込みの性質をもつのか，それとも成果作用的な補助金になるのかについての判断基準である。この点について，通説では補助金提供者のその目的設定（Zwecksetzung）が重要となる[19]。例えば，欠損塡補もしくは損失の相殺を目的とした補助金であれば，債権放棄や会社更生のための補助金を含めて，4号の資本準備金に計上する必要はなく，直接的に利益として計上できる。このほかに，4号の資本準備金に計上した後で，直ちにそれを損失補塡の目的で取り崩すことも認められる。なお，補助金の目的が明確でないときには，それを追加払込額として自己資本のなかに表示すべきとする説と，出資者が明確に自己資本への追加払込の意思を説明すべきとする説とがある[20]。補助金提供者の目的設定を重視するこの見解のほかに，出資者の補助金が会社関係に根拠づけられるときには，常にそれを成果中立的に取り扱うべきであるとする見解もある[21]。

第3は，配当可能利益の資本準備金組入れ（Schütt-aus-hol-zurück-Verfahren）である。これは配当可能利益を資本金ではなくて商法第272条2項4号の資本準備金に組み入れる場合である[22]。わが国にこの制度はない。わが国の会社法ではその他利益剰余金を減少させて発生源泉を同じとする利益準備金を増加させることができるが，その他利益剰余金を減少させて資本準備金を増加させることはできない（会社計算規則第51条1項）。

第4は，隠れた出資には次の2つの見解がある。1つは，出資者による給付ないし追加払込がなされねばならないという立場から，隠れた出資について否定すべきとする見解である[23]。もう1つは，それを容認し，資本準備金に計上すべきとする見解である。例えば，ある出資者が会社に対してある資産の時価以下でそれを売却したケースを例にとると，これには次の2つの処理法がある。1つは購入した事実上の対価でその資産の取得原価で計上する処理法であ

る。もう1つは，当該資産を時価で評価し，この時価と事実上の取得原価との差額を商法第272条2項4号の資本準備金とみなす処理法である。この2つの処理法のうちで，ティーレは取得原価主義を前提とすれば前者の処理法が妥当するが，しかしこのケースでは取得原価主義に対する客観的裏付けはないと解する。会社と出資者との間には購入契約に関する利害の対立はないからである。当該資産の時価と事実上の取得原価との差額を4号の資本準備金に計上すべきであると主張する[24]。

第5節 利益準備金

1 法定準備金

法定準備金は，年度剰余額から繰越損失を控除した額の20分の1を，商法第272条2項1号から3号までの資本準備金と合わせて，資本金の10分の1に達するまで積み立てねばならない（株式法第150条2項）。この法定準備金[25]はわが国の会社法上の利益準備金に相当する。定款に別段の定めのあるときには，法定準備金の設定金額を資本金の10分の1よりも高く設定することもできる。この点で問題となるのは，資本金の10分の1をどの程度超えてまで定款で法定準備金を設定しうるかである。これについて通説は資本金の何倍も法定準備金を設定することには否定的である。その理由は，株式法第58条2項3文に従い，定款による留保利益の拡大に制限を加える面から，年次決算書の確定に際して少なくとも資本金の額を超える法定準備金を定款で定めるのは無効とされる[26]。

また，法定準備金は追加的に利益処分の段階でも設定できる[27]。

2 自己持分準備金

自己持分準備金は，会社が自己持分に相当する金額を資産側に計上したときには設定される準備金である。ドイツ商法でいう自己持分，つまり株式会社における自己株式は有価証券として処理される（商法第266条2項）。この自己株式の取得[28]は経済的には資本の返済であるので，資産化された自己株式の取得原価に等しい金額について配当規制（Ausschüttungssperre）がある。これが自己

持分準備金の役割である。この設定に際しては，貸借対照表利益もしくは処分可能な利益準備金が利用される。繰越利益も自己持分準備金の設定に利用できる[29]。

その点に関して問題となるのは，株式法第150条1項及び2項に基づく法定準備金の設定が自己持分準備金の設定に優先するのか否かである。法定準備金の設定はもはや自由なものとは解されず，したがって法定準備金の設定について年度剰余額が不十分であれば，自己持分準備金の設定は不可能と解される[30]。逆に法定準備金の設定が可能であれば，自己持分準備金の設定により貸借対照表損失を結果的にもたらすとしても認められる。年度剰余額が1,000万ユーロ，繰越損失が100万ユーロ，処分可能な利益準備金がなく，当期に設定すべき法定準備金は年度剰余額から繰越損失を控除した金額の5％である45万ユーロ，自己持分準備金の設定額が1,000万ユーロとすると，貸借対照表損失は145万ユーロ（1,000万ユーロ－100万ユーロ－45万ユーロ－1,000万ユーロ）となる。

この自己持分準備金の取り崩しは，その自己持分の発行，売却，消却，さらに商法第253条3項に基づいてより低い価値で評価される場合に限られる（商法第272条4項2文）。

3 定款準備金

定款もしくは契約により，それ以外の利益準備金を設定したのが定款準備金であり，積立金設定に対する拘束力のある義務に基づく。その結果，単に利益準備金の設定に対する権限を含み，判断を伴う準備金としての定款規定ないし会社契約規定は定款準備金の設定ではない。それは後述するその他の利益準備金に該当する。ドイツ株式法においては，貸借対照表の作成に際して年度剰余額の処分を認められている（商法第268条1項1文）。その場合，取締役及び監査役が年次決算書を確定するのか（株式法第172条），それとも株主総会がそれを確定するのか（株式法第173条）を区別しなければならない。前者においては，定款は取締役及び監査役に対して年度剰余額の2分の1を上限とする金額に関する処分権限を与えることができる（株式法第58条2項1文）。この準備金は定款に基づくけれども，上述の原則に従い定款準備金ではなくて，その他の利益準備金に属する。これに対して，後者のように株主総会が年次決算書を確定する場

合，株式法第58条1項に基づく定款は利益準備金の計上に対する義務を含みうるので，それは定款準備金に該当すると解釈できる[31]。しかし，この点に関して株式法第58条1項1文及び2文はそれについても同じくその他の利益準備金への計上を指示する。

株主総会の決議で貸借対照表利益の処分について株式法第58条3項に従い，それ以上の金額を利益準備金に計上しうるが（株式法第174条），この準備金には計上選択権があるので，その他の利益準備金に含まれる。

4 その他の利益準備金

その他の利益準備金が設定されるケースは以下の通りである。第1は株式法第58条1項に基づき株主総会が年次決算書を確定する場合に限り，定款は年度剰余額の一部をその他の利益準備金に計上できる。これは年次決算書の確定に基づくその他の利益準備金の設定である。定款によるこの定めの場合には，年度剰余額の2分の1以内でその他の利益準備金を計上できる（株式法第58条1項2文）。但し，あらかじめ設定すべき法定準備金と繰越損失を年度剰余額から控除しておく必要がある。

第2は，株式法第58条2項に基づき，取締役及び監査役が年次決算書を確定する場合，年度剰余額の2分の1を上限としてその他の利益準備金に計上できる。年度剰余額の2分の1を上回る金額もしくはそれを下回る金額でその他の利益準備金の設定に対する権限を取締役及び監査役に付与することを定款で定めることができる（株式法第58条2項2文）。この規定はあくまで取締役及び監査役に対して準備金設定に関する権限を付与したもので，その義務を示したものではない。したがって，取締役及び監査役がその権限を行使して利益準備金を設定するか否かはその判断に委ねられている。但し，これまでは上場企業に限りその2分の1を上回る金額しか定めることはできなかったが，2002年の株式法改正でその規制は解除された。定款の定めにより取締役及び監査役がその他の利益準備金を設定できるのは，その他の利益準備金が資本金の2分の1を超過していない場合，あるいはその他の利益準備金を設定した結果，それが資本金の2分の1を超えていない場合に限られる（株式法第58条2項3文）。

第3は，株式法第58条2a項により資産の価額取り戻し（Wertaufholung）を実

施した項目や，準備金的性質を有する項目に表示してはならない税法上の利益測定から設定された消極項目をその他の利益準備金に計上できる。

　第4は，株式法第58条3項により株主総会の決議により貸借対照表利益の処分の範囲でその他の利益準備金を計上できる。株主は貸借対照表利益に対する請求権を有する（株式法第58条4項）。

5　準備金の取崩

5.1　資本準備金と法定準備金の取崩

　準備金の取崩のうちで，まず資本準備金と法定準備金の取崩に関して取り上げる。

　商法第272条2項の資本準備金のうち1号から3号までの資本準備金と法定準備金については，欠損塡補と資本金組入れ以外には取り崩すことができず，配当規制の対象となる。但し，その取崩には条件がある。商法第272条2項1号から3号までの資本準備金と法定準備金の合計額が資本金の10分の1または定款の定めでそれ以上の金額を下回るときには，①当期欠損額を繰越利益及びその他の利益準備金で塡補できないとき，②繰越欠損額を年度剰余額及びその他の利益準備金で塡補できないときに限り，上述の資本準備金及び法定準備金を取り崩すことができる（株式法第150条3項）。

　これに対して，1号から3号までの資本準備金と法定準備金の合計額が資本金の10分の1または定款の定めのあるそれ以上の金額を上回るときには，その超過額を以下のケースで取り崩すことができる（株式法第150条4項）。①年度欠損額が前期繰越利益で塡補できないとき，②繰越損失を年度剰余額で塡補できないとき，③資本金に組み入れるときの3つのケースである。但し①及び②のケースでは，同時に利益準備金が利益配当に取り崩されるときには，その超過額の取崩は認められない（株式法第150条4項2文）。欠損塡補により資本準備金を取り崩すときには，損益計算書のなかで前期繰越利益の後で利益準備金取崩の前に表示する（株式法第158条1項）。

　商法第272条2項1号から3号に該当しない資本準備金，つまり4号の資本準備金について株式法第150条は何ら触れていない。このため，4号の資本準備金については特に配当規制はなく，株主総会の決議で取り崩すことができ

る⁽³²⁾。

問題は，簡易の減資及び株式の消却に伴う資本準備金に関する現行株式法上の取扱に関してである。1965年旧株式法第150条における法定準備金のなかには，簡易の減資及び株式の消却に基づく資本準備金も含まれていた。しかし，現行株式法第150条ではそれが削除された。その結果，その資本準備金（現行株式法第232条及び第237条5項）が従前通り株式法第150条で配当規制の対象となる資本準備金に属するのか否かである。この点に関して，旧株式法と同様に解すべきであるというのが通説である。ただ，その考え方は若干異なる⁽³³⁾。1つは，新株式法への改訂の際にそれを含めることを編集上ミスして削除してしまったという考え方である。もう1つは，もし株式法第232条及び第237条に基づいて拘束を解いた金額を株主に配当として処分すると仮定すれば，それは債権者保護に反する結果となり，認められないとする考え方である。いずれの見解にせよ，そこでは簡易の減資及び株式の消却に基づく資本準備金は旧株式法と同様に資本準備金に含まれ，配当規制がある。なお，このタイプの資本準備金は商法第272条の1号から4号までの資本準備金に該当せず，これとは別に株式法上の特別規定から計上される。

法定準備金と資本準備金の合計が資本金の10分の1（もしくは定款に定めのあるそれを上回る金額）を下回るときには，この合計額を，前期繰越利益が年度欠損額を填補できずその他の利益準備金の取り崩しによってもなお填補できない場合，あるいは年度剰余額が前期繰越損失を填補できずその他の利益準備金の取り崩しによってもなお填補できない場合に処分できる（株式法第150条3項）。いずれのケースもあらかじめその他の利益準備金は取り崩されねばならない。その唯一の例外は自己持分準備金である。この自己持分準備金の取崩については会社法上のリスクに対して設定されたもので，欠損填補に用いることは予定されていない⁽³⁴⁾。

これに対して，法定準備金及び資本準備金の合計が資本金の10分の1（もしくは定款の定めでそれ以上の金額）を上回るときには，その超過額を，前期繰越利益が年度欠損額を填補できない場合，あるいは年度剰余額が前期繰越損失を填補できない場合に処分できる（株式法第150条4項1文1号及び2号）。このケースではいずれも取り崩し可能なその他の利益準備金が存在しても，その超過額の

処分が可能である。但し，利益準備金を同時に利益配当に取り崩すときには，その超過額を年度欠損額及び繰越損失の塡補に取り崩してはならない（株式法第150条4項2文）。これにより法定準備金を用いて利益が分配されうることを回避することができる[35]。

なお，資本準備金及び利益準備金については，資本金に組み入れることもできる（株式法第208条1項）。但し，貸借対照表が繰越損失を含めて損失を示す場合には，資本準備金及び利益準備金を資本金に組み入れることはできず，利益準備金の資本金組入れに関してはその取崩がその目的に合致している場合に限られる（株式法第208条2項）。わが国の会社法ではこの利益準備金の資本金組み入れは新たに認められなくなった。

5.2　準備金の取崩順序

法定準備金及び資本準備金を取り崩す場合，どちらを先に優先させるのかが問題となる。この点に関して，1つには法定準備金を先に取り崩し，その後で資本準備金を取り崩すという考え方がある。法定準備金は資本準備金と並んでその設定に際して変動しうる調整項目であるので，法定準備金をまず取り崩すのが妥当であるというのがその理由である。企業はその経済的リスクを何よりも営業活動から稼得された準備金で負担しなければならず，それが足りない場合にのみ，株主の出資で補塡すべきであるという別の見解もある。

しかし，法はそのような準備金の取崩についての順序に関しては特に明言していない。株式法第158条1項によれば，年度利益について年度剰余額から貸借対照表利益への方向で表示されており，資本準備金の取崩が法定準備金よりも優先する。ここでは貸借対照表利益が重要であり，取崩に関する順序をその点から導き出すことはできない[36]。

第6節　ドイツ商事資本会計制度の特徴

以上の考察から，ドイツにおける商事資本会計制度の特徴をわが国のそれと比較する。

第1は，ドイツでは伝統的に株式会社の本質を株式に分割された資本金を有

するものと解されているため，資本金と株式は連動しており，両者の関係はきわめて緊密である。これに対して，わが国の商法の場合では戦後から資本金と株式は切断されており，両者の直接的な関係はない。この点でドイツとわが国とは対照的である。また，ドイツでは依然として最低資本金制度が堅持され[37]，わが国では会社法の制定に伴い，これは廃止された。

第2は，1998年になってドイツでは額面株式以外にようやく無額面株式の発行が認められるようになった。わが国に比較して無額面株式の発行はかなり遅い。しかも無額面株式といっても，その発行価額をその株数で除して額面株式の券面額に相当する1株当たりの資本金の額を算出する点で，不真性無額面株式としての性質を有する。わが国では，株式は完全に無額面株式に一本化され，額面株式が消失したのとかなりの違いがある。

第3は，ドイツ商法における資本の部はすでにその発生源泉別分類を前提としており[38]，わが国の改正商法も資本の部は資本金，資本剰余金及び利益剰余金による分類となった[39]。したがって，これはある意味でドイツ商法的あるいは，より正確にいえばEU会社法指令的な資本の部の分類となったともいえる。

第4は，年度剰余額（但し繰越損失をマイナス）の5％を資本金の10分の1に達するまで資本準備金と合わせて設定するドイツ株式法上の法定準備金の設定方法は，かつての明治32年商法から昭和25年改正前商法までと同様に，基本的にわが国の会社法における利益準備金の設定方法と全く同じになった。ただわが国では資本金の4分の1に達するまで設定しなければならず，ドイツに比べて設定金額が高いのが特徴である。もっとも，ドイツ株式法では定款の定めで資本金の10分の1よりも高く設定できるので，これを設ければ両者の差はそれほど大きくならない可能性がある。

第5は，自己株式は，利益消却目的による自己株式の取得を除き，従来通り原則として資産として取り扱われており，その取得により配当規制のために自己持分準備金が設定される。この資産としての処理方法はわが国でもかつて伝統的に旧商法では継承されていたが，会社法では自己株式は株主資本のマイナスとして処理される。

第6は，減資差益の処理に関して債権者保護の手続を要しない簡易の減資及

び株式の利益消却による減資差益は利益処分計算のプロセスで資本準備金に繰り入れられるので，株主に対する配当財源とはならず配当規制される。これに対して，債権者保護手続を要する通常の減資において有償減資で生じる減資差益については，直ちに株主に払い戻すことができる。このほかに，一時的に拘束性のない資本準備金に計上しておき，あらためて株主総会の決議でその処分を決定することもできる。この点は通常の減資に基づく欠損塡補を目的とした無償減資で生じる減資差益についても同様である。一方，わが国の会社法では有償減資であれ無償減資であれ，債権者保護手続が必要である。そして，その手続を経て生じる減資差益は，その種類を問わず直ちにすべて株主の配当財源として処分の対象となる[40]。但し，会社法では減少する資本金の額の全部またはその一部を資本準備金とすることも新たに認められるようになった（会社法第447条1項・会社計算規則第49条1項）。

第7は，株式の無償消却及び利益消却に関してドイツでは資本金と株式が連動しているので，消却された株式に相当する資本金の減少額を資本準備金に組み入れる。わが国の会社法では株式の消却は自己株式の消却だけとなり（会社法第178条1項），この自己株式以外の株式を消却するときには，消却目的の自己株式の取得と自己株式の消却との二取引に分解される。資本金と株式が切断しているわが国では，自己株式を消却しても資本金は減少せず，その他資本剰余金がまず減少し，その残額がマイナスの値となるときにはその他利益剰余金が減少する（会社計算規則第47条3項）。

第8は，ドイツ商法第272条2項で掲げる資本準備金のうちで，4号の資本準備金については1号から3号までのそれと異なり，株主が払い込んだ資本であるけれども，年次決算書の確定段階でいつでも取り崩して配当財源とすることができる。わが国の会社法では資本準備金の構成内容について区別しておらず，しかも原則として資本準備金について配当規制している。しかし，資本準備金を減少させた金額が欠損の額を超えないときには，その準備金の減少をその他資本剰余金の増加とすることができ，その結果として株主に対する剰余金の配当財源にできる（会社計算規則第448条1項・第449条1項2号）。これに対して，ドイツ株式法では法定準備金，商法第272条2項1号から3号までの資本準備金及び株式法上の資本準備金（簡易の減資で生じる減資差益）については配当規制

がある。この点では，わが国の会社法はドイツ法よりも資本準備金に関して配当規制の面で緩和している。

　第9は，資本準備金及び法定準備金に資本金組入れに関してドイツではその合計が資本金の10分の1を超えている場合にのみ実施できるが，わが国ではそのような制限はない。但し，会社法の制定に伴い，資本準備金の資本金組入れは認められるが，しかし利益準備金の資本金組み入れは認められない（会社計算規則第49条1項・第51条）。また，ドイツ法では配当可能利益の資本準備金組入れ制度もある。わが国ではその他利益剰余金の利益準備金への振り替えや，その他資本剰余金の資本準備金への振り替えは発生源泉を同じとするので認められるが，その他利益剰余金の資本準備金への振り替え，あるいはその他資本剰余金の利益準備金への振り替えは発生源泉を異にするので認められない。

　第10は，取締役及び監査役が基本的には年度剰余額を確定することができ，しかもその2分の1まで取締役及び監査役は利益処分の権限も有する。わが国では，原則として株主総会が剰余金の配当に関する権限を有している（会社法第454条）。但しその例外も認められている。すなわち会計監査人設置会社であって，取締役の任期が1年を超えず，監査役会設置会社または委員会設置会社である場合には，定款の定めで取締役が剰余金の配当について決定できる（会社法第459条1項4号）。このような分配特別規定を定款で定めたときには，会計監査報告の内容として会計監査に関して無限定適正意見が示されており，しかも監査役会または監査委員会の監査報告の内容について会計監査人の監査の方法または結果を相当でないと認める意見がない場合に，その剰余金の分配決議決定の効力が認められる（会社計算規則第183条）。つまり，取締役会は一定の条件のもとで利益処分の権限も有することになり，株主総会には単にそれについて報告すればよくなったのである。このような取締役会による利益処分権限の付与はドイツと同様となった。しかし，ドイツ法ではわが国の会社法と違って，年度剰余額の2分の1に限り利益処分の権限を付与しているにすぎない[41]。その結果，一定の条件付ながら，取締役会の利益処分の権限はドイツ法よりもかなり拡大したといえる。なお，ドイツでは年次貸借対照表もしくは中間貸借対照表の作成において損失が資本金の2分の1に達することが明らかとなったり，あるいはそれが義務を伴う判断において仮定されねばならないときには，

取締役は遅滞なく株主総会を招集し，その旨を報告しなければならない（株式法第92条1項）。このような規定はわが国の会社法にはない。

以上要するに，ドイツ商事資本会計制度の内容を検討した結果，最低資本金制度をはじめ額面株式制度や自己株式を資産とみなす取扱を除くと，利益準備金の設定方法といい，資本準備金に関する配当規制といい，それはおおむねわが国の会社法における資本会計制度と類似しているともみることができる。

注

（1） ドイツ資本制度の概要については，小林量「ドイツとフランスの資本制度」『商事法務』第1601号，平成12年7月，27-35頁参照。
（2） H. Adler・W. Düring・K. Schmaltz 編, Rechnungslegung und Prüfung der Unternehmen, 補巻，第6版, Stuttgart, 2001年, 110頁。
（3） H. Adler・W. Düring・K. Schmaltz 編, Rechnungslegung und Prüfung der Unternehmen, 第5巻，第6版, Stuttgart, 1997年, 317頁以下。
（4） H. Adler・W. Düring・K. Schmaltz 編，前掲書注（3）323頁。
（5） B. Kropff・J. Semler, Münchener Kommentar zum Aktiengesetz, 第7巻，第2版, München, 2001年, 8頁。
（6） W. Zöllner, Kölner Kommentar zum Aktiengesetz, 第5／1巻，第2版, Köln・Berlin・Bonn・München, 1995年, 668頁。
（7） H. Adler・W. Düring・K. Schmaltz 編, Rechnungslegung und Prüfung der Aktiengesellschaft, 第1巻，第4版, Stuttgart, 1968年, 120・121頁。
（8） B. Kropff・J. Semler, 前掲書注（5），17頁。
（9） H. Adler・W. Düring・K. Schmaltz 編，前掲書，第4巻, Stuttgart, 1996年, 442頁。
（10） H. Adler・W. Düring・K. Schmaltz 編，前掲書注（9），445-446頁。
（11） H. Adler・W. Düring・K. Schmaltz 編，前掲書注（9），450頁。
（12） H. Adler・W. Düring・K. Schmaltz 編，前掲書注（9），457頁。
（13） H. Adler・W. Düring・K. Schmaltz 編，前掲書注（2），107頁。
（14） H. Adler・W. Düring・K. Schmaltz 編，前掲書注（3），325頁。
（15） H. Adler・W. Düring・K. Schmaltz 編，前掲書注（3），351頁。
（16） H. Adler・W. Düring・K. Schmaltz 編，前掲書注（3），338頁。
（17）～（19） H. Adler・W. Düring・K. Schmaltz 編，前掲書注（3），357頁。
（20） H. Adler・W. Düring・K. Schmaltz 編，前掲書注（3），358頁。
（21） S. Thiele, Das Eigenkapital im handelsrechtlichen Jahresabschluß, Düsseldorf, 1998

年，196・198頁。
(22) H. Adler・W. Düring・K. Schmaltz 編，前掲書注（3），339・356頁。K. Küting・C. P. Weber, Handbuch der Rechnungslegung, 1a, 第 1 版, Stuttgart, 1995年，1549頁。
(23) H. Adler・W. Düring・K. Schmaltz 編，前掲書注（3），357頁。
(24) S. Thiele, 前掲書注（21），200頁。
(25) 1965年旧株式法第150条においては，法定準備金はわが国の平成13年改正前商法と同様に，株主の払込剰余金だけでなく，利益準備金も含んでいたが，1985年の商法改正により，わが国の利益準備金に相当するものだけを法定準備金と呼ぶことになり，株主の払込剰余金は除外されることになった（商法第272条 3 項）。
(26) H. Adler・W. Düring・K. Schmaltz 編，前掲書注（9），235頁。
(27) H. Adler・W. Düring・K. Schmaltz 編，前掲書注（3），361頁。
(28) 株式法第71条では，自己株式の取得について以下のケースのみに認めている。
①重大で間近に迫っている会社の損害を回避する場合，②従業員に株式を提供する場合，③支配契約や買収により取得する場合，④無償で取得が行われたり，あるいは金融機関が取得に関して購入委託を実施する場合，⑤包括的権利継承がある場合，⑥減資に関する規定に基づいて株式を消却する場合，⑦金融機関等が株主総会の決議で有価証券の売買目的のために自己株式を取得する場合，⑧18ヶ月以内に株主総会の権限で資本の10分の 1 を超えない範囲で資本の持分並びに最低の対価及び最高の対価を定める場合
(29) H. Adler・W. Düring・K. Schmaltz 編，前掲書注（3），374頁。
(30) H. Adler・W. Düring・K. Schmaltz 編，前掲書注（3），375頁。
(31) H. Adler・W. Düring・K. Schmaltz 編，前掲書注（3），362頁。
(32) W. Zöllner 編，前掲書注（6），第 4 巻，第 2 版，Köln・Berlin・Bonn・München, 1992年，447頁。A. G. Coenenberg, Jahresabschluß und Jahresabschlußanalyse, 第17版, Landsberg am Lech, 2000年，291頁。
(33) H. Adler・W. Düring・K. Schmaltz 編，前掲書注（3），238頁。
(34) H. Adler・W. Düring・K. Schmaltz 編，前掲書注（3），242頁。
(35) H. Adler・W. Düring・K. Schmaltz 編，前掲書注（3），243頁。
(36) H. Adler・W. Düring・K. Schmaltz 編，前掲書注（3），246頁。
(37) この最低資本金制度は特に中小企業の場合において有限責任に対する代償（Preis）であり，この最低資本金で資本会社を設立するときには，不採算事業に対する一定の防止策として役立ち，ひいては倒産の確率及び予測される倒産コストの低減につながるメリットがある。このため，この最低資本金制度を今後も堅持すべきであるという見解がドイツでは依然として有力である（H. Eidenmüller・B. Grunewald・U. Noack, Das Mindestkapital im System des festen Kapitals, in : M. Lutter 編, Das Kapital der Aktiengesellschaft in Europa, Berlin, 2006年，所収，21・24・40頁）。

(38) 1978年EC会社法第4号指令第9条によると，資本の部は次のように分類される。引受済資本金，プレミアム（Agio），再評価準備金，準備金，繰越利益，当期利益である。このうちで準備金は法定準備金，自己持分準備金，定款準備金，その他の準備金に細分される。この分類は資本の発生源泉による分類を想定している。

(39) 会社計算規則では財務諸表等規則に合わせて資本の発生源泉を重視した株主資本の分類となった。しかし，会社法上では剰余金の額を貸借対照表で直接的に明示する必要があるという立場に立てば，旧計算書類規則と同様に株主資本の分類を資本金・法定準備金・剰余金にまず大別し，この剰余金の内部をその発生源泉により"その他資本剰余金"と"その他利益剰余金"に細分することもそれなりの意味を有すると考えられる。

(40) この詳細は第6章参照。

(41) この点に関してドイツ株式法には次の規定がある。すなわち，株主総会が貸借対照表利益に基づいて利益準備金を計上したり，あるいは法または定款で株主に分配できる利益を繰越した場合に，その計上もしくは繰越利益が合理的な商人の判断に必要なく，それに伴い株主に対して少なくとも資本金の4％の利益が配当されないときには，貸借対照表利益の処分に関する決議の取消権がある（株式法第254条）。

第3章 ドイツ税務資本会計制度

第1節　序

　周知の通り，ドイツにおいて税務貸借対照表の作成にあたっては商事貸借対照表を基礎とする考え方が伝統的である。これを基準性原則[1]という。その根拠となるのが所得税法第5条1項の規定である。これによれば，事業を営む者は商法上の正規の簿記の諸原則（Grundsätze ordnungsmäßiger Buchführung ; GoB）を拠り所としなければならないからである。その結果，税務上の自己資本も一義的には商法上のそれに規制される関係にあるといってよい。しかし，法人税法が想定する自己資本は必ずしも商法上のそれは厳密には一致しないのである。本章では，ドイツ法人税法上の自己資本の構成内容について検討する。

第2節　商法上の自己資本の内容

　商法第266条は自己資本の分類[2]を示している。それによると，前章で触れたように，自己資本は引受済資本金・資本準備金・利益準備金（法定準備金・自己持分準備金・定款準備金・その他の利益準備金）・繰越利益／繰越損失・年度剰余額／年度欠損額に分類される。このうちで引受済資本金はわが国の資本金に相当する。資本準備金に計上されるのは以下の4つである（商法第272条）。
① 持分発行に際して額面金額を上回る払込額
② 新株予約権の発行で得られる金額
③ 持分に対する優先株の付与に対して出資者が支払う追加払込額
④ 出資者が自己資本に払い込むその他の追加払込額
　利益準備金のうちで法定準備金はわが国の利益準備金制度に相当する。この

設定及び取り崩しについては利益処分の段階で行われる。年度成果の一部を処分したときには，年度剰余額及び繰越利益の表示に代えて貸借対照表利益が示される。

第3節　税務上の自己資本の構成要素

1　商事貸借対照表と税務貸借対照表

　税務上の自己資本決定に関しては，既述の基準性原則により商法上の自己資本がベースとなる。その意味で両者は関係するけれども，両者の金額は必ずしも一致するわけではない。両者の間には以下の関係がある[3]。

① 商法上の資産化及び負債化の要求は税務上も資産化及び負債化が要求される。

② 商法上の資産化及び負債化の禁止は税務上も適用される。

③ 商法上の資産化計上選択権については税務上その資産化が要求される。

④ 商法上の負債化計上選択権については税務上その負債化が禁止される。

⑤ 税務上の計上選択権は商事貸借対照表と一致して実施されねばならない。
（所得税法第5条1項2文）。

⑥ 商法上の評価選択権については税務上許容されるかが検討されねばならない。

⑦ 税務上の評価選択権については，商事貸借対照表における評価が基準となる。

　①から⑦までのほかに，商事貸借対照表が不当な内容を示すとき，例えば商法上の貸借対照表計上あるいは評価規定に反したり，あるいはGoBに反するときには，税務上はその拘束がなく，商事貸借対照表の内容が税務上の規定に即していないときには，基準性原則が妨げられる。このように，税務貸借対照表は商事貸借対照表を基準とするとしても，それは修正された商事貸借対照表としての性質を有し，税務上の自己資本は商法上の資産及び負債の差額としての自己資本を税務基準により修正した金額を意味する。

2　法人税法における自己資本の構成要素

税務貸借対照表においては，自己資本は以下の4つの要素から成り立つ[4]。

① 額面資本金（Nennkapital）
② 税務上の払込勘定（steuerliches Einlagekonto）（法人税法第27条）
③ "旧自己資本"の額（Betrag des Alt-Eigenkapitals-02）（法人税法第38条）
④ いわゆる中性的資産（sogenanntes neutrales Vermögen）

1999年の旧法人税法第27条1項に従うと，自己資本の総額から①の額面資本金を控除した金額を処分可能自己資本（verwendbares Eigenkapital）と呼んでいた。しかも，この処分可能自己資本が法人税負担との関係でいかなる期間の増加であるのかが重視されていた。その期間に応じて異なる法人税率が適用されることになっていたからである。すなわち，1976年以降の在外所得，その他の非課税の財産増加，1977年以前の自己資本，1976年後に増加した持分所有者の払込み額が具体的にはそれに該当する。現行法人税法では③にそれが継承されている。しかし，1999年の旧法人税法第27条1項で規定していた処分可能自己資本概念について現行法は言及していない。現行法人税法第27条1項では，税務貸借対照表上の自己資本から①及び②の合計額を差し引いたものを配当可能利益と呼ぶ。具体的には③及び④がこれに該当する。

なお，②から④までを残余自己資本（übriges Eigenkapital）またはその他の準備金（sonstige Rücklage）ともいう。

3　税務上の払込み

3.1　出資法上の払込み

払込みについては出資法上の規定に基づく。これには次の種類がある。

① 株式の額面金額ないし有限会社の資本金に対する給付
② 株式の発行プレミアムないし資本出資におけるプレミアム
③ 優先株式の付与に対する追加払込み
④ 有限会社の追加出資（Nachschuss）

この払込み概念について所得税法第4条1項は特に定義していない。単に払込みが会社財産のなかに流入しなければならないことを述べるに留まる。連邦

財政裁判所の判例は，この払込みに関する"流入"について次の条件を示す[5]。
① 払込み可能な経済財の流入が出資者によって実施される。
② 流入によって拘束資本が生じる。それは任意に引き出すことができない。
③ 流入によって責任資本が生じる。この請求権は会社の倒産時には適用できない。

出資可能な経済には事業財産の比較の範囲における貸借対照表能力ある払込みが前提である。また無形財として証明できない将来の用益（Nutzungsvorteil）は経済財でもないし資産でもない。労働サービス，利子節約，無償の用益提供等もまた払込み可能な経済財ではない。出資可能な経済財概念に関して連邦財政裁判所の大法廷は次のような考え方を示す[6]。

① 経済財の判断は，個々の考察方法に基づいて実施されねばならない。このため，商人がこの経済財の報酬を支払うかどうかだけが重要である。
② 用心の原則は民法の立場に対する将来の強化に関してまだ存在するすべてのリスクの考慮を要求する。その場合，あらゆる確率的な考察から独立したことが必要である。
③ 分離される経済財は少なくとも経済的に売却が裏付けられるものでなければならない。売却の裏付けについては，決算日に権利すべての掌握にはまだ欠けており，貸借対照表作成者の影響力のある事情について全く特別に固有の経済的ウエイトが帰属しないときにだけ貸借対照表作成者の影響力が重要となる。

このように，税務上も基本的には出資法上の払込みとほぼ同様の立場に立つといってよい。この払込みについては所得計算には影響しない。商法規定に即したこの出資法の払込みは一般に公示の払込み（offene Einlage）と呼ばれ，それは資本会社の設立及び資本増加の際に生じる。この点は税務上も同様である。

3.2 隠れた払込み

しかし，税務上は公示の払込みのほかに隠れた払込み（verdeckte Einlage）がある。これは以下の要件，すなわち①出資者もしくはその近親者が出資法上の払込み以外で，②払込み可能な資産を，③反対給付なしで，④その提供につい

第3節　税務上の自己資本の構成要素　63

て出資関係を原因とする場合に満たされる。ここで払込み可能な資産は貸借対照表能力ある経済財のみである[7]。無形財の場合は有償取得に限られる（所得税法第5条2項）。用益は経済財ではなく，払込み可能な資産ではない。この隠れた払込みが積極項目と関係するのは以下のケースである[8]。

　第1は有形の経済財に不当に安い代償で譲渡したケースである。例えば，出資者が自己所有の土地を資本会社に500,000ユーロで売却し，その土地の部分価値（Teilwert）が750,000ユーロであったケースである。この商法上の処理は次のようになる[9]。

（借）　土　　　地　　　　750,000　　（貸）　当　座　預　金　500,000
　　　　　　　　　　　　　　　　　　　　　　その他の事業収益　250,000

　つまり，土地の部分価値とその対価との差額250,000ユーロの利益が発生する。しかし，この250,000ユーロは税務上隠れた払込みに該当する。したがって，それは所得に属さず，所得中立的に処理される。その際の貸方科目に関する会計処理として用いられるのが，税務上の払込勘定である。いま，その修正仕訳を示せば以下の通りである。

（借）　その他の事業収益　250,000　　（貸）　税務上の払込勘定　250,000

　また，出資者が自己の事業を会社に売却したケースでも隠れた払込みが考えられる。いま，出資者の経済財を1,000,000ユーロで売却し，その譲渡される経済財の部分価値が1,500,000ユーロであると仮定する。商法上は次のように仕訳される。

（借）　経済財　　　　1,000,000　　（貸）　当　座　預　金　1,000,000
　　　　のれん　　　　　500,000　　　　　　その他の事業収益　500,000

　このケースでもその他の事業収益500,000ユーロは税務上の払込勘定に相当するので，それに振り替える必要がある。

（借）　その他の事業収益　500,000　　（貸）　税務上の払込勘定　500,000

　第2は，十分に具体化された市場性ある無形の経済財を譲渡したケースであ

る。

　消極項目と関連する隠れた払込みもある[10]。例えば出資者が資本会社に提供した債権を放棄する場合である[11]。いま，出資者の会社に対する債権が50,000ユーロで，且つこの全額が価値を有すると仮定し，それを放棄したとする。次の仕訳が商法上なされる。

　　（借）債　　務　　　　　　50,000　　（貸）その他の事業収益　　50,000

　税務上は，この50,000ユーロは隠れた払込みに該当するので，所得中立的に税務上の払込勘定に収容する。そこで，次の仕訳が必要となる。

　　（借）その他の事業収益　　50,000　　（貸）税務上の払込勘定　　50,000

　価値を喪失した債権の放棄は隠れた払込みに該当しない。出資者で且つ業務担当者が自己の年金の受給権を放棄した場合も隠れた払込みに該当する[12]。

3.3　法人税法固有の自己資本の範囲

　これまで触れた項目以外で法人税法固有の自己資本を構成する項目がある。一定の要件を満たす享益権と出資者の長期借入金とがそれである。

3.3.1　享　益　権

　享益権に関しては株式法第160条1項6号及び221条3項に規定がある。しかし，その法的定義はない。一般にこの享益権は債務法的に特徴づけられる。したがって，それは，財産権もしくは情報権及び監督権をもつかどうかにかかわりなく適用される。

　この享益権に関して法人税法第8条3項2文は以下のように規定する。

法人税法第8条3項2文　隠れた利益配当と，資本会社の利益及び清算剰余額への
　　　　　　　　　　　参加の権利と結びついている享益権すべての配当もまた
　　　　　　　　　　　所得を減額しない。

　この規定から①利益の参加と，②清算剰余額への参加という2つの要件を享益権が満たすときには，その報酬は課税所得のマイナスとはならず，事業支出として控除できない。この規定は1934年にはじめて法人税法において制定され

た。2つの要件を満たす享益権の報酬は事実上出資者の利益配当に該当する点をその根拠とする。つまり，享益権による資金調達による資本会社の担税力 (Steuerkraft) が新株の発行ときわめて類似した方法で負担されるときには，享益権の報酬と株式の利益配当とを同一視しようというわけである[13]。したがって，この2つの要件を満たす享益権の報酬は利益処分とみなされ，それ故に享益権自体は実質的に出資者の持分に準ずる性格を有し，法人税法上の自己資本と解されるのである。逆にこの2つの要件のどちらか，あるいはどちらも満たさない享益権は，法人税法上の自己資本に該当せずに他人資本とみなされ，その報酬は課税所得の算定において事業支出として控除できる。

このような資本提供を受ける側ではなくて資本提供者側からみると，財産権上の利益参加及び清算剰余額への参加をもつ享益権だけが資本会社の出資者と経済的に匹敵する立場と同一となり，これだけが法人税法第8条3項2文の意味における享益権と解される。というのは，そのような享益権は課税の均一性 (Besteuerungsgleichheit) の面で出資者としての構成員による資本提供と税務上同一視されるからである[14]。

(1) 利 益 参 加

利益参加の要件については，次のいくつかのタイプが考えられる。

まず第1に，享益権の報酬が完全に利益依存的な場合である。このケースにおいて企業のプラスの成果に参加していれば特に問題はない。商法上の利益や配当額でもよいし，税務上の利益でも差し支えない。会社の事業リスクに関与していれば十分である。

第2は最低固定報酬に利益依存的な追加報酬がプラスされる場合である。これに関して資本提供を受ける側の経済的負担比較及び資本提供者側の財産権に関する税負担の比較から判断される。株主は長期的に一定の高い配当を受け取るのに対して，最低利息がその時々の事情に応じて企業の長期的に得られる利益によって回収されるかどうかが問題となる。その結果，最低利息は長期的に予測されるべき企業としての性質をもつので，税務上他人資本とみなされる。しかし，この考え方には問題がある。企業の将来における利益の予測があまり主観的だからである。そこで，客観性の面からは将来利益の予測に代えて最低利息と比較可能な資本市場での社債の利率のほうがベターとされる。最低利息

が資本市場で比較できる社債利率よりも著しく下回るときに，利益参加があったとみなされる[15]。

第3は，固定報酬ではあるが，十分な貸借対照表利益がある場合に限り，それが支払われる場合である。ここでは事後的な支払請求権（Nachzahlungsanspruch）が付与される場合と，付与されない場合とがある。事後的支払請求権のないときには，損失年度において報酬は支払われず，法人税法第8条3項2文のいう利益参加があったと認められる。事後的支払請求権は貸借対照表利益を前提とするので，この事後的支払請求権が付与されていても貸借対照表利益がないときには普通株に類似して固定報酬の支払負担はない。このため，資本提供を受ける側の税負担の均一性の面から利益の参加があったとみなされる[16]。これに対して，報酬が損失状況のときには支払われないが，それ以降の年度で利益依存的報酬の補填という条件でなく，単に報酬の支払猶予契約から取り戻されるときには，利益参加は認められない[17]。

(2) 清算剰余額への参加

清算剰余額への参加にもいくつかのタイプがある。

第1は清算前の額面金額（Nennwert）での返済額が定まっている場合である。これに該当するのは享益権の保有者が解約権を有していたり，あるいは資本提供の期間が清算前にある場合で，清算剰余額への参加はない[18]。但し，税務当局は享益権の資本提供期間が清算前であっても，その返済期限が30年を上回るときには，額面金額による返済であれば実質的に清算剰余額の参加があったとみなす。

第2は清算時点における秘密積立金への参加のもとでの返済がある場合である。返済期間や解約権が定められておらず，清算時点にはじめて享益権の保有者が秘密積立金を含めて債権者の弁済後に清算剰余額に対する持分を有するときには，清算剰余額への参加があったと認定される。享益権の保有者は実質的に出資者と同等の立場に立つからである[19]。

第3は清算時点において額面金額による返済が予定されている場合である。これについて税務当局は清算前に返済が要求されていないので，その返済額の大きさにかかわらず，清算剰余額への参加があったとみなす。これに対して，判例及び文献では清算剰余額への参加は返済請求権が残余的に決定されること

を前提とする。したがって，額面金額による一定の金額が定められている以上，それは残余的に決定されておらず，清算剰余額への参加はなかったと判断される。額面金額による返済を予定する享益権は，資本提供者の財産権的請求権の面で普通株主との調整が全く考慮されていないからである[20]。その結果，通説はこのタイプの享益権を税務上他人資本とみなす。

第4は清算前に秘密積立金への参加を条件として返済する場合である。これについては見解がかなり異なる。その1つは，税務当局及び一部の文献に従い，清算剰余額への参加を認める見解である。他の1つは出資者との比較でこのタイプの享益権は税負担がより大きいので，清算剰余額への参加を否定する見解である。

この点に関してブリーゼマイスターは次のように述べる。「資本提供を受ける者の最終的な清算に対する返済請求権の関連性がないのと並んで，清算前に秘密積立金への参加のもとで返済請求権を有する享益権について自己資本としての性格を否定する批判は，企業清算前のアプリオリに定められている返済時点が関係なく，有限会社の場合における重大な事由からの解約権を除き，法律上全く解約権が予定されていない法的に典型的な資本会社の自己資本によるファイナンスから出発している。しかし，負担の不一致に対する批判並びに資本提供を受ける側の最終清算との関係がないことによる批判については，通常の出資者の解約権が資本会社においてなるほど法的には予定されていないが，一般に禁止されてはおらず，重要な自己資本の構成要素が解約権を条件とすることで生じる返済請求権の範囲で企業清算前の引き出しについて認められるという評価が関連づけられるときには，もはや問題とはならない[21]。」この論述では企業の清算前において投下資本の大きさでの最低返済請求権が定められておらず，しかもその返済請求権が秘密積立金を含めて残余的に決定されていれば，清算剰余額への参加があったと解される。この第4のタイプとの関連で問題となるのは利益参加債務証券（Gewinnschuldverschreibung）との相違点である。この利益参加債務証券は享益権の一種であり，投下資本との関係では一定の返済請求権を有する。その意味で，返済請求権は実質保証されている。したがって，この利益参加債務証券は明らかに税務上他人資本とみなされる[22]。

第5は返済請求権の定めがない場合である。ここでは税務当局は清算前に返

済が要求されないので，常に清算剰余額への参加があったとされる。しかし，この見解は法人税法第8条3項2文の規定に反するといわれる。というのは，その規定は明らかに利益の参加と清算剰余額への参加を必要不可欠な要件として明文化しているからである。実務では返済請求権が定められないときには，一般に利益持分についてその定めがある享益権に比べて相対的により高い場合が多い。したがって，返済請求権の定めがないケースでは清算剰余額への参加はないとみなされる[23]。

いずれにせよ，利益参加及び清算剰余額への参加の要件を満たす享益権は，税務上の自己資本と解され，その報酬は隠れた利益配当として処理される。それ以外の享益権は他人資本とみなされ，その報酬は課税所得の算定上事業支出として控除される。

3.3.2 出資者の長期借入金

ドイツ法人税法第8a条によれば，出資者が資本会社に対して長期的に資金を提供しているときには，一定の条件を満たすと，会社にとってその長期借入金の報酬たる支払利息は事業支出として課税所得から控除できず，隠れた利益配当とみなされる。この規定の趣旨は，ドイツ税法における資本調達自由の原則と密接な関係にある。税務上，資本会社における自己資本の報酬は利益配当として処理されるのに対して，他人資本の報酬たる支払利息は事業所得からマイナスできる。そこで，この資本調達自由の原則を一定の範囲で制限しようというのが法人税法第8a条の立法趣旨である[24]。これはドイツ国内の資本会社に適用される。この規定の主な適用要件は以下の通りである。

第1は他人資本の範囲に関してである。法人税法第8a条2項ではこの他人資本について特に言及しておらず，自己資本について触れているだけである。この点から基本的には法人税法第8a条の対象となる他人資本は，通説では商法上の他人資本を前提とする。後者は原則として債務として資本流出を伴うものと解される。但し，法人税法第8a条1項でいう他人資本は長期他人資本に限定され，短期他人資本はその対象から除外される。

第2はこの自己資本の金額について以下の算式で計算する（法人税法第8a条2項）。

第3節　税務上の自己資本の構成要素　69

　　資本会社の自己資本＝引受済資本金－未払込額分－資本会社に対する資本金
　　　　　　　　　　　に対する出資額の簿価＋資本準備金＋利益準備金±繰
　　　　　　　　　　　越損益＋年度剰余額（年度欠損額の時にはマイナ
　　　　　　　　　　　ス）＋準備金的性質を有する特別項目の50％－商事貸
　　　　　　　　　　　借対照表における人的会社への投資の簿価＋人的会社
　　　　　　　　　　　に対する資産の簿価の出資割合部分

　ここからわかるように，ここでの自己資本は明らかに商法第266条における分類シェーマで示されている商法上の自己資本がベースとなっている。
　第3は他人資本を受ける者についてである。2003年までは法人税法第8a条の適用を受けるのは納税義務に何ら制限のない資本会社，具体的には株式会社，有限会社，株式合資会社であった。それ以外の法人は適用外であった。しかし，2004年以降からは納税義務が限定される資本会社にも適用されることになった。
　第4は出資者には重要な出資をする持分所有者が含まれる。これには資本会社に直接的に出資するものだけではなく，その関係者といった間接的な出資者も含まれる。重要な出資とは例えば以下のケースがある（法人税法第8a条3項）。
　①　持分所有者が資本会社の資本金について直接的もしくは間接的に25％以上出資している。
　②　持分所有者が関係者と併せて25％以上の出資をしている。
　③　重要な出資をしていなくとも，持分所有者が単独であるいはその他の持分所有者との関係で資本会社に支配的な影響力を及ぼすときには，重要な出資とみなされる。
　第5は他人資本の内容である。まず利益依存的及び売上依存的な報酬を前提として他人資本に関しては，隠れた配当とみなされる。したがって，それはこの法人税法第8a条の対象ではない。これに対して，その規定の対象となるのは，利益及び売上高に依存しない形での報酬を予定している長期他人資本である。しかも，そこではセーフヘイブンが設けられており，その長期他人資本と自己資本の比率は1.5：1の関係を上回る場合に限られる（法人税法第8a条1項2号）。

第6は報酬の非課税枠は250,000ユーロと定められている。例えば，重要な出資をしている出資者が4,000,000ユーロを8％の利子率で会社に貸し付けており，許容される他人資本のセーフヘイブンが3,000,000ユーロとする。支払利息は320,000ユーロ（4,000,000×8％）であり，非課税枠250,000ユーロを上回っている。このため，許容枠を上回る他人資本1,000,000ユーロ（4,000,000ユーロ－3,000,000ユーロ）の8％，すなわち80,000ユーロが隠れた利益配当となる[25]。

　このように，出資者の長期借入金が一定の条件を満たすときには，その支払利息の全額が課税所得の算定上事業支出として控除できない。この法人税法8a条の適用の対象となる出資者による長期借入金は，すでに触れた一定の要件を満たす享益権と同様に実質的に税務上の自己資本と解されるわけではない。その出資者からの長期借入金は税務上依然として他人資本のままである。それは，2つの要件を満たす享益権とは異なり，出資としての性質とは明らかに相違するからである。単に税負担の面から，その報酬たる支払利息の一部を隠れた利益配当とみなすにすぎない。

　この法人税法第8a条の規定との関連で税法固有の自己資本が問題となるのは，すでに触れた第2及び第5との関連性である。つまり，法人税法第8a条2項でいう自己資本について，通説は，商法上の自己資本の構成要素として分類シェーマで示されている項目はもちろん，それ以外の項目を含むいわば商法上の実質的自己資本をベースとしている点である。これに対して，税務当局は別の立場に立つ。これによると，法人税法第8a条2項のなかで列挙されている商法上の貸借対照表構成要素だけ，つまり形式的な自己資本に限定する一方で，法人税法第8a条の意味における他人資本は税法上の基準に従うという立場に立つ[26]。前者の通説的立場に立てば，すでに触れた2つの要件を満たす享益権は商法上の実質的自己資本から除外されてしまい，セーフヘイブンとしての役割を果たさなくなるという欠点をもつ。また，後者の税務当局の立場に立てば，貸借対照表の貸方項目について税務上の他人資本でもなく，商法上の形式的自己資本でもない空白領域が生じてしまうという欠点を有する[27]。その空白領域は事実上，税務上の自己資本に相当する部分，すなわち2つの要件を満たす享益権や非典型的匿名組合と，商法上の実質的自己資本と形式的自己資

本との相違する部分，すなわち機能的自己資本部分を意味する。ここで商法上の自己資本についてHFAは，すでに触れた次の4つの要件を指摘する。すなわち劣後性，報酬の成果依存性，損失負担，そして資本提供の長期性の4つである[28]。この条件を満たす項目は実質的自己資本に含まれるが，しかしそれが形式的自己資本に該当しないときは機能的自己資本と解される。その結果，いずれの見解にも欠点があるため，法人税法第8a条2項の規定のなかで自己資本は税務上の自己資本を意味することを明文化すべきという見解が有力視されている[29]。ここに，税務上の自己資本の範囲に関する固有の問題がある。

4 税務上の払込勘定

商法上も税務上も資本金の額は同一である。しかし，商法上の資本準備金と税務上の払込勘定とは類似しているけれども，両者の範囲は必ずしも同一ではない。というのは，商法上の利益準備金として計上される項目が税務上の隠れた払込みに該当するときには，それは税務上の払込勘定に収容されるからである。このように，税務上の払込勘定は商法上の資本準備金と一線を画する。その意味で，自己資本の構成要素のうちで税務目的にとって税務上の払込勘定は，商法上の記録から独立して記帳される必要がある[30]。

ある期間の配当支払額が税務上の配当可能利益，つまり前掲の税務貸借対照表における自己資本の構成要素のうちで旧自己資本及び中性的資産の金額を上回るときには，税務上の払込勘定が処分されたとみなされる[31]。この税務上の払込勘定には，税額控除方式（Anrechnungsverfahren）から半額所得方式（Halbeinkünfteverfahren）への二重課税回避手続の変更に伴い，法人税法第36条7項に従って2000年12月31日において，しかも2000年／2001年の年度において自己資本（EK04）に該当するものが含まれる。この税務上の払込勘定には隠れた払込み及び後述する隠れた利益配当の返還も含まれる。匿名出資者の払込み及び自己資本化される出資者借入金はいずれも他人資本であり，この税務上の払込勘定には計上できない[32]。この税務上の払込勘定は原則としてマイナスとはならない。但し，以下のケースでは例外的に税務上の払込勘定はマイナスとなりうる[33]。

① 法人税法第27条1項5文により従来の処分が継続する場合

② 資本金の損失塡補に必要でない持分所有者による追加出資額を返済する場合
③ 株式の消却目的で自己持分を取得する場合

5 会社財産の資本金組入れと減資に伴う処理

5.1 会社財産の資本金組入れによる処理

　株式法第207条に基づいて会社財産による資本金の増加を実施する場合，資本準備金及び利益準備金が資本金に振り替えられる。この点に関しては，法人税法において税務上の払込勘定がまず優先的に資本金勘定に振り替えられるのがその特徴である。資本金の増加がこの税務上の払込勘定の金額を上回るときには，その超過額はその他の準備金あるいは税務上の配当可能利益が処分されたものとみなされる。これは，額面資本金の構成要素として独立して特別表示（Sonderausweis）されねばならない（法人税法第28条1項2文）。例えば，ある有限会社の××1年12月31日の自己資本の金額は400,000ユーロ（資本金100,000ユーロ，資本準備金50,000ユーロ，利益準備金250,000ユーロ）であるとする。××2年度中において当該会社は利益準備金100,000ユーロの資本金組入れを実施した[34]。商法上は以下の仕訳がなされる。

　　（借）　利益準備金　　　　100,000　　（貸）　資本金　　　　　　100,000

　その結果，商法上の自己資本は資本金200,000ユーロ，資本準備金50,000ユーロ，利益準備金150,000ユーロとなる。このケースにおいて，××2年12月31日の税務上の払込勘定は60,000ユーロ，法人税法第28条1項1文で規定するその他の準備金は240,000ユーロであるとする。この場合に，税務上は準備金の資本金組入れについて税務上の払込勘定60,000ユーロがまず優先的に資本金に組み入れられ，その残額はその他の準備金が用いられる。税務上の仕訳を示せば以下の通りである。

　　（借）　税務上の払込勘定　　60,000　　（貸）　資本金　　　　　　100,000
　　　　　その他の準備金　　　40,000

　これに伴い，税務上は資本金200,000ユーロ，その他の準備金200,000ユーロ

となる。なお，その他の準備金の減少分40,000ユーロについては資本金200,000ユーロの内訳として特別表示する必要がある。

5.2 減資に伴う処理

ドイツ株式法第222条は通常の減資について規定している[35]。これには有償減資のケースと無償減資のケースとがある。また，株式法第229条は簡易の減資について規定している。これは価値減少の除去，欠損填補あるいは資本準備金への計上を実施するケースである。このような減資のうちで無償減資の場合には，額面資本金を減額させるときには，税務上まず額面資本金の構成要素として独立して示された特別表示の金額を減額しなければならない（法人税法第28条2項）。減少した資本金の金額がこの特別表示の額を上回るときには，その差額は税務上の払込勘定の貸方に振り替える（法人税法第28条1項）。有償減資の場合には，特別表示の額は利益処分として処理され，所得税法第20条1項2文の適用を受ける。これを上回る返済額は税務上の払込勘定を減額しなければならない（法人税法第28条2項）。このように，ドイツ法人税法では会社財産の資本金組入れがあったときには，それに伴う資本金の分別経理と，それに基づいて減資による処分の順序が明確に規定されている。例えば，ある有限会社の自己資本の金額が550,000ユーロ（資本金300,000ユーロ（但しこの資本金には特別表示された資本金が70,000ユーロある。），税務上の払込勘定50,000ユーロ，法人税法第28条1項1文の規定するその他の準備金200,000ユーロ）であるとする[36]。この会社が100,000ユーロについて有償減資を実施した場合の税務上の処理は以下の通りである。まず，減資したときには以下のように仕訳される。

　　（借）　特別表示・資本金　　70,000　　（貸）　その他の準備金　　70,000
　　　　　　資　本　金　　　　30,000　　　　　　税務上の払込勘定　　30,000

次に処分したときには以下のように仕訳される。

　　（借）　その他の準備金　　　70,000　　（貸）　現金預金　　　　100,000
　　　　　　税務上の払込勘定　　30,000

有償減資の結果，資本金は200,000ユーロ，税務上の払込勘定は50,000ユー

ロ，その他の準備金は200,000ユーロとなる。なお，法人税法第28条2項で規定する特別表示の資本金は税務上の払込勘定と相殺できる（法人税法第28条3項）。

6 旧自己資本

1977年以降ドイツにおいては二重課税の回避手続として税額控除方式が採用されていたが，この方式は2000年10月で廃止された。これ以降，現在に至るまで半額所得方式が適用される。この税額控除方式から半額所得方式への以降に伴って生じたのが，この旧自己資本の金額である。これは，出資者への支払額がこの旧自己資本を含む税務上の配当可能利益を上回るときには，将来的には処分されたものとみなされる。つまり，支払額が前掲の中立的資産を上回るときには，この旧自己資本は処分されたものとして処理される[37]。この旧自己資本の金額が処分されると，法人税が課せられる。この場合，法人税法旧第38条の規定は支払額，配当額及び利益配当を区別していた。その結果，旧自己資本の金額の処分と法人税法の増加とは同一の取り扱いではなかった。しかし，法人税法の新第38条は法人税法の増加の上限について明確に規定していない。その結果，1つの解釈としては旧自己資本の金額は，配当は70／100までしかなされておらず，残りの30／100については増加が留保されていると解される。他の1つは，旧自己資本の減少は支払額まで優先的に支払に対する処分によってなされたと解される[38]。

7 中性的資産

中性的資産は，税務貸借対照表における自己資本総額から額面資本金・税務上の払込勘定・旧自己資本の額を差し引いた金額である。これは処分可能な自己資本の最終金額で，文献上で中性的資産と呼ばれている。しかし法人税法は，この中性的資産について概念規定しているわけではない。この中性的資産は，毎期の年度剰余額及び年度欠損額によって影響される[39]。法人税法第27条及び第28条の改正により税務貸借対照表上の自己資本の表示から生じる補完が問題であるとすれば，そのような中性的資産という名称自体は誤解を招くので，そのような用語を用いるべきではないという見解もある[40]。

8 隠れた利益配当

　中性的資産のなかには隠れた利益配当も含まれる。これは公式的な利益配当以外の形で，出資関係を基礎として財産の減少ないし財産増加の阻止が行われ，その結果として税務上の所得が過小に示される[41]。この隠れた利益配当は実際の利益配当とは直接的には関係しない。しかし，民法上の給付関係における給付と代償において会社と出資者との間に対等関係がないことに基づき実質的に税務上の利益配当とみなされるのが，この隠れた利益配当である。例えば，出資者が会社に資産を売却する場合，会社がその対価として受けとる代償が通常よりも著しく廉価である場合がこれに該当する。それは課税所得算定上収益過小のケースである。出資者が会社から資産を購入するときに，会社から受け取る代価が通常よりも著しく高い場合も同様に隠れた利益配当に該当する。これは会社にとって費用過大のケースである。いずれのケースも課税所得の測定は過小である。この課税所得の算定において隠れた利益配当は貸借対照表の枠外で実施されるのが一般的である。

　一方，商事貸借対照表から独立した独自の税務貸借対照表を作成する場合には，この隠れた利益配当の会計処理が問題となる。この辺の事情についてホフマン（E. Hoffmann）は次のように述べる。「GoBに基づく複式簿記の義務があると仮定すると，それ以上の考察に対してはまず，記帳されていない収益ないし過大の費用とそこからの"利益"残高に対する結果を理論上の問題として前面に置けば十分である。したがって，会社にとっての不利を同時に継続的な財務簿記のなかで処理すると，その結果として貸方において"収益"ないし"費用"の記帳を通じて収益の欠如が把握され，過大費用に対する修正がなされると，借方記帳だけが残る。不利な会社にとっては（たぶん民法上の）請求権が調整として生じるとすれば，請求権が記帳される[42]。」このホフマンの考え方を具体的に示すと，以下のようになるであろう。いま，会社が通常1,000ユーロの商品を出資者に対して著しく廉価の500ユーロで売却したと仮定する。通常は以下の仕訳が帳簿に記入されているだけにすぎない。

　　（借）現　　金　　　　　500　　（貸）売　　上　　　　　500

しかし，税務貸借対照表を作成するときには，上記の仕訳では不十分であり，正しい仕訳は次のようになる。

(借) 現　　　　　金　　500　　(貸) 売　　　上　　1,000
　　 出資者に対する請求権　500

つまり，売上の金額1,000ユーロのうちで，出資者に対する隠れた収益に相当するものが500ユーロあるとみなされる（第1のケース）。これとは逆に会社が出資者から通常価格では1,000ユーロの備品を著しく高く2,000ユーロで取得した場合には，通常は次の仕訳が行われる。

(借) 備　　　　　品　　2,000　　(貸) 現　　　金　　2,000

しかし，正しい仕訳は次のようになる。

(借) 備　　　　　品　　2,000　　(貸) 現　　　金　　2,000
　　 出資者に対する請求権　1,000　　　　備　　品　　1,000

つまり，過大に支払った1,000ユーロについては，資産のマイナスという形で出資者に対する隠れた配当と解される（第2のケース）。このいずれのケースにおいても，ここで示される出資者に対する請求権の金額が事実上出資者によって支払われるのであれば，特に問題はない。それは出資者の払込みに相当するからである。さらにホフマンはいう。「これに対して，請求権が存在しなかったり，あるいはそれに相応する有利な出資者がその不利を支払わなかったときには，税務上の自己資本の記帳だけが残るに過ぎない。後者においては，自己資本の減少は給付と代償の関係における不当性（Unausgewogenheit）の成果計算的な考慮の結果である。これは，自己資本との相殺による調整の欠如に基づいて，出資者全体の範囲の負担を示す[43]。」

このように，出資者がこの請求権について支払わず，その埋め合わせをしなかったときには，その分について自己資本の減少を認識するために，上記に関して第1のケースについては，以下の仕訳が必要となる。

(借) 自己資本　　　　　500　　(貸) 出資者に対する請求権　500

第2のケースもこれに準じて処理される。その結果，第1のケース及び第2のケースにみられる隠れた利益配当に関して，これらの仕訳を通じて税務上の自己資本の額自体には直接的に影響しない。ただ，第1のケースでは自己資本内部の構成要素に変化を生じる点に留意する必要がある。つまり，中性的資産が500ユーロだけ増加するのに対して，これに伴い，それ以外の資本の構成要素が500ユーロだけ減少するからである。

第4節　税務上の処分計算

税務上，自己資本に関して処分計算（Verwendungsrechnung）の対象となるのは次の3つの項目，すなわち中性的資産・旧自己資本・税務上の払込勘定である。

1　処分計算の第1段階

ここでまず問題となるのは，会社の配当支払額と法人税法第38条1項4文でいう1）の中性的資産の金額（U–1）との関係である。これに関しては，次の2つのケースがある[44]。

① 配当支払額と中性的資産（U–1）との差額がマイナスのケース
② 配当支払額と中性的資産（U–1）との差額がプラスのケース

①に関して，中性的資産がプラスの場合には，中性的資産だけが処分される。これに対して②のケースでは，仮に配当支払額と中性的資産の処分額との間で生じる差額について，旧自己資本の処分ができる。この場合，一方で旧自己資本の全額を処分できるという考え方と，他方でこの旧自己資本の処分に際しては法人税額の増加（これは30／100である。）があるので，この法人税額の増加分を考慮して旧自己資本の処分はその法人税額をマイナスした70／100であるという考え方とがある。中性的資産がマイナスの場合については法人税法は特に言及していない。これには次のケースがある[45]。

1) 旧自己資本がプラスの配当可能利益の金額を上回るケース
2) 配当可能利益がすでにマイナスのケース。このケースでは旧自己資本を控除すれば，さらにマイナスの金額が増加する。

いま，当期の配当支払額が70，前期の配当可能利益－20，旧自己資本の額120であると仮定する。ここでは中性的資産は－20－120＝－140となる。したがって，配当支払額はこの中性的資産を210（70－（－140）＝210）だけ上回る。旧自己資本がないときには，配当支払額は配当可能利益90（70－（－20）＝90）だけ上回る。

以上が処分計算の第1段階である。

2　処分計算の第2段階

処分計算の第2段階は配当支払額と法人税法第27条1項4文で規定する配当可能利益（U–2）との差額を問題としたものである。これには次の2つのケースがある[46]。

2.1　配当支払額と配当可能利益（U–2）との差額がマイナスのケース

このケースでは，中性的資産と旧自己資本の合計額がプラスのときにその合計額まで中性的資産と旧自己資本とが処分される。配当支払額とこの処分された合計額との差額については，税務上の払込勘定の金額まで処分される。

2.2　配当支払額と配当可能利益（U–2）との差額がプラスのケース

このケースでは，配当可能利益（U–2）がプラスの場合には中性的資産と旧自己資本とが処分される。

3　処分計算の具体例

上記の利益処分計算に関する具体例を以下に示す。

3.1　中性的資産（U–1）が配当支払額を上回るケース[47]

ある年度の税務貸借対照表における自己資本の金額が200,000ユーロである。その内訳は額面資本金50,000ユーロ，税務上の払込勘定55,000ユーロ，旧自己資本10,000ユーロである。

処分計算の第1段階
××4年の配当支払額   75,000
　　マイナス（U-1）　××3年の税務貸借対照表上の自己資本　200,000
　　　　　－　額面資本金　　　　　　　　　　－50,000
　　　　　－　税務上の払込勘定　　　　　　　－55,000
　　　　　＝　配当可能利益　　　　　　　　　 95,000
　　　　　－　旧自己資本　　　　　　　　　　－10,000
　　　　　＝　　差額　　　　　　　　　　　　 85,000　　　－85,000
　　　　　　　　　　　　　　　残高：　　　　　　　　　　　－10,000

　このケースでは旧自己資本の処分は生じない。というのは，いわゆる中性的資産の金額（85,000ユーロ）が処分額（75,000ユーロ）をまだ上回っているからである。その結果，このケースは中性的資産の処分とみなされる。ここでは，法人税の増加は配当支払額と関係しない。これは配当支払額について中性的資産が処分されないことを意味する。このケースでは公示による利益配当が問題だから，もし法人税率の引き下げに伴う法人税払戻請求権（Körpersteuer-Guthaben）があるときには，法人税の額は配当支払額75,000ユーロの1／6，すなわち12,500ユーロだけ減少する[48]。

3.2　中性的資産が処分額を下回るケース[49]

3.1のケースのなかで額面資本金50,000ユーロを80,000ユーロに変更する。

処分計算の第1段階
××4年の配当支払額   75,000
　　マイナス（U-1）　××3年の税務貸借対照表上の自己資本　200,000
　　　　　－　額面資本金　　　　　　　　　　－80,000
　　　　　－　税務上の払込勘定　　　　　　　－55,000
　　　　　＝　配当可能利益　　　　　　　　　 65,000
　　　　　－　旧自己資本　　　　　　　　　　－10,000
　　　　　＝　　差額　　　　　　　　　　　　 55,000　　　－55,000
　　　　　　　　　　　　　　　残高：　　　　　　　　　　　＋20,000

　このケースでは中性的資産（55,000ユーロ）が配当支払額（75,000ユーロ）を下

回るので，旧自己資本が処分されたとみなされる。この場合，この旧自己資本の処分に関しては，既述の通り前期末におけるその金額の70／100までしかできないという法人税法第38条の解釈（狭義説）に従うと，10,000ユーロの旧自己資本のうちで7,000ユーロに限定される。その残額3,000ユーロはそのまま税務貸借対照表に計上され，法人税の増加等のために留保される。まだ相殺されていない残高13,000ユーロ（20,000－7,000）については税務上の払込勘定と相殺される。これに対して，法人税法第38条2項に関する別の解釈（広義説）に従うと，旧自己資本の全額10,000ユーロが処分されたとみなされ，税務上の払込勘定の減額分は10,000ユーロとなる。その結果，処分計算の第2段階は以下の通りとなる[50]。

処分計算の第2段階

××4年の配当支払額		75,000
マイナス（U-2）××3年の税務貸借対照表上の自己資本	200,000	
－　額面資本金	－80,000	
－　税務上の払込勘定	－55,000	
＝　配当可能利益	65,000	－65,000
差額		＋10,000

　この処分計算の第2段階における差額から，税務上の払込勘定の10,000ユーロが処分されたことになる。前期の税務上の払込勘定が55,000ユーロあり，この10,000ユーロを上回るので，この10,000ユーロについては特に制限はない。

　総括すると，55,000ユーロの金額の中性的資産が処分される。旧自己資本の処分に関して狭義説の立場に立てば，7,000ユーロが処分される。処分計算において税務上の払込勘定10,000ユーロが処分される。その結果として税務上の自己資本は72,000ユーロが処分されたことになり，その差額の3,000ユーロ（75,000－72,000）は，75,000ユーロの配当に対する法人税額の増加となる。但し，3,000ユーロの法人税額の増加により配当支払額がマイナスされることを回避するには，あらかじめこの3,000ユーロを配当支払額に加算しておく必要がある[51]。

第5節 結

以上の論旨を整理すれば，以下の通りである。

第1に，商法上は自己資本は引受済資本金，資本準備金，利益準備金に分類されるのに対して，法人税法上では自己資本は額面資本金，税務上の払込勘定，旧自己資本，そして中性的資産に分類される。このうちで，自己資本の額から額面資本金及び税務上の払込勘定を控除した差額が配当可能利益となる。

第2に，税務上の払込みに関して一般に出資法上の払込みを原則とするが，その際に払込み可能な経済財の流入が前提である。但し，債務法上の契約に基づく享益権であっても，利益参加及び清算剰余額への参加の定めがあるときには，税務上の払込みに該当する。また，出資者の長期借入金に関する支払利息については一定の範囲を超えるときに利益配当とみなされ，それとの関係において税務上の自己資本が問題となる。

第3に，税務上公示の払込みにほかに隠れた払込みが存在する。これは，出資者もしくはその近親者が出資法以外の形で払込み可能な資産を反対給付なしで出資関係を原因としたときに生じる。この隠れた払込みに該当するときには，税務上の払込勘定に収容される。この税務上の払込勘定は商法上の資本準備金に類似するが，しかし両者の範囲は同一ではない。税務上の払込みに該当する限り，商法上の利益準備金の一部も税務上の払込勘定に含まれる。

第4に，いわゆる準備金の資本金組入れを実施する際に利益準備金を原資とした場合，税務上は額面資本金の内訳のなかでその金額についての特別表示が要求される。有償減資を実施したときには，この特別表示されている額面資本金がまず優先的に取り崩される。

第5に，従来の税額控除方式から半額所得方式への二重課税の回避方法の変更に伴い，旧自己資本が生じる。この旧自己資本は，中性的資産がマイナスのときに配当した場合，あるいは中性的資産はプラスであっても配当額がそれを上回る場合に処分される。

第6に，中性的資産に関しては税務貸借対照表の自己資本の額から額面資本金，税務上の払込勘定及び旧自己資本を控除して算定される。この中性的資産のなかには隠れた利益配当も含まれる。商事貸借対照表から独立して税務貸借

対照表を作成するときには，この隠れた利益配当の会計処理が重要となる。

第7に，税務上の処分計算に関して配当支払額が中性的資産と関係する場合が，処分計算の第1段階である。ここでは中性資産項目と旧自己資本の処分が問題となる。また，配当支払額が配当可能利益，つまり税務上の自己資本から額面資本金及び税務上の払込勘定を差し引いた額と関係する場合が，処分計算の第2段階である。ここでは旧自己資本及び税務上の払込勘定の処分が問題となる。

このように，ドイツ税務貸借対照表上の自己資本は課税所得計算とは直接的には確かに関係しないが，しかし税務上の払込みの厳格性及び自己資本の処分計算を通じて，課税所得計算を間接的に支える重要な役割を果たしているといえる。この税務上の自己資本の金額及びその構成要素の確定とその処分の面からは，税務貸借対照表を作成する意義が大きいと結論づけることができるのである。

注

(1) これについては，拙稿，「ドイツ基準性原則とその動向」『商学集志』（日本大学商学研究会）第73巻第2号，平成16年3月，19-38頁参照。
(2) ドイツ商事資本会計制度については第1章参照。
(3) M. Preßer 編，Unternehmensteuerrecht und Steuerbilanzrecht, 第4版, Stuttgart, 2005年，144-146頁。
(4) E. Hoffmann, Einführung in die Körperschaftsteuer, 第2版, Herne・Berlin, 2003年, 167頁。
(5) D. Gosch 編, Körperschaftssteuergesetz, München, 2005年，326頁。
(6) D. Gosch 編，前掲書注（5），327頁。
(7) B. Jäger・F. Lang, Körperschaftsteuer, 第17版, Achim, 2005年，148頁。
(8) D. Gosch 編，前掲書注（5），332頁。
(9) D. Schultze zur Wiesche・J. H. Ottersbach, Verdeckte Gewinnausschüttungen und verdeckte Einlagen im Steuerrecht, Berlin, 2004年，377頁。
(10) D. Gosch 編，前掲書注（5），333頁。
(11) D. Schultze zur Wiesche・J. H. Ottersbach, 前掲書注（9），378頁。
(12) D. Schultze zur Wiesche・J. H. Ottersbach, 前掲書注（9），379頁。
(13) S. Briesemeister, Hybride Finanzinstrumente im Ertragsteuerrecht, Düsseldorf, 2006

年，114頁。
(14) S. Briesemeister, 前掲書注（13），116頁。
(15) S. Briesemeister, 前掲書注（13），120頁。
(16) S. Briesemeister, 前掲書注（13），121頁。
(17) S. Briesemeister, 前掲書注（13），124頁。
(18) S. Briesemeister, 前掲書注（13），126頁。
(19) S. Briesemeister, 前掲書注（13），126-127頁。
(20) S. Briesemeister, 前掲書注（13），128頁。
(21) S. Briesemeister, 前掲書注（13），130頁。
(22) S. Briesemeister, 前掲書注（13），134頁。
(23) S. Briesemeister, 前掲書注（13），137-138頁。
(24) D. Gosch 編，前掲書注（5），664-665頁。
(25) B. Jäger・F. Lang, 前掲書注（7），321頁。
(26) M. Lühn, Bilanzierung und Besteuerung von Genussrechten, Wiesbaden, 2006年，238頁。
(27) S. Briesemeister, 前掲書注（13），163頁。
(28) この点については第7章参照。
(29) S. Briesemeister, 前掲書注（13），163頁。168頁。M. Lühn, 前掲書注（26），239頁。
(30) E. Hoffmann, 前掲書注（4），174頁。
(31) この税務上の払込勘定の処分に関して，出資者側では持分が事業財産であるのか個人財産であるのかによって処理は異なる。前者では，税務上の払込勘定から得られた配当は持分の簿価と成果中立的に相殺される。その場合，配当の一部が持分の簿価を上回るときには，持分が法人にあるのか，それとも法人に属する事業財産にあるのかかが区別されねばならない。法人の範囲にあるときには，その超過分は法人税法第8b条1項により配当の非課税（第1法）かあるいは法人税法第8b条2項及び4項と法人税法第8b条3項によると，その超過額は売却損益に類似して処理される（第2法）。しかし，第1法は税務上の払込勘定の処分を資本の払い戻しとみる考え方と矛盾する。これに対して，第2法によると，税務上の払込勘定が持分の簿価を上回ると，法人税法第8b条4項の例外規定として税務上の売却益が発生する。ところが，所得税法第20条1項1号3文によると，税務上の払込勘定は資本財産の所得収入ではない。このため，その超過額については減資による資本の払い戻しと捉えて半額が非課税となる。また，持分が後者の個人財産に属するときには，重大な出資かそうでないかによって処理が異なる。重大な出資に相当するときには，所得税法第17条により，その差額は売却益となる。重大な出資でないときには，所得税法第20条1項1文の規定により，収入ではなくて非課税となる（E. Hoffmann, 前掲書注（4），175-176頁）。

(32) D. Gosch 編, 前掲書注 (5), 1306頁。
(33) D. Gosch 編, 前掲書注 (5), 1306頁。
(34) E. Hoffmann, 前掲書注 (4), 180頁。
(35) ドイツ株式法における減資については, 第4章参照。
(36) E. Hoffmann, 前掲書注 (4), 182頁。
(37) E. Hoffmann, 前掲書注 (4), 171頁。
(38) E. Hoffmann, 前掲書注 (4), 172頁。
(39) B. Lang, Körperschaftsteuererhöhung und -minderung bei offenen und verdeckten Gewinnausschüttungen während der fünfzehnjährigen Übergangszeit, in : Der Betrieb, 第54巻第40号, 2001年10月, 2110頁。
(40) D. Gosch 編, 前掲書注 (5), 1412頁。
(41) E. Hoffmann, 前掲書注 (4), 81頁。
(42) E. Hoffmann, 前掲書注 (4), 82-83頁。
(43) E. Hoffmann, 前掲書注 (4), 83頁。この考え方は実はレーマン (M. Lehmann) の所説を基礎としたものである。レーマンによれば, 資本会社の法人税と出資者の所得税という税の二重システムは, 決算日において財産目録による事業財産の比較による実質経済的な (realökonomisch) 利益算定方法は役立たない。というのは, この税のダブルシステムでは資本会社の利益は, 会社に対する自己資本の払い戻しから独立して引き出しと類似して決定されるけれども, 出資者に流入する収入に基づく所得税の把握に際して, 利益・自己資本あるいは払込み・自己資本の確定ができないからである。このような実質経済的利益算定方法と対照的なのが, 計算経済的な (rechenökonomisch) 利益算定方法である。これは給付と代償による簿記取引による把握を中心とした算定方法である。隠れた利益配当はこの方法によって把握されるという。人的会社では隠れた利益配当は, すでに触れた出資者に対する請求権に相当する。しかし, これが出資者からこの金額だけ払い込まれないときには, それは出資者の引出金とみなされる。資本会社の場合には, この出資者に対する請求権は, ①債権としての資産項目, ②隠れた利益配当, ③控除できない事業支出という3つの可能性があるという (M. Lehmann, Verdeckte Gewinnausschüttungen—Eine Analyse aus der Sicht der betriebswirtschaftlichen Steuerlehre—, in W. Ballwieser・H. J. Böcking・J. Drukarczyk・R. H. Schmidt 編, Bilanzrecht und Kapitalmarkt, Festschrift für Adolf Moxter, Düsseldorf, 1994年, 所収, 1046-1066頁)。
(44)(45) E. Hoffmann, 前掲書注 (4), 197頁。
(46) E. Hoffmann, 前掲書注 (4), 198頁。
(47)(48) E. Hoffmann, 前掲書注 (4), 199頁。
(49) E. Hoffmann, 前掲書注 (4), 200頁。
(50)(51) E. Hoffmann, 前掲書注 (4), 201頁。

第2部　資本会計制度各論

第4章 ドイツ株式法における減資差益

第1節 序

　平成13年度の商法改正により，法定準備金制度が変更された。その結果，株主総会の決議により法定準備金の減少が新たに認められるようになり（旧商法第289条2項），それとの関係で減資差益が資本準備金として積み立てることを要しなくなった。このため，旧商法施行規則による資本分類では，この減資差益は資本準備金から区別されてその他資本剰余金として表示され，配当可能利益の財源ともなったのである。この点は会社法の制定においても変わりがない。この減資差益の取扱に関する旧商法及び会社法上の処理をめぐっては，特に会計サイドからの批判が強い。いうまでもなく，この減資差益は株主の払込資本の一部であり，資本と利益との厳密な区別を重視する会計サイドからは，これを株主に対する配当財源とすることには理論上問題を含むからである。

　本章では，ドイツ株式法上における減資差益の取扱を取り上げ，わが国の会社法上のその処理とを比較検討する[1]。

第2節 ドイツ株式法における減資の種類

　ドイツ株式法において減資には次の3つの種類がある。1つは通常の減資，2つめは簡易の減資，そして3つめは株式の消却による減資である。

1 通常の減資

　通常の減資は1937年株式法第175条を沿革とし，その後1965年旧株式法を経て，現行株式法に継承されている。この通常の減資を実施するには少なくとも

資本金の４分の３の多数を占める総会の特別決議を要し，定款でそれを上回る資本金に対する割合を定めることもできる（株式法第222条）。通常の減資の目的は自由であるので，それに対するバッファーとして債権者保護手続が必要となる。つまり，減資登記の公告後６ヶ月以内に債権者から申し出があったときには，会社は担保を提供しなければならない（株式法第225条１項）。但し有償減資はこの通常の減資によらねばならないが（株式法第222条３項），それ以外の欠損塡補などの目的にもこの通常の減資で実施できる。減資の方法としては，額面株式については額面金額の引き下げが必要で，但し減資により１株当たりの資本金が額面株式及び無額面株式ともその最低金額である１ユーロを下回るときには，株式を併合しなければならない（株式法第222条４項）。

２ 簡易の減資

　簡易の減資もまた1937年株式法第182条にさかのぼることができ，これは価値減少の除去，その他の損失の補塡あるいは資本準備金への計上のために実施する減資である（株式法第229条１項）。簡易の減資も同じく資本金の４分の３の多数を占める株主総会の特別決議が必要である（株式法第229条３項）。但しここでは，既述の通常の減資と違って債権者保護手続を要しない。財務内容の悪化している会社の更生（Sanierung）を目的とした減資の実施に際しては，既述の通常の減資と対照的に債権者保護手続を緩和するのがその規定の趣旨である[2]。この簡易の減資を実施するにあたって，"価値減少"及び"その他の損失"の具体的内容が問題となる。これらは非常貸借対照表の作成により決定される損失である必要はなく，また自己資本が引受済資本金に満たない欠損もその前提条件ではない[3]。というのは，繰越利益がない状態で損失が発生し，その損失を法定準備金（資本金の10分の１に達するまで年度剰余額の20分の１を積み立てたもの）と資本準備金によって補塡できる場合においても減資は可能だからである。また，そのなかには将来の損失の見込みも含まれうる。これは商法第249条１項の決算日原則（Stichtagsprinzip）に合致するからである。このように，簡易の減資でいう損失概念は会計上の損失と必ずしもイコールではなく，むしろそれよりも広義で，いわば法的な仮定に基づく概念である[4]。

3 株式の消却による減資

　株式の消却は1870年株式法第215条3項にさかのぼることができ，これには株式の強制消却と任意消却とがある。ここでは損失の塡補や株主への払戻のほかに，社員権の排除などがその目的となる。いずれも通常の減資と同じ手続に基づいて実施しなければならない（株式法第237条2項）。したがって，債権者保護手続が必要である。但し強制消却は原始定款もしくは定款変更によってのみ認められる（株式法第237条1項2文）。通常の減資手続で実施される株式の消却のほかに，以下のケースでは株主総会の普通決議で株式を消却できる（株式法第237条5項）。一つは会社に無償で提供された株式を消却するケースであり，もう一つは貸借対照表利益もしくはその他の利益準備金の範囲で株式を消却する，いわば株式の利益消却のケースである。これらのケースでは債権者保護手続を要せず，簡易の株式消却が適用される。

第3節　減資差益の処理

1　通常の減資による減資差益

1.1　有償減資による減資差益

　通常の減資の典型は有償減資である。1861年普通ドイツ商法（Allgemeines Deutsches Handelsgesetzbuch）第248条はこの通常の減資を会社の部分清算の特殊ケースとみていた[5]。そのなかで設けられていた通常の減資にとって中心的な第225条規定は清算法のなかにそのルーツをもつからである。それ故に，有償減資によって生じる減資差益を会社の部分清算の観点からみれば，それが株主に対して処分可能なものと解されるのはもちろんである。会社の全部清算を想定すれば，そのような減資差益は結局，清算時に株主に払い戻される性質を有するからである。とすれば，この有償減資に伴う減資差益を，債権者保護手続を経たうえで，株主に対して処分することにはまず問題はない。それが株主の払込資本であるからといって，それを，商法第272条2項1号から3号までの資本準備金に準じて原則として拘束力の程度が強い資本準備金として維持する

必要はない。株主への払戻が遅延しているときには，この減資差益を払い戻すまで特別準備金 (Sonderrücklage) に計上する。もちろん，この減資差益を直ちに処分せず，ひとまず商法第272条2項4号に該当する拘束性の程度が弱い資本準備金に計上することもできる。したがって，それは株主総会の決議でいつでも取り崩して株主に対して処分の対象とすることができる[6]。

1.2 無償減資による減資差益

有償減資以外に例えば欠損塡補を目的とした無償減資についても，通常の減資手続で実施できる。そこで生じる減資差益について，1965年旧株式法第150条に関連して次のような見解がある。「この金額（減資差益—筆者注）を法定準備金に計上することを法は予定していない。しかし，それは，貸借対照表利益の処分に関する決議の範囲で株主総会によって決定される[7]」という見解がこれである。この1965年旧株式法における法定準備金は現行規定のそれと異なる。前者の法定準備金は，わが国の利益準備金に相当するものや簡易の減資及び株式の消却による減資差益のほかに，さらに特定の資本準備金も含んでいた。これに対して，後者の法定準備金は，法文上そのような簡易の減資及び株式の消却に伴う減資差益を削除するだけでなく，法的拘束力のある資本準備金も除外し，その結果としてわが国の利益準備金に相当するものだけに限定されることになった。その点はともかく，1965年旧株式法第150条の定める拘束性の強い法定準備金のなかにはそのような無償減資による減資差益が含まれず，それは株主総会の決議によりその処分が決定されるべき性質を有するものと解する見解は，今なお注目すべきであるといえよう。

1.3 減資目的が明確でない減資差益

株式法第222条3項による減資の目的が確定していない場合には，有償あるいは無償の種類を問わず株主総会による減資決議自体は取消可能であるが，しかしその決議は無効ではない。このケースにおける減資差益の処理が問題となる。「これについては，あらためて株主総会の決議，しかも第222条1項2文による多数の決議と2項による同意がなされねばならない。その決議までは，その減資差益は第232条，第240条2項に従い，資本準備金として取り扱われねば

ならず，保持されねばならない（特別勘定）[8]。」この見解に従うと，減資の目的がはっきりしない場合に生じる減資差益についてもまた，あらためて株主総会による特別決議でその処分が決定される。

2 簡易の減資による減資差益

2.1 簡易の減資実施に対する要件

　簡易の減資を実施するには，まず最初に以下の3つの要件を満たす必要がある（株式法第229条2項）。第1に，繰越利益が存在していないこと，第2に利益準備金（わが国の利益剰余金のうちで利益準備金を除いたもの）をあらかじめ取り崩すこと，第3に法定準備金及び資本準備金の合計が減資後の資本金の10分の1を上回るときには，その超過額を取り崩すこと，この3点がこれである。なお，この資本準備金のなかには商法第272条2項で規定する1号から4号までのすべての項目を含む。例えば，資本金が120万ユーロ，資本準備金が20万ユーロ，繰越損失が30万ユーロであると仮定する。このケースにおいてまず繰越損失を填補し，かつ上記の第3の要件を満たすように減資するためには，120万ユーロに20万ユーロを加算した合計額から30万ユーロを控除した金額，すなわち110万ユーロに11分の10を乗じた金額，つまり100万ユーロが減資後の資本金であり，資本準備金は10万ユーロとなる。その結果，資本金を20万ユーロ減資するとともに資本準備金を10万ユーロ取り崩す必要がある。

　このような要件に加えて，さらにもう一つの要件がある。それは簡易の減資を実施する際に資本準備金への繰入及び法定準備金への繰入についての制限である。具体的には，その他の利益準備金の取崩額を法定準備金への繰入及び減資差益の資本準備金への繰入に関しては，資本準備金と法定準備金の合計が資本金の10分の1を上回らない場合にのみ，認められるにすぎない（株式法第231条）。この規定は，株主の利益の見地から資本を絶対的に必要な範囲だけ引き下げさせ，逆に過度の減資に対する歯止め効果（Sperrwirkung）をもつ[9]。例えば資本金が20万ユーロで，それ以外には資本準備金も法定準備金もなく，繰越損失もないと仮定する。この場合には資本金に11分の10を乗じた金額，すなわち181,818ユーロまで減資し，差額の18,182ユーロが減資差益となる[10]。繰越損失が5万ユーロあれば，資本金からこの繰越損失の金額を控除した金額，つ

まり15万ユーロに11分の10を乗じた金額，すなわち，136,364ユーロまで減資することができる。その結果，減資差益はそれぞれ13,636ユーロとなる。

2.2 減資差益の取扱

簡易の減資にあたって資本準備金あるいは利益準備金の取崩及び減資から得られる金額は株主に対する支払に処分してはならず，価値減少の相殺，その他の損失の塡補，資本準備金もしくは法定準備金への繰入にしか処分することができない（株式法第230条）。ここから，簡易の減資で生じる減資差益は，通常の減資における減資差益の取扱とは違って，株主の配当財源とはならず資本準備金に計上される。問題は，この減資差益が商法第272条2項1号から3号までの拘束性のある資本準備金に該当するのか，それとも拘束性のない4号（自己資本へのその他の追加払込額）のそれに該当するのかである。この点に関して通説は，この減資差益を前者の資本準備金に準ずるものと解する[11]。その理由は，第1に1965年旧株式法第150条2項でそれが明文化されていた点，第2に1985年株式法改正に伴い，その点がたしかに条文上削除されたけれども，しかし仮にその減資差益を株主に対する配当可能な財源と解するのは明らかに債権者保護に反する結果となる点である。したがって，簡易の減資で生じる減資差益については，株式法第150条2項で規定する法定準備金の設定に関わる商法第272条2項1号から3号までの資本準備金に属さないが，それに準ずるものとして株式法上特別に拘束性のある資本準備金とみなされる。

簡易の減資を実施した年度とその後2年以内に，価値減少及びその他の損失が減資決議の段階で見込まれていたよりも実際には発生しなかったり，あるいは塡補されなかった場合には，減資額を下回る損失額は資本準備金に計上しなければならない（株式法第232条）。この規定の趣旨は，過大計上となったことが判明した損失分の修正分を債権者保護の見地から資本準備金に計上し，株主に対する配当財源となることを防ぐ点にある。言い換えれば，この処理に基づき，簡易の減資がその分だけ実施されなかった状態に戻る[12]。なお，簡易の減資においては，法定準備金及び資本準備金の合計額が資本金の10分の1に達するまでは，利益は分配できない（株式法第233条1項）。また，減資後2年以上経過した後でなければ，100分の4を上回る利益の支払はできない（株式法第233

条2項1文)。但し，債権者の債権が弁済されたり，あるいは担保の設定を受けたときには，この限りではない(株式法第233条2項2文)。

3 株式の消却による減資差益

株式を消却したときにも減資差益が生じる。それは，ドイツでは自己株式について額面法による処理を前提としているので，額面金額との差額として発生する。株式の消却は通常の減資が適用されるため，そこでの減資差益に準じて処理される。ドイツ商法では自己株式を資産として処理するのが原則である。ただし，いわゆる株式の利益消却目的により簡易の減資手続で自己株式を取得したときには，例外的に引受済資本金からその自己株式に関して額面株式ではその額面金額，また無額面株式ではその計算的価値を控除した金額を貸借対照表に表示する(商法第272条1項4文)。これは1998年の「企業領域における統制及び透明化改善法」によって新たに設けられた規定である。例えば，自己株式の取得価額(40万ユーロ)とその額面金額(20万ユーロ)(もしくは計算的価値)との差額(20万ユーロ)，つまり減資差損は利益準備金に負担させる[13]。

また，自己株式を消却したときには，自己株式の額面金額もしくは計算的価値に相当する金額(20万ユーロ)も同様に利益準備金に負担させる。と同時に引受済資本金の減少として生じる減資差益20万ユーロを資本準備金に繰り入れる(株式法第237条5項)。ドイツ株式法では，株式会社は株式に分割された資本金を有する制度と解されており(株式法第1条2項)，資本金と株式は連動している。このため，株式の利益消却に際しても資本金を減額させるとともに，債権者保護の見地から減資に相当する額を資本準備金に計上するのがその特徴である。この処理は，資本金と株式が切断しているわが国と異なる。なお，自己株式を取得してもその株式を消却せずに転売したときには，その転売価格とその額面金額もしくは計算的価値との差額は，その他の利益準備金に負担させるか(もしその他の利益準備金がないときには，当期の損失とする。)，あるいは当期の利益として処理する[14]。

4 減資差益の表示

これまで論及した減資差益は，損益計算書において次の位置に示す(株式法

第240条，第158条）。すなわち，繰越損益，資本準備金取崩額，利益準備金取崩額，利益準備金繰入，貸借対照表損益という順序のなかで，利益準備金取崩額と利益準備金繰入との間に示す。また，既述の簡易の減資による資本準備金への繰入もこの減資差益の後に示す。減資差益については，未処分利益計算のプロセスのなかで表示される。

第4節　結

1　ドイツ株式法における減資差益の特徴

　以上の論旨を整理すれば，次の通りである。
　第1に，ドイツ株式法では減資には通常の減資，簡易の減資及び株式の消却による減資の3つの種類がある。
　第2に，このうちで通常の減資についてはその減資の目的が自由である見返りとして，債権者保護手続が必要となる。有償減資はこれによらねばならず，そこで生じる減資差益は株主に対して処分の対象となる。その理由は，有償減資は部分清算と解されているからである。このケースにおいて減資差益を資本準備金にひとまず計上し，あらためて株主総会の決議で株主に対する配当財源とすることもできる。欠損塡補を目的とした無償減資もこの通常の減資によることができる。ここで生じる減資差益については，それほど拘束性の強くない資本準備金に計上しておき，あらためて株主総会の決議でその処分を決定すべきとする見解もある。減資の目的がはっきりしない場合に生じる減資差益については，株主総会の特別決議でその処分を決定する必要がある。このように，ドイツ株式法では減資の株主総会の決議及び債権者保護手続を経ても，直ちに株主に処分されずに，あらためて株主総会の決議でその減資差益の処分を決定するケースもある点に留意する必要がある。
　第3に，簡易の減資では価値減少の除去，欠損塡補といった減資の目的が特定化されており，その一定の条件を満たせば債権者保護手続は要しない。そこで生じる減資差益は株主に対する配当財源とはならず，未処分利益計算のプロセスのなかで資本準備金に計上される。必要以上の減資に対する歯止め策や，

簡易の減資を実施した後の利益分配に対する規制が設けられているのも特徴である。

第4に，株式の消却による減資は原則として通常の減資によるが，株式の利益消却による減資では簡易の減資と同様に債権者保護手続を要せず，これに伴う減資差益は債権者保護の見地から資本準備金に計上される。

2 わが国の会社法における減資差益の処理

2000年に改正されたわが国の旧商法では，有償減資及び無償減資を問わず，株主総会の特別決議と債権者保護手続を経れば，直ちに株主に対する配当財源にできることになった(15)。この点は会社法でも同様である。たしかに，それはドイツの通常の減資とおおむね類似したといえる。ただ，ドイツ株式法では通常の減資のほかに簡易の減資もある。欠損塡補を中心とした減資には前者も適用可能だが，後者が実務上は一般に適用される。その結果，欠損塡補で生じる減資差益は拘束性のある資本準備金に強制的に計上され配当規制される。この点で，わが国の会社法と実質的には取扱が異なる結果となる。

問題は，そのような無償減資について，わが国のように株主総会の特別決議と債権者保護手続を経れば直ちに株主に対する配当財源と解するのが妥当か否かである。ドイツ株式法上，債権者保護手続を要する通常の減資では欠損塡補に伴う減資差益について拘束性のそれほど強くない資本準備金に計上しておき，株主総会の決議であらためてその処分を決定する。また債権者保護手続を要しない簡易の減資では欠損塡補に伴う減資差益について，資本準備金に強制的に計上させる処理が前提となる。

この減資差益をすべて資本準備金に計上して拘束すべきか，それとも一定の範囲に限定すべきは，たしかに配当規制からみた法政策の問題である(16)。部分清算と解される有償減資はともかく，欠損塡補による減資差益については，会社財産の実体がすでに喪失しており，会社財産の流出を伴わないので，債権者保護手続のプロセスを経ても，あまり意味がないように思われる(17)。このような減資はまさに会社の更生を一義的な目的としている以上，会社財産の維持もしくは財務内容に堅実性の面からは，そこから生じる減資差益の全額を直ちに配当財源として処分させるのは，やはり問題が残る。そこで，減資差益の

全額もしくは少なくともその一部を強制的に資本準備金に計上させて配当規制の対象とするか，あるいは一定期間の経過後，会社の財務内容の改善状況を確認した上で，あらためて株主総会の決議を経てその処分を決定するかのいずれかの方策のほうがむしろ望ましい。

なお，会社法の制定に伴い，資本金の額を減少する場合に，その額が欠損の額を超えないときには株主総会の特別決議ではなくて普通決議で決定できる（会社法第449条1項2号）。また，資本金の額を減少したときに，その全額またはその一部を準備金（資本準備金）とすることも新たに認められることになった（会社法第447条1項）。しかし，資本金の減少額をその他資本剰余金とすることも依然として認められており（会社計算規則第50条1項），資本金の減少額が欠損の額を超えるときにも債権者保護手続を経れば減資差益を剰余金の配当財源とする可能性は必ずしも否定されているわけではない。

いずれにせよ，わが国の会社法におけるこの減資差益の取扱に関しては，ドイツ株式法と関連づけて再検討する必要があろう[18]。

注

（1） ドイツ資本制度及び減資の概要については，小林量「ドイツとフランスにおける資本制度」『商事法務』第1601巻，2001年7月，27-29頁及び神作浩之「ドイツ法における『資本準備金』制度の一考察——新株引受権附社債および転換社債の会計処理を中心として——」商法会計制度研究懇談会編『商法会計に係る諸問題』企業財務制度研究会，1997年，所収，132頁以下参照。

（2） W. Zöllner, Kölner Kommentar zum Aktiengesetz, 第5／1巻，第2版，Köln・Berlin・Bonn・München, 1995年，725頁。B. Kropff・J. Semler, Münchener Kommentar zum Aktiengesetz, 第7巻，第2版，München, 2001年，62頁。

（3）（4） B. Kropff・J. Semler, 前掲書注（2），68頁。

（5） B. Kropff・J. Semler, 前掲書注（2），8頁。

（6） W. Zöllner, 前掲書注（2），668頁。

（7） H. Adler・W. Düring・K. Schmaltz 編, Rechnungslegung und Prüfung der Aktiengesellschaft, 第1巻，第4版，Stuttgart, 1968年，120-121頁。

（8） B. Kropff・J. Semler, 前掲書注（2），17頁。

（9） H. Adler・W. Düring・K. Schmaltz 編, Rechnungslegung und Prüfung der Unternehmen, 第4巻，第6版，Stuttgart, 1996年，442頁。

(10) H. Adler・W. Düring・K. Schmaltz 編，前掲書注 (9)，445頁。
(11) H. Adler・W. Düring・K. Schmaltz 編，前掲書注 (9)，237-238頁。K. Küting・C. R. Weber, Handbuch der Rechnungslegung, 1a巻，第1版, Stuttgart, 1995年，1529-1531頁。これに対して4号の資本準備金とみる少数説もある（A. G. Coenenberg, Jahresabschluß und Jahresabschlußanalyse, 第17版, Landsberg am Lech, 2000年，289頁）。
(12) H. Adler・W. Düring・K. Schmaltz 編，前掲書注 (9)，450頁。
(13) H. Adler・W. Düring・K. Schmaltz 編，前掲書，補巻，第6版, Stuttgart, 2001年，107頁。
(14) H. Adler・W. Düring・K. Schmaltz 編，前掲書注 (13)，109頁。
(15) 神田秀樹・武井一浩編『新しい株式制度』有斐閣，2002年，50頁。
(16) 弥永真生『「資本」の会計』中央経済社，2003年，48-49頁。なお，オーストリア株式法も簡易の減資及び簡易の株式消却による減資で生じる減資差益を拘束性のある資本準備金に計上する（株式法第130条2項）。
(17) フランス商法では欠損塡補目的の減資については債権者保護手続は不要であり（商法第225-205条1項），この点はスイス法（債務法第735条）及びオーストリア法（株式法第187条）も同様である。ただし，オランダ法ではこれは欠損塡補目的の減資のうちで自己資本までの減資に限られる（民法典第2編第100条6項）。なお，スイスの資本会計制度については，拙稿，「スイスの資本会計制度」『会計学研究』第22号，平成20年3月，29-50頁参照。
(18) 平成15年10月に公表された「会社法制の現代化に関する要綱試案」によると，利益を財源とする利益配当及び中間配当と，資本を財源とする資本及び法定準備金の減少を伴う払戻し等は，利益及びその他資本剰余金に関する剰余金の払戻しという考え方（株主に対する剰余金を財源とする会社財産の払戻し）で整理されており（試案第4部・第5・1 (1)），また欠損塡補のための資本減少決議に関してはこれまでの株主総会の特別決議から普通決議への緩和が提案されていた（試案第4部・第5・2 (2)）。会社法の制定に伴い，それについて剰余金の配当という表現が用いられている。（会社法第453条・第454条）。ここでいう会社財産の払戻しという考え方は，静態論の立場から筆者が主張する継続企業における資産一部処分計算（資産処分制限計算）の構想と軌を一にする（拙著，『現代静的会計論』森山書店，平成11年，563頁以下参照）。

第5章
ドイツにおけるストック・オプション

第1節　序

　近年，会計上クローズ・アップされてきているのがストック・オプション（stock option）である。これに関してはこれまで様々な議論が展開されてきている。アメリカでは1995年に米国財務会計基準審議会（Financial Accounting Standards Board ; FASB）は財務会計基準書（Statement of Financial Accounting Standards ; SFAS）第123号「株式報酬」（Stock Based Payment）を公表し，その後2004年3月の公開草案を経て同年12月には第123号の改訂版を公表した。また，国際会計基準審議会（International Financial Accounting Standards Board ; IASB）は2002年11月の公開草案を経て2004年2月に国際財務報告基準（International Financial Reporting Standards ; IFRS）第2号「株式報酬」を公表した。わが国では，2002年12月に企業会計基準委員会はまず「ストック・オプション会計に係る論点の整理」の公表後，2004年12月の企業会計基準公開草案第3号「ストック・オプション等に関する会計基準（案）」を経て，ようやく2005年12月に企業会計基準第8号「ストック・オプション等に関する会計基準」及び企業会計基準適用指針第11号「ストック・オプション等に関する会計基準の適用指針」を正式に公開した。

　このような状況のなかでSFAS第123号及びIFRS第2号はともにストック・オプションに関してその付与日の公正な評価額に基づいて従業員等からのサービス取得に応じて費用化するとともに，その相手科目として資本に計上する点では基本的に共通している。これに対して，わが国の公開草案ではストック・オプションの費用化と，その相手科目としてはその行使または失効まで負債と資本の間に独立した中間項目を設けて新株予約権として計上することが提案され

ていた。これに対して，企業会計基準第8号では負債と資本の間の独立した中間項目ではなくて，純資産の部にそれを計上することになったが，しかしそれは株主資本から明確に区別されて表示される。

本章では，そのような状況のなかでこれまであまり論究されていないドイツにおけるストック・オプションの会計[1]について検討する。

第2節 ストック・オプションに関する商法規定とドイツ会計基準・公開草案第11号

1 ストック・オプションに関するドイツ商法規定

ドイツ商法上，ストック・オプションに関して規定しているのは株式法第192条2項3号である。これは，条件付資本増加の一種で，いわゆる新株予約権の付与として捉えられている。ここで条件付資本増加とは，交換権 (Umtauschrecht) もしくは引受権 (Bezugsrecht) を用い，会社が新株を与えて資本を増加させることをいう。これを実施するためには，株主総会の決議を要する。ストック・オプションに関するこの条件付資本増加については，資本金の2分の1を上回ることはできず，また条件付資本増加の決議時点で存在する資本金の10分の1を上回ることはできない（株式法第192条3項）。ストック・オプションを含む新株予約権を付与される対象者は，1998年の「企業の統制及び透明化法」の制定前までは従業員だけであったが，その制定により新たに会社の取締役及び結合企業にも拡大されることになった。但し監査役は除かれる。

2 ドイツ会計基準・公開草案第11号

2.1 ドイツ会計基準・公開草案第11号の概要

ストック・オプションに関してドイツ会計基準委員会（Deutsches Rechnungslegungs Standards Committee ; DRSC）は2001年6月に「ストック・オプション及びそれに準ずる報酬形態の会計」(Bilanzierung von Aktienoptionsplänen und ähnlichen Entgeltformen) に関する公開草案第11号を公表した。以下，この主な内容について取り上げる。この委員会のもとでこの草案を作成したドイツ会計基

準設定委員会（Deutsches Standardisierungsrat ; DSR）は，会計基準の設定にあたっては現行法に拘束される立場に立ち，商法上の計上，評価及び表示の各規定に合致する基準を目指して草案を提出したとしている。その主な特徴は以下の通りである。

これによると，株式法第192条2項3号に基づくストック・オプションは，従業員及び経営管理に携わる構成員の労働サービスの対価として行われる。ストック・オプションの価値は人件費及び資本準備金として把握されねばならない（公開草案「基準」7）。この考え方から，公開草案第11号がすでに触れたFASB及びIASBと同様にストック・オプションに関する費用・払込資本説に立つことは明らかである。その場合，提供された労働サービスの価値は，企業がオプションの発行によって得る金額を示すのであり，それは商法第272条2項2号の適用に準じて資本準備金に計上される（公開草案「基準」8）。その理由は，ストック・オプションの発行は一方で労働サービスの報酬であり，現金による報酬と同様に明らかに人件費としての性質をもち，他方でその発行は新株予約権付社債で得られる金額に準じて資本準備金として処理すべきだからである（公開草案「理由書」B及びB9）。

また，株式法第192条2項3号に基づくストック・オプションは，その付与時点の全体価値で評価され，比較可能なオプションがないときには認められた財務経済的オプションモデルにより測定されねばならない（公開草案「基準」10）。ストック・オプションの付与時点の評価が決定的であり，それ以降の価値変動は原則として資本準備金を変動させない（公開草案「基準」12）。ストック・オプションは原則として将来期間の労働サービスの報酬としてみなされ（公開草案「基準」14），資本準備金は対象勤務期間にわたって期間配分される（公開草案「基準」15）。自己株式によるストック・オプションについては，行使時点における自己株式の帳簿価額と行使価格との差額が成果作用的金額となる（公開草案「基準」25）。行使時点で見込まれる費用について引当金（Rückstellung）が設定されねばならず，労働サービスが数期間に及ぶ場合には期間配分される（公開草案「基準」26）。

なお，DSRは，自己株式は本来的には資産としてではなくて自己資本のマイナスとしての性質をもつので，立法論として連結財務諸表における自己株式ス

トック・オプションについては，すでに触れた商法第192条2項3号と同様の規定を適用すべきであると主張する（公開草案「付録A」）。

以上がストック・オプションに関するドイツ会計基準の公開草案第11号の概要である。それは明らかにストック・オプションに関する費用・払込資本説の立場に立つ。

2.2 ドイツ会計基準・公開草案第11号に対する批判的見解

このストック・オプションの費用・払込資本説に対する批判的見解が提出されている。その主な内容を以下のように整理することができよう。

① 株式法上の基本構造面からの批判
② 株式法第192条2項3号の解釈面からの批判
③ 労働サービスの出資説に対する批判
④ 会計システムとの整合性面からみた批判
⑤ 資本維持規定の面からみた批判

2.2.1 株式法上の基本構造面からの批判

まず，株式法上の基本構造面からの批判は分離原則（Trennungsprinzip）である。この分離原則とは，会社の財産面と所有者の財産面とを厳格に区別することを要求する。既述の公開草案第11号では，ストック・オプションの対象となる労働サービスは直接的には会社に役立ち，出資者には間接的にしか役立たないとされる。このため，ストック・オプションによる報酬は会社の財産面に関係する。しかし，これは株式法上の分離原則に反する結果となる。この点について，ロース（N. Roß）・バウムンク（S. Baumunk）は次のように述べる。「株式法上の分離原則は資本会社による本来的な法主体と会社財産による有限責任との表現である。債権者保護に特徴づけられる企業会計法（Rechnungslegungsrecht）にとって，これは，予約権の発行時のケースと同様にもっぱら出資者と会社の従業員との間で行われ，したがって会社の財産面及び債務弁済能力に関係しない財産変動は年次決算書に何ら関与しないことを意味する[(2)]。」

また，ランゲ（J. Lange）は次のように述べる。「会社財産が有限責任であるが故に，資本会社の年次決算書は商法第264条2項1文に従い会社の財産，財務及び収益の状況の写像を伝達しなければならないのであって，出資者におけ

るその写像を伝達する必要はないことだけが筋の通ったものにすぎない。出資者貸借対照表（Gesellschafterbilanz）は債権者の面では目標に到達しない。というのは，法人の陰に隠れる自然人に対する責任の介入は会社法上原則としてありえないからである[3]。」

2.2.2 株式法第192条2項3号の解釈面からの批判

これはさらに2つの批判に分かれる。

(1) 旧株主の出資説に対する批判

公開草案第11号におけるストック・オプションの費用・払込資本説の根拠は，ストック・オプションを旧株主の新株予約権に関する一種の出資とみる考え方である。これによると，旧株主がストック・オプションの発行によって新株予約権に対する自己の権利を放棄し，それを直ちに会社に譲渡したと解するのである[4]。この考え方に基づいてストック・オプションの費用・資本説を仕訳で示すと以下の通りである。

　　（借）新株予約権　×××　　（貸）資本準備金　×××
　　（借）人　件　費　×××　　（貸）新株予約権　×××

しかし，この解釈についてロース・バウムンクは次のように批判する。「旧株主の新株予約権による出資についてすでにマイナスの材料を示すのは，株式法第192条2項3号に基づく条件付資本が法的な予約権を認めていない点である。経済的面からは旧株主は新株発行の承認がもたらす資本の希薄化効果により，なるほど払込みによる通常の資本増加とのケースと同様の程度で保護を必要とする。けれども，万一の予約権の決議という実質的正当性の要請による通常の資本増加の範囲で保証される資本希薄化に伴う保護は，株式法第192条2項3号に基づく条件付資本増加に対してすでに立法者が典型的な方法で行った利害調整により補われている[5]。」これと同様の見解をエケンガ（J. Ekkenga）も示している[6]。

株主の新株予約権に関する出資とみる考え方のなかには，このほかにストック・オプションによる株主総会の決議が，暗黙上の新株予約権の放棄を意味すると捉える説もある。これによると，それは，条件付資本増加の同意によって新株予約権の発行に伴う通常の資本増加を意図しない"暗黙的な新株予約権の

放棄"を意味するという解釈である。この見解についてエケンガは次のように批判する。「しかし，通常の資本増加という措置の"放棄"から，会社への"暗黙的な"財産譲渡を導き出すことはできない。というのは，新株予約権の発行はストック・オプションに対する代替的な決定ではないからである[7]。」

上述の2つの批判点をかりにクリアすることができたとしても，それ以外に新株予約権を株主による一種の出資とみなす考え方には，やはりまだ問題点があるとエケンガはいう。「株式会社は株主がもつ法的に根拠のある新株予約権を会社財産に譲渡する法的力をもたないという疑問が残る[8]」からである。

(2) 低廉利子に伴うプレミアム出資説に対する批判

第2の考え方は，既述の公開草案第11号と同様に，ストック・オプションを新株予約権付社債に準じてストック・オプションの対象者による一種のプレミアム出資と解する考え方である。ロース（N. Roß）・ポマーレニング（S. Pommerening）はまず新株予約権付社債における低廉利子について次のようにいう。「新株予約権のない比較可能な社債との関係で与えられるより低い利子は"隠れた"プレミアム（"verdecktes" Aufgeld）を示す。企業はこのケースで市場利子よりも有利な借入金を得ており，その結果，社債権者による利子放棄分に関して払込みが存在する。それ以降の事実上の新株予約権の行使についてはその場合は問題ではない[9]。」例えば，一般市場利子率を下回る利子率5％で新株予約権付社債を額面金額200万ユーロ，償還期間2年で発行するとき，新株予約権の付いていない普通社債の一般市場利子率が7％である場合には，次のように仕訳される[10]。

　（借）現　　　　金　2,000,000　　（貸）新株予約権付社債　2,000,000
　　　　借方計算限定項目　72,321※　　　　資　本　準　備　金　　72,321
　　※　$72,321 = 2,000,000 \times 2\% \ (7\% - 5\%) \times 1/1.07 + 2,000,000 \times 2\% \times 1/1.07^2$

この仕訳で示される貸方科目の資本準備金が隠れた払込みと解される。ここではたしかに社債権者による現金による払込みがあるからである。

ロース・ポマーレニングは，商法第272条2項2号によると，新株予約権付社債を用いたストック・オプションの発行で得られる発行プレミアム及び低廉利子分については，以下の例で示すように資本準備金に計上されねばならない

と考える。

　いま，従業員に対して償還期限6年の新株予約権付社債200万ユーロ（額面金額）を額面2ユーロにつき100万ユーロで発行し，年利は5％で毎年末に支払われ，市場利子は7％であるとする。また，この新株予約権の発行により，従業員は額面2ユーロの1株式を40ユーロで取得でき，新株予約権の行使価格は1株当たり38ユーロであるとする。

　まず発行時点では次のように仕訳される[11]。

（借）　当　座　預　金　2,000,000　　　（貸）　新株予約権付社債　2,000,000
　　　借方計算限定項目　　190,662※　　　　　　資　本　準　備　金　190,662
　　　※　この金額は2％の低廉利子分（2百万ユーロ×2％＝40,000ユーロ）を6年間にわたって7％の利子率で割り引いた金額の合計額である。つまり，それは次の式で算定される。
　　　　　$40,000／1.07 + 40,000／1.07^2 + 40,000／1.07^3 + 40,000／1.07^4 + 40,000／1.07^5 + 40,000／1.07^6 = 190,662$

　1年経過後の期末時点で，借方計算限定項目（aktiver Rechnungsabgrenzungsposten）の190,662ユーロを6年間に均等償却し（190,662ユーロ÷6年＝31,777ユーロ），従業員に対する年利子の支払（200万ユーロ×5％＝100,000ユーロ）をすると，次のようになる。

（借）　支 払 利 息　　　　 31,777　　　（貸）　借方計算限定項目　 31,777
　　　 支 払 利 息　　　　100,000　　　　　　 当　座　預　金　 100,000

　「従業員の利子放棄は新株予約権の付与に対する利子費用として把握されるべき反対給付を示すので，我々の考え方では計上されるべき人件費はこの利子放棄分だけ減額されねばならない[12]。」かりに新株予約権の価値がブラック・ショールズ（Black-Scholes）の計算により1,142万ユーロであるとすると，6年間にわたって配分されるべき新株予約権の価値は次のように算定される。すなわち，11,420,000ユーロ－190,662ユーロ＝11,229,338ユーロである。そこで，この金額を6年間に期間配分すると，各期間の負担分は1,871,556.3ユーロとなる。

（借）　人　件　費　　　　1,871,556.3　　（貸）　資本準備金　　1,871,556.3

5年経過後に新株予約権がすべて行使されると,次のように仕訳される。

（借）	新株予約権付社債	2,000,000	（貸）	資　本　金	2,000,000
	当　座　預　金	38,000,000		資本準備金	38,000,000

この新株予約権付社債の処理と同様に,ストック・オプションについても準じて処理できると公開草案第11号は主張しているようである。

しかし,これには問題があるという。この点に関してジーゲル（T. Siegel）は次のように述べる。「利子の低廉が借方計算限定項目のなかで示されることは,資本準備金と全く関係しない。むしろ資本準備金が決定されねばならないのは,社債引受者が新株予約権付社債において新株予約権のために"普通"社債よりも多く支払うからである。したがって,ここでは追加的支払が存在するけれども,ストック・オプションの場合には支払は回避される。それ故に,両者は比較できない[13]。」

2.2.3 労働サービスの出資説に対する批判

株主の新株予約権に関する出資とみる考え方に対しては,旧株主の新株予約権に関する出資とみる考え方のほかに,もう1つの考え方がある。それは,従業員等の労働サービスの提供に対する報酬を一種の出資に準じて解する。これは次のような考え方に立脚する。従業員の労働サービスの取得に対する報酬の対価として会社がストック・オプションを付与したのであり,これを労働サービスによる一種の出資（労働出資）とみる。それ故に,ストック・オプションのオプションに関するプレミアム相当分は資本準備金に計上する必要があるという。いま,それを仕訳で示せば以下の通りである。

（借）	出資可能な資産としての労働サービス	×××	（貸）	払　込　資　本	×××
（借）	人　件　費	×××	（貸）	出資可能な資産としての労働サービス	×××

しかし,この考え方には大きな問題がある。「刺激及び報酬の手段として新株予約権の無償付与という通常のケースに対しては,会社面の関係は現物出資の形態だけしか考えられない。その場合,出資の可能性は当該株式法の規定に

したがって判断されねばならない。株式法第27条2項によれば，現物出資は，その経済的価値が把握できる資産だけしかできない[14]。」

2.2.4 会計システムとの整合性面からみた批判

ストック・オプションに関する費用・払込資本説は会計システムに大きな矛盾を含むという。第1に，具体的にいうと，それはストック・オプションの費用処理については支出を伴わないからである。その結果，伝統的な会計システムでは費用は必ず当期，前期以前または次期以降のいずれかの一期間に支出を伴うのが原則である。これは収支原則（Prinzip der Pagatorik）と呼ばれ，商法第252条2項5号で規定する期間限定原則（Grundsatz der Periodenabgrenzung）に基づく。つまり，この期間限定原則によると，費用の期間帰属はそれに対応する支払時点に関わりなく考慮されねばならない。そして，「収支原則と密接に結びついているのが合致の原則（Kongruenzprinzip）である。これに従い，全体期間に及ぶ期間利益の合計は企業の全体利益に一致しなければならない[15]。」これはシュマーレンバッハ（E. Schmalenbach）の動的貸借対照表論（dynamische Bilanzlehre）で展開された考え方にほかならない。

この辺の事情について，ストック・オプションの費用・払込資本説のうちで特に後者の払込資本説に関しては，そもそも出資は年度剰余額として配当に処分してはならないという準備金に関する法的規定に違反するという立場にジーゲルは立つ。さらに，彼はストック・オプションの費用的解釈についても次のように批判する。「その理由から，反対説の立場（費用・払込資本説—五十嵐注）が支持する結論は，フィクションを事実とみなす場合にもまた生じてはならないであろう。その場合には実質的に出資ではなくて費用の補助金（Aufwandzuschuß）が存在するであろう。事実上の費用の補助金は資本準備金に計上されるべきではなくて，特別利益に計上されるべきであろう。この理由から，その事情にとっては"（借）費用　×××（貸）収益　×××"が記帳されねばならないであろうし，おそらく"（借）費用　×××（貸）資本準備金×××"が記帳されてはならないであろう。しかし，その事情はフィクションであるから，損益計算書には"（借）架空上の人件費　×××"と，"（貸）架空上の費用の補助金　×××"という仕訳によって示されねばならないであろう。かかる処理が支持されうるであろうが，しかしそれは，いかなる架空上

の事情が把握されるべきかという期間限定問題に通じる。このため，損益計算書には仮定上の費用（hypothetischer Aufwand）ではなくて，収支的な基盤による費用だけを把握し，附属説明書で補足情報を収容するのが望ましいであろう[16]。」

第2に，ストック・オプションの費用・払込資本説においては，資本のなかで資本準備金への計上が前提とされているけれども，この処理法も会計上の伝統的な資本準備金解釈とも整合性をもたず，妥当ではないとされる。この点についてヘアツィヒ（N. Herzig）・ロホマン（U. Lochmann）は次のように批判する。「ストック・オプションの発行が，それにより人件費による支出を回避する限り，企業の利益に影響するのは，まずはじめに適切な経済的評価である。しかし，それ故に資本準備金の修正が行われねばならないという，この経済的評価から明らかに導き出される結論は，資本準備金の性質に合致していない。資本準備金は原則として会社に外部から流入した資本額だけを含むのであり，営業活動から得られた成果からは設定されない。資本準備金への計上はそれによって資本流入，すなわち資産の流入を前提とする[17]。」

第3に，もしオプション価格について理論的な測定方法に基づく評価によって費用計上を行うと，それはドイツ商法の伝統的な会計基準である実現原則（Realisationsprinzip）及び不均等原則（Imparitätsprinzip）にも反する結果となる[18]。

2.2.5 資本維持規定の面からみた批判

ストック・オプションの費用・払込資本説は株式法上の資本維持規定にも抵触するという批判がある。この点についてティーレは次のように述べる。「ストック・オプションの発行は流動性の減少に結びつかず，このため債権者には何らリスクがないという異論が出される限り，会社法上及び貸借対照表法上の資本維持の考え方は流動性の考慮に基づかないことが考察されねばならない。むしろ株式会社においては持分所有者からなされる払込み（但し商法第272条2項4号で設定される資本準備金を除く。）は持分所有者には返済されず，保護される株式会社の最低財産を形成すべきであるという思考が背景である。年次決算書の資本維持目的との関連では，ストック・オプションの成果作用的表示に対する反論として，さらに"（借）人件費×××（貸）資本準備金×××"という仕訳は強制的な資本調達規定（例えば株式法第27条）に基づいて許容されないこと

が通常指摘される(19)。」このようにストック・オプションの費用・払込資本説は，ストック・オプションの費用計上により配当可能利益が減少するので，債権者保護には資する。しかし，株主にとってはかえって配当財源が減少してしまい，株主の利益には反する結果をもたらす。

第3節　ストック・オプションに関する諸見解

1　引　当　金　説

　ストック・オプションに関する費用・払込資本説のほかに，それを引当金として処理することを提唱する考え方もある。それを主張するのはシュルフ（W. Schruff）・ハーゼンベルク（C. Hasenberg）である。いま，ストック・オプションの付与時点で株価が100ユーロ，行使価格が100ユーロ，付与される株数が100株，1年が経過した権利確定時点での株価が125ユーロであるとすると，彼らの考え方では次のように仕訳される(20)。

（借）人件費　　　　　　　　　2,500※　（貸）ストック・オプション引当金　2,500
　　※　(125ユーロ－100ユーロ)×100株＝2,500ユーロ

　もし，翌年度に株価が下落して120ユーロとなるときには，その引当金の一部を取り崩して利益に戻し入れることが必要となる。

（借）ストック・オプション引当金　500※　（貸）ストック・オプション戻入益　500
　　※　(125ユーロ－120ユーロ)×100株＝500ユーロ

　ストック・オプションに関するこのような引当金設定の根拠は，成果依存的な記帳がドイツで伝統的なGoBに即しており，債権者保護に役立つ点にある。株価が行使価格を上回る場合には，未払の状況（Erfüllungsrückstand）が生じており，会社はオプションの付与者に対して引当金を計上する義務があるからである(21)。その意味では，ストック・オプションの引当金は年金の約束の場合と同様である。つまり，それは不確定債務引当金とみなされる。ただ，この引当金説には問題がある。それは，行使価格が権利確定日以降の株価を上回ると

きには，人件費が計上されないという欠点である。これについてジモンズ（D. Simons）は次のように述べる。「けれども，権利確定時点でできるだけ正確に支払うべき債務に近づけることが引当金の目標であるとすれば，この欠点を甘受せざるをえないと思われる[22]。」

2 処理不要説

この引当金説のほかに処理不要説もある。これは，伝統的なドイツ商法制度の面からは，ストック・オプションに関してその権利が行使されるまでは，貸借対照表にも損益計算書にも影響させないほうがよいとする見解である。その根拠としては，既述の通りストック・オプションに関する費用・払込資本説にはかなり理論上の大きな問題があるだけでなく，引当金説にもやはり難点がある。したがって，この処理不要説は，ストック・オプションに関して会計上の取引として処理するよりは，むしろ商法上は取引として処理しないほうがベターであるという立場からの結論であるとも解される。ただ，ストック・オプションの発行から行使までの間に，それが会社にとって多大なる影響を及ぼすことは否定できない。それ故に，その事項を情報提供の面から附属説明書のなかで十分に開示させるべきであると考える。

この点についてランゲは次のように述べる。「公開案第11号による条件付資本に基づくストック・オプションの会計基準はGoBと結合しえない。ストック・オプションで利用される新株については，その行使まで貸借対照表には影響しない。権利行使において行使価格で，条件付資本を上限として資本増加となり，それによって新しい責任資本の流入となる。ストック・オプションが失効する限り，資本金はそのままである。会社の責任の金額を減額する費用も存在しないし，同様に出資の行為も存在しない[23]。」エケンガもこれと同様の立場に立つ[24]。

キュッティング（K. Küting）・デュール（U. L. Dürr）はIFRS第2号に関して次のように述べる。「（追加的）現金報酬に対する刺激を行う会社及びストック・オプションを発行する会社では，成果報告の比較可能性への要求がたとえ正当であるとしても，この根拠は必ずしもすべてのケースで成果作用的計算を正当化するわけではない。国際的会計基準に基づいてもまた，事実上発生した費用

のみが損益計算書に示されうるにすぎない。その点はともかく，情報手段の別の方法が考察されるならば，費用計上は強制的に実質的に新たな情報をもたらさない。例えば意思決定に有用な情報手段は，詳細な附属説明書によって与えられる[25]。」

　この見解を支持する論者は比較的に多く，これが通説を形成しているともいえる[26]。それだけではない。株式法に関する有名なコンメンタールにおいてもまたその処理不要説は支持されている。その主な根拠は以下の通りである[27]。まず費用・払込資本説には以下の問題がある。会社財産から財産が流出しておらず，会社にとって費用は発生していない。そこではストック・オプションの発行に際して株主に対してだけ資本の希薄化というコストが考慮されうるのであり，会社には流動性の影響は全くない。したがって，会社の債務弁済能力はストック・オプションの付与によって影響されず，その会計処理は債権者保護の見地からは必要ない。ストック・オプションを付与された者は，権利を行使するまでは払込がない。というのは，ストック・オプションと労働給付との交換はあくまでフィクションであり容認できず，無償の用役譲渡は判例でも否定視されているからである。

　一方，引当金説も問題がある。実務上ストック・オプションは固定報酬とはいえないので，その付与に対する反対給付としての給料の放棄は認められないし，ストック・オプションの権利行使または失効のときに会社に支払は生じないからである。この理由から，ストック・オプションの権利が行使されるまで，処理不要である。

3　諸見解の整理と試論の展開

3.1　諸見解の整理

　以上，ストック・オプションに関するドイツの主な見解について検討した。それを整理すれば以下の通りである。
　第1に指摘すべきは，アメリカのFASB及びIASBと同様にドイツにおいてもストック・オプションに関する費用・払込資本説がDSR公開草案第11号で示されている。これはたしかに国際的にみて共通した動向であるといってよい。その点は，ようやく制度化されたわが国のストック・オプション会計基準も同様

である。ドイツにおいても一部の論者はこの見解を支持している。しかし、これは必ずしもドイツの通説を形成しているわけではない。

第2に、むしろドイツで支配的な見解はストック・オプションに関する費用・払込資本説には否定的である。

まず、ストック・オプションの払込資本の増加とみる解釈に対する主な批判は次の理由である。1つは、株式法では会社の財産と所有者の財産を厳格に区別するという分離原則の面による批判である。2つめは、株式法第192条2項3号の規定との関連で、旧株主が新株予約権を会社に放棄して出資したとみる説、条件付資本増加の決議により暗黙的な新株予約権の放棄に伴う会社財産への譲渡とみる説、さらに新株予約権付社債と同様に低廉利子に準じてプレミアムとみる説のいずれも理論的妥当性を欠くという批判である。3つめは、労務出資説は資本会社には問題であるという批判である。

次に、ストック・オプションの費用的解釈に対する主な批判は以下の通りである。1つめは、その人件費計上がそもそも支出を伴わないために、あくまでフィクションであり、それは会計上重要な収支原則及び一致の原則に反するという批判である。2つめは、かりにその費用計上を認めるとしても、それは将来の費用を意味し、その効果に応じて各期間に費用配分すべき性質を有するのであって、けっして当期の費用に計上すべきではないという批判である。このほかに、費用・払込資本説は資本維持規定にも抵触するという批判もある。いずれにせよ、費用・払込資本説に対する批判はかなり根強いのである。

第3に、この費用・払込資本説に対する代替案としては債務性引当金として計上する説や、権利行使まで処理不要説がある。とりわけ後者がかなり支持されている。ストック・オプションの権利が行使されるまでは、附属説明書でその情報を開示すればよく、あえて貸借対照表及び損益計算書に影響させるべきではないというのである。この処理方法こそ、ドイツの伝統的なGoBに合致すると解されている。

3.2 試論の展開

この諸見解については次のように考えられる。

第1に、投資家に対する意思決定に役立つ有用な会計情報の提供面からは、

たしかにストック・オプションの費用・払込資本説にはたしかに一理ある。従業員等の報酬が現金であるか株式であるかを問わず、労働サービスの消費に着目して一律費用化させて成果作用的処理を行い、その相手科目の払込資本の処理も十分考えられる。しかし、その処理が果たして商法制度と矛盾なく整合性をもちうるかについては、慎重な検討を要する問題である。第2に、費用・払込資本説に対する代替案として引当金説と処理不要説に関して、たしかに前者はストック・オプションには返済義務がない点で負債の定義との関連で問題を含んでいるし、また後者は理論的にみて筋は通る。しかし、ストック・オプションに関する事項を単に情報手段たる附属説明書で開示すれば済むのか、金融商品の会計基準の設定にみられるように、有用な会計情報の提供面を重視してできるだけ早期に財務事象を財務諸表の本体のなかに盛り込むべきであるとする立場からは、処理不要説にも問題があるともいえよう。いずれにせよ、それらには一長一短がある。

このような事情から、ここでは以下において試論を展開する。まずストック・オプションの処理に関して、その借方側について支出を伴わない労働サービスの消費を、国際的な動向と同様に人件費としての費用に計上することを出発とする。ただ、その貸方側の相手科目について、ここでは直ちに払込資本の増加とは考えない。このヒントはすでに触れたジーゲルの指摘にある。彼によると、会社にとってそれが費用を意味するとすれば、その相手科目は払込資本というよりは、むしろ会社にとっては労働サービスの無償提供に伴う一種の収益を意味するとも解される。その点に関して、次の2つの考え方を区別することができる。

1つは、その収益を、すでに触れたジーゲルが主張するように特別成果 (außerordentlicher Erfolg) と捉える考え方である。これに従うと、当期の損益計算からみれば、当期の人件費とそれに伴う特別収益とが同額で計上されるので、結果的には当期の損益の金額自体には影響しない結果となる。したがって、これは損益計算的には処理不要説に通じる考え方である。この点に関して私見では労働サービスの提供に伴い、それに伴う収益が発生し、しかも株主総会または取締役会の決議を経ずに、いわば利益処分が実施されたものとみなして、直ちにそれを利益剰余金（ストック・オプション積立金）に計上するのであ

る。いま，その考え方について具体的に仕訳で示せば以下の通りである。

(借) 人　件　費　×××　(貸) 労働サービスによる収益　×××
(借) 労働サービスによる収益　×××　(貸) 繰 越 利 益 剰 余 金　×××
(借) 繰 越 利 益 剰 余 金　×××　(貸) ストック・オプション積立金　×××

　権利の行使があったときには，これに相当するストック・オプション積立金の金額と行使価格として流入する金額を払込資本に振り替える。このように，この考え方では権利行使によって，一部は従業員等による有償増資と，一部は配当可能利益の資本金組入れに準じて従業員等による労働サービスに対する資本金組入れがなされたとみるわけである。ストック・オプションに関する権利の失効があれば，当然このストック・オプション積立金を繰越利益剰余金に戻し入れることになる。いずれにせよ，ストック・オプションの費用計上分を労働サービスによる収益の獲得を通じて利益処分済項目の一種とみるのがその特徴である。この解釈は権利失効分について利益に戻し入れる点で，それとの整合性を有する。

　もう1つは，労働サービスの提供を当期の収益ではなくて，将来の収益，つまり繰延収益と解する考え方である。これは，従業員等による労働サービスの消費は将来の収益に貢献するであろうという仮定に基づくのである。仕訳で示せば，次の通りである。

(借) 人　件　費　×××　(貸) 労働サービスによる繰延収益　×××

　この2つの考え方のいずれもストック・オプションの貸方科目を広く資本または持分の一部とみる点では，たしかにそれはSFAS第123号及びIFRS第2号や，わが国のストック・オプション会計基準と基本的に共通する。しかし，試論はストック・オプションを払込資本ではなくて，一種の利益処分済項目もしくは将来収益の獲得に貢献する項目（繰延収益）と捉える点にその特徴がある。その点でストック・オプションを払込資本の一部とみるSFAS第123号及びIFRS第2号とは異なる。

　また，それを純資産には含めるが，しかし株主資本から区別して表示させるわが国のストック・オプション会計基準とも関係するが，一線を画する。貸方

に関する繰延利益的解釈は，たしかにわが国の会計基準と類似するともいえなくはない。2004年7月に公表されたわが国の討議資料「財務会計の概念フレームワーク」では，繰延収益は純資産のなかで「その他の要素」と解されているからである。ただ，貸方科目に関する利益処分的解釈はわが国の会計基準とは異なる。というのは，わが国の会計基準はストック・オプションの付与を純資産の部のなかで株主資本から区別した新株予約権の部に含めるのに対して，試論はその付与を利益剰余金としての一種として株主資本に属するとみなすからである。

このような解釈はあくまで暫定的な試論にすぎない。これについては，更に深く検討する必要がある。

第4節　自己株式の付与によるストック・オプション

新株の発行を伴わず，自己株式の付与によるストック・オプションも考えられる。

自己株式の取得には株式法第71条8号の規定に従わねばならない。これによると，18ヶ月を限度として資本の10分の1を上回らない範囲で株主総会の決議により会社は自己株式を取得する権限が与えられる。株主総会は取締役会に対して株主総会の決議を経ずとも，自己株式の取得に対する権限を与えることができる。

現行法では自己株式の取得は，かつてのわが国の商法と同様に流動資産の取得と解されており，その価値変動は成果作用的として処理される。但し，この自己株式を取得したときには配当規制があり，それと同額の自己株式準備金を設定しなければならない。

1　ドイツ会計基準・公開草案第11号の見解

ドイツ会計基準・公開草案第11号では，この自己株式の取得については経済的には株式の払戻，すなわち減資と同様の手続がとられねばならない。しかし，現行法に従うと，自己株式の取得は既述の通り資産とみなされる。したがって，これを前提とすると，ストック・オプションの行使価格と自己株式の取

得原価との差額は成果作用的に処理される（公開草案「基準」25）。ストック・オプションの行使時点で予想される費用については，引当金が設定されねばならず，その期間が数期間に及ぶときには各期間ごとに相応した金額を計上する必要がある（公開草案「基準」26）。

2 リュッケの見解

リュッケ（O. Lücke）によると，自己株式の取得と結びついたストック・オプションに関しては，次のように処理される。

2.1 ストック・オプションの付与時点

ストック・オプションの付与時点では，会社とストック・オプションの授与者との間におけるオプション契約は，会計上未決取引（schwebendes Geschäft）に該当する。両当事者間の給付と反対給付は等しく，且ついずれも未履行だからである。したがって，「実現原則及び用心の原則により未決取引は原則としてオフバランスとなる[28]。」

2.2 自己株式の取得

自己株式の取得方法は様々である。それによって会計処理は異なる。ストック・オプションを行使時点で取得するケースでは，自己株式を取得するまでは資本が拘束されず，しかも会社は事実上必要なだけの自己株式を取得すれば済むというメリットがある。しかし，一方では株式の価値変動を受けやすい欠点もある。このケースではストック・オプションが行使された時点でその行使価格と自己株式との差額は人件費を示す。逆にいうと，ストック・オプションが行使されるまでは会社にとってその費用の発生とその金額は不確定である。したがって，貸借対照表上債務としての表示は禁止される。但し，不確定債務については引当金の計上は可能である。この引当金の内容をめぐって議論がある。

1つは，それを商法第249条1項1文1号による偶発損失引当金と解する見解である[29]。これによると，未決取引からの損失の恐れがある場合には，この偶発損失引当金とみなされる。つまり，反対給付が給付を上回るときに生じ

る義務の超過分としての損失に対する引当金が計上される。この点についてリュッケはストック・オプションに関して自己株式の取得と行使価格との差額として生じるものを義務の超過分としてはみることはできないという。会社にとってはその義務の超過分に対して株価の上昇に伴う企業価値の増加が等しくなっているからである[30]。つまり、「会社にとって一方で株式の買い戻しにより支出されるべき費用額と、他方でオプション付与時の行使価格と行使との間で生じる企業価値の増加とに収益が生じる[31]。」それ故に、給付と反対給付との間には等価の推測（Ausgleichenheitsvermutung）が考えられる。したがって、偶発損失引当金とは解することはできないと彼は主張する。

　もう１つの見解は、その引当金を債務性引当金（Verbindlichkeitsrückstellung）と解する見解であり、これが通説を形成している[32]。これは第三者に対する債務が経済的に発生しており、その金額がまだ不確定のときに設定される引当金である（商法第249条１項１文１号）。この考え方によると、ストック・オプションが実際に行使されるまでは、会社の給付義務はわからないので、会社は決算日ごとに不確定債務引当金を設定する必要がある。しかも、この負債計上は用心の原則（商法第252条１項４号）及び期間化原則（商法第252条１項５号）にも合致する。また、これは次のようにも考えられる。ストック・オプションを付与された者の前給付はその労働力の投入になり、企業内部に留まっている。したがって、オプションが株価にプラスの影響を与えて"貨幣のなかに"あるとすれば、会社は決算日には未払いの状態にあるので、「その時点の年次決算書にはオプション権の行使からの不確定債務引当金が設定されねばならない[33]。」

　この点に関して経済的価値を有するオプション権を評価し、そのオプション権の総額を行使可能時点までの期間にわたって期間配分して引当金を計上すべきとする見解もある。しかし、リュッケはこの見解に批判的である[34]。その理由は、第１にその処理は費用計算について経済的なオプション価値を基礎としているからである。その金額が将来の期間利益に左右される成果依存的な支払に対する引当金の設定は認められない。第２に、費用の均等配分は適切ではないというのである。予測される資金の流出は期間にわたって一様ではなく、株価に変動するからである。

　費用をストック・オプションの行使期間だけに配分するのは妥当ではない。

ストック・オプションの行使によってはじめて費用発生の期間が終了するからである。

いま，ストック・オプションの行使価格が80，自己株式を株価が110のときに取得し，ストック・オプションの行使までにすでに20の引当金が計上されていると仮定する[35]。

  （借）自 己 株 式　110　（貸）現　　　　　　金　110
    資 本 準 備 金　110　 自己株式準備金　110

ストック・オプションが行使されたときには，以下のように仕訳される。

  （借）現　　　　　　金　 80　（貸）自 己 株 式　110
    引　当　金　 20
    人　件　費　 10
  （借）自己株式準備金　110　（貸）資 本 準 備 金　110

なお，このように債務性引当金と捉える考え方とは異なり，自己株式の取得と行使価格との差額は費用ではなくて，利益配当と解するジーゲルの見解もある[36]。

いずれにせよ，ドイツ商法では自己株式を，かつてのわが国における商法と同様に流動資産の取得と捉えるので，自己株式によるストック・オプションの会計処理は自己株式を資本の減少と捉える国際的な会計基準と大きく相違している。

第5節　税法におけるストック・オプション

1　新株発行を伴うストック・オプション

1.1　発行企業側の処理

ストック・オプションの発行に際して新株の発行を伴う場合，企業側ではそれが所得税法第4条4項の事業支出に該当するか否かが論点となる。

この出発点は基準性原則である。これは，税務貸借対照表が商法上のGoBに

従って，具体的には商事貸借対照表が基準となる原則である。これは具体的な商事貸借対照表もしくは商法規定が税務貸借対照表全体の支配を意味しているわけではない。この基準性原則には例外がある。債権者保護を目的として配当可能利益の算定を重視する商事貸借対照表とは違って，税務貸借対照表は企業の完全な利益を把握する目的を有するのがその特徴だからである。そこでは事実上の給付能力による課税が重視される。この意味で，税務貸借対照表は商事貸借対照表と異なる側面も有する。

　ストック・オプションに関してまず新株発行を伴うケースについて取り上げる。

　このケースでは，通説によると，ストック・オプションの権利者による将来の労働サービスと企業の将来的な反対給付とが関連している。「この理由から，給付と反対給付からの等価が成立していなかったり，あるいは将来の損失の恐れがないときには，労務関係は未決状態が続く法関係である[37]。」判例では，広範囲なこの等価の推測が想定されている。その結果，この関係が成立していれば，ストック・オプションの付与時点では貸借対照表に計上しない。それは未決取引を意味するからである[38]。言い換えれば，ストック・オプションの付与時点では企業側はそれについて人件費として税務上事業支出の控除はできない。

　このような通説に対して，それとは異なる新しい見解もある。それはアメリカの会計基準に基づいてストック・オプションの付与時点で人件費としての処理を主張する。これには，次の2つの根拠がある。1つの根拠は，ストック・オプションに関する株主総会の決議により，旧株主が企業に対して自己の引受権を隠れた払込みとみなす考え方である。他の1つの根拠は，ストック・オプションの権利者による労働サービスの出資とみなす考え方である。前者の見解に対して次のような批判がある。もしストック・オプションの付与に関して隠れた払込みとみなすのであれば，それは商法上の出資概念を逸脱し，それに伴いすでに触れた基準性原則に反する結果となる点である。すなわち，税務上の意味における隠れた払込みとは，出資者が資本会社に対して会社法上の出資以外で貸借対照表能力ある資産を提供し，しかも堅実な商人が細心の注意を払ったときにはこの資産を会社に第三者が提供しなかったときに生じる[39]。この

第5節　税法におけるストック・オプション　119

定義に即してストック・オプションの付与を考察すると，株式法第192条2項3号に基づく条件付資本増加に際しては，もともと引受権は存在しない。したがって，通説では隠れた払込みとみることはできない。

後者の見解に対しては，労働サービスはそもそも税務上出資可能でない点で，批判される。またストック・オプションは一般に将来の労働サービスに対する反対給付として与えられるので，ストック・オプションの付与時点ではまだストック・オプションの権利者は出資者ではないので，労働サービスの出資はありえないとされる。

この隠れた払込みがストック・オプションの付与時点で税務上否定される結果，通説ではストック・オプションの権利者における成果の課税と，企業側の費用計算との間には特に対応関係（Korrespondenz）はない。別言すれば，ストック・オプションの権利者がオプションを行使したときに生じる貨幣価値ある特典が課税の対象となるからといって，通常の場合，企業側においてそれが対応した税の免除とはならない[40]。

1.2　権利者側の処理

新株発行を伴うストック・オプションのケースにおいて，その権利者側の処理が次の問題である。

1.2.1　所得の種類

ストック・オプションの権利者にとって，それがいかなる所得に該当するのかがまず問題となる。この点に関して，通説では原則として所得税法第19条1項1文1号に従い非独立的な給与所得とみなされる。その理由は，ストック・オプションが従業員に与えられるのは雇用関係に基づくからである。したがって，ストック・オプションを付与された者はこの雇用関係による報酬を得るのであり，ストック・オプションはその意味で非独立的な給与所得と解される[41]。この点は，親会社が直接的に子会社の従業員に対してストック・オプションを付与する場合も同様である。この点に関して連邦財政裁判所は，親会社と子会社の従業員との関係で直接的な特有の法的もしくは経済的な関係が存在するときだけ，両者の間に雇用関係がないとみなされるにすぎない。それ以外においては一般に両者の間には雇用関係があると認定され，ストック・オプションの

権利者には労働賃金が存在する。

1.2.2 課税時点

　ストック・オプションの権利者がいかなる時点で課税されるのかについては，特に大きな議論がある。これに関する主な見解は次の5つである[42]。

① ストック・オプションの付与時点
② ストック・オプションの行使可能もしくは売却可能時点
③ ストック・オプションの行使時点
④ ストック・オプションの行使に伴う新株発行時点
⑤ ストック・オプションの行使に関係する株式の売却時点

　このうちで通説は③の行使時点である。その根拠は，その時点でストック・オプションの権利者に対して株主に関する経済的所有（wirtschaftliches Eigentum）が流入するからである。言い換えれば，「従業員が売買できない従業員ストック・オプションを得るときには，そのなかで第1に"チャンス"の付与が存するだけである。経済的処分の権限（wirtschaftliche Verfügungsmacht）を問題とするためには，理論上考えられる清算（Glattstellung）としては十分ではない[43]。」ストック・オプションの「特典を有する者には，このような提供から継続的な利用が流入する。これだけが漸次課税対象となる。加えて，税務上適切な流入は，原則として考えうるストック・オプションの評価可能性に基づいて仮定されえない。オプション価値をオプション所有者が受け取ることができないときには，BFHの見解によると彼には利益はない。その理由から，従業員オプションが経済財を示すか，ないしそのオプションが原則として評価されうるかどうかは全く役割を果たさない。決定的なのは流入（Zufluss）だけである[44]。」

　この③の通説のほかにも有力視されているのが②及び①である。②は，権利確定日，すなわち行使期間開始日には経済的処分の権限がストック・オプションの権利者に生じるので，その時点で課税すべきであるという見解である[45]。①は，ストック・オプションの付与された時点ですでに貨幣価値ある特典（Vorteil）がその権利者に帰属するので，その時点で課税すべきであるという見解である[46]。これに従うと，ストック・オプションの価値をブラック・ショールズなどのモデルで算出し，それに基づく課税が展開されている。④は，ストック・オプションの行使に伴う新株発行によりその権利者にはじめて株式

としての経済的所有が流入する点を根拠とする[47]。つまり，従業員の請求権の履行として，この新株の譲渡が課税時点として決定的であると解される。

なお，税務当局の見解では，売却できない (nicht handbar) ストック・オプションについては，その付与時点ではなくて，その行使時点で課税すべきであるが，しかし売却可能な (handbar) ストック・オプションについては，その付与時点で課税すべきであるという見解が重視されている[48]。また，連邦財政裁判所の最近の判例では，売却できないストック・オプションについてはその行使時点で課税すべきであるが，売却可能なものについては必ずしもその立場は明確化されていない。この点について，ストック・オプションの売却可能性については次のような制約があるからである。例えば，ストック・オプションを付与する会社に有利な先買権 (Vorkaufrecht) の取り決めは自由な売却可能性にマイナスの材料を示すし，その売却性の範囲が従業員の間もしくはそのメンバーの間に制約されるのが一般的だからである。第三者への制限がなく売却に関して自由で無条件なストック・オプションがはじめて売却可能とみなされる[49]。

2 自己株式の取得によるストック・オプション

2.1 発行企業側の処理

自己株式の買い戻し時点によって，ストック・オプションの発行側に関する税務上の処理は異なる。

2.1.1 ストック・オプション付与時点での自己株式の買い戻し

ストック・オプションの発行企業が従業員に対してそれを付与した時点で自己株式を買い戻すケースでは，基準性原則に従い取得した株式について税務貸借対照表に計上される。その自己株式は，消却が予定されていない限り，税務上の経済財として流動資産に計上される。この資産化と同時にその同額の自己株式持分準備金 (Rücklage für eigene Anteile) もまた併せて配当規制との関係で設定されねばならない (商法第272条4項)。税務上もまた商法上と同じくこの自己株式について厳格な低価原則 (Niederstwertprinzip) が適用され，部分価値による評価減がなされるかどうかが問題となる。この点に関して評価減が企業の損失にだけ基づくときには，税務上も部分価値の評価減を実施しなければならないという見解がある。しかし，企業税改革に伴い，2002年以降からは自己株式の

税務上の部分価値による評価減は実施できない（法人税法第8b条3項）[50]。その結果，自己株式に関しては行使価格と異なる商法上の人件費ないし収益の計上は税務上認められない。

2.1.2　付与日から権利行使期間開始日までの期間における自己株式の買い戻し

ストック・オプションに対する自己株式の買い戻しをその付与日から行使開始日までの期間にわたって実施するケースも考えられる。このケースでは，決算日ごとに経済的に負担となる義務が費用の計上を伴う引当金の形で設定されねばならない。この場合の経済的な原因にとって決定的なのは，どの程度ストック・オプションに対する報酬を支払わねばならないのかである。これに関して，税務貸借対照表では偶発損失引当金の計上は認められず（所得税法第5条4a項），債務性引当金が設定されねばならない。この際には未履行状況にあるオプションの本源的価値（innerer Wert）の金額が計上されねばならない[51]。この引当金の計上によって生じる費用は事業支出として税務上課税所得の算定から控除できる。このオプションの本源的価値ではなくて，オプションの全体価値による計上は実現原則に反する。というのは，それは，その時々の決算日に関する将来的な株価の上昇に対する見込みにすぎないからである。

債務性引当金を税務貸借対照表に計上するときには，それは固定負債に属するので，5.5％の利率で割り引いた金額を計上しなければならない（所得税法第6条1項3号）。

2.1.3　行使時点での自己株式の買い戻し

ストック・オプションが行使された時点で自己株式を買い戻すケースでは，この時点までに生じた未履行状況の金額で適正に期間に配分された債務性引当金が設定されねばならない[52]。この引当金の金額がなお不足するときには，さらに事業支出としての人件費を計上できる。

2.2　権利者側の処理

ストック・オプションの権利者側における処理は，すでに触れた新株の発行の場合と差異はない。

第6節 結

　以上，ストック・オプションに関するドイツ会計について検討した。それを要約すれば次の通りである。

　第1に，ドイツでは2001年に公表されたドイツ会計基準・公開草案第11号は，国際的な会計基準の動向に即してストック・オプションに関して新株の発行を伴う場合には，いわゆる費用・払込資本説を提案した。しかし，これについて株式法規定との関係で厳しい批判が続出した。これには例えば主なものとして株式法上の基本構造面からの批判，株式法第192条2項3号の解釈面からの批判，労働サービスの出資説に対する批判，会計システムとの整合性面からみた批判，そして資本維持規定の面からみた批判などがある。

　第2に，この費用・払込資本説の代替案としては債務性引当金計上説や権利行使まで処理不要説などが提唱されている。これらの諸見解のほかに，私見ではさらに費用・利益処分説あるいは費用・繰延収益説も考えられる。

　第3に，自己株式によるストック・オプションについては，ドイツ商法では自己株式をわが国のかつての商法と同様に資産の取得とみる関係で，債務性引当金の計上による処理が提唱されている。

　第4に，税法ではストック・オプションについて企業側では新株の発行を伴う場合には，その付与時点では給付と反対給付とが等価である以上，貸借対照表には計上されない。一方，ストック・オプションの権利者に対してはこれまでストック・オプションの付与時点をはじめ，行使可能もしくは売却可能時点，行使時点，行使に伴う新株の発行時点など様々な見解が展開されている。このうちで行使時点での課税が通説である。自己株式によるストック・オプションのケースでは，その買い戻し時点によりそれぞれの処理が行われる。

　2001年に公表されたドイツ会計基準・公開草案第11号以降，このようにストック・オプションに関するドイツの会計は様々な議論が展開されている。今なお，ストック・オプションに関する確固たるドイツ会計基準はまだ確立していないのが現状である。この点に関してドイツが果たしてどのような最終的な結論を示すのかについて，今後大いに注目すべきであろう。

注

（１） 邦文文献としては，神作浩之「商法理論からみたストック・オプションの本質」ストック・オプション等株式関連報酬制度研究会委員会報告『ストック・オプション等の会計をめぐる論点』企業財務制度研究会，平成11年，所収，241-262頁参照。

（２） N. Roß・S. Baumunk, Bilanzierung nach deutschen GoB, in : M. Kessler・T.Sauter 編, Handbuch Stock Options, München, 2003年，所収，74頁。

（３） J. Lange, Bilanzierung von Stock Options, in : Die Wirtschaftsprüfung, 第55巻第7号，2002年4月，356頁。

（４） G. Gebhardt, Konsistente Bilanzierung von Aktienoptionen und Stock Appreciation Rights—eine konzeptionelle Auseinandersetzung mit E-DRS 11 und IFRS ED 2—, in : Betriebs-Berater, 第58巻第13号，2003年3月，679頁。

（５） N. Roß・S. Baumunk，前掲論文注（２），75頁。

（６） J. Ekkenga, Bilanzierung von Stock Options Plans nach US-GAAP, IFRS und HGB, in : Der Betrieb, 第57巻第36号，2004年9月，1901頁。

（７）（８） J. Ekkenga，前掲論文注（６），1901頁。

（９） N. Roß・S. Pommerening, Bilanzierung von Mitarbeiterbeteiligungsprogrammen auf Basis von Wandelanleihen, in : Die Wirtschaftsprüfung, 第54巻第12号，2001年11月，646頁。

（10） N. Roß・S. Pommerening，前掲論文注（９），647頁。

（11）（12） N. Roß・S. Pommerening，前掲論文注（９），651頁。

（13） T. Siegel, E-DRS : Ersparter (Fiktiver) Aufwand als tatsächlicher Aufwand ?, in : Betriebs-Berater, 第56巻第39号，2001年9月，1997頁。

（14） N. Roß・S. Baumunk，前掲論文注（２），75頁。

（15） H. Kelle, Die Bilanzierung von Stock Options, Düsseldorf, 2002年，93頁。

（16） T. Siegel, Bilanzierung von Aktienoptionen und der Charakter eigener Aktien, in : U. Wagner編, Zum Erkenntnisstand der Betriebswirtschaftslehre am Beginn des 21. Jahrhunderts, Festschrift für Erich Loitlsberger zum 80. Geburtstag, Berlin, 2001年，所収，351-352頁。

（17） N. Herzig・U. Lochmann, Bilanzierung von Aktienoptionsplänen und ähnlichen Entlohnungsformen--Stellungnahme zum Positionspapier des DRSC--, in : Die Wirtschaftsprüfung, 第54巻第2号，2001年1月，85頁。

（18） D. Simons, Erfolgsneutrale oder erfolgswirksame Buchung von Aktienoptionsprogrammen?, in : Die Wirtschaftsprüfung, 第54巻第2号，2001年1月，98頁。

（19） S. Thiele, Die Bilanzierung von Aktienoptionsplänen auf der Basis bedingter Kapitalerhöhung vor dem Hintergrund des GoB-Systems—Ist die Kritik an E-DRS 11

gerechtfertigt？―, in：Die Wirtschaftsprüfung, 第55巻第14号, 2002年7月, 768頁。
(20) D. Simons, 前掲論文注（18）, 2001年1月, 93頁から引用。
(21) D. Simons, 前掲論文注（18）, 97頁。
(22) D. Simons, 前掲論文注（18）, 98頁。
(23) J. Lange, 前掲論文注（3）, 359頁。
(24) J. Ekkenga, 前掲論文注（6）, 1902頁。
(25) K. Küting・U. L. Dürr, IFRS 2 Share-based Payment – ein Schritt zur weltweiten Konvergenz?, in：Die Wirtschaftsprüfung, 第57巻第12号, 2004年6月, 619頁。
(26) N. Roß・S. Baumunk, 前掲論文注（2）, 78頁。J. Ekkenga, 前掲論文注（6）, 1902頁。T. Siegel, 前掲論文注（16）, 349頁。N. Herzig, Steuerliche und bilanzielle Probleme bei Stock Options und Stock Appreciation Rights, in：Der Betrieb, 第52巻第1号, 1999年1月, 6頁。
(27) A. Fuchs, §192, Voraussetzung（1-169）, in：B. Kropff・J. Semler 編, Münchener Kommentar zum Aktiengesetz, 第6巻（§179-221）, 第2版, München, 2005年, 所収, 503-504頁。
(28) O. Lücke, Stock Options, Baden-Baden, 2003年, 240頁。
(29) E-DRS11はこの立場に立つ（E-DRS11, Anhang, Beispiel 3）。
(30) O. Lücke, 前掲書注（28）, 242頁。
(31) O. Lücke, 前掲書注（28）, 241頁。
(32) O. Lücke, 前掲書注（28）, 243頁。N. Herzig, 前掲論文注（26）, 11頁。N. Roß・S. Baumunk, 前掲論文注（2）, 182-183頁。W. Schmeisser・M. Hahn・F. Schindler, Aktienoptionsprogramme als Vergütungskomponente, München, 2004年, 101頁。
(33) O. Lücke, 前掲書注（28）, 243頁。
(34) O. Lücke, 前掲書注（28）, 244頁。
(35) O. Lücke, 前掲書注（28）, 245頁。
(36) T. Siegel, 前掲論文注（16）, 364頁。
(37) N. Roß・S. Baumunk, Steuerrecht, 前掲書注（2）, 所収, 101頁。
(38)(39) N. Roß・S. Baumunk, 前掲論文注（37）, 102頁。
(40) N. Roß・S. Baumunk, 前掲論文注（37）, 104頁。
(41) N. Roß・S. Baumunk, 前掲論文注（37）, 114頁。
(42) N. Roß・S. Baumunk, 前掲論文注（37）, 115頁。
(43) H. Vater, Stock Options, Herne/Berlin, 2004年, 81頁。
(44) H. Vater, 前掲書注（43）, 82頁。
(45) E. Eberhartinger・L. Engelsing, Zur steuerrechtlichen Behandlung von Aktienoptionen bei den optionsberechtigten Führungskräften, in：Die Wirtschaftsprüfung, 第54巻第2号, 2001年1月, 108-109頁。

(46) O. H. Jacobs・R. Portner, Die steuerliche Behandlung von Stock-Option-Plans in Deutschland, in : A. K. Achleitner・P. Wollmert 編, Stock Options, 第2版, Stuttgart, 2002年, 所収, 234-244頁。O. Lücke, 前掲書注 (28), 259-269頁。
(47) N. Roß・S. Baumunk, 前掲論文注 (37), 118-119頁。
(48) N. Roß・S. Baumunk, 前掲論文注 (37), 118頁。
(49) O. H. Jacobs・R. Portner, 前掲書注 (46), 227頁。
(50)(51) N. Roß・S. Baumunk, 前掲論文注 (2), 196頁。
(52) N. Roß・S. Baumunk, 前掲論文注 (2), 197-198頁。

第6章
ドイツ出資者借入金の資本化制度

第1節　序

　企業の財務内容が悪化したときに，その企業の再生を図るために実施されるのがデット・エクイティ・スワップ (debt-equity-swap；DES)，つまり債務の資本化と呼ばれる手法である。これを通じて債務の株式化により負債の圧縮を図りながら，財務体質を改善させ，ひいては債務超過を回避したり，企業の倒産を防止するのがその狙いである。ここでは企業の再建に関して債権者と企業との間における私的な契約を前提とした私的整理の色彩が濃く，一定の条件を満たすと債務の資本化がなされるという制度が確立しているわけではない。ドイツでは，それに類する制度がすでに存在している。有限会社法 (Gesetz betreffend die Gesellschaften mit beschränkter Haftung；GmbHG) との関連で，すでに1959年のドイツ連邦通常裁判所 (Bundesgerichtshof；BGH) の判決に伴い，資本金 (Stammkapital) を厳格に維持するために，出資者が会社に対して資金を貸し出す場合に一定の条件を満たすときには，判例によりその出資者借入金は資本化される。これは判例ルール (Rechtsprechungsregeln) と呼ばれる。その後，1980年の有限会社法の改正により，有限会社 (Gesellschaften mit beschränkter Haftung；GmbH) に財務的な危機 (Krise) が生じたときに出資者が会社に資金提供した貸付金についても自己資本化する規定がはじめて法文化され，出資者借入金の返済が禁止されることになった。これは一般に新ルール (Novellenregeln) と呼ばれる。

　本章では，わが国ではほとんど知られていないドイツ有限会社法における出資者借入金の資本化制度について検討する。

第2節　出資者借入金の資本化規定

1　有限会社法の規定

出資者借入金の資本化に関する有限会社法の主な規定は以下の通りである[1]。

有限会社法第30条1項　資本金の維持に必要な会社財産は出資者に支払われてはならない。

第30条2項　払込のあった追加出資（Nachschuss）は，それが資本金の欠損塡補に必要でないときには，出資者に返還できる。定款により会社の公告について定める公共の紙面で，これを定めていないときには商業登記簿で定める公共の紙面で，払戻の決議を公告してから3ヶ月を経過した後でなければ，払い戻ししてはならない。第28条2項のケースにおいては，追加出資の払戻は，資本金の全額払込の前には認められない。返済された追加出資は，取り立てがなかったものとみなされる。

第31条1項　第30条の規定に反してなされた支払は，会社に返還されねばならない。

第32a条1項　出資者が堅実な商人として（会社の危機に際して）自己資本を払い込むであろう時点に，それに代えて貸付金を提供したときには，倒産時には貸付金による会社財産の払戻請求権について劣後的倒産債権者としてのみ適用される。

同条2項　出資者が堅実な商人として自己資本を払い込んだ時点において，会社の第三者がその代わりに貸付金を提供し，出資者が貸付金の払戻に対して担保を提供したり，あるいはその保証をしたときには，第三者は倒産時に会社財産に関して担保もしくは保証の要求に際して支払われない金額に対してだけ按分的な弁済を要求できるにすぎない。

同条3項　この規定は1項及び2項に基づく貸付金の付与に経済的に合致する出資者もしくは第三者のその他の法取引に対して準用される。自己資本化規定は資本金の100分の10以下の出資をする業務執行に携わ

っていない出資者には適用されない。貸付金の与信者が会社の危機を克服する目的で出資持分を取得するときには，これは現在もしくは新規の信用に対して自己資本化規定の適用はない。

第32b条1項　第32a条2項及び3項において会社が倒産開始の申立前あるいは倒産開始申立の後における直近の年度の貸付金を返済したときには，担保を設定したり，あるいは保証をした出資者は，会社に返済額を返還しなければならない。倒産法（Insolvenzordnung）146条が準用される。

同条2項　その義務は，貸付金の返済時点で出資者が保証した金額あるいは担保として設定した価値まで存するにすぎない。

同条3項　出資者は債権者に担保として提供した財を会社にその弁済として用いるときには，その義務から解除される。

同条4項　この規定は，貸付金の提供に経済的に合致するその他の法の取扱にも意味あるように適用される。

2　判例ルール

判例ルールは有限会社法第30条及び第31条の規定との関連で出資者借入金の資本化は，すでに触れた1959年12月14日に下されたドイツ連邦通常裁判所の判決以降に確立したものである。当初この連邦裁判所は出資者借入金の資本化の判断に際して，出資者個人の具体的な行為から出発しようとしたが，その後出資者個人の行為を中心とする視点よりもむしろ，客観的な視点を重視する。機能的制度的観察法（funktional-institutionelle Betrachtungsweise）がこれである。その結果，信用力のない時点での出資者借入金は債権者保護の見地から会社にとって責任資本とみなされ，その返済は制限を受ける[2]。信用力のない時点とは欠損金または債務超過の状態をいう。この場合に有限会社法第30条及び第31条が適用される。欠損金もしくは債務超過の財務状況は簿価に基づいて判定される[3]。積立金や繰越利益，非典型的匿名出資もしくは享益証券資本等の自己資本項目は除外される。企業業績の回復により信用力が再び回復したときには，出資者借入金資本化の基本的要件は消滅する。したがって，その拘束は解除され，出資者借入金は返済される。出資者借入金の資本化が要求されるのは，会

社の信用力がない期間にだけ限定され，逆に欠損金の状態や債務超過の状態が解消し会社の信用力が回復する場合には，その出資者借入金の資本化は解除される[4]。払い戻しが禁止されている出資者借入金を会社が返済したときには，その出資者にはその返済義務がある（有限会社法第31条1項）。

3 新ルール

新ルールは有限会社法第32a条1項及び2項に基づいて出資者借入金の資本化を意味する。ここでは特に堅実な商人が自己資本を提供するであろう時点における出資者借入金が問題となる。つまり，正規の商人による企業ファイナンス原則に対する客観的な判断の具体化が重視される[5]。この新ルールは破産法もしくは和議法との関連で出資者借入金の資本化を通じて債権者保護を企図する。その結果，資本金維持に必要な金額だけが出資者借入金の資本化の対象となる判例ルールとは違って，新ルールではその全額が対象となる。その後，破産法及び和議法などを包括した1999年の倒産法の制定に伴い，倒産時に出資者借入金は完全に拘束されず，その他の出資者の債権に対して劣後的地位になった[6]。

この新ルールでは，会社の危機（Krise）のときに出資者が自己資本に代えて貸付金を提供した場合に適用される。会社の危機的状況とは，単に会社が債務超過もしくは支払不能（Zahlungsunfähigkeit）といった倒産開始原因の場合だけでなく，会社が市場から借入ができないほど信用力のない場合（Kreditunwürdigkeit）も含まれる。この後者において出資者借入金の資本化を通じて債権者保護が図られる。会社の信用力が回復すれば，資本化の基本的要件は解消し，有限会社法第32a条の規定は適用されない。

なお，1998年に第32a条の3項2文及び3文が追加された。この第2文によると，資本金の10%以下しか出資しておらず，業務執行に関与していない出資者については，資本化ルールは適用されない。第3文によると，会社の危機を克服するために会社の持分を貸付金提供者が取得するときには，その時点の借入金もしくは新しく提供される借入金について資本化のルールは適用されない。このように，有限会社法第32a条3項は，出資比率のきわめて低い出資者や，貸付金提供者が新たに出資したり出資額を増加させるときには，資本化ル

ールは適用されず，その例外が存在する。前者が寡婦及び相続の特典（Witwen-und Erbtantenprivileg），後者が更生の特典（Sanierungsprivileg）とそれぞれ呼ばれる[7]。

4 2つのルールの比較とその検討

4.1 2つのルールの比較

　判例ルールと新ルールとを比較する。まず両者の共通点は以下の通りである。第1に指摘すべきは，両ルールとも会社が危機に陥ったときには出資者借入金の返済を停止する点で共通する。第2は，両ルールとも出資者側からの主観的な要求である点で共通する。つまり，出資者による決定が必要となる。この点において，会社が経済状況に不安のなかった時点で出資者が会社に提供した資金について，会社の危機の発生に伴い当該出資者借入金を資本化することは必ずしも十分とはいえない。しかし，それ以外の点については見解が異なる。1つは，借入金をそのままにしておくという決定的な取り決めは必要だが，企業の危機の認識は必要ではないという見解である。もう1つは，企業のファイナンスの取り決めは必要ないが，危機的状況の認識は必要であるという見解である。後者では会社の危機的状況に関して出資者の事実認識を前提とする[8]。第3は，いずれも債権者保護を目指す点で共通する。

　両ルールの間にはいくつかの相違点もある。その第1は，判例ルールでは出資者借入金の返済に伴い欠損金をもたらす返済は，倒産開始手続に関係せず認められないけれども，新ルールでは倒産手続の開始により出資者借入金は会社にとって劣後債とみなされ，すでに返済されたときには取り消すことができる。第2は，有限会社法第30条及び第31条による返還請求権は返済後5年で失効するのに対して，倒産法では倒産申立の1年前になされた返済行為のみを取り消すことができ，この取消権は2年で失効する（倒産法第146条1項）。第3は，新ルールでは資本金の額にその範囲が限定されておらず，倒産時には直接的な債権者保護に役立つのに対して，判例ルールは欠損金を塡補する意味で資本金維持の面から間接的な債権者保護に資する。つまり，新ルールは会社の再生化による（reaktiv）債権者保護を目指すのに対して，判例ルールは倒産予防的な（präventiv）それを目指す[9]。

判例ルールと新ルールの適用に関する関係が実は問題となる。これについて，さまざまな見解がある。第1は，両者が会社法と倒産法との単なる並列的関係とみる見解で，二元的な保護システム（duales Schutzsystem）と捉える見解である[10]。第2は，両者が二段階的方式による保護システム（zweistufiges Schutzsystem）と捉える見解である。これが通説である[11]。これに従うと，資本金を下回るときには，判例ルールが適用されるのに対して，資本金を上回るときには新ルールが適用される[12]。第3は，資本金を上回るときには，新ルールが適用されるが，資本金を下回るときには債権者保護の面及び法見解の規定の不備の面から，両者のルールが二元的に適用されるという見解である[13]。第4は，新ルールが判例ルールよりも常に優先的に適用されるという見解である。これによると，判例は法規定に拘束され，法規定は一般原則を抑制するという考え方が基礎であるので，倒産法制度の導入による資本化法の変更は，それに反する判例原則の不適用を要求する[14]。

このなかで，第4の見解については以下の4点から問題が指摘されている[15]。その1は，判例ルールのみが，倒産を除き，出資者に対して資本化される出資者借入金の返済を要求できる点である。その2は，判例ルールのみが，支払不能もしくは債務超過の発生以前に資本化される出資者借入金を返済してしまった業務執行者の損害賠償責任を負わせることができる点である。その3は，倒産開始以前に資本化されるはずの出資者借入金の返済に際してその受領者のほかに出資していない構成員もまた責任を負うのは判例ルールだけとなる点である。その4は，倒産の申立前の1年より後に出資者借入金の返済がなされたときには，倒産管財人はその返済を要求できるのは判例ルールだけとなる点である。このように，判例ルールの放棄は明らかに債権者保護にとって大きなマイナス要因となるというのがその見解の根拠である。この見解に従うと，債権者保護の充実という見地からは，むしろ判例ルールを立法論としては法制化すべきであるという主張である。

4.2　2つのルールの比較検討

この4つの見解のうちでどれが最も妥当かは難しい問題であり，それぞれ一長一短がある。第1の見解は単に判例ルールと新ルールを並列的に捉えている

にすぎず，両者の関係を明確化していない嫌いがある。第2の見解は両者の関係づけを明確化している点でメリットがある。第3の見解はいわば資本金を下回ったときに判例ルールと新ルールの両者を適用する点で，結果的に債権者保護を最も優先させる考え方である。第4の見解は，判例ルールが法文化されていない以上，新ルールのみを重視したものといえよう。

思うに，この4つの見解の妥当性に関する問題は判例ルールの法律上の位置づけと債権者保護のあり方に密接に関係すると解される。慣習法としての判例ルールが明文化されていなくても，その意義を有するとすれば，少なくとも第2の見解及び第3の見解が妥当と解される。また倒産のケースのみならず，倒産までに至っていないけれども，その徴候としての欠損金もしくは債務超過の状態にまで出資者借入金の返済を禁止し，債権者保護の必要性を重視するか否かが論点となる。債権者保護の強化または一層の充実という面からは第3の見解が適当とみなされる。法理論の解釈としては二段階システムを前提とする第2の見解が説得力を有するといえよう。ただ，この判例ルールと新ルールとの関係がドイツにおいて二段階なのか，それとも二元的なのかについて法文上必ずしも明確でない。その点から，オーストリアにおいて2003年に制定された出資者借入金の自己資本化法（Eigenkapitalersatz-Gesetz）では，ドイツ法とは違ってもっぱら倒産法を中心とし，しかも資本維持が義務づけられる資本会社の形態すべてに適用される点がその特徴である[16]。

第3節　出資者借入金と商事貸借対照表

1　自己資本説

　出資者借入金の商事貸借対照表への表示問題に関して，それを自己資本のなかに表示すべきとする見解がある。

1.1　形式的自己資本

　商法では自己資本について商法第247条1項と第266条3項，第268条，第272条で触れているが，その明確な概念規定はない。すべての商人に対する商法規

定としての第247条1項については，自己資本は一般に商人の事業に対する持分とみなされており，その金額は資産と負債との差額として捉えられる。その意味で，自己資本は差額概念である。個人商人及び人的会社の個人責任社員は無限責任であり，出資者が事業に出資した資本については何ら事前責任機能はない。それ故に，個人商人及び人的会社には資本調達及び資本維持の規定はない。これに対して，資本会社の場合には出資者の有限責任を前提とするため，出資者による最低資本金の要求や，資本金が損失で消失するときに会社の清算が要請される。法的な見地からは一般に資本会社の自己資本は次の特徴を有する[17]。

① 自己資本は原則として構成員（企業の所有者）に関係する。
② 自己資本は拘束資本であり，自由な信用の解約ができない。
③ 自己資本は責任資本であり，倒産時には倒産債権から除外される。

このように，形式的な自己資本は出資法的な契約関係（gesellschaftsrechtliches Vertragsverhältnis）を中心とする。これと好対照を示すのが債務法上の交換関係（schuldrechtliches Austauschverhältnis）を中心とした負債である[18]。

このような考え方が形式的な自己資本概念である。出資者借入金も法律上はやはり会社にとって負債であるから，それは形式的な自己資本には属さない。

1.2 実質的自己資本

これと対照的なのが実質的自己資本概念である。ルター＆ホメルホフ（P. Hommelhoff）はそれを重視する[19]。この実質的自己資本は債権者保護を重視する思考と密接に関連し，機能的自己資本，準自己資本もしくは劣後的責任資本と呼ばれる[20]。彼らは出資者借入金をこの劣後的責任資本の一種とみなす。その理由はこうである。「この出資者借入金は，借入の返済が会社を危機に陥れたり，あるいはこれを全く助長させるであろうと推定されるときには，債務法的に契約された返済時点にかかわらず，有限会社法第30条1項の特別な返還規制を受ける。……〈中略〉……このような理由から，自己資本化される出資者借入金は債務としてではなくて，特別な自己資本項目のもとで機能的自己資本として，しかもいずれにせよ他人資本の前に表示されねばならない[21]。」

このような強制的自己資本のほかに任意的自己資本（freiwilliges Eigenkapital）

もある。これも機能的自己資本の一種である。後者は前者と違って資本金維持規定の適用を受けないので区別する必要はあるが,「この同一の機能の故に,このファイナンス形態の明白な合法性を表現するためには資本金以外のすべての自己資本を"劣後的責任資本"と統一的な名称で総括すべきであろう[22]」という見解もある。

2　自己資本と他人資本の間の中間項目計上説

　ミュラー（W. Müller）は出資者借入金の貸借対照表に関する表示に際して自己資本と他人資本との中間に独立した項目を設置し，そのなかに表示すべきことを主張する。彼によると，自己資本を単に資産と負債の差額として捉え，また他人資本を強制的な給付，明確な計数化による給付及び経済的負担という3つの要件を満たすものと解する伝統的な見解は必ずしも妥当ではない。例えば享益権，資本化される借入金，劣後債及び非典型的匿名組合といった項目は上記の自己資本及び他人資本の定義に必ずしも該当しないからである。そこで，このような債務法上のファイナンス項目で自己資本に類似するものについては商法上第265条5項2文を適用し，新たな項目を自己資本の後で負債の前に設けるべきであると彼は主張する[23]。その根拠は，それが自己資本と他人資本の間に位置するファイナンスの形態を示し，その表示は財産及び財務状況にとって適するからである[24]。

3　負　債　説

　第3は出資者借入金を負債に表示すべきであるという見解である。この根拠としては実は2つの異なる考え方がある。1つはそれを債務法上の面を重視する立場である。もう1つは，実質的な自己資本のメルクマールからみて出資者借入金を自己資本には該当せず，結果的に負債とみる立場である。

3.1　債務法上の立場

　債務法上の立場は，商事貸借対照表が商法第264条2項1文に従い，財産及び財務の状況の写像を伝達しなければならない点である。「自己資本化法による出資者借入金に対する一時的な返済規制は強制ではなく，それ以外の危機的

要素(欠損金ないし倒産手続)に左右される。……〈中略〉……債務を弁済しなければならないというわずかな可能性ですら存在する限り,それは返済の全額で負債計上されねばならないであろう[25]。」このように,出資者借入金の返済が不要となったわけではなく,その一時的な返済規制にすぎず,債務法上それは依然として債務としての性質を失っていないとする見解が商法上通説である。

3.2 実質的自己資本のメルクマールを重視する立場

　実質的自己資本については既述のルター・ホメルホフのほかにも多様な見解がある。このうちで,ボルマン(M. Bormann)によれば,この実質的自己資本は貸借対照表上次の3つのメルクマールを有する[26]。劣後性・持続性(Nachhaltigkeit)・利益依存性及び損失負担がこれである。なお,このほかに支配権(Herrschaftsrecht)及び資本提供者の出資者の立場を加える考え方もあるが,支配権の付与は出資者の立場の結果であり,自己資本の前提ではない[27]。この3つのメルクマールから判断すると,判例ルールが適用される出資者借入金は劣後性及び利益依存性の要件を満たす。しかし,それは資金提供が無期限ではないので資本の持続性の要件を満たさず,返済請求権が損失負担によって減少しないので損失負担の要件も満たさない。このため,この種の出資者借入金は会社にとって自己資本表示のメルクマールを満たさない[28]。一方,新ルールの適用を受ける出資者借入金も同様に自己資本のメルクマールを満たさない。それは劣後性の要件を満たすが,しかし資本提供が無期限ではなく,持続性と継続的な損失負担の要件も満たさないからである[29]。

　このように,ボルマンによると判例ルールの出資者借入金も新ルールのそれも同様に自己資本のメルクマールを満たさず,それらは等しく負債である。ただ両者の性質は必ずしも同一ではない。というのは,判例ルールの適用を受ける出資者借入金は給付義務の事実上の存在にかなりの不確実性があるので引当金として表示しなければならないのに対して,新ルールの適用を受ける出資者借入金については,引当金ではなく文字通り債務としての性質を有する点に違いがある[30]。

3.3 負債としての特別明記

　出資者借入金を会社が負債として表示する場合には，次の問題が生じる。つまり，その負債を出資者借入金である旨を明記する必要があるか否かである。
　その必要性を説く立場によると，自己資本化の法的効果が発生し，欠損金もしくは債務超過が現実化するか，あるいはその恐れが生じるときには，その旨を明記すべきである。例えば，その手段としては状況報告書（Lagebericht）もしくは付属説明書（Anhang）で示すか，あるいは貸借対照表への注記（Vermerk）が考えられる。このような負債の特別な明記は，真実且つ公正な概観という会計原則（商法第264条2項1文），十分な最低限度の分類（商法第247条1項），自己資本化法の予防的警告機能，業務管理の自己報告に対する商法の会計報告及び用心の原則・不均等原則に合致し[31]，出資者が会社の危機のときに資金を提供したというファイナンスの結果責任も果たす[32]。
　これに対立する立場もある。例えば有限会社法第42条3項によれば，債務と出資者借入金の区別をしていないし，他人資本と機能的自己資本との区分も触れられていない。かりに，その特別の表示義務を課すと，自己資本化法が法の不安定性への介入問題となる。特別な明記により第三者としての債権者は責任資本を増加させると，かえって有限会社の責任財産に関する誤った印象をもち，情報がミスリーディングとなる[33]。

4　劣後条項のある出資者借入金

　出資者借入金に関して劣後条項があるときの処理が問題となる。劣後条項にも種々のものがある。1つは，その契約内容により劣後債権が特定の債権よりも弁済順位が劣るだけで，依然として決算日に存在する会社財産から支払われる条項のあるケースである。この場合には商事貸借対照表において債務として計上する。他の1つは，当該債権が将来の貸借対照表利益からだけ支払われたり，あるいは清算剰余額から支払われる条項のあるケースである。これを更生証書との交換による債権放棄とみなす見解がある。これによると，会社の債務計上は否定される[34]。というのは，そこでは債権放棄があり，当面は決算日の会社財産に対する負担がなく，それは将来に生じる可能性がある偶発債務にすぎないからである。会社更生に伴い債権が再び発生したときに会社は当該債

務を計上する。ただ，この処理に対して異論もある。劣後契約自体は必ずしも債権放棄を意味しないというのがその根拠である。言い換えれば，将来の貸借対照表利益もしくは清算剰余額をベースとした劣後契約は停止条件付債権放棄（aufschiebend bedingter Forderungsvorzicht）もしくは解除条件付債権放棄（auflösend bedingter Forderungsvorzicht）という解釈も成り立つからである(35)。その解釈によると，債権自体はまだ完全に放棄されたわけではない。そのため，当該劣後条項の出資者借入金を依然として債務として計上するのが，商法第246条1項1文で規定する完全性命令に合致するという見解である。これが通説である。

なお，出資者が会社に対する貸付金について債権放棄をしたときには，会社は当該債務を減少させて特別利益あるいは資本準備金に計上する。商法上の貸借対照表利益もしくは清算剰余額から当該債権が返済される条件が発生したときには，再び債務を計上する。もしその支払条件がそれほど明確でないときには引当金を計上する(36)。

5　諸説の検討

このような諸説について若干のコメントを加える。

劣後条項のない出資者借入金の商事貸借対照表における表示問題について，まず検討すべきは，それが実質的自己資本に該当するか否かである。通説はそれを否定し，負債としての計上を主張する。その根拠を，出資者借入金が債務法上の負債としての性質をまだ失っていない点に求める。しかし，出資者借入金の返済が規制される期間に限り，一時的にせよ，それが一種の責任資本の面を示すことも否めない。ただ，実質的自己資本のメルクマールにとって一般に想定されるのは劣後性，報酬の成果依存性，損失負担及び資本提供の持続性または長期性である。劣後性の要件を出資者借入金は満たすが，それ以外の損失負担及び資本提供の持続性または長期性の要件を厳密には満たさないであろう。したがって，劣後性のない出資者借入金は商事貸借対照表に負債として表示するのが妥当であろう。

劣後条項のある出資者借入金についても原則として事情は変わらない。劣後の取り決めがあっても，それは実質的自己資本の要件すべてをクリアするとは限らないからである。ただ気になるのは，劣後条項のある出資者借入金の負債

化の根拠として債務法上の性質を強調しすぎる嫌いがある点である。停止条件付債権放棄という解釈にせよ，あるいは解除条件付債権放棄という解釈にせよ，債務法上の解釈が直ちに貸借対照表上の負債とイコールなのかという問題がある。会計上の負債は一般に債務法上の負債と一致しない。そこでは経済的な負債がベースとなるからである。それ故に，劣後条項のなかに将来の利益もしくは清算剰余額による出資者借入金の返済が予定されているときには，少なくとも決算時点における財産負担はまだないので，負債に計上する必要はないとも考えられる。

なお，負債と資本の中間に独立項目を設置し，このなかに出資者借入金を表示させる貸方三区分説は，ディスクロージャーの見地からはたしかに負債と資本のグレーゾーンの存在を明記されるメリットがある。しかし，それは制度上の貸借対照表貸方二区分説に反するだけでなく，負債及び資本の報酬処理の面からも問題を投げかける。つまり，負債及び資本の報酬を損益計算及び利益処分計算との関係でどのように処理するのかという問題である。負債の支払利息は費用に計上し，資本の報酬は利益処分とする一般的ルールに従うとすれば，出資者借入金の支払利息は費用処理される。このほかに，貸借対照表の貸方側に負債と資本の以外の第三区分を設ける以上，各項目の報酬に関して性質に応じて費用または利益処分に区分するか，あるいは純然たる費用または利益処分から区別する意味で費用に準ずるものまたは利益処分に準ずるものとして処理するのかという問題も生じる。この点は理論上興味あるところである。これについては第11章で論究する。いずれにせよ貸借対照表貸方側の三区分説は難しい問題を含んでいる。

第4節　出資者借入金と税務貸借対照表

自己資本化される出資者借入金に関する商事貸借対照表における取扱は，所得税法第5条1項の基準性原則に基づいて税務貸借対照表にも適用される。ここで注意すべきは，納税主体が民法に即して行動し，課税しうる給付を獲得するときには，税法は民法と不可分の関係にある。このため，民法が原則として税法の指針となる。ただ，例外的な場合にだけ税法上の特殊な思考，具体的に

は経済的観察法が必要となる。ここで問題となるのは，自己資本化される出資者借入金がこの税務上の特殊性に該当するのか否かである。税法にとって重要なのは，会社と出資者との間における内部上の法律関係である。したがって，商法とは違って，第三者としての債権者の関係は問題とはならない。その結果，税法では自己資本化される出資者借入金の取扱に関して具体的な会計処理のみが焦点となる。これにはいくつかの見解がある。

1 自己資本説

第1は，それを自己資本として捉える見解である。それは，1989年10月16日の連邦財政裁判所の判決をベースとしたものである。その判決では，出資者の給付時点で会社が債務超過となる出資者借入金は自己資本と同様に取り扱われねばならないという内容であった。この判決に基づいてベスターフェルハウス（H. Westerfelhaus）は，出資者による正規の企業ファイナンスの責任という考え方を見出すことができると考える。すなわち，借入金という名称が付いていても，それは会社にとっては経営経済的な資本概念と解される[37]。また，その判決では会社の財務内容が健全なときに提供した出資者借入金も財務危機が発生したときには，その借入金の返済は法的にはたしかに可能であるけれども，資本化の原則が介入する。このような判決の内容から彼は出資者借入金について隠れた自己資本（verdecktes Eigenkapital）概念を見出す。ここで隠れた自己資本は，法人の貸借対照表のなかでその構成員もしくはその関係者には債務として示されるが，経済的観察法では民法上表面的にしか他人資本を示さないものをいう。このため，自己資本化される出資者借入金がその隠れた自己資本とみなされる。これは強制規定により自己資本として処理されたり，場合によっては債権者に対して出資者と同様の権利が付与される[38]。しかし，現在では出資者借入金を税務上自己資本に表示させるという見解は全く支持されていない。

2 負債説

第2は，商事貸借対照表で触れたのと同様に，出資者借入金を負債として計上すべきとする見解である。これが通説を形成している。この借入金は，有限

会社法第5条及び第14条の出資の金額には影響なく，所得税法第17条1項の意味における出資は発生しないと解される。つまり，「機能上の自己資本及び自己資本化される出資者借入金は税法上存在しない[39]」というのがその根拠である。言い換えれば，自己資本化法は単に特定の民法上の返済方式を定めるにすぎず，債務としての性格を変えてはいないというのである。欠損が生じたり，倒産手続が開始されねばならないときには，返済請求権の損失はまだ発生しておらず，自己資本の法的効果が確定するときにはじめて，税法上の法的効果が生まれるからである。

例えばこの見解を支持するのはベッカー（P. Böcker）である。商事貸借対照表のケースと同様に税務貸借対照表も負債計上説の立場に彼は立つ。ただ問題となるのは，法人税法第8a条との関係である。これは，第三者との比較に耐えられず，出資者への利息が一定の金額を超え，しかも会社に重要な出資をしているときには，当該支払利息は隠れた利益配当とみなされる。この点で，それはある意味で資本化される出資者借入金と類似する。しかし，借入金は依然として債務のままである。ただ，両者の間には「一つの本質的な差異がある。すなわち，法人税法第8a条は一定の安全地帯に関して量的に定めて利息のみを把握するのに対して，自己資本化法は財務危機に関して質的に関係し，原則として特別取扱の借入金すべてを含む[40]。」かくして，彼は「税務貸借対照表にとって性質の変更が何故に必要なのかは全く理由がわからないことが確認されねばならない。自己資本化される出資者借入金の法的根拠は債権者保護にある。評価法（Bewertungsgesetz；BwG）第103条に基づくのと同様に事業支出及び控除の否認を，立法者は決して意図していなかった[41]」と主張する。

3　劣後条項のある出資者借入金

税務上，劣後条項は原則として民法及び商事貸借対照表法の慣行がベースとなる。一般に劣後条項は，債務超過シュタートゥスの判定に際してその債務超過を回避するために取り決められる。したがって，それは商法第264条2項，つまり真実な写像を表示するという考え方とは直接的に無関係である。この理由から，たとえ清算剰余額から出資者借入金を返済するという条件のある劣後条項が付与された出資者借入金もまた，税法上資本化される性質のない借入金

と同様に，他人資本として取り扱われる[42]。その理由は，民法上のコンフリクトが生じたときにはじめて出資者借入金の資本化的性質が問題となるのに対して，税法はそれとは別にこの出資者借入金に関して契約上の他人資本としての性質を重視するからである[43]。また，会社の倒産時を前提とした劣後条項は明らかにゴーイング・コンサーンをベースとした税務貸借対照表とは関係しないからである。

出資者借入金に関して出資者が債権放棄をしたときには，当該債権がまだ価値を有する場合には債権による一種の現物出資とみなされ，隠れた払込みとして処理される。それは法人税法第27条が規定する払込勘定に記入される。これに対して，債権の一部について価値を失っているときには，その価値をまだ有する部分については同様に前述の払込勘定に記入され，価値喪失分については税務上の課税所得とみなされる[44]。会社更生の取り決めのある債務免除もまた，価値を有する部分はこの払込勘定に記入される[45]。

4 諸説の検討

税法は商法と異なり，第三者としての債権者保護を一義的とする必要はない。あくまで公平な課税所得計算が中心であり，その点から出資者借入金の処理が問題となる。それが会社にとって法的債務であることは明らかである。この理由から，それを負債として計上するのが妥当である。この点は劣後条項のある出資者借入金も同様である。民法上においては劣後条項があるからといって，それはまだ債務としての性質を失っておらず，まだ資本化の要件は整っていないからである。ただ，会社の危機が発生したときの出資者借入金が出資関係に基づいたもので，出資者が事実上会社にこの出資関係から資金を提供したと判断される場合には，当該出資者借入金を所得税法第4条1項5文の意味における隠れた払込みとみなす余地も残されているように解される[46]。同じく経済的観察法をベースとしながらも，債権者保護の面からみた商法上の機能的自己資本とは対照的に，これは担税力の面からみた，さしずめ税務上の機能的自己資本ともみなすことができよう。

第5節　出資者借入金と債務超過の判定

次は債務超過の判定に際して出資者借入金の取扱について取り上げる。具体的には債務超過シュタートゥス（Überschuldungsstatus）の判定においてそれを債務として計上すべきか否かという問題である。

1　負　債　説

債務超過シュタートゥスにおいて出資者借入金の負債説には，実は2つの考え方がある。

1.1　あらゆるケースでの負債説

1つは，あらゆるケースでそれを負債化する説である。それに従うと，たとえ出資者借入金に劣後契約が締結されていても，債務超過シュタートゥスの判定においては，依然として債務としての性質が失われていない以上，商法上及び税務上と同様に債務として計上すべきである。別言すれば，債務超過シュタートゥスの債務として計上しなくてよいのは，民法第397条による債権免除がある場合だけである[47]。有限会社法第32a条1項によれば，倒産手続のなかで自己資本化される出資者借入金は単に倒産法第39c条1項5号に基づいてだけ劣後的に取り扱われるだけにすぎず，劣後的な考慮があってもそれはまた計上されねばならない。同様に倒産法第39条1項5号に基づく法的劣後性は劣後債権と同様に債務超過シュタートゥスの非負債化を意味せず，むしろその負債化を通じて倒産法が目指す倒産手続開始の早期化に適するとされる[48]。

1.2　継続の見込みがあるケースのみ負債説

ベッカーは，倒産手続をベースとして，次のように考える。まずそれに関して劣後契約が締結されておらず，また企業継続の見込みがポジティブであれば，債務超過シュタートゥスに出資者借入金を会社の債務として計上する。というのは，会社の継続の見込みがある以上，その債務弁済が不可欠だからである。一方，企業継続の見込みがネガティブであれば，債務超過シュタートゥスの判定にそれを債務として計上する必要はない。会社の清算が予定されるの

で，その資本化に対する法的効力が生じるからである[49]。

2 非負債説

倒産法の制定以前にすでに債務超過シュタートゥスのなかに出資者借入金を負債化しない説がある。この説は，出資者借入金を破産管財人が破産手続のなかに含めない傾向にあることを出発点とする。出資者借入金が民法ルールに従う限り，また法文上有限会社法第32a条1項1文及び第30条1項への準用からは，出資者は破産時に自己の返済請求権を行使できず，破産管財人はそれを支払ってはならない[50]。このような面からホムメルホフは次のように結論づける。「債務超過シュタートゥスにとって一般に適用される原則に従うと，そこには自己資本化される出資者借入金は負債化されてはならない。そして，それは正当でもある。というのは，破産時に全く考慮されず，まして支払われてはならない（計算上の）債務が債務超過をもたらしたり，あるいは少なくともそれに決定的に関与しうるであろうときには，評価の矛盾が大きいからである[51]。」

倒産法の効力が発生する1999年以降にも債務超過シュタートゥスに劣後条項のない出資者借入金を負債化すべきでないとする見解もある。その根拠は，債務超過シュタートゥスの目的と機能にある。つまり，「外部債権者に弁済するのに企業財産が優先的に責任を負うのに債務弁済能力がまだ十分である限り，倒産手続は正当ではない。自己資本化される借入金からの債務は，第三者としての債権者の負担に対する責任量を減少させない。というのは，会社の外部債権者は資金を提供する出資者とライバル関係である必要はないからである[52]。」また，「債務超過シュタートゥスにおいて自己資本化される出資者借入金を負債化する義務は，出資者—与信者のファイナンスの自由の思考により正当化されえない[53]。」これは，出資者が会社の危機が発生したときに資金を提供する場合にファイナンスの結果責任を伴うものであり，それは責任資本とみなされる。

なお，原則として非負債説に立つが，債務となる恐れが生じたり，出資者借入金の資本化が法の不安定性をもたらすときには，例外的に引当金を設定すべきであるという見解もある。しかし，この見解については不確実性は直ちに債

務の根拠とはいえず，また出資者借入金の返済要求の可能性はあるものの，しかしまだその弁済に十分な財産があるときに，それをあえて引当金として計上すると債務超過をもたらす可能性があり，問題を含むと批判される[54]。

3 劣後条項のある出資者借入金

劣後条項のなかにはまず単純劣後（einfacher Rangrücktritt）による条項がある。これは，その弁済順位がその他の他人資本の後になるが，しかし自己資本前の地位にあるものをいう。この単純劣後条項のケースでは債務は依然として存在するので，その条項のある出資者借入金を債務超過シュタートゥスに計上すべきであるという見解が通説である。但し，この単純劣後条項があれば，債務超過シュタートゥスに計上する必要はないという少数説もある。その根拠は，第三者としての債権者にとって重要なのは，自己の債権の弁済順位が劣後債権の前で，しかも自己資本の前にあればよく，劣後の他人資本と自己資本との間における内部的な順位には関係ないからである[55]。

2001年1月8日に連邦通常裁判所は次のような判決を下した。これによると，既述の単純劣後条項とは異なり，すべてのその他の債権者の弁済後において，出資者借入金の返済が出資者への払戻（減資）に匹敵しうる会社構成員による出資払戻請求権（Einlagerückgewähranspruch）と同等の特別劣後（qualifizierter Rangrücktritt）条項の場合に限り，負債として計上する必要はない。特別劣後債権者はその他すべての債権者の弁済後に貸借対照表利益もしくは清算剰余額から弁済される契約がこれに該当する[56]。この判決内容とその妥当性をめぐって様々な議論が展開されている。例えば，判決文のように清算剰余額を特別劣後条項のある債権者と出資者とが等しく残余財産分配権を有するという見解，清算剰余額のうちであらかじめ特別劣後債権者の債権控除後の残額を出資者に分配するという見解，特別劣後債権者は倒産法第39条2項で規定するその他の劣後債権者よりもさらに劣後するという見解などがこれである[57]。特別劣後条項のある出資者借入金だけは債務超過シュタートゥスの負債に計上しないという見解が通説である[58]。

なお，このほかに債務超過の判定において出資者借入金の負債化を回避するためには，劣後契約について次のように締結すべきであるという見解もある。

すなわち，一方で当該債権がすでに発生した後で事後的に劣後契約を締結する場合には，当該債権者の債権について倒産手続ではその他の債権者及びそれ以外の劣後債権者の弁済後になお会社の資産が負債を上回るときにだけ適用されるという債務変更契約（Schuldänderungsvertrag）を結ぶ。他方で，当該債権が発生する前に事前に劣後契約を締結するときには出資者と会社との当事者間で出資者が支払期日に債権の請求をしないという請求免除特約（ein pactum de non petendo）もしくは会社が債務超過を克服した場合にのみ出資者借入金の返済義務を伴う非典型的消費貸借契約（atypischer Darlehenvertrag）を結ぶという見解である[59]。

4　諸説の検討

　様々な見解のなかで債務超過シュタートゥスの判定において出資者借入金を劣後契約のいかんを問わず常に負債化説も非負債化説もやや両極端すぎるであろう。なぜならば，劣後契約の締結自体は総じて債務超過の回避を一義的に目的としており，劣後契約のある出資者借入金を直ちに債務超過の判定から除いてよいかは問題だからである。さらに，債務超過の判定は本質的に商事貸借対照表及び税務貸借対照表の表示問題とは区別して論じる必要があると解される。継続の見込みを予測し，その予測結果に基づいて継続の見込みがあるときに負債化し，継続の見込みがないときには負債化する必要がないとする見解はそれなりに説得力がある。ただ，継続の見込みがネガティブなときにも出資者借入金は依然として債務である以上，それを債務超過の判定上負債化すべきであるとも解しうる。

　特別劣後契約の場合のみ債務超過の判定において負債化しないのが通説だが，既述の通り劣後契約の締結自体が債務超過の回避にあるとみなせば，特別劣後条項でなくとも単に単純劣後条項でも十分であることになろう。また特別劣後契約を締結する場合に当該出資者借入金を債務超過の判定において負債化しないとする説の根拠として，出資者借入金の返済を果たして出資者による出資払戻請求権と解しうるのかはやはり疑問が残る。それを出資者と同等の立場と捉えるよりは劣後債権者にさらに劣後する最劣後債権者と捉えるのが適切であろう。

劣後条項に関してはこのような様々な見解があるので，その混乱を避け債務超過の判定から劣後条項のある出資者借入金を負債化しないためには，法的な面から事後的には債務変更契約を，事前的には請求免除特約もしくは非典型的消費貸借契約を締結すべきとする見解も，非負債説にとって注目に値する。

第6節　出資者借入金資本化制度の準用

1　商法規定への準用

出資者借入金の資本化規定は商法規定に準用される。すなわち，有限会社並びに有限責任社員が合資会社の無限責任社員もしくは構成員となるケースがこれに該当する。但し，この無限責任社員が自然人である合名会社及び合資会社にはそれは適用されない（商法第172a条2文）。匿名組合[60]のうちで非典型的匿名組合員も有限会社の出資者と同一視される。非典型的匿名組合員は一般に営業者の損益に参加するだけでなく，営業者と一緒にその会社財産に関与するタイプの匿名出資者をいう。この意味で，非典型的匿名組合員は事実上有限会社の出資者と同等の立場にあるとみなされる。これに対して，典型的匿名組合員はこれには該当しない。この典型的匿名組合員は営業者の損益には参加するが，しかし営業者と共同で会社財産に関与しないからである。このケースでは倒産手続が開始されたときには，典型的匿名組合員の出資額のうちで損失負担分を上回る額は倒産債権者の債権と解される（商法第236条1項）。但し，匿名組合員の出資額がまだ未払いであるときには，上記の金額からその未払分をマイナスした金額が倒産財団（Insolvenzmasse）となる（商法第236条2項）。

2　株　式　法

株式法は第57条1項で株主の出資額が株主に払い戻されてはならないと規定している。しかしそれ以外には特に明文化されていない。この点に関して文献では以下の条件のときには有限会社法第32a条及び第32b条が株式法においても準用される。その一定の条件とは，株主が会社の資本に対して25％以上の出資をしている場合である。株主が25％以上を出資しているときには，事業者的と

解されるからである(61)。株主の出資割合が25%を下回るときにおいても，その出資がその他の事情，例えば株主間がファミリーであるといったときには，企業経営に影響を及ぼすことができるので，例外的に出資者借入金の資本化規定が要請される。

第7節　結

1　論旨の整理

　ドイツ出資者借入金の資本化制度の考察結果を整理すると次の通りである。
　第1に，出資者借入金の資本化制度は有限会社法第30条及び第31条と，同法第32a条及び第32b条の規定に見出される。前者は資本金維持及び欠損金との関係するのに対して，後者は会社が危機に陥ったときに関係する。前者は判例ルールと呼ばれ，後者は新ルールとそれぞれ呼ばれる。両者とも債権者保護を目的とする点では共通するが，しかしその適用範囲に関して違いがある。例えば後者は資本金に関連せずに適用されるからである。
　第2に，出資者借入金の商事貸借対照表への表示についてはいくかの諸説がある。1つは実質的自己資本と捉える説である。2つめは負債と解する説である。これには債務法上の立場を重視する考え方と，実質的自己資本の面との関係で負債とみる考え方とがある。その場合，負債としての特別明記を要するとみる考え方とそれを要しない考え方とにさらに分かれる。3つめは，自己資本と負債との間に独立した中間項目を新たに設けてそのなかに収容すべきとする説である。
　第3に，出資者借入金の税務貸借対照表における処理については，出資者による正規の企業ファイナンスの責任面から自己資本と同様に処理すべきとする説と，それが債務法上の請求権としての性質を有するので，負債とみなす説とがあり，後者が通説である。
　第4に，債務超過の判定については，負債説と非負債説とが対立している。前者については，更にあらゆるケースで負債化する考え方と，継続の予測結果により継続の見込みがあるときには債務として計上するけれども，継続の見込

みがネガティブなときには負債化しないという考え方とがある。また，劣後条項が締結されている場合，単純劣後条項のケースと特別劣後条項のケースとがあり，後者に関して非負債説が有力である。

第5に，有限会社法の出資者借入金の資本化規定は，一定の条件が満たされるときには商法及び株式法にも準用される。

2　出資者借入金資本化制度の意義

すでに触れたように，有限会社法における判例ルールにせよ新ルールにせよ，いずれも出資者借入金の資本化制度は債権者保護を目的としたものである。ただ，判例ルールは倒産予防的な色彩が強いのに対して，新ルールは会社の再生を意図した点に債権者保護に関する大きな違いがある。

この出資者借入金の資本化制度はわが国にはない。単に会社の財務内容が悪化したときに当事者間の調整結果としていわゆる債務の資本化と呼ばれるものが法律制度とは別に私的整理のもとで存在するにすぎない。この点は大いに参考になると考えられる。平成18年5月から新会社法がすでに施行されている。この新会社法では周知のように最低資本金制度の廃止をはじめ，資本金がゼロとなる会社の設立も認められる（会社計算規則第74条）。明らかに従来の事前型による資本制度による債権者保護システムを大幅に規制緩和した。逆にいえば，その制度は事実上大きく後退したといってよい。しかし，債権者保護の仕組みは不必要というわけではなく，依然としてそれは重要である。会社に対して財務制限条項を要求できる債権者のほかに，それを要求できない弱者としての債権者も多数存在するからである[62]。この出資者借入金の資本化制度は弱者としての債権者を保護する観点から，わが国においても例えば株式譲渡制限のある中小企業などの会社に対する制度化の必要性について検討すべき重要なテーマと考えられる。

また，出資者借入金の資本化に関して，自己資本を形式的ではなくて実質的に捉える考え方も注目に値する。既述の通り，それは準自己資本もしくは機能的自己資本と呼ばれる。この考え方は正規の企業ファイナンスによる責任を前提としており，ここでも債権者保護との関係が強い。これがドイツ会計制度の大きな特質を形成することは傾聴に値する。わが国においてもこの面について

積極的に議論すべきであると解される。

いずれにせよ，わが国においてほとんど知られていないこの出資者借入金の資本化制度は，新会社法において債権者保護の仕組みが著しく低下してしまった状況からみて，大いに検討の必要があると結論づけることができよう。

注

（1） 有限会社法の邦訳については，次の文献を参照した。平松健『西ドイツの有限会社─理論と実務』三修社，昭和60年，168頁以下及び荒木和夫『ドイツ有限会社法解説』（改訂版），商事法務研究会，平成19年，294頁以下。この出資者借入金の資本化と類似するのに資金計画による借入金（Finanzplan-Kredit）がある。会社に出資者が自主的な信用供与を約束するこの資金計画による借入金は，信用約束の段階に留まり，実際にまだ信用供与していない。このため，通説はその出資性を否定し，出資者借入金の資本化とは異なる（K. Schmidt, Finanzplanfinanzierung, Rangrücktritt und Eigenkapitalersatz, in：Zeitschrift für Wirtschaftsrecht, 第20巻第30号，1999年7月，1248-1249頁）。

（2） N. Vervessos, Das Eigenkapitalersatzrecht, Köln, 2001年，44頁。

（3） M. Bormann, Eigenkapitalersetzende Gesellschafterleistungen in der Jahres- und Überschuldungsbilanz, Heidelberg, 2001年，33頁。ドイツ債務超過の判定方法については，拙著，『会計理論と商法・倒産法』森山書店，平成17年，261-288頁参照。

（4） M. Bormann, 前掲書注（3），35頁。

（5） B. Gehde, Eigenkapitalersetzende Gesellschafterleistungen in Deutschland und den USA, Berlin, 1997年，59頁。

（6） E. Renger, Gläubigerschutz durch §32a GmbHG, Frankfurt am Main, 2004年，18頁。

（7） M. Bormann, 前掲書注（3），37・40頁。

（8） M. Bormann, 前掲書注（3），48頁。

（9） M. Bormann, 前掲書注（3），51頁。

（10） Fischer・Lutter・Hommelhoff, Kommentar zum GmbHG, 第12版，1987年，§32a/b，欄外番号4。

（11） H. J. Priester, Die Erhöhung des Stammkapital mit kapitalersetzenden Gesellschafterdarlehen, in：B. Knobbe-Keuk・F. Klein・A. Moxter 編，Handelsrecht und Steuerrecht, Festschrift für Georg Döllerer, Düsseldorf, 1988年，所収，483頁。P. Hommelhoff, Die Gesellschafterdarlehen als Beispiel institutioneller Rechtsfortbildung, in：Zeitschrift für Unternehmens- und Gesellschaftsrecht, 第17巻第3号，1988年7月，481頁。B. Gehde, 前掲書注（5），61頁。N. Vervessos, 前掲書注（2），51頁。

(12) M. Bormann, 前掲書注（3），54頁。
(13) C. Buck, Die Kritik am Eigenkapitalersatzgedanken, Baden-Baden, 2006年，79頁。
(14) T. Kuthe, Die Änderungen im System der eigenkapitalersetzenden Gesellschafterdarlehen, Lohmar・Köln, 2001年，54頁。U. Huber・M. Habersack, Zur Reform des Rechts der kapitalersetzenden Gesellschafterdarlehen, in : M. Lutter 編，Das Kapital der Aktiengesellschaft in Europa, Berlin, 2006年，所収，414頁。
(15) U. Huber・M. Habersach, 前掲論文注（14），415-416頁。
(16) A. Schopper・N. Vogt, Eigenkapitalersatzgesetz, Wien, 2003年，27頁。
(17) K. Schmidt, Gesellschaftsrecht, 第4版，Köln, Berlin, Bonn, München, 2002年，515頁。
(18) S. Thiele, Das Eigenkapital im handelsrechtlichen Jahresabschluß, Düsseldorf, 1998年，16頁。
(19) M. Lutter・P. Hommelhoff, Nachrangiges Haftkapital und Unterkapitalisierung, in : Zeitschrift für Unternehmens- und Gesellschaftsrecht, 第8巻第1号，1979年1月，42頁。
(20) クノベ-コイク（B. Knobbe-Keuk）もまた責任資本について論じている。しかし，これについては私的自由な規制のなかだけに限定すべきであり，出資者借入金には責任資本の性質は明確ではないとみる。それは経済的状況に応じて不確実性を伴うからである（B. Knobbe-Keuk, Bilanz- und Unternehmenssteuerrecht, 第9版，Köln, 1993年，111頁）。この点はシュミットも同様である（K. Schmidt, 前掲書注（17），536-537頁）。
(21) M. Lutter・P. Hommelhoff, 前掲論文注（19），53頁。
(22) M. Lutter・P. Hommelhoff, 前掲論文注（19），54-55頁。
(23) W. Müller, Wohin entwickelt der bilanzrechtliche Eigenkapitalbegriff ?, in : G. Förschle・K. Kaiser・A. Moxter 編，Rechenschaftslegung im Wandel, Festschrift für Wolfgang Dieter Budde, München, 1995年，所収，461頁。
(24) W. Müller, 前掲論文注（23），460頁。
(25) P. Böcker, Die Überschuldung im Recht der Gesellschaften mit beschränkter Haftung, Baden-Baden, 2002年，198頁。
(26) M. Bormann, 前掲書注（3），88頁。
(27) M. Bormann, 前掲書注（3），95頁。
(28) M. Bormann, 前掲書注（3），100頁。
(29) M. Bormann, 前掲書注（3），102頁。
(30) M. Bormann, 前掲書注（3），111頁。
(31) P. Böcker, 前掲書注（25），199頁。但し，ベッカー自身は特別な明記の必要性を否定する（P. Böcker, 前掲書注（25），206-207頁）。これに対して，ボルマンは注記と

付属説明書による特別明記を主張する（M. Bormann，前掲書注（3），170頁）。
(32) H. von Gerkan・P. Hommelhoff 編，Handbuch des Kapitalersatzrechts, 第2版，Köln, 2002年，232頁。
(33) P. Böcker, 前掲書注（25），200-201頁。
(34) H. Adler・W. Düring・K. Schmaltz 編, Rechnungslegung und Prüfung der Unternehmen, 第6巻，第6版，Stuttgart, 1998年，224頁。
(35) H. von Gerkan・P. Hommelhoff 編，前掲書注（32），240頁。
(36) H. von Gerkan・P. Hommelhoff 編，前掲書注（32），241頁。
(37)(38) H. Westerfelhaus, Neue BFH-Rechtsprechung zum verdeckten Eigenkapital, in : Der Betrieb, 第41巻，1990年10月，2036頁。
(39) P. Böcker, 前掲書注（25），210頁。
(40) P. Böcker, 前掲書注（25），211頁。
(41) P. Böcker, 前掲書注（25），212頁。
(42)(43) H. von Gerkan・P. Hommelhoff 編，前掲書注（32），436頁。
(44) H. von Gerkan・P. Hommelhoff 編，前掲書注（32），438頁。
(45) H. von Gerkan・P. Hommelhoff 編，前掲書注（32），441頁。
(46) T. Kurth・W. Delhaes, Die Entsperrung kapitalersetzender Darlehen, in : Der Betrieb, 第51／52巻，2000年12月，2582頁参照。
(47)(48) P. Böcker, 前掲書注（25），229頁。
(49) P. Böcker, 前掲書注（25），253頁。
(50) P. Hommelhoff, Eigenkapitalersetzende Gesellschafterdarlehen und Konkursantragspflicht, in : B. Knobbe-Keuk・F. Klein・A. Moxter 編，前掲書注（11），所収，227-228頁。
(51) P. Hommelhoff, 前掲論文注（50），228頁。
(52) H. von Gerkan・P. Hommelhoff 編，前掲書注（32），243頁。ボルマン（M. Borman）もこれと同じ非負債説の立場に立つ（M. Bormann, 前掲書注（3），324頁）。
(53) H. von Gerkan・P. Hommelhoff 編，前掲書注（32），244頁。もっとも，すでに触れた連邦通常裁判所の判決が実務で浸透しているので，劣後契約のない場合には出資者借入金は債務超過の判定において負債計上されるべきであるとされる。
(54) P. Böcker, 前掲書注（25），239頁。
(55) K. Schmidt, 前掲論文注（1），1246-1247頁。J. Götz, Überschuldung und Handelsbilanz, Berlin, 2004年，191-192頁。J. D. Heerma, Passivierung bei Rangrücktritt : widersprüchliche Anforderungen an Überschuldungsbilanz und Steuerbilanz?, in : Betriebs-Berater, 第60巻第10号，2005年3月，544頁。
(56) U. Smerdka, Die Finanzierung mit mezzaninem Haftkapital, Köln, 2003年，33頁。
(57) M. Groh, Der qualifizierte Rangrücktritt in der Überschuldungs- und Steuerbilanz der Kapitalgesellschaft, in : Der Betrieb, 第59巻第24号，2006年6月，1287頁。

(58) G. Förschle・K. Hoffmann, Überschuldung und Sanierung, in : W. D. Budde・G. Förschle 編, Sonderbilanzen, 第3版, München, 2002年, 所収, 596頁。U. Smerdka, 前掲書注 (56), 194頁。E. Braun, Insolvenzordnung, 第2版, München, 2004年, 143頁。U. Schmerbach, §19 Überschuldung, in : K. Wimmer 編, Frankfurter Kommentar zur Insolvenzordnung, 第4版, München, 2006年, 所収, 250頁。なお，この点に関連して資本化される出資者借入金と出資者の出資払戻請求権を同一視する考え方に通説は批判的である（C. Hultsch・N. Roß・S. Drögemüller, Zum Nachrangerfordernis bei Eigenkapitalausweis von Genussrechtskapital im handelsrechtlichen Jahresabschluss, in : Betriebs-Berater, 第62巻第15号, 2007年4月, 820頁）。しかも，商事貸借対照表法上では資本化される出資者借入金と 出資者の出資払戻請求権の同一視は必要ないとされる（C. Hultsch・N. Roß・S. Drögemüller, 前掲論文, 820頁）。

(59) H. Teller・B. Steffan, Rangrücktrittvereinbarungen zur Vermeidung der Überschuldung bei der GmbH, 第3版, Köln, 2003年, 108-109頁・111頁。

(60) 典型的匿名組合及び非典型的匿名組合の区別については，第9章参照。

(61) C. Uhländer, Eigenkapitalersetzende Darlehen im Steuer- und Gesellschaftsrecht－ein systematischer Überblick－, in : Betriebs-Berater, 第60巻第2号, 2005年1月, 71頁。

(62) M. Lutter, Das（feste Grund-）Kapital der Aktiengesellschaft in Europa, 前掲書注 (14), 所収, 5頁。

第3部　メザニンファイナンスの会計

第7章 メザニンファイナンス会計序説

第1節 序

　近年，資金調達の方法がきわめて多様化してきている。従来のように，単に金融機関等による借入金及び新株発行による増資だけでなく，新株予約権付社債をはじめ，多種多様なものが登場してきている。特に，最近では貸借対照表において負債でもなければ資本でもなく，いわば丁度両者の中間的な形態も少なくない。いわゆるハイブリッドな形態がそれである。本章では，ドイツを中心としたメザニンファイナンス（Mezzanine-Finanzierung）の会計処理について検討する。

第2節　メザニンファイナンスの概要

1　メザニンファイナンスとメザニン資本

　これまで自己資本は，一般に出資者による期限の制約のない責任資本であり，成果に依存した配当が支払われる。これに対して，他人資本（負債）は成果に左右されずに，一定の利子の支払と返済義務を伴う。しかし，資金調達の多様化により両者をミックスしたタイプが増加傾向にある。そのようなファイナンス形態についてメザニンファイナンスという用語が用いられている。ここで，メザニン（Mezzanine）という概念は，イタリアのルネッサンスにおけるバロックの建築様式のなかで一階と二階との間にある中二階（Zwischengeschoss）を意味する用語である[1]。このような形で調達された資本をメザニン資本という。

メザニン資本の一般的特徴は以下の通りである[2]。その第1は，一般債権に対して劣後性としての性質をもち，その意味で経済的には責任資本として自己資本とみなされる。その結果，メザニン資本は原則として担保の設定がなく，倒産時には財団債権者の弁済後にはじめて弁済されるにすぎず，リスク資本としての性質を有する。第2は，メザニン資本に対する報酬は成果依存的な性質をもち，場合によっては出資額を限度とした損失負担もある。第3は，メザニン資本の発行側が支払う報酬の対価は税務上事業支出として処理される。第4は，メザニン資本についてそれほど法的に規制されていないので，その形態に関してきわめて弾力性がある。

2 メザニンファイナンスの種類

このようなメザニンファイナンスには次の3つのタイプがある[3]。第1は自己資本に類する持分メザニン（Equity-Mezzanine）のタイプである。第2は他人資本に類する負債メザニン（Debt-Mezzanine）のタイプである。第3はハイブリッドなタイプである。

第3節　持分メザニン

1　享益権

ドイツでは，この持分メザニンに属する主なものは，享益権及び匿名組合である。

1.1　享益権に関する法規定と特徴

享益権が普及する切っ掛けとなったのは，それを証券化した享益証券（Genussschein）の発行である。この享益証券のルーツはフランスで，1854年のスエズ運河会社の設立に際して，株式引受の見返りに特典として享益証券が発行された[4]。ドイツではこの享益証券は特に1920年代にインフレに伴う高い資本需要を賄う手段として積極的に利用された。享益権は法的には1923年の金マルク貸借対照表（Goldbilanz）指令第12条ではじめて登場し，その後1937年株式

法第128条2項5号及び第174条3項・4項で規定された。現行法では株式法第160条1項6号及び第221条3項・4項でそれについて規定している。しかし，それに対する法の明確な定義は示されていない。一般に，この享益権は債務法上の請求権を意味する。したがって，享益権の保有者には，例えば利益参加あるいは清算時の残余財産分与等といった債権者としての財産権が付与される。但し，この享益権は会社法上の構成員としての性質をもたない。

享益権に付与される利益参加権には契約により利子に類するタイプと，年次決算書の結果に左右される券面額の変動割合として定められるタイプとがある。前者には，享益証券の名目額の一定ないし変動割合が支払われるもので，貸借対照表利益が十分なときに支払われる場合や，貸借対照表利益に左右されない最低利子と利益に依存した利子とが支払われる場合がある。後者では，年度剰余額，貸借対照表利益あるいは配当可能利益等が変動する成果の基準となる。享益権のなかにはこの成果への参加だけでなく，損失負担を定めたものもある。この場合には享益権の有効期間中で生じた損失分だけ享益権資本の金額を減額する。過年度の損失負担については業績が回復したときには，優先的な取戻請求権を付与するのが一般的である。享益権の返済方法については，契約上の定めによりその返済が享益証券の発行額と定められ，残余財産のなかで秘密積立金にも損失にも関与しないケースと，その返済額が享益証券の発行時の発行価額ではなくて，企業の最終的な清算時の財産額いかんによって決定されるケースとがある。

1.2 享益権の会計処理
1.2.1 商法上の取扱

まず，享益権の商法上の会計処理に関して，既述のHFAによる公式見解は，債権者保護の面から経済的観察法に基づいて責任の特質を重視する。その結果，以下の要件，すなわち①享益権資本の劣後性，②報酬の成果依存性並びに全額までの損失負担，③資本提供の長期性という3つを満たすときには享益権を自己資本に計上すべきことを提唱する[5]。つまり，商法上の自己資本は，資産と負債との差額としての形式的自己資本ではなく，むしろ経済的な資本調達の機能面から実質的自己資本をベースとしている。この3つの要件をすべて満

たさないときには，享益権は他人資本に計上される。

このうちで①については特に問題はない。②については報酬の成果依存性と損失の全額負担の両者とも必要とみる説と，前者のみ必要で後者は必要ないという説とが対立している[6]。③については例えば5年間あるいは25年間といった一定期間を定めるべきとする見解をはじめ，無期限とすべきとする見解もあり多種多様である[7]。さらに，享益権の解約を認めるか否かについても賛否両論がある。HFAの見解では，享益権を自己資本または他人資本のいずれに表示しても，その報酬は，享益権が債務法上の性質を有するので，一律支払利息として処理される。しかし，享益権を自己資本に表示するときには，その報酬を利益処分とすべきとする見解も有力である。

1.2.2 税務上の取扱

享益権の税務上の処理に関しては，次の2つを明確に区別する必要がある。

1つめは，享益権が利益参加及び清算財産分与への参加も有する，いわば利益配当に該当する場合である。このケースでは享益権の配当額は法人税法上の所得のマイナスとはならない。ここで問題となるのは利益参加及び財産分与への参加の各要件である。前者については，企業の経済的成果へのすべての分与を意味し，そのメルクマールは享益権保有者が事業経営のリスクを負担しているか否かである。後者について，税務当局の見解によると，株式投資との比較を行い，享益権所有者が会社に払い込んだ資本の返済を会社の清算前に要求できない場合，つまり解約権も資本譲渡の期限もともに定められていないとき，あるいは償還請求権が経済的にもはや意味をもたないときにも，清算時の財産分与があると判定される。ここでは，享益権発行側の配当額は税務上の所得のマイナス，すなわち事業支出として計上できない。その結果，法人税及び営業税の対象となる。法人税法第23条1項による25％と，この法人税の5.5％にあたる連帯税（Solidaritätszuschlag）0.01375％との合計26.375％が配当額について課税される。また，営業税については資本会社の所在する地方自治体の定める税率に基づいて配当額は課税される[8]。この処理は，隠れた利益配当に該当する享益権の場合も同様である（法人税法第8条3項）。このように，前掲の要件を満たす享益権は，税務上独自の自己資本に該当する。但し，この内容は既述の商法上の自己資本ときわめて類似するが，しかし厳密には一致していない。両

者の自己資本の範囲については明らかに差異が存在しうる。

2つめは，この利益参加がないかあるいは清算時の財産分与への参加がないとき，または両者ともない場合である。このようなケースでの享益権の分配はその発行会社において事業支出として認定され，それは法人税法上及び営業税法上の所得計算においてマイナスされる。但し，営業税法第8条1項により，その半額が課税される。

2 匿 名 組 合

2.1 匿名組合に関する法規定と特徴

匿名組合は，12世紀に労働力のみを提供する商人としてのトラクタトール (tractator) が，コンメンダトール (commendator) から用立てられた貨幣もしくは財貨を利用して第三者と取引した慣行をその直接的な契機としている。当初トラクタトールは自己の全財産を取引損失について負担するのに対して，コンメンダトールは提供した貨幣もしくは財貨のみを負担したが，その後前者は1／4，後者は3／4の利益配分となった。このような契約関係は地中海沿岸の海上取引では"コンメンダ"(commenda)，ハンザ同盟では"ゼンデーフェ" (sendeve) と呼ばれて発展した[9]。

ドイツの匿名組合はフランスの合資会社の規定を基に1861年普通ドイツ商法第250条以下で明文化された。現行ドイツ商法は第230条から第236条のなかでそれについて簡単に規定しているにすぎず，それ以外については任意法 (dispositives Recht) となっている。その主な特徴は以下の通りである。第1に，匿名組合は少なくとも2名による出資契約の締結によって生じた個人的な内部出資形態であり（商法第230条1項），民法第705条の出資の一種とみなされ，匿名組合員は債権者に義務を負わない。第2に，匿名組合に関して契約が必要であるが，口頭もしくは根拠のある交渉による締結でもよい。匿名組合員には自然人だけでなく，合名会社及び合資会社といった人的会社はもちろん，有限会社及び株式会社などの資本会社にも適用できる。第3に，匿名組合員の出資義務に関しては，金銭だけでなく権利及び物財，場合によっては労働サービスも許容される。第4に，匿名組合員には利益参加が条件である（商法第231条2項）。この場合，利益参加は営業活動全体に関係する必要はなく，特定の事業

部門の利益でもよい。第5に,匿名組合員の損失負担については当事者間で自由に定めることができ（商法第231条2項），契約の定めにより損失負担を義務づけることもできれば，それを一定額に制限することもできる。第6に，匿名組合員は有限会社もしくは株式会社の出資者がもつ支配権を有していない。第7に，匿名組合の期間が契約上特に定められていないときには，その匿名組合について各年度末の6ヶ月前に解約すれば，その契約を解消することができる（商法第234条，商法第132条）。

2.2 匿名組合の会計処理
2.2.1 商法上の取扱

商法では明文化されてはいないけれども，一般に匿名組合は典型的匿名組合と非典型的匿名組合とに区別される[10]。

前者は，すでに触れたHFAの3つの要件をすべて満たさないケースに該当する。つまり，ここでは当該組合員は営業財産及び営業管理に関与しておらず，その利益参加は商事貸借対照表の成果ではなくて，事業成果となる。その結果，営業者は組合員の出資額を負債として計上し，組合員の利益持分を費用（支払利息）として処理する。損失負担があるときには，出資額を減額し営業者は収益を計上する。

後者はHFAの3つの要件をすべて満たすケースに該当する。つまり，当該組合員は営業者と共同で事業に参画しているので，利益の参加は商事貸借対照表をベースとし，さらに営業者の秘密積立金及びのれんにも関与する。その結果，ここでは匿名組合員の出資額を営業者は資本の部（引受済資本金の前あるいは自己資本の末尾）に表示し，組合員の利益持分については一般に費用として処理するが，それを利益処分と処理すべきという見解もある。損失負担があるときには，前者と同様である。

2.2.2 税務上の取扱

税務上も，匿名組合は典型的匿名組合と非典型的匿名組合とに区別される。しかし，その区分のメルクマールは商法上のそれと異なる[11]。一般に共同事業者イニシアティブと共同事業者リスクの両者またはどちらか一方が欠け，共同企業体とみなされないときには，税務上の典型的匿名組合と解される。そこ

では，営業者は組合員に対する利益持分を所得税法もしくは法人税法ないし営業税法で所得のマイナスを示す事業支出に計上する。ただし，営業者には資本財産からの所得として資本収益税による25％の源泉徴収が義務づけられる（所得税法第43条1項3号）。資本会社に対する出資比率が50％を下回る出資者が匿名組合員としての出資を行い，その匿名出資の比率が25％を下回り，且つその出資を他人資本で調達したときには25万ユーロまでの支払利息は事業支出に該当し，課税所得から控除できる（法人税法8a条，但し5％については事業支出の禁止規定がある。）。この枠を超えたときには隠れた利益配当となる。

匿名組合員が営業者と共同で事業に関与し，いわば共同企業体を形成するときには，税務上の非典型的匿名組合となる。ここでは，匿名組合員の損失負担が強制される。まず第1段階として，営業者は税務貸借対照表をベースとし，組合員との利益分配率により営業所得を算定する（租税通則法第179条1項，第180条2項）。この営業者には所得税法もしくは法人税法と営業税の納税義務がある。次に第2段階として，非典型的匿名組合員については，既述の自己の利益持分に，さらに特別事業財産で算定された特別貸借対照表利益を加算して，匿名組合員の事業所得が算定される。

第4節　負債メザニン

1　劣後債

負債メザニンに属するものとして劣後債（劣後ローン）がある。これには，契約の定めによる劣後と構造上の面による劣後とがある。

契約劣後には，倒産時に債務弁済が一般債権（シニア債権）に対して劣後となる単純劣後条項と，倒産時に債務弁済が出資者による出資払戻請求権と同等の地位となる特別劣後条項とがある[12]。前者の劣後債権者は自己の債権を商事貸借対照表及び税務貸借対照表，さらには債務超過シュタートスの判定の際にも同様に負債として計上される。これに対して，後者の劣後債権者はその他すべての債権者の債権の弁済後にはじめて出資者の出資に対する払戻と同様に支払を請求できるにすぎない。この意味で，当該債務を商事貸借対照表及び税

務貸借対照表に表示することはできるが，債務超過シュタートスの判定には計上できない。

一方，構造上の劣後は連結会社間において特に問題となるケースである。例えば親会社に対する請求権が子会社の倒産時には子会社の債権者の弁済の後に返済される場合がこれに該当する。そこでは親会社のリスクは財務制限条項により，一定の金額に制限される。これは垂直劣後といわれる。これに対して，子会社間でこれと同じような取り決めをしたのが横断劣後である。

2 利益参加債

利益参加債（partiarisches Darlehen）は通常の負債と違って，一定の利子の支払が契約されていない。その利子額は企業の営業上の取引による成果に依存するのがその特徴である。例えばその利益は年度剰余額のときもあれば，営業利益のときもある。メザニンファイナンスにおいて，この利益参加債が問題となるのは，報酬の利益依存性という特徴のほかに，さらに企業が財務状況が危機となったり，あるいは倒産したときに当該債務が資本化される条項のある場合である。

3 その他の負債メザニン

これ以外の負債メザニンには次のものがある[13]。インデックス・リンク債（indexiertes Darlehen）はその報酬が特定の指数，例えば仕入価格といった市場価格に連動する。企業売り手債（Verkäuferdarlehen）は，企業の売り手がその買い手に対してその企業売却代金の一時的な支払猶予を取り決めたもので，企業の売却代金に関するつなぎ融資を意味する。この支払猶予の取り決めにより，債務の発生と内容上類似する結果をもたらすからである。債務証書（Schuldscheindarlehen）による借入れについて担保が一部またはその全部について放棄されたり，あるいはその報酬が一定でないときには，この債務証書はメザニンファイナンスに含まれる。ハイイールド債（Hochzinsanleihen）またはハイリターン債ともいわれる。

第5節　ハイブリッドなメザニン

1　資本化される借入金

　持分メザニン及び負債メザニンを混合したハイブリッドなタイプもある。その1つが資本化される借入金である。これは，資本提供者が与信時点ですでに当該会社の10％以上の出資をしているとき，あるいは与信時点以降において出資割合を10％以上に引き上げることができるオプション権を有するのがその条件である[14]。後者のタイプが特にメザニンファイナンスとして重要である。その理由は，機関投資家には一部，利益参加債ないし劣後債によるファイナンスにおいて，それ以外のオプションが付与されているからである。この場合，出資者の立場となってから資本提供がなされるとき，それは"持分キッカー"（Equity-Kicker）と呼ばれる。この持分キッカーは，危機的状況において資本化されるものとして性格づけられ，返済されない。したがって，資本提供者はそれを劣後債権とみなす。この資本化される借入金とみなされるものは，商法上及び税務上ともに債務に相当する部分と，転換権もしくはオプション権に相当する部分（資本準備金）に区分される。

　前述の単純劣後条項の場合には，企業がすでに倒産ないし清算のときに債権者は，資本化される借入金として処理できない。これに対して，特別劣後条項のときには，それを資本化される借入金として処理される。

2　新株予約権付社債

　ハイブリッドなタイプに属するのに，新株予約権付社債（Wandels- und Optionsanleihen）がある。これは，従来転換社債もしくは新株引受権付社債と呼ばれていたものに相当する。これらは，転換もしくはオプションの行使に伴い，いずれも出資者持分に変更される。その点から，この新株予約権付社債はハイブリッドなタイプとみなされる。これについては，一般市場利子率で発行しプレミアムを伴うときには，償還金額を負債に，またプレミアムを資本準備金にそれぞれ計上する。一般市場利子率を下回る形で発行したときには，社債の償還金額は負債として計上されるけれども，一般市場利子率で発行したと仮

定した場合に生じるプレミアムに相当する金額を資本準備金に計上し，それに見合う金額を借方債務超過差額（Disagio）として計上する[15]。

3 その他のハイブリッドなメザニン

このほかには交換社債（Umtauschanleihen）や他社株式転換（条項付）社債（Aktienanleihen）もある。前者は，一般に市場利子率に基づく報酬を前提とし，債務の償還に代えて社債権者が社債発行企業に対して他社の株式に対する交換権を有するものである[16]。これに対して，後者も同じく一般に市場利子率を前提とし，他社の株式の株価が一定額を上回るときには現金で償還するが，一定額を下回るときには他社株式で返済する旨の条件を発行者側が有するものである。これは転換社債の丁度逆パターン（reverse convertible）である[17]。

第6節 結

以上，ドイツのメザニンファイナンスの会計について論究した。負債メザニンについては，それを他人資本に表示し，しかもその報酬を費用処理する点で，ドイツの会計処理方法及び国際的な会計基準も基本的には同様である。問題なのは，持分メザニンの処理である。IAS第32号では金融商品の保有者がその解約権を有していたり，あるいは発行者にその支払義務があるときには他人資本とみなされる。逆に発行者が金融商品について自己資本に表示しうるのは，法もしくは契約の定めで返済禁止が無期限のときに限られる。但し，発行者が金融商品の解約のオプション権をもつときには，この限りではない。その場合には発行者が解約した時点で負債となる。このIFRSに従うと，享益権及び匿名組合は，その保有者が解約権をもたず，かつ一定の返済期間をもたないときには自己資本に表示されるけれども，それ以外は負債とみなされる[18]。この点は原則としてSFAS第150号も同様である。ただ，アメリカでは金融商品の保有者がその解約権をもっていても，それをまだ行使しないときには自己資本表示も可能である。

持分メザニンのなかで商法上の実質的自己資本及び税務上独自の自己資本にそれぞれ該当するものは国際的な会計基準の自己資本（持分）の範囲と相違す

る。ただ，このような国際的な会計基準による負債と資本との区別自体の問題点も指摘されている[19]。この負債と資本の区分問題の今後の動向を冷静に見守る必要があろう。わが国ではあまり知られていない享益権について，わが国の中小企業における有力なファイナンスの一形態として早急に制度化し，税制面も含めてその積極的な活用の方向を検討すべきである。

注

（1） H. S. Werner, Mezzanine-Kapital, Köln, 2004年, 13頁。
（2） H. S. Werner, 前掲書注（1），32頁。なお，ファイナンス論の分野では，ここで指摘した第3の特徴は想定されておらず，そこではメザニンファイナンスは普通株とシニア債との中間に位置する項目，例えば優先株も含まれる（O. Müller-Känel, Mezzanine-Finance, 第2版，Bern・Stuttgart・Wien, 2003年, 19-21頁）。これを含めるときには，広義のメザニンという。
（3） H. S. Werner, 前掲書注（1），31-41頁。このメザニン資本の分類のほかに，次の分類もある。それによると，まずデリバティブ要素を含まない構成要素から成るメザニン資本と，デリバティブ要素を含む複合構成要素から成るメザニン資本に大別される。前者には優先株式を代表とする基本メザニン自己資本と，劣後債，利益参加債，享益権，永久債，匿名組合，自己資本化される借入金等から成る基本メザニン他人資本がある。後者には転換予約権付株式，取得条項付優先株式，取得請求権付株式，強制償還条項付優先株式から成る複合メザニン自己資本と，転換予約権付社債，転換享益権，オプション享益権，交換社債，バーチャル持分キッカー保証付債，他社株式転換社債から成る複合メザニン他人資本とがある（S. Briesemeister, Hybride Finanzinstrumente im Ertragsteuerrecht, Düsseldorf, 2006年, 21-28頁参照）。
（4） C. Frantzen, Genußscheine, Köln・Berlin・München, 1993年, 38-39頁。
（5） HFA, Zur Behandlung von Genußrechten im Jahresabschluß von Kapitalgesellschaften, in : Die Wirtschaftsprüfung, 第47巻第13号, 1994年7月, 420-421頁参照。
（6） M. Häger・M. Elkemann-Reusch 編, Mezzanine Finanzierungsinstrumente, Berlin, 第1版, 2004年, 247頁。
（7） J. Baetge・B. Brüggemann, Ausweis von Genussrechten auf der Passivseite der Bilanz des Ermittenten, in : Der Betrieb, 第58巻第40号, 2005年10月, 2147-2149頁。
（8） H. S. Werner, 前掲書注（1），51-52頁。
（9） M. Häger・M. Elkemann-Reusch 編, 前掲書注（6），57頁及びK. Lehmann, Lehrbuch des Handelsrechts, 第2版, Leipzig, 1912年, 341頁。
（10） M. Häger・M. Elkemann-Reusch 編, 前掲書注（6），60-63頁。

(11) M. Häger・M. Elkemann-Reusch 編, 前掲書注 (6), 141-150頁。
(12) Memento, Bilanzrecht für die Praxis, 2007/2008, 第 2 版, Freiburg, 2007年, 709頁。
(13) H. S. Werner, 前掲書注 (1), 37-39頁。
(14) H. S. Werner, 前掲書注 (1), 40頁。
(15) H. Adler・W. Düring・K. Schmaltz 編, Rechnungslegung und Prüfung der Unternehmen, 第 5 巻, 第 6 版, Stuttgart, 1997年, 352-353頁。
(16) S. Briesemeister, 前掲書注 (3), 27・308-311頁。
(17) S. Briesemeister, 前掲書注 (3), 28・311-313頁。
(18) K. Küting・U. L. Dürr, Mezzanine-Kapital − Finanzierungsentscheidung im Sog der Rechnungslegung, in : Der Betrieb, 第58巻第29号, 2005年 7 月, 1530-1533頁。
(19) IAS第32号による負債の定義は人的会社及び組合における出資額が負債とみなされてしまい, その財務状況を歪めるだけでなく, 成果依存的金額と成果独立的金額を一律に利子費用として合算するのは, 会計情報の比較可能性の面から問題であるという見解もある (C. F. Leuschner・H. Weller, Qualifizierung rückzahlbarer Kapitaltitel nach IAS 32—ein Informationsgewinn?, in : Die Wirtschaftsprüfung, 第58巻第 6 号, 2005年 3 月, 266-267頁)。FASB, Milestone Draft, 2005年 7 月。この所有・決済アプローチについては, 次の批判がある。DRSC, Comments on the 'Equity and Liability Milestone One Draft', 2005年11月。

第8章　享益権の会計

第1節　序

　周知の通り，ドイツにおける資本調達に関する一般的な形態は，証券化を通じた株式発行や社債の発行と，金融機関等による資金の借り入れである。ところが，ドイツにおいて特有のものがある。それが享益権による資本調達である。これはすでに1937年株式法第128条2項2文5号及び第174条3項・4項に規定されたものである。前者は期中において新たに取得し期末に存在する享益権に関する営業報告書（Geschäftsbericht）への記載について，また後者は享益権に関する株主総会の決議及び享益権による株主への付与についてそれぞれ規定したものである。現行法では株式法第160条1項6号及び第221条3項・4項でそれについて規定している。しかし，それに対する法の明確な定義は示されていない。そこで，本章ではこの享益権の性質をめぐる諸問題について取り上げて，その会計処理の取扱について検討する。

第2節　享益権の種々相

1　享益権の歴史

　まず享益権という法律用語の歴史について触れておく。
　享益（Genuß）という用語は，もともと法的には便益（Nutzen），収益（Ertrag），利得（Vorteil），資本利子（Zins von einem Kapital）の意味ですでに中世において用いられていたといわれる[1]。享益権の所有者は基本的に資本により企業に対する個人的便益と関係し，財務的出資に伴い，その成果に対する分け前をもつと

解されていた。これとほぼ同じ意味でその他の国々でも呼ばれている。フランス語ではbon（action）de jouissance，イタリア語ではbuoni（azione）di godimentoという[2]。

このような享益権が普及する切っ掛けとなったのが，それを証券化した享益証券の発行である。この享益証券のルーツはフランスで，1854年のスエズ運河会社の設立に際して，株式引受の見返りに特典として享益証券が発行されたのである。それは額面金額及び議決権はないが，会社の将来における純利益の10％をその分け前（parts de fondateur）とする権利を証券化したものであった[3]。これ以降ヨーロッパ各国で享益権及び享益証券に対する関心が高まっていくことになった。

この享益証券は当初，スイス及びオーストリアを経てヨーロッパ全体に普及した[4]。ドイツではこの享益証券の最盛期が第１次世界大戦と第２次世界大戦の間で，特に1920年代ではインフレに伴う高い資本需要を賄う手段として利用された。享益権が法律的には1923年の金マルク貸借対照表（Goldbilanz）指令第12条で登場した。その後，1931年株式改正法案で享益権について取り上げられ，前述の通り1937年株式法第128条２項５号及び第174条３項・４項で規定された。この株式法は議決権のない優先株式を導入したことに伴い，享益証券を発行する実質的な意義が失われてしまった。1960年代以降に再び享益証券の発行が資本調達の手段として再評価され，今日に至っている。

2　享益権の法的性質

享益権についてはわずかに株式法第160条１項６号及び第221条３項及び４項のなかで触れられているにすぎず，これまでその具体的な定義はなされてきていない。一般にこの享益権は，出資法上の要素をもたず，純粋に債務法上の法的関係を示す。ここで注目すべきは次の２点である。１つめは，享益権が本来的には債務法上の請求権を意味する点である。したがって，享益権の保有者には株主に類似して利益参加あるいは清算時の残余財産分与等といった財産権が付与される。その意味で，享益権の保有者はあくまで会社に対して債権者としての法的地位を有する。２つめは，この享益権が出資法上の構成員としての性質をもたないので，株主総会への出席権もないし投票権もない点である。

この享益権は証券の形をとらずに供与されうる。享益権を証券化したのが享益証券である[5]。この享益証券には無記名証券（Inhaberpapier），記名証券（Namenpapier）及び指図証券（Orderpapier）の発行が認められ，またそれらには券面額（Nennwert）のある名目証券（Nominalpapier）と分配割合の定めのある割当証券（Quotenpapier）とがある。享益権には会社の解散または清算によって終了するものと，有効期間の定めのあるものとがあり，それぞれ享益権の発行会社もしくは享益権保有者の両者またはいずれか一方が解約告知権をもつ場合とそうでない場合とがある。享益権を発行するには株主総会において少なくとも資本金の4分の3の多数による決議が必要で，定款によりそれ以外の資本金の多数及びその他の要求を定めることができる（株式法第221条1項3文）。この享益権に対して株主は新株引受権を有する（株式法第221条4項）。

この享益権は配当証券（Gewinnschuldverschreibung）及び一部利益移転契約（Teilgewinnabführungsvertrag）から区別される。株式法第221条1項で規定する配当証券は，少なくとも返済額がその券面額による定めのある債券であり，享益権のように損失負担もしくは劣後的地位はない。ただ，配当証券のなかには，返済額がその券面額を超える分について株価によって変動するものもある。これに対して，享益権の場合にはその返済額が清算収入によって制限されたり，あるいはその他の基準によって変動しうるケースもある。要するに，配当証券は一般に享益権の特殊の形態とみなされる。一方，株式法第292条1項2号で規定する一部利益移転契約は株式会社もしくは株式合資会社が結合企業において締結する企業間の契約である。これは商業登記所への登記が必要であるのに対して，享益権については商業登記所への登記は必要ない[6]。

3 享益権に付与される財産権の形態

享益権に付与される主な財産権としては成果参加権と清算時の残余財産分与権がある。

3.1 成果参加権

このうちで成果参加権には次の2種類がある。1つは，成果参加権が一定利子と結びついたタイプである。これには，利益に享益証券の名目額の一定割合

を乗じた金額が支払われるものと，毎期の利益に左右されずに固定利子または最低利子を定めたものとがある。他の1つは，成果への参加が年次決算書の結果に左右されるタイプである。この場合，変動する成果の内容としては，年度剰余額，配当可能利益，貸借対照表利益もしくは配当，さらには総資本もしくは名目価値の一定割合を基準とすることも考えられる。この享益権の成果参加権に関して他の債権者ないし持分所有者に対して優先的ないし劣後的順位をつける場合とつけない場合とがある。

両タイプをミックスした形態もある。例えば一定の最低利子額のほかに，成果に依存する報酬を約束する財産権のタイプである。さらに，享益権のなかには単に成果への参加だけでなく，損失負担を定めたものがある。この条件があるときには享益権の有効期間中で生じた損失を享益権資本の貸借対照表金額を減額するか，あるいは享益権について返済請求額があるときにはその返済請求額を減額する。但し，過年度の損失負担については業績が回復したときには享益権の券面額の優先的な取戻しが行われるのが一般的である。

このような享益権のなかで，すでに触れた第1のタイプ，すなわち一定割合に対する利益参加が認められる享益証券は，固定利息のついた社債に，また第2のタイプ，すなわち利益の変動に応じた財産権の付与されている享益証券は株式にそれぞれ類似する。但し，後者に関しては損失負担がない場合には，享益証券は明らかに株式と異なる。それ故に，この損失負担のある享益権に限り，株式に接近する。このケースにおいては，「分配額の測定に必要な測定基盤はすでに享益権の条件のなかに明記されている。その結果，分配額に関して毎年決議を要しない[7]。」この享益証券は転換権もしくはオプション権といった新株予約権を付与して発行される場合もある。

3.2　残余財産分与権

享益権における返済方法についての契約上の定めにより2つの種類がある。1つはその返済が享益証券の発行時の発行額によって行われ，その結果，残余財産のなかで秘密積立金にも損失にも関与しないケースである。他の1つは，その返済額が享益証券の発行時の発行価額ではなくて，企業の最終的な清算時の財産額いかんによって決定されるケースである。したがって，このケースで

は返済額が発行額よりも大きくなるときもあれば，逆に会社の損失負担に伴い，返済額が発行額よりも小さくなるときもある。

　このうちで返済額が定められている享益権は債券に類似する。これに対して，もし会社の解散前には返済請求権が根拠づけられず，清算時や倒産時に株主と同じ順位でしか清算時の残余財産分与権が付与されていないときには，その享益権は株式にほぼ等しくなる。この両者の中間形態が一般的である。ただ，株式に等しいタイプの享益権の発行が果たして株式法上容認されるかどうかについては議論がある。この点に関して享益権の発行条件についてはかなり任意であることから，それを容認する見解もあるが，ハーバーザック（M. Habersack）はその発行に否定的である。その理由は，自己資本の調達について株式法上より厳格性が求められるからである[8]。このほかに，返済額に関して券面額の上限を設定したり，万一の損失に伴い返済額の減少が条件づけられているものもある。

　このような享益権の発行を特に銀行は資本調達の形態として金融監督法との関係で選択する。金融機関にはリスク負担の面から一定の自己資本比率を維持することが義務づけられるからである。一定の条件を満たす享益権に関しては自己資本への算入が認められる[9]。享益証券が上場されているときには，その市中金利の相場変動による影響も受ける。市場利子率が下落すると享益証券の相場は上昇し，市場利子率が上昇すると享益証券の相場は下落する。享益権保有者はこのリスク面に留意する必要がある[10]。

第3節　享益権に関する商法上の会計処理

　享益権に関してはすでに第1章で論究した。ここではルューン（M. Lühn）の所論に即して享益権の会計処理をみていく。

1　発行企業側の処理

1.1　自己資本または他人資本の帰属

　HFAは自己資本のメルクマールとして①劣後性，②報酬の成果依存性及び出資額の損失負担，③資本提供の長期性という3つの要件を指摘する。これに関

して彼は次のように解する。①の劣後性とは，清算時もしくは倒産時に資本提供者が自己資本提供者に属さないすべての資本提供者の請求権を弁済した後に自己の返済請求権を適用できるという基準である。これに関して享益権の負担する損失が享益権資本と相殺されねばならないという取り決めがあっても，これは劣後性のメルクマールとしては十分ではない。というのは，享益権の保有者は会社の清算時もしくは倒産時に他人資本と同一視され，享益権資本の責任機能は法的な自己資本のそれの後となるからである(11)。②のうちで報酬の成果依存性に関しては，一方で報酬が年度剰余額から支払われるのか，他方で報酬が配当規制の対象となる資本維持に抵触しなければよいのかという問題がある。彼は後者の立場に立ち，自由な自己資本が用いられる場合のように利益が支払われるのであれば，最低利息も特に問題はないと解する(12)。損失負担についても報酬の成果依存性に準じて，少なくとも特別に維持すべき自己資本構成要素に影響しないことが条件となる。機能的自己資本の強制的劣後性からは清算時に自己資本提供者について損失負担が生じる。③の資本提供の長期性について彼は一方で自己資本の責任資本を保証するためには，貸借対照表上の自己資本について返済に対しても比較可能な要求がなされねばならず，他方で資本の返済可能性は一般に自己資本としての特質を除外できないという立場に立つ。つまり，資本提供の持続性は相対化されねばならない(13)。それ故に，享益権について以下のように要求される。

① 資本会社では資本金に準じて無期限の資本提供が要求されねばならない。
② 人的会社に対する事後責任規定に準じて5年間の解約期間ないし事後責任期間が設けられねばならない。
③ 享益権の返済が特別に維持されるべき自己資本構成要素を用いて実施される場合には，享益権資本の返済は享益権に損失が発生しているときには不可能である。
④ 享益権資本の返済が損失負担によって完全に保証されていないときには，享益権の返済期間を延長する取り決めは，享益権資本を貸借対照表上の自己資本としての性質をもたらさない。

以上の3つの自己資本の要件を前提として，ルューンは享益権の資本及び他

人資本の区分について次のように整理する。

〔図表8-1〕 享益権の自己資本及び他人資本の区別

```
┌─────────────────────────────┐  No
│ 享益権資本は無期限か？        │─────┐
└─────────────────────────────┘     │
            │ Yes                    │
┌─────────────────────────────┐  No │
│ 少なくとも解約権もしくは事後責任の期間によって享益権資本の責任機能│───┤
│ が保証されているか？          │     │
└─────────────────────────────┘     │
            │ Yes                    │
┌─────────────────────────────┐  No │
│ 発行者によるすべての債権者に対して劣後性があるか？ │───┤
└─────────────────────────────┘     │
            │ Yes                    │
┌─────────────────────────────┐  No │
│ 清算前に返済可能な場合，特別に維持される自己資本の処分が除外される│───┤
│ か？                          │     │
└─────────────────────────────┘     │
            │ Yes                    │
┌─────────────────────────────┐  No │
│ 享益権の継続的な報酬は特別に維持されない自己資本からのみ支払われ，│───┤
│ しかもそれは発行者の債権者すべてに対して劣後的か？ │     │
└─────────────────────────────┘     │
            │ Yes                    │
┌──────────────┐          ┌──────────────┐
│ 享益権：自己資本│          │ 享益権：他人資本│
└──────────────┘          └──────────────┘
```

出典：M.Lühn, Bilanzierung und Besteuerung von Genussrechten, Wiesbaden, 2006年，92頁。

1.2 発行プレミアム及び発行割引額の処理

　享益権が自己資本としての性質をもつとき，その発行プレミアム（Agio）に関しては資本準備金に計上することも考えられる。しかし，それは必ずしも望ましくないと彼は考える。というのは，資本準備金に関する商法第272条2項がここでは問題とならないからである。しかし，享益権を自己資本とみなす以上，その発行プレミアムを商法第272条4項の資本準備金と処理せざるをえないであろう。その場合にはその旨の注記が必要である。解約権が行使されたときには，その発行プレミアムを利益に振り替えるのが妥当である。享益権の発行割引額が生じたときには，経済的観察法では事後的利息とみなされる。したがって，前払利息としての性質をもつ発行割引額は享益権の返済期間にわたっ

て費用処理される。返済期間が無期限のときには解約権の期限もしくは事後的責任期間にわたって費用処理する[14]。

享益権が他人資本としての性質をもつときには，その発行プレミアム及び発行割引額の処理が問題となる。享益権の返済期間が無期限のときには両者ともその発生時点で成果作用的に収益または費用として処理する。これに対して，返済期間の定めがあるときには，享益権が証券化されているか否かによって処理が異なる。享益権が証券化されているときには，発行プレミアムは貸方計算限定項目としては計上できない。その理由は，利息及び返済額との実質的な関連性がないからである。したがって，その発生時に成果作用的に処理する。発行割引額のケースでは借方計算限定項目を計上するか，あるいはその発生時点で費用処理するかの選択権がある。証券化されていない享益権については，発行プレミアムについては貸方計算限定項目に計上し，その後に成果作用的に処理する。発行割引額のときには，すでに触れた証券化された享益権と同様に会計処理の選択権がある[15]。

1.3 報酬・損失負担の処理

享益権が自己資本とみなされるときには，その報酬は利益測定プロセスではなくて，利益処分として処理する。これに対して，それが他人資本とみなされるときには，その報酬は費用処理する[16]。享益権に損失負担があり，それが自己資本とみなされるときには利益処分のなかで処理し，他人資本とみなされるときには収益として処理する。損失負担後に享益権資本の再補充が生じるとき自己資本の場合には利益処分として，他人資本の場合には費用処理する。

2 保有者側の処理

保有者側では，当該享益権は第三者に転売できるので，資産としての性質を有する。この場合，損失負担もしくは劣後的地位の契約の定めがあっても，それは資産化義務がある資産の性質を変更するわけではない。所有者もしくは指図証券の形態をとる資産化義務のある享益権は，商法第266条2項に従い，投資有価証券として表示されねばならない。それが流動資産としての性質をもつときには，その他有価証券としての表示が要求される。これに対して，証券化

されていなかったり，あるいは記名証券の形の資産化義務ある享益権については，長期保有の場合には（商法第247条2項），商法第266条2項の分類ではその他の長期貸付金として表示する。発行プレミアムまたは発行割引額が生じるときには，享益権の返済期間が無期限の場合に借方または貸方の計算限定項目に計上しない。そこでは期間的に対応関係がないので，両者とも取得原価の構成要素となる。享益権の返済期間の定めがあるときには，享益権が証券化されていれば借方または貸方の計算限定項目は計上しない。そこでは発行価額と利子及び返済額との間には実質的な関係がないので，やはり両者とも取得原価の構成要素となる。享益権が証券化されていないときには，発行プレミアムは貸方計算限定項目として，また発行割引額は借方計算限定項目としてそれぞれ計上し，その後に返済期間にわたって成果作用的に収益または費用として処理する[17]。

享益権所有者が報酬を受け取ったときには，成果作用的に処理される。享益権資本について損失負担の定めがある場合，それ自体は貸借対照表上の評価額に影響しない。但し，その市場価格もしくは付すべき価値が簿価を下回るときには，評価減が必要となる。

第4節　享益権に関する税務上の会計処理

享益権の発行側における税務上の処理に関しては，次の3つを明確に区別する必要がある。1つは隠れた利益配当としての性質をもつ享益権の場合である。2つめは利益参加及清算財産分与への参加をもつ，いわば利益配当に該当する享益権の場合である。3つめはそれ以外の享益権の場合である。

1　隠れた利益配当に該当するケース

隠れた利益配当が問題となるのは，資本会社において所得の金額に影響し，何ら明示されたる分配と関係せずに会社関係によってもたらされる財産減少もしくは財産増加の阻止が存するケースである（法人税法第8条3項）。その結果，隠れた利益配当は，享益権保有者が同時に当該資本会社の出資者あるいはそれに準ずる者である場合だけである。ここでは，出資者あるいはそれに近い関係

者に付与されている享益権上の分配が第三者に対してもまた与えられるかどうかが第三者との比較によって検討される。その分配が第三者と比較して適切に行われていれば隠れた利益配当は存しない。これに対して，第三者にはこの分配が付与されていないことが判明すれば，隠れた利益配当があったとみなされる[18]。

享益権の所有者が支配的な出資者あるいはそれに準ずる者である限り，享益権の配当が隠れた利益配当となりうるのは，あらかじめ事前の取り決めがないときである。この"事前の取り決め"の前提は，当該取り決めがすでに享益権資本の発行前にすでに行われている場合のみに満たされるにすぎない。仮に享益権の利益配当の支払以前に取り決めが行われていても，それは事前の取り決めという条件を満たさない。したがって，このケースでは支配的な出資者に対する享益権の分配は，その支払が第三者との比較で行われたと仮定された場合にだけ隠れた利益配当と解される。但し，享益権の配当額が分配される配当に依存するという取り決めがある限り，その事前の取り決めは満たされない[19]。

隠れた利益配当とみなされるときには，享益権発行側の分配額は税務上の所得のマイナス，すなわち事業支出として計上できない。その結果，法人税及び営業税の対象となる。法人税法第23条1項による25％と，この法人税の5.5％にあたる連帯税0.01375％との合計26.375％が分配額について課税される[20]。また，営業税については資本会社の所在する地方自治体の定める税率（例えば16％）に基づいて分配額は課税される。

出資者としての享益権の保有者には隠れた利益配当に対しては，所得税法第20条1項1号に基づき配当とみなされる。その結果，資本財産（Kapitalvermögen）による収入額として，その2分の1が課税の対象となる。但し，その分配額をすでに受取利息として計上し課税対象としているときには，それに見合う税額控除がある。

2 利益配当に該当するケース

隠れた利益配当が存在しないときには，享益権の分配が資本会社の所得をマイナスしてよいかどうかについて検討する必要がある。享益権が利益参加及び清算財産分与への参加も有するときには，当該享益権に基づく配当額は法人税

法上の所得のマイナスとはならない[21]。言い換えれば、享益権の分配額が法人税法上の所得控除とはならないのは、利益参加及び清算財産分与への参加という2つの条件がある場合だけである。つまり、この2つの要件のいずれか一方あるいは両者の条件を欠くときには、その配当を実施する会社側ではその配当額が法人税法上の事業支出とみなされ、所得の控除として処理される。

ここで問題となるのは利益参加及び財産分与への参加の各要件である。

2.1 利益参加の要件

法人税法第8条3項2文の意味における利益参加は、企業の経済的成果へのすべての分与を意味する。その結果、享益証券の配当は、損失の場合にも支払われる企業成果と無関係の利息とは区別される。利益参加のメルクマールは、享益権保有者が事業経営のリスクを負担しているか否かであり、その代償は企業の純利益の獲得に制限される。その結果、享益権に対して支払われるべき利息が利益額に左右される場合には、享益権保有者が正式に利息を受け取っても、それは法人税法第8条3項2文では利益参加とみなされる。損失年度の利息がゼロになっても、利息支払が発行時点で適用される比較可能な社債の市場利子を下回る限り、この取り扱いは同じである。企業の収益状況に左右されずに与えられる利子の取り決めがあるときには、利益参加とみなされない。しかし、一定利子の支払が十分な多額の利益を条件としてのみ支払われるときには、利益参加があったと解される[22]。

特に問題となるのは、最低限の利子の保証があるだけでなく、利益に依存する追加給付の定めがある享益権のケースである。この点に関してこの契約の定めによる配当の経済的負担が会社の面で配当に相当するのか、それとも利子の支払に相当するのかが、判例上重視される。享益権に付与されている最低限度の利子率がその発行時点でそれに類似する社債の利子率よりも高いか、それとも低いかがポイントとなる。利子率が高いケースでは利益参加は否定されるのに対して、利子率が低いケースでは利益参加とみなされる[23]。その理由は、前者では社債に匹敵しうる報酬が支払われるのに対して、後者では享益権の報酬は株式の配当に近い性質を有するからである。なお、利益参加が契約上除外されているときには、享益権は経済的にもはやリスク資本としての性質をもた

ないので，自己資本としては表示できない[24]。

2.2 清算時の財産分与参加の要件

利益参加を付与する享益権の分配が税務上，事業支出として法人税法上の利益控除となるのは，清算時の財産分与への参加が取り決められていない場合のみに限られる。ここで重要なのは清算時の財産分与に関する有無の判定である。税務当局の見解によると，株式投資との比較を行い，享益権所有者が会社に払い込んだ資本の返済を会社の清算前に要求できない場合，つまり解約権も資本譲渡の期限もともに定められていないときに，清算時の財産分与があると判定される。さらに，償還期限が30年を上回る遠い将来において到来するために，償還請求権が経済的にもはや意味をもたないときにもまた，清算時の財産分与があるとみなされる。30年以内の返済期限をもつ場合，あるいは享益権保有者が発行価額の名目額による返済の解約告知権を有するときには，税務当局は清算時の財産分与への参加は存在しないという立場に立つ[25]。

このような利益参加及び清算時の財産分与への参加という２つの要件を満たすときには，利益配当とみなされる。この場合には享益権の発行会社側では法人税と営業税が課税される。これらの課税方法については，すでに触れた隠れた利益配当と同様である。他方，享益権保有者としての個人出資者に対しては所得税法第20条１項１号により配当が課税され，所得税法第43条１項１号により分配額の20％もしくは25％の源泉徴収（資本収益税（Kapitalertragsteuer））の対象となる。資本会社が享益権保有者であるときには，法人税第8b条１項に従い，分配額の95％が配当免除（Dividendenfreistellung）となる[26]。

3 事業支出に該当するケース

利益参加がないかあるいは清算時の財産分与への参加がないとき，または両者ともないときには，享益権の配当はその発行会社において事業支出として認定され，それは法人税法上及び営業税法上の所得計算においてマイナスされる。但し，営業税法第８条１項に従い，その半額が課税される。一方，その分配が享益権の発行側において事業支出としての性質を有するときには，享益権の個人保有者には，所得税法第20条１項７号の利子としてその金額が課税の対

象となり，所得税法第43条1項2号により分配額の25％または33.3％の源泉徴収（資本収益税）の対象となる[27]。

4 享益権の償還及び売却時の処理

享益権を売却した場合の税務上の処理に関しては，清算時における財産分与がなく，損失負担を伴う享益権のケースと，定額償還のある享益権のケースとで異なる。

4.1 清算時の財産分与はないが，利益参加と損失負担のある場合

清算時の財産分与への参加はないが，しかし利益参加と損失負担のある享益権の場合には，享益権所有者が受領する分配は利子収入として資本財産による所得として課税される。問題となるのは，当該享益権の償還ないし売却時点における享益権の価値変動に関する税務上の処理である。利益参加と損失負担があるが，しかし清算時の財産分与の定めがない享益権に関しては，利子収益のほかに享益権の価値変動が償還時点で資本財産からの所得，つまり所得税法第20条1項7号の所得に該当するかが問題である。「享益権のこの形態は収益額も償還額も不確実だから，価値変動は，われわれの考え方では所得税法第20条1項7号の規定に属さない[28]。」その結果，資本額の償還額からマイナスされた損失は必要経費あるいは収入控除として税務上課税所得のマイナスとはならない。また，享益権を中途で売却した時の処理も問題となる。享益証券の継続的な分配は利子収入を示すので，それは売却収入と取得原価との差に注目した市場法か，あるいは売却時点で生じる利子に注目した発行利回りを用いるかのいずれかで測定される。但し，この中間利益の課税は，所得税法第20条1項7号に従い，利子収入の受取人においてその分配が所得税法第20条1項7号による利子収入として課税されるすべての享益証券には除外される。

享益権が1年以内の投機期間で売却された場合には，それによって生じた損益は所得税法第23条1項2号に基づいてプライベートな売却による所得となる。但し，一定の限度額を超えない限り，非課税である。売却による損失はプライベートな売却取引からの利益とのみ相殺できるにすぎない。その損失がそれに対応する利益と相殺できない限り，その損失は過去の期間の収入もしくは

将来の収入をマイナスすることができる。これに対して，1年を超える期間で売却したときには，発生した利益は非課税となる。

4.2 定額償還の定めのある場合

保証された返済額を下回る価格で享益権が発行されたときには，利子収益として継続的に課税されるべき分配のほかに，発行額と返済額との償還差益も，所得税法第20条1項第7号の意味での利子収益を示す。

第5節　国際的な会計基準とドイツ享益権

以下においては，ドイツ商法における享益権の貸借対照表上の取扱が，果たして2005年以降にEUにおける上場企業に対して連結諸表作成の基準となるIFRS及びアメリカの一般に認められた会計原則（Generally Accepted Accounting Principles；GAAP）と整合性を有するかという問題について論じる。

1　IFRSとドイツ享益権

1.1　IFRSにおける負債及び資本の定義

IFRSにおける財務諸表作成に対するフレームワーク（Framework）によると，負債は企業の現在における責務（obligation）であり，自己資本（持分）は負債控除後の残余持分（residual interest）とみなされる[29]。この点はドイツ商法も基本的には同じ立場である。しかし，細部に至ると両者の間には差異が生じる。具体的にいえば，金融商品（financial instruments）の取扱いに関してである。

例えばIAS第32号「金融商品：開示と表示」によれば，第三者に対して現金もしくはその他の金融資産を引き渡したり，あるいは第三者とおそらく不利な条件で金融商品を交換する契約上の義務は，金融負債（financial liability）とみなされる[30]。また2003年に改訂された第32号では企業自身の持分商品（equity instrument）で支払われる一定の契約上の義務も新たに負債に含められるようになった[31]。この結果，負債概念が従来よりも拡張されている。「それに従うと，例えば自己株式の引渡義務に際して引き渡されるべき株式数が（それに付されるべき価値もしくはその他の変化しうる関係値に連動して）変化するとき

にもまた，金融負債が存在する（IAS32, 21-24参照）。その上，発行者が自己の金融義務を流動資金もしくはその他の金融資産の譲渡で弁済する無条件の選択権を利用しない金融商品については，この義務が"真正の"ものである場合，あるいは発行者が清算のケースにおいてしか履行義務がない場合には，金融負債が問題である[32]。」

1.2　IFRSにおけるドイツ享益権の取扱

　このようなIFRSの負債概念はドイツ商法における享益権の従来の処理法に大きな問題を投げかける。というのは，IAS第32号パラグラフ18は次のように述べる。「金融商品の実質はその法形式よりもむしろ企業の貸借対照表の分類を規定する。実質と法形式は一般に一致するが，しかし必ずしもそうなるとは限らない。金融商品のなかに持分という法形式をとるものもあるが，しかし実質的に負債であるものもあれば，持分商品に関係する特質と金融負債に関係する特質を結びつけたものもありうる[33]。」それ故に，金融商品の保有者がその解約可能性もしくは別の価値あるものとの返済可能性といったプット・オプションの権利を有するときには，その金融商品は負債に計上されねばならず，さらにそれは発行者の純財産に対する持分請求権を有する金融商品にも適用される[34]。このため，劣後的取り決めがあっても，解約可能な享益権契約は負債として計上されねばならない。さらに，これに加えて人的会社の出資者としての払込み（パートナーシップ），期間的に制限があるだけの組合（協同組合）の持分あるいは商法第132条及び組合法第65条による法律上の解約権を持分所有者が有する場合にもまた，それらは負債として計上される[35]。

　要するに，「IAS第32号によると，発行者において享益権の分類問題にとって決定的なメルクマールは，資本提供者の債務法上の解約可能性ないし発行者の返済義務と解されねばならないことが確認されうる。享益権の保有者に通常の解約が付与される限り，その享益権資本は金融負債として表示されねばならない。期間中の報酬が関係する大きさも金融商品の有効期間も享益権資本の貸借対照表上の表示問題には全く役割を果たさない[36]。」

　このように，ドイツ商法上の享益権に関する従来の取扱は，IFRSの負債の定義との関連で問題を有するのである。

なお，2006年のIAS第32号改正案及び2008年に改訂されたIAS第32号に関しては，すでに第1章で論及したが，第11章でも触れる。

2 アメリカGAAPとドイツ享益権

2.1 アメリカの優先株とドイツ享益権

ドイツ享益権の会計処理の検討に際して参考になるのは，それと対照的なアメリカGAAPにおける優先株（preferred stock）との比較である。このドイツ享益権とアメリカの優先株は，一方で権利及び義務に関してかなり異なるにもかかわらず，他面では類似する面も併せて有するのが特徴である[37]。両者の類似性を示すのは，第1に責任についてである。両者とも出資責任に関する一定の制限がある。第2に，利益持分について，両者とも原則として成果依存的で，且つ損失負担がある。第3に，財産請求権についても両者は名目額を要求する。第4に，資本提供については両者とも一定の制限がある場合もしくはその制限がないものとがある。第5に，資金調達に関する権利及び義務について両者ともかなり多様なタイプがある。例えば，優先株には転換優先株，定められた時点及び価格で買戻請求権のあるコール・オプションの付いた優先株，累積的優先株，償還優先株などがある。このように，両者は実質的に一致するともいえるのである。

両者の違いもある。それは支配権を有するか否かである。ドイツ享益権にはそれがない。これに対して，アメリカの優先株にはそれが付与される場合もあれば，付与されない場合もある。つまり，前者は債務法上の交換関係により統治権がないのに対して，後者は出資者の立場から限定付きの統治権が付与されるのである。

2.2 アメリカ優先株の会計

アメリカでは償還優先株に関しては会計連続通牒（Accounting Series Release）第268号により，以下の条件を満たすときには，それを自己資本として表示することができない[38]。

① 定まった，あるいは定めうる返済期間のある優先株
② その返済を持分所有者の意向で実施できる優先株

③　完全に発行企業がコントロールできない条件でその返済が定められている優先株

　2003年にFASBはSFAS第150号「負債及び持分の両者の性質を有する金融商品」を公表した。これによると，優先株は償還優先株，償還不能優先株 (non-redeemable preferred stock)，転換優先株に分類される。このうちで，償還優先株についてSFAS第150号は従来の立場を変更した。すなわち，SFAS第150号は負債もしくは持分の区分基準として会社の義務の存在を重視し，発行者が資産の移転または株式の発行に関する義務が想定される。その結果，すでに触れた会計連続通牒第268号では発行者がその返済に影響できなかった資金調達のみが負債に計上された。これに対して，SFAS第150号では，返済義務のある証券のすべては負債に計上されねばならなくなった。たとえ発行企業側に資本の返済義務もしくは解約告知権の可能性があっても，返済義務がある以上，償還優先株は発行企業の自己資本に計上できない[39]。一定期間後に投資家に返済されねばならない享益権について，その解約告知権がその権利保有者側にある場合，ドイツ基準では自己資本に計上できても，このSFASの考え方からすれば，負債に計上される。

　このように，ドイツ享益権の会計処理は，アメリカGAAPと必ずしも同一ではなく，相違する結果をもたらすといってよい。

第6節　結

　以上の論旨を整理すれば次の通りである。
　第1に，享益権は本来的には債務法上の性質を有するけれども，その財産権は株式に類似して成果参加権や清算時の財産分与権が付与される。この享益権を発行する企業側では，それに対する法規制がないので，資本調達の一環として多様なタイプの享益権を発行できる。また享益証券へ投資する投資家側では，固定利子の付いた社債券とは異なり，企業の成果に対する変動分を受け取る権利が付与される場合には投資リスクはあるものの，高い投資リターンが期待できる。
　第2に，この享益権はその発行条件によって商法上，自己資本として処理す

る場合と他人資本として処理する場合とがある。一般に享益権が無期限で少なくとも一定の解約期間もしくは事後責任期間に責任機能があり，劣後性で，清算前では特別に保護される自己資本構成要素によって払い戻されない場合が，前者に該当する。これ以外は後者に該当する。

　第3に，享益権の発行側が支払う報酬は，その性質が負債であるか自己資本であるかにかかわらず，HFAの公式見解では利子費用と処理されるが，しかし自己資本としての享益権のケースではその報酬を利益処分と処理すべきとする見解もある。損失負担が発生したときには，HFAの公式見解では，負債あるいは自己資本の性質を有する享益権のいずれも享益権の発行側では収益とみなされる。しかし，自己資本としての性質をもつ享益権の損失負担について損失が発生した享益権の発行側では，財務上まさに会社更生が不可欠であるので，自己資本の減額分を収益に算入せずに，処分の対象となる利益から除外すべきとする見解もある。

　第4に，享益権の所有者側では，それは第三者に転売可能なため，資産化される。

　第5に，税務上享益権の配当が隠れた利益配当に相当するときには，それはその発行会社では事業支出として法人税及び営業税における所得計算上の控除とはならず，享益権保有者は配当所得として課税される。また，利益参加及び清算時の財産分与という2つの条件が享益権に付与されているときにも，その配当額は利益配当に該当する。したがって，発行会社では法人税法及び営業税法における所得計算上の控除とはならず，享益権保有者は配当所得として課税され，資本収益税の対象となる。この2つの条件のいずれか一方もしくは両者を欠くときには，その分配額は法人税法及び営業税法における所得計算上の事業支出としてマイナスされ，享益権保有者は利子として課税され資本収益税の対象となる。

　第6に，清算時の財産分与がなく損失負担のある享益権を償還もしくは売却したときには資本財産からの所得にはならないが，定額償還のある享益権については，発行額を償還額が上回るときには，その償還差益は利子収益とみなされる。

　第7に，享益権に関するドイツ商法上における貸借対照表上の取扱は，

IFRS及びアメリカGAAPと抵触し，変更を迫られることが予想される。

　ドイツにおいて享益権は特色ある伝統的な資金調達制度の一種である。この享益権の商法上及び税務上の会計処理は注目に値する。とりわけ享益権の貸借対照表分類方法は負債と資本の区分問題を論じる際に，IFRSにおける負債の定義との関連を含めて，一石を投じているといえよう。また，資金調達の多様化が進む昨今，わが国においてこの享益権の導入は今後大いに議論するに値するテーマといえるであろう。

注

(1)(2)　C. Luttermann, Unternehmen, Kapital und Genußrechte, Tübingen, 1998年，35頁。享益証券に関するわが国の文献としては，増田政章「西ドイツにおける享益証券について」『私法』（日本私法学会）第50号，1988年，218-223頁参照。

(3)　C. Frantzen, Genußscheine, Köln・Berlin・Bonn・München, 1993年，38-39頁。

(4)　スイス債務法（Obligationsrecht）第657条は享益証券について規定している。その享益証券はスイスでは資本調達の手段に用いられず，例えば会社更生による債権者もしくは株主の放棄の場合に対する特別な代償として利用される（M. Steinbach, Der standardisietre börsennotierte Genussschein, Wiesbaden, 1999年，53頁）。この享益証券とは対照的に利益参加証券（Partizipationsschein；PS）は，資本調達による財務手段として用いられる。オーストリアにおいてもまた株式法第174条3項で享益権について規定する。この享益権にはドイツ法と同様に議決権はなく，株主総会への出席権もなく，一般に債務的性質を有する（P. Doralt・S. Kalss 編, Kommentar zum Aktiengesetz, 第2巻，第1版，Wien, 2003年，2059頁）。ドイツの享益権に関して最近の調査によると，上場企業の310社が享益証券を発行しており，その主体は銀行である。なかでも有名なのは Bertelsmann 株式会社が発行した享益証券といわれる。また，非上場企業については少なくとも800社を超える企業が享益権ないし享益証券を発行しており，その発行総額は25億ユーロを超えるとされる。特に2001年の後半以降では上場企業の310社と非上場企業の140社を加えると，その発行総額はおよそ19億ユーロともいわれる（H. S. Werner, Stilles Gesellschaftskapital und Genussrechtskapital, 第4版, Göttingen, 2004年，65頁）。

(5)　M. Lutter, Zur Bilanzierung von Genußrechten, in：Der Betrieb, 第46巻第49号, 1993年12月，2442頁。

(6)　M. Habersack, Wandelschuldverschreibungen, Gewinnschuldverschreibungen, in：B. Kropff・J. Semler 編, Münchener Kommentar zum Aktiengesetz, 第6巻，第2版,

München, 2005年, 所収, 948-950頁。
(7) U. Hoereth・L. Zipfel, Genussscheine als Alternative zu Aktien, http.//www.ey.com./global/download.nsf/Germany/STH.2001年10月, 3頁。
(8) M. Habersack, 前掲論文注（6）, 967-969頁。
(9) U. Hoereth・L. Zipfel, 前掲論文注（7）, 4-5頁。
(10) 資本投資家のリスクとしては損失負担の定めがある場合, 償還請求権に関して債権者として劣後的地位にある場合, さらに享益証券の契約上の分配に対する目標を企業が達成できず, 企業の業績回復後にそれを補填するという定めがない場合などがある。
(11) M. Lühn, Bilanzierung und Besteuerung von Genussrechten, Wiesbaden, 2006年, 85頁。
(12) M. Lühn, 前掲書注（11）, 86頁。
(13) M. Lühn, 前掲書注（11）, 89-90頁。
(14) M. Lühn, 前掲書注（11）, 95-96頁。
(15) M. Lühn, 前掲書注（11）, 98頁。
(16) M. Lühn, 前掲書注（11）, 102頁。
(17) M. Lühn, 前掲書注（11）, 109頁。
(18)(19) U. Hoereth・L. Zipfel, 前掲論文注（7）, 7頁。
(20) M. Häger・M. Elkemann-Reusch 編, Mezzanine Finanzierungsinstrumente, 第1版, Berlin, 2004年, 286頁。
(21) U. Hoereth・L. Zipfel, 前掲論文注（7）, 8頁。
(22)〜(24) U. Hoereth・L. Zipfel, 前掲論文注（7）, 9頁。
(25) U. Hoereth・L. Zipfel, 前掲論文注（7）, 10頁。
(26) M. Häger・M. Elkemann-Reusch 編, 前掲書注（20）, 286頁。
(27) U. Hoereth・L. Zipfel, 前掲論文注（7）, 10頁。
(28) U. Hoereth・L. Zipfel, 前掲論文注（7）, 13頁。
(29) IASC, Framework for the Preparation of Financial Statements ; The Element of Financial Statements, 1989年4月パラグラフ49。
(30)(31) IAS 32, パラグラフ11。
(32) M. Schaber・S. Kuhn・S. Eichhorn, Eigenkapitalcharakter von Genussrechten in der Rechnungslegung nach HGB und IFRS, in : Betriebs-Berater, 第59巻第6号, 2004年2月, 318頁。
(33) IAS 32, パラグラフ18。
(34)〜(36) M. Schaber・S. Kuhn・S. Eichhorn, 前掲論文注（32）, 318頁。
(37) M. Häger・M. Elkemann-Reusch 編, 前掲書注（20）, 301-302頁。
(38) M. Häger・M. Elkemann-Reusch 編, 前掲書注（20）, 303頁。
(39) M. Häger・M. Elkemann-Reusch 編, 前掲書注（20）, 304頁。

第9章

匿名組合の会計

第1節 序

　近年，有限責任組合（limited liability partnership；LLP）及び有限責任会社（limited liability company；LLC）の制度化及びその利用が内外で活発化している。平成17年2月に経済産業省は「有限責任事業組合に関する要綱」を公表し，同年6月に「有限責任事業組合」（LLP）制度を創設した。また，法務省は平成17年3月に持分会社の一種として合同会社の新設を「会社法案」として国会に提出し，同年6月に会社法が成立した（会社法第575条）。平成18年4月にはこの会社法の制定に伴い，「中小企業等投資事業有限責任組合法」が「投資事業有限責任組合法」（通称ファンド法）に改正された。このような民法上の組合にたしかに類似するが，しかしそれとは一線を画するのは商法が規定する匿名組合（商法第535条）である。このルーツは1861年普通ドイツ商法第250条から第265条までにおける匿名組合に関する規定にあるといわれる。
　本章では，ドイツにおける匿名組合の会計処理について検討する[1]。

第2節 匿名組合の歴史

　匿名組合のルーツは古くはローマ法まで遡ることができるとされる[2]。特に有限責任の形態と結びついたものが登場する切っ掛けとなったのは中世以降である。これには寺院法が関係していたといわれる。寺院法では資金の貸し付けを通じて利息の受け取りによる利益獲得を禁止していた。その結果，この禁止を回避するために，すでに12世紀のはじめに労働力のみを提供する商人としてのトラクタトールは，他の者としてのコンメンダトールから用立てられた貨幣

もしくは財貨を利用して第三者と取引する慣行が生まれた。その取引の結果として生じる損益に関して、トラクタトールとしての商人は自己の全財産により当該取引に基づく損失を負担するのに対して、コンメンダトールは提供した貨幣もしくは財貨のみを負担すればよかった。つまり、後者は出資に相当する[3]。

特にこのような契約関係は地中海沿岸の海上取引では"コンメンダ"、ハンザ同盟では"ゼンデーフェ"とそれぞれ呼ばれていた。前者はローマ人及びフランク民族の信用関係の契約であり、後者はハンザ同盟において"財の発送"を意味していた。そこでの損益の分配については、トラクタトールは1／4、コンメンダトールは3／4の割合が一般的であった[4]。このような形態のほかに、トラクタトール自身もコンメンダトールと同様に出資するタイプも登場した。これはコレガンチア (collegantia) もしくはソキエタス・マリス (societas maris) と呼ばれた。その後、取引の拡大に伴い、1回限りの臨時的な取引から継続的な取引へ、また海上取引から陸上取引へといったそれぞれの発展があった。

15世紀以降、イタリアでは貨幣出資者が外部にいる新しい形態も生まれた。その名前は帳簿に記入されたり商業登記簿に記入されることもあったが、しかしその規定は外部に対する責任と結びついてはいなかった[5]。特に1583年のボローニャ (Bologna) の規定はこの種の定めを含んでいたといわれる。但し、それはコンパニーナ・セクレタ (compagnia secreta) とコンパニーナ・パレーゼ (compagnia palese) とから区別される。前者はかつてのコンメンダの継承であり、後者は外部からの貨幣出資者に関する有限責任を伴う商事会社たるフィルマ (Firma) もしくはコンパニーエ (Compagnie) を意味していた[6]。

1673年フランス商事勅令 (Ordonnance du commerce) は、ソシエテ・ジュネラル (société générale) のほかにソシエテ・アン・コマンディト (société en commandite) を加え、両者の出資に対して共通の原則を制定した。商事勅令は商人のもとでの出資のみに着目したが、商取引に他の者が出資するケースに着目しなかった。この外部の貨幣出資者の責任についても明確に定めていなかった。まだ合資会社という出資形態はなかったが、しかし貨幣出資者の名前の公表が強まった。1807年フランス商事法 (Code de commerce) は合資会社を制定し、そこではその出資者の名前について貨幣出資者の出資額を規定し、これは非商人にも適用されることになった[7]。

ドイツでは1794年のプロシア国法（Landrecht）第651条においてフランスの合資会社という名称が登場したが，しかしその内容は実は匿名組合に類するものであった。この匿名組合はドイツでは16世紀から17世紀にかけて支配した[8]。1861年普通ドイツ商法の制定に際して提出されたプロシア草案は匿名組合という用語を用いたが，この内容はフランスの合資会社に近いものであった。第1回目のニュルンベルク会議のなかで，匿名組合の内部的性格が強調された。その結果，二つの出資形態が区別されることになった。1つは合名会社の種類に基づくもので，いわゆる合資会社である。他の1つは本来的な匿名組合である。1861年普通ドイツ商法はこれを受けて合名会社との関係から第150条で合資会社について定めたのに対して，匿名組合についてはそれとは切り離した第3編のなかに臨時出資と一緒に，第250条以下でその規定を設けたのである。このように，普通ドイツ商法は合資会社について合名会社への接近を図ったのである[9]。

第3節　商法上の匿名組合に関する規定

1　商法規定

現行ドイツ商法は第230条から第236条にかけて匿名組合について規定している。その主な特徴は以下の諸点である。

第1に，匿名組合は少なくとも2名による出資契約の締結によって生じた個人的出資形態である（商法第230条1項）。その点で，この匿名組合もまた民法第705条の出資の一種とみなされる。但し，民法上の匿名組合において営業者は，商行為（Handelsgewerbe）を営む必要がない点で，商法上の匿名組合から区別される。いずれも匿名組合は外部に現れず，純粋の内部出資（Innengesellschaft）としての性質を有する。匿名組合員は債権者に対して義務を負わず，匿名組合員と営業者において権利及び義務を有するだけに限られる[10]。つまり，匿名組合員は営業者に対してのみ債務法上の原則に基づく。このため，匿名組合員は組織上の代表権をもたないので，原則として商業登記簿に記載する必要はない。しかし，実際の判例では株式会社への匿名出資の根拠は強制的な利益参加

に基づいて，株式法第291条の意味における一部利益移転契約とみなされる。このため，匿名出資契約は株主総会の決議と商業登記簿の記載が必要である[11]。

第2に，匿名組合の成立に関しては次の事柄が前提となる。まず匿名組合にあたって契約が必要である。但し，これは特に定まったものはなく，口頭もしくは根拠のある交渉による締結でもよい。匿名組合員にはその種類を問わず，自然人でも法人でもなることができる。具体的には合名会社及び合資会社といった人的会社はもちろん，有限会社及び株式会社などの資本会社，さらには協同組合にも適用できる。

第3に，匿名組合員の出資義務に関しては，金銭だけでなく権利及び物財，場合によっては労働サービスも許容される。匿名組合員は定めのある出資を行うと，原則としてそれ以外には営業者に対して追加出資の義務はない。

第4に，匿名組合員には利益参加が条件である（商法第231条2項）。この場合，利益参加は営業活動全体に関係する必要はなく，特定の事業部門の利益でもよい。匿名組合員の利益持分に関して特段の定めがないときには，適当な持分が約定されたものとみなされる（商法第231条1項）。この場合，民法第722条の規定，すなわち出資者間での均等な利益分配を匿名組合に直ちに適用することはできない[12]。というのは，匿名組合員間と営業者との間で異なる責任形態の定めがありうるからである。同様に商法第168条1項が定める合資会社の有限責任社員の規定，すなわち資本持分の1／4に対する優先的利益の規定も適用できない[13]。これは合資会社の有限責任社員に対する特別規定である。それを匿名組合の持分に適用できるのは，その旨の明確な定めがある場合だけである。匿名組合員の利益割当率については広範囲な任意規定として定めうる。この点に関して，匿名組合は利益参加貸付金と類似するが，しかし両者は同一ではない。前者では，営業者及び匿名組合員は共にリスクを負担するのに対して，後者は利益参加に対する信用供与もしくはその他の給付という債務法上の交換取引（Austauschvertrag）を意味するからである[14]。また，匿名組合に関して出資に対する一定の利息が定められているときには，それは匿名組合ではなく，貸し付けが問題となる。その理由は，株式法第57条2項により出資に対する利息の支払が禁止されているからである。さらに，出資に関する一定の利息の支払に対する契約を締結しても，それは年度剰余額から繰越損失及び法定

準備金への繰入額を控除した額に利益支払の上限を定めうるとする株式法第301条にも反する結果をもたらす[15]。但し，弾力的な契約の締結が匿名組合には認められる。このため，匿名組合員による出資額に対する一定の利息に加えて，利益参加の定めがあれば，それは匿名組合の条件を満たすので，このタイプの匿名組合は可能となる。

第5に，匿名組合員の損失負担については当事者間で自由に定めることができるが（商法第231条2項），しかしこれは匿名組合の本質的なメルクマールではない。契約の定めにより損失負担を義務づけることもできれば，それを一定額に制限することもできるからである。損失負担に関する契約の定めがないときには，利益参加と同一金額での損失負担があったとみなされる。但し，その負担額は匿名組合員の出資額に限定される。

第6に，匿名組合員は有限会社もしくは株式会社の出資者がもつ支配権を有していない。ただ，匿名組合員は年次貸借対照表の写しの要求（商法第233条）や，帳簿及び書類の閲覧といった監視権（Überwachungsrecht）のみを有する。

第7に，匿名組合の期間が契約上特に定められていない匿名組合について各年度末の6ヶ月以前に解約告知すれば，その契約を解消できる（商法第234条，商法第132条）。匿名組合の契約期間の延長が明確に定められていない場合には出資関係が無期限に延長されないように最低限度の契約期間を定めることが望ましい[16]。匿名組合員の死亡によって出資関係は解消しない（商法第234条2項）。営業者が倒産したときには，匿名組合員に返済請求権があれば，倒産債権となり（商法第236条1項），倒産財団に含めねばならない。

第8に，出資の解約，完了及び解消に伴い，匿名組合員は自己の債権に対する支払請求権を有する（商法第235条1項）。この金額を直接的に示すのがその資本勘定である。この資本勘定は，出資額に損益を加減した金額となる。

2　匿名組合のメリット

匿名組合のメリットは以下の諸点である[17]。

第1は，他人には公開されない匿名による出資形態である。第2は，商業登記簿への記載及び公証人による契約が必要ないので，簡単でコストが有利な出資である。第3は，法的な規定が広範囲に任意であるため，契約上の形態の裁

量の余地が多分にある。第4は，商業を営むすべての企業，例えば個人企業をはじめ有限会社，株式会社，株式合資会社，合資会社及び合名会社などにも適する。第5は，一般に企業に対して資本を長期的に拘束する。第6は，損益の参加方法について弾力的な契約を定めることができる。第7は，有価証券としてのコストがかからない。第8は，匿名組合員は企業の共同営業者ではないので，実際には第三者による投票権への影響はない。第9は，匿名出資資本に対する金額上の制限はない。第10は，匿名組合員には出資法上の忠実義務があり，流動性の危機に際して匿名組合員は分配に関して場合によっては一時的に放棄しなければならない。第11は，匿名組合はその契約の定めの性質により，自己資本にも他人資本にもなりうる。典型的匿名組合の分配はあらゆる場合において事業支出として企業の課税所得の算定上マイナスとなる。第12は，非典型的匿名組合については，企業の損失は匿名組合員の出資に負担される。その反対に営業者には臨時収益が発生し，それは年次成果のプラスとなる。

3 匿名組合の種類

匿名組合について明文化されてはいないが，法規定の意味的関係からコンメンタールでは，前述の通り次の2つの種類がある。すなわち，典型的匿名組合と非典型的匿名組合がそれである。

3.1 典型的匿名組合

典型的匿名組合の基礎となるのは民法上の出資形態である。これによると，匿名組合は単なる内部出資にすぎないため，営業者の財産に対する関与はない。また，この典型的匿名組合では，匿名組合員と営業者との間で企業経営上の結合的組織（verbandmäßige Organisation）の関係もない[18]。商法第231条2項は出資契約における損失負担の除外を許容している。それ故に，この損失負担は典型的匿名組合と非典型的匿名組合との区別の指針ではない。損失負担を除外していないときには，匿名組合員は損失に関してその出資額もしくは未返済額まで負担すればよく，その損失が出資額を超えるときに追加出資義務はない（商法第232条2項）。既述の通り，匿名組合員はすでに受け取った利益を将来に損失が生じるときに返済する義務はない。典型的匿名組合と非典型的匿名組合

との区別にとって重要なのは，実は利益計算の内容である。

　典型的匿名組合では損益の参加は商事貸借対照表の成果ではなくて，経常的な事業成果（ordentliches Betriebsergebnis）及び営業者の営業が通常もたらす取引による成果のみである[19]。この場合，会社財産の価値変動が問題となる。この価値変動が典型的匿名組合の目的との関係で生じたもの，例えば商取引に基づく固定資産の価値変動であれば，匿名組合の利益計算に含められる。一方，商取引を前提としない価値変動，例えば使用を目的とする固定資産の売却価値の上昇はそれに該当しない[20]。また，典型的匿名組合ではすでに触れたように，上述の利益持分に加えて固定的な利息の定めも許容される。しかし，企業の財産もしくは秘密積立金への参加はない。「財産参加がないことは，経常的な事業成果に利益参加の制限のなかにすでに示されており，商法第235条に基づく匿名組合の解消後に匿名組合員の脱退請求権において首尾一貫した継続がある。このケースでは，（典型的）匿名組合員に場合によっては損失だけ減少した財産出資額だけが返済される[21]。」

　匿名組合員は商法第233条により情報権及び監視権を有する。これは，ある意味で商法第166条に基づく合資会社の有限責任社員と同様である。ただ，典型的匿名組合では企業の営業帳簿及び書類をいつでも閲覧する一般的な請求権はない。これが存在するのは重要な理由がある場合に限られる（商法第233条3項）。さらに，典型的匿名組合員には業務執行も除外される（商法第233条1項）。そのため，当該組合員は営業者の営業政策，社員総会もしくは株主総会に対する留保もできない[22]。

3.2 非典型的匿名組合

　営業財産及び業務執行に全く関与しない典型的匿名組合と異なり，非典型的匿名組合の組合員は，合名会社もしくは合資会社の共同出資者と同様に営業者と同等の立場に立つ。その結果，債務法上ではあるけれども，会社財産や営業管理の面で匿名組合員と営業者との間において結合的性格が確保される。このため，典型的匿名組合員の損益参加は一般に経常的な事業成果が中心であるのに対して，非典型的匿名組合員の損益参加は営業者と共同で会社財産への出資に準じて処理される。それ故に，企業の商事貸借対照表がその基礎となる。こ

こでは債務法上の方法ではあるが，非典型的匿名組合に関して会社法上の企業財産全体に対する匿名組合員の実質的な価値参加が根拠づけられる。この財産参加は一方で典型的匿名組合に対する利益参加の拡大，他方で匿名組合員の解消後における匿名組合員の脱退請求権の算定に現れる[23]。その結果，この計算は会社財産全体による財産貸借対照表としての性質に基づいて実施される。したがって，収益価値（Ertragswert）に基づく企業価値評価が重要となり，非典型的匿名組合員は営業者の秘密積立金及びのれんに関与する[24]。

非典型的匿名組合に関しては，典型的匿名組合に比べて実務上より広範囲な情報権及び監視権が付与される。商業帳簿及び書類をいつでも閲覧する権利や，監督報告書もしくは経営経済的な評価に関する状況判断についての定期的な報告書の送付などがその例である。また，業務執行の意思決定に包括的な同意に対する制約留保も通常与えられる場合が多い。このような広範囲な権利の付与を許容した非典型的匿名組合について，総じて企業が危機に瀕したときには有限会社法第32a条1項に関係する同条3項を準用する。つまり，会社の危機のときには非典型的匿名組合員の出資に関して出資者借入金の資本化と同様に資本化され，当該出資額は営業者の倒産時に劣後的性質となる[25]。

なお，典型的匿名組合と非典型的匿名組合の区別はあくまで商法上の区別である。税法もそれらを区別するが，そのメルクマールは必ずしも商法上のそれと全く同一ではない

第4節　営業者の会計処理

1　匿名組合に関する記帳義務

匿名組合自体は商法上記帳義務はない。この点は典型的匿名組合だけでなく，非典型的匿名組合でも同様である。その理由は，匿名組合は純粋の内部出資であり，したがって，それが貸借対照表に計上できる固有の資産でもなく，義務でもないからである。ここで留意すべきは，匿名組合の年次決算書問題と，匿名組合員の損益計算との区別である。後者については商法上の貸借対照表ではなく，内部報告計算が必要となる。

2 匿名組合員による出資金の取扱

2.1 出資方法の種類とその処理

　匿名組合員が営業者に出資する場合，次の2つの問題が生じる。1つは出資されたものに関する借方項目の処理問題である。つまり，いかなる条件のもとで営業者の貸借対照表において資産化し，それをどう評価するかという問題である。もう1つは，匿名組合員から出資されたものに関する貸方項目の処理問題である。つまり，その性質及びその勘定科目とその表示方法とが問題となる。これらの問題は匿名組合員の出資方法によってかなり異なる結果をもたらす。というのは，匿名組合員の出資については金銭以外に物財や労務も認められているからである。その出資が金銭出資のときには特に問題はない。その出資が個別売却可能性もしくは利用可能性といった財産対象物の要件を満たすときには，資産化される。単なる利用については資産化できない。しかし，利用者に対して経済的所有が移転すると考えられるときには，営業者は利用権をもつので，資産化の可能性がある。これが資産化できるのは，営業者が当該物財に対する支配権を行使できるときに限られる[26]。労務出資に関しては第三者に対して独立して利用可能ではなく，単に匿名組合員と営業者との間の個人的な性質を有するにすぎないので，資産化できない。無償取得による無形固定資産についても商法第248条2項の規定により資産化できない。

　資産化される項目の評価については，金銭はその名目額で計上される。現物出資されたときには，契約上で定めた匿名組合員の出資額あるいは当該資産の適正な時価評価額で評価される[27]。匿名組合員が自己の企業全体を営業者に出資するときも考えられる。この場合には，当該企業全体の価値と個別資産及び負債の差額によって生じる資本の額との間で買入のれんが生じる。この買入のれんは資産化される。

　匿名組合員がその出資義務をまだ履行していないときには，それは営業者にとっての請求権である。その支払期限は契約の定めに従う。匿名組合が解消するときには，払込の給付義務は通常の場合にはない。匿名組合員が損失を負担するために未払込出資が要求される場合にのみ，匿名組合員の出資義務があるだけである。この匿名組合員に対する未払込請求権の資産化の可否が問題とな

る。これが第三者に対して利用可能であれば，資産として計上しうる。ただ，それは具体的な資産価値をもたない。その結果，未払込請求権を資産化しうるのは，匿名組合員が一定の金額で支払を行うことが確実な場合に限られる[28]。加えて，匿名組合員の出資勘定が損失負担によってマイナスの値を示すときにも，当該債権は資産化されねばならない。

2.2 出資金勘定の性質とその表示

2.2.1 出資金勘定の性質

営業者における出資金勘定の性質に関して次の2つの見解がある。1つは，匿名組合は営業者と匿名組合員との間における内部出資であり，営業者の会社財産に何ら物権上の持分をもたないので，匿名組合員が営業者に対する債務法上の請求権を有する点に着目する見解である。この見解は，匿名組合の解消後に匿名組合員が営業者に対して脱退請求権をもつ場合に，一般に出資金勘定を営業者の負債とみなす[29]。もう1つは，匿名組合員の出資金勘定が営業者にとって資金調達の一源泉であり，匿名組合の関係が保持されている限り，営業者の負債というよりは資本に類似するという見解である[30]。

2.2.2 自己資本と他人資本の区別

享益権に関する自己資本の要件としてHFAは次の3つを指摘する。すなわち，①劣後性，②報酬の成果依存性及び出資額までの損失負担，③資本提供の長期性である。このなかで特に議論のあるのは③である。これには厳格な解釈をする見解から弾力的な見解まで多種多様である。それを整理すると以下の通りである[31]。

① 資本提供者の解約を認めずに無期限の資本提供を要求する見解
② 無期限の資本提供を要求するが，しかし資本提供者に対して解約を認め，それは少なくとも5年間の解約期間もしくは自己責任期間を設け，しかも解約時点では配当規制される自己資本構成要素からは支払われないという条件による返済請求権とする見解
③ 資本提供の長期性を要求し，その場合5年間から25年間までの期間と最低解約期間を設けるとする見解
④ 一般的な期間を設けずに個々のケースで決定するという見解

⑤　資本提供の長期性自体は自己資本の基準として不要とする見解

　従来は①が通説であったが，最近では資本提供者の解約権を認める②または③が有力説である[32]。人的会社の出資者には解約権が認められているのに対して，資本会社の出資者には法的に解約権はたしかに予定されていない。しかし，それは一般に禁止されていないことをその根拠とする。その第1の理由は，資本提供は無期限であるにもかかわらず，自己資本から減資による払戻が可能であるという点である。第2は，有限会社の出資者には解約権の取り決めが許容されている点である。第3は，株式会社についても通説では定款の定めで株主に対して解約権付与の可能性がある点である[33]。

　このように，②または③を資本提供の長期性の解釈とみなすとき，それは結果的にはすでに触れた享益権の自己資本のメルクマールと共通する。

　匿名組合員の出資を営業者の資本の部に表示する場合，その表示箇所が問題となる。営業者が人的会社の場合には，匿名組合員の出資額は営業者の自己資本項目のなかで示される。営業者が株式会社の場合では，匿名組合員の出資が金銭または資産としての性質に該当し，当該匿名組合員が同時に営業者としての資本会社の出資者であるときには，商法第272条2項4号の資本準備金に計上する。しかし，匿名組合員の出資がそれに該当せず，それ以外のケースでは利益準備金に計上する[34]。このほかに，それを引受済資本金の後かあるいは自己資本の最終項目とすべきとする考え方もある[35]。

2.3　出資時点における匿名組合員の出資金に関する会計処理

　匿名組合員の出資金に関しては，その借方と貸方の処理が問題となる。

　まず出資金の内容に関して次の2つが区別される。資産としての要件を満たす財産対象物が出資されたときには，その金額を当該財産対象物の時価で計上する。出資されたものが例えば用益の提供，労務出資その他の財産対象物とはいえないものであれば，それらの項目は資産化できない。これに対して，その貸方項目に関しては，次の2つの処理法がある。1つは，負債として計上する方法である。この場合，その履行額で計上する。それは必ずしも出資された対象物の時価と一致しないし，出資請求額とも一致しない。もう1つは自己資本として計上する方法である。それは出資請求額の金額で計上される。この場

合，会社法上の評価自由に基づいて出資請求額は必ずしも出資された資産の時価の金額と一致するとは限らない。その結果，出資金の処理にあたって〔図表9-1〕のように次の4つのケースが存在する[36]。

この点に関してヘンセは次のように考える[37]。まずはⅠのケースについてである。匿名組合員に出資が贈与されたときには，贈与者の資本勘定はその分だけ減額されねばならない。贈与による出資が行われず，何ら資産が計上できずに同時に負債が計上されねばならないときには，負債項目の金額に相当する費用が臨時費用として計上される。Ⅱのケースでは，匿名組合員の出資額に見合う営業者の自己資本だけ減額される必要がある。具体的には利益処分，準備金の取り崩しもしくは場合によっては営業者の減資が行われる。Ⅲのケースのうちで，(a) においては貸借が同額であるので特に問題はない。資産の金額が負債の金額を上回る (b) においては，両者の差額は臨時収益とみなされる。これとは逆の (c) においては，臨時費用が計上される。Ⅳのうちで (a) については貸借が同額であるので特に問題はない。資産の時価が自己資本の金額を上回る (b) については，両者の差額について次の処理法がある。1つはそれを償還不能な出資者の助成金と同様に収益と見なす処理である。ここでは引受済資本金に対するプレミアムとは解されない。その理由は，匿名組合においては引受済資本金とは何ら関係なく，準備金としての資本が問題だからである。他の1つは，その差額を営業者に対する匿名組合員の貸付金とみる処理法であ

〔図表9-1〕 出資金の処理法

	財産対象物を資産化しない。	財産対象物を資産化する。
負債計上	Ⅰ	Ⅲ (a) 財産対象物＝負債 (b) 財産対象物＞負債 (c) 財産対象物＜負債
自己資本計上	Ⅱ	Ⅳ (a) 財産対象物＝自己資本 (b) 財産対象物＞自己資本 (c) 財産対象物＜自己資本

出典：H. H. Hense, Die stille Gesellschaft im handelsrechtlichen Jahresabschluß, Düsseldorf, 1990年, 275頁。

る。したがって，営業者にとっては債務と解される。資産の時価が出資金を下回る (c) の場合には，両者の差額分だけ別の自己資本項目がマイナスされねばならない。原則としてそれは当期の利益に負担されねばならない[38]。

2.4 匿名組合員の損益持分の処理

匿名組合員に対して契約の定めによる損益が発生し，その支払義務があるときの処理が次に問題となる。一般に匿名組合員に対する利益持分は直接的に支払われねばならない。但し，これには3つの例外がある[39]。

① 匿名組合員の出資額が損失負担分によって減額されるときには，新たに生じた利益持分が出資金勘定に貸記される。
② 匿名組合員が非典型的な財産参加ではなくて，事業利益に対しての利益持分のみを有しているときには，自己の利益持分に対して形成された秘密積立金について匿名組合の解消時点で参加する旨を契約で定めることができる。この場合には，匿名組合員に帰属する利益持分はその脱退時に確定し，支払われる。
③ すべての種類の匿名組合において，一会計年度に確定した利益持分が匿名組合員に直接的に支払われずに，営業者に対する債権あるいは出資金として契約で定めることができる。

匿名組合員の利益持分に関しては営業者の損益計算書においては人的会社もしくは個人企業と資本会社とで異なる。前者は利益処分の内部もしくは直接的に成果の前に費用として示される。利益処分の内部による表示が認められるのは，匿名組合員が商事貸借対照表の利益に関与したときだけ可能である。事業利益等に匿名組合員が参加しているときには，利益持分は貸借対照表成果 (Bilanzergebnis) の前に示されねばならない。一方，後者の資本会社では年度剰余額もしくは貸借対照表利益の前に費用として示される[40]。

決算日に発生している匿名組合員に対する利益持分の請求権は営業者の負債として計上されねばならない。但し，①から③に関する例外的なケースにおいては，匿名組合員の利益持分に対する支払義務は法的には匿名組合の解消時点で生じるが，経済的には事業年度の終了時点で発生している[41]。営業者の貸借対照表作成時点で利益持分の金額が未確定のときには，引当金が設定されね

ばならない。出資額が損失によって減額されたり，あるいはすぐに支払われない利益が出資金勘定に貸記される契約上の定めがあるときには，利益持分は出資債権として取り扱われる。利益持分が出資金勘定に貸記され，出資金勘定が貸借対照表上営業者の自己資本に該当するときには，利益持分は負債化されない。それは出資金の増加として示される。匿名組合員に対する利益持分に関して債権者について劣後的地位の取り決めなどにより会計上の負債でないように変化したときも同様である。

　匿名組合員に対する利益持分の借方科目については商法第275条に従い費用，つまり基本的には支払利息その他の費用に計上する。但し，契約の定めで最低利子が約束されているときには，支払利息及びそれに準ずる費用に計上する。匿名組合員が一企業であるときには，匿名組合は利益提供契約に基づいて処理される。特に，匿名組合員が営業管理者，取締役及び監査役の構成員あるいは匿名組合員が営業者の従業員であるとき，また匿名組合員が財産出資として特許を提供しているという例外的な場合を除き，匿名組合員の利益持分は，商法第277条3項に従い原則として一部利益移転契約として表示される[42]。

　一方，匿名組合員の損失負担については，預り金としての負債が損失負担分によって減少されるときに限り，会計処理が必要となる。その場合，預り金の支払義務に対して引当金もしくはそれに類する項目が示されているか，それとも営業者の資本の部にある準備金として計上されているかによってその処理は異なる。前者のケースでは，負債の減少に伴い，収益が計上される。財産参加のない典型的匿名組合では，引当金を減額する金額は匿名組合員の損失負担分である。財産参加を伴う非典型的匿名組合では，引当金の減少分は企業価値が減少しており，あるいはそれに対する匿名組合員の持分が損失負担によって減少している限り，マイナスされる[43]。後者のケースでは，匿名組合員の出資金として示されている自己資本項目が減額される。これについて自己資本項目の減額は営業者の利益処分計算のなかで示されねばならない。資本会社の場合には，引受済資本金及び準備金と相殺されず，年度剰余額もしくは繰越利益でチャージできないときには，自己資本全体のマイナス項目として示される。引受済資本金もしくは準備金と相殺できるときには，減資が実施されるか，もしくは準備金が取り崩される場合のみである。もっとも，資本会社においては損

失負担を特定の自己資本構成要素と直接的に相殺することも可能である。例えば準備金の成果作用的な取り崩しもしくは直接的な相殺消去がこれに該当する[44]。

第5節　匿名組合員の会計処理

1　年次決算書における匿名組合構成員に関する処理

　匿名組合員が商法上の年次決算書のなかで自己の権利及び義務を示すのは，匿名組合員が商法第242条１項及び第238条１項の規定により商法上の年次決算書の作成が義務づけられている場合に限られる。これが義務づけられるのは，匿名組合員が商人である場合である。個人商人が匿名組合員であるときには，あらゆる場合に匿名組合を年次決算書のなかで把握する必要はない。それが要求されるのは，その匿名組合が匿名組合員による事業者としての側面を有するときである。

1.1　表示すべき資産の部

　匿名組合員である資格が年次決算書の作成義務のある者において資産化されねばならないかが問題となる。その資産化には当該組合員としての資格が第三者に対して利用できることが条件となる。すなわち，それが具体的もしくは抽象的な取引の対象となることができ，計数化しうる財産価値を有する場合には，第三者に対して利用可能性を有するとされる[45]。この点に関して匿名組合員としての資格は原則として譲渡可能である。したがって，それは出資契約から生じる資産としての要件をみたす[46]。この匿名組合員としての資格が資産と解されるとき，貸借対照表に表示すべき箇所が問題となる。その投資期間のいかんによって，それは決定される。投資期間が１年以内であれば，流動資産，投資期間が４年を上回るときには固定資産に計上する。投資期間が１年から４年までの場合には，投資意図が決定的となる。匿名組合の期間が定められていないときには，長期間にわたって匿名組合を行う匿名組合員の投資意図だけが重要となる。匿名組合員たる資格を流動資産に示すときには，商法第266

条2項のB流動資産Ⅱの"その他の資産"のなかに示す[47]。それを固定資産に示すときには，同条2項のA固定資産のⅢ6の"その他の貸付金"のなかで示す。但し，企業に対する継続的な関係を形成するために匿名組合員の持分が想定されているときには，匿名組合員たる資格は商法第271条で規定する投資に該当し，それはA固定資産ⅢBの"投資"で示す。

1.2 匿名組合構成員たる資格の評価
1.2.1 通常のケース

匿名組合構成員たる資格が資産としての要件を満たすときには，その評価は貸借対照表法上の一般基準に従う。つまり，それは取得原価で評価される（商法第255条）。但し，この取得原価のなかにはまだ支払われていない利益持分が含められる。損失負担分がある場合あるいはその他の原因でその資産としての価値が減少するときには，商法第253条2項3文に従い，その貸借対照表金額は評価減される。損失状況のときには流動資産に表示されている当該資産に関して評価減が義務づけられる（商法第253条3項1文）。固定資産の部に表示されている当該資産に関しては，その付すべき価値が取得原価を下回る価値減少の状態が継続的に見込まれないときには，評価減に対する選択権がある（商法第253条2項3文及び商法第279条2項）。

1.2.2 特殊なケース

匿名組合員が金銭出資をしたときには，金銭出資の金額が取得原価となる。匿名組合員が現物出資したときには，次の2つの処理が考えられる。1つは現物出資した資産の簿価で評価する方法である。これによると，成果中立的な処理となる。もう1つは当該資産の適正な時価で評価する方法である。これによると，成果作用的な処理となる。通説によると，現物出資は交換取引であるので，両方法とも容認される。匿名組合員が営業者に対する出資として利用物件もしくは労務出資を行う義務があるときには，その投資は利用物もしくは労務出資によるコストの金額で資産計上される[48]。匿名組合員が自己の出資を贈与により得るときには，通説では贈与資産をゼロと慎重に見積もられた取得原価との間で評価の選択権がある。この点に関してヘンセは適正な財産状態の表示面から評価すべきであると主張する[49]。個々のケースではそれよりも名目

価値による評価も許容される。

2 利益持分及び損失負担の処理

匿名組合員に帰属する利益持分は年度末に算定された匿名組合員に支払わねばならない。この利益持分に対する匿名組合員の請求権は，民法第717条に従い譲渡により売却され，独自に取引対象となる。したがって，それは匿名組合員にとって資産性を有する。これは，営業者の貸借対照表が確定し，利益処分が決議された時点で計上される[50]。利益持分に対する請求権の発生には貸借対照表の確定が不可欠だからである。この請求権は流動資産の部に計上される。営業者と匿名組合員が結合企業の関係にあれば，それは流動資産の部のなかで結合企業に対する債権として示される。両者の間に結合企業の関係がなく，また投資関係もなく，営業者が匿名組合員の出資者でなければ，請求権は流動資産の部のなかで債権及びその他の資産として示される。

利益持分の損益計算書上の処理については，匿名組合員の貸借対照表上，匿名組合員たる資格が結合企業の持分もしくは投資として示されているときには，利益持分は投資による収益として示される。これに対して，匿名組合員たる資格が流動資産の部に示されているときには，利益持分はその他の受取利息及びそれに類する収益として示される[51]。損失負担分については，匿名組合員たる資格が結合企業の持分たる資格を有するときには，商法第275条2項12号もしくは商法第275条3項11号に従い，財務固定資産及び流動資産としての有価証券に対する評価減として示される。匿名組合員たる資格が流動資産としての性質を有するときには，商法第275条2項8号もしくは商法第275条3項7号に従い，その他の事業上の費用として示される。

〔図表9-2〕において簡単な例で匿名組合に関する会計処理の具体的な方法を示す。

〔図表9-2〕 匿名組合の会計処理

A 匿名組合の負債としての処理		
	営　業　者	匿　名　組　合　員
1 出資時 　A 出資額が現金100のとき	（借）現金100（貸）出資債務100 ※損失負担があり，払戻額が未確定のときには出資債務引当金を計上	（借）出資金100（貸）現金100
B 出資額が金銭以外のとき，当該財産の時価が100 　（1）払戻額が100 　（2）払戻額が120 　　a）匿名組合期間4年間に差額の20が発生する。（毎期5だけ期末に費用化する。） 　　b）贈与とみて当期の費用とする。	（借）現金100（貸）出資債務100 （借）現金100（貸）出資債務100 　　　費用　5　　　出資債務　5 または費用5の仕訳に代えて （借）借方計算限定項目20 　　　　　　（貸）出資債務　20 （借）現金100（貸）出資債務100 　　　費用　20　　　出資債務　20	（借）出資金100（貸）現金100 （借）出資金100（貸）現金100 　　　出資金　5　　　利益　5 または利益5の仕訳に代えて （借）出資金20 　　　　　　（貸）貸方計算限定項目20 （借）出資金100（貸）現金100 　　　出資金　20　　　利益　20
2 匿名組合員の利益持分15の計上	（借）分配費用15 　　　（貸）匿名組合利益（債務）15	（借）利益請求権15 　　　（貸）分配益15
3 損失負担5のとき	（借）出資債務5（貸）臨時利益5	（借）出資損5（貸）出資金5
4 匿名組合の解消時点（払戻額が100） 但し，損失負担があるときには，出資債務の勘定残高（95）の金額を払い戻す。	（借）出資債務100（貸）現金100 （借）出資債務95（貸）現金95	（借）現金100 　　　　　　（貸）出資金100 （借）現金95 　　　　　　（貸）出資金95
B 匿名組合の自己資本としての処理		
1 出資時 　（1）出資額＝資本	（借）現金100（貸）資本準備金100 　　　　　　（または利益準備金） ※匿名組合員が同時に営業者の出資者のときには資本準備金とし，それ以外は利益準備金とする。	（借）出資金100（貸）現金100
（2）出資額＜資本	（借）土地100（貸）資本準備金120 　　　損失　20	（借）出資金120（貸）土地100 　　　　　　　　　　利益　20
（3）出資額＞資本	（借）土地120（貸）資本準備金100 　　　　　　（または利益準備金） 　　　　　　　利益　20 ※（借）土地100 　　　　　　（貸）資本準備金100 この処理では秘密積立金20が発生する。	（借）出資金100（貸）土地120 　　　損失　20 （借）出資金100（貸）土地100
2 匿名組合員の利益持分が15	（借）分配費用15 　　　（貸）匿名組合利益15	（借）利益請求権15 　　　（貸）分配益15

3 匿名組合員の損失負担が 5	(借) 資本準備金 5 (利益準備金) (貸) 臨時利益 5	(借) 損失 5 (貸) 出資金 5
4 匿名組合解消時 （分配金を180，秘密積立金があり，そのうちで組合員ののれん相当分が50あるとする。）	(借) 資本準備金 95 (貸) 現金 180 のれん 50 剰余金 35	(借) 現金 180 (貸) 出資金 95 分配益 85

第6節 税務上の取扱

1 税務上の匿名組合の区別

　商法上及び税務上いずれも匿名組合は，典型的匿名組合と非典型的匿名組合とに区別される。ただ，両者の区別のメルクマールは必ずしも同一とは限らない。税務上の非典型的匿名組合については，その明確な定義がある。

　非典型的匿名組合は，税務上，典型的匿名組合とは違って営業者の経営管理に関する一定の措置に関与するのがその特徴である。そのため，それは"共同事業者的な"(unternehmerisch) 出資といわれる。その結果，非典型的匿名組合員は営業者と同様に企業家としてのリスクを負い，匿名組合における損失負担が強制される。この点に関して税務上とりわけ重要なのは共同企業体という概念である。というのは，この共同企業体に該当する非典型的匿名組合においては，その匿名組合自体が所得追求の主体と解されるからである。逆にこの共同企業体に該当しない匿名組合は課税主体とはならず，その匿名組合員の報酬は商人の利益測定の範囲で考慮される。

　税務上の共同企業体に関するメルクマールは，共同事業者イニシアティブと共同事業者のリスク負担とである（所得税法第15条1項2号参照）。前者は出資者と同様に営業者の意思決定への関与を意味する。例えば議決権，監督権及び抗弁権といった出資者の権利がそれに該当する。後者は企業の損益への関与及びのれんを含めて秘密積立金の参加をもたらすという点を意味する。この判定に際しては厳格性が要求される。このため，利益分配が匿名組合の解消時点ではじめて行われる場合，あるいは匿名組合員が自己の利益持分を匿名組合の関係を解消した時点で当該経営に対する債権をもつ場合には，共同企業体とはみな

されず，税務上の非典型的匿名組合から除外される[52]。

　税務上共同企業体と判定されるのは上記２つのメルクマールを満たす場合に限られる。したがって，両者の１つしか条件を満たしていないときには，それは共同企業体ではなく，それ故に典型的匿名組合と判断される。

2　典型的匿名組合の処理

　既述の通り，税務上典型的匿名組合とみなされるのは，一般に損失負担及び秘密積立金への参加が完全に除外されている匿名組合のケースである。特に損失負担がないときには，匿名組合は貸付金関係に類似する。但し，その場合において利益依存的な報酬形態であることが税務上の典型的匿名組合の条件である。利益依存的報酬という場合，そこでは商事貸借対照表もしくは税務貸借対照表の利益のほかに，それ以外の利益も契約で定めることができる。例えば個別的な成果や特定事業部門の利益などがそれである。

2.1　営業者の取扱

　典型的匿名組合に対する利益持分は，営業者において事業支出とみなされ，所得税もしくは法人税ないし営業税に対する課税基礎のマイナスとなる。営業者に生じた損失のうちで匿名組合員の損失負担に関する定めがあるときには，その損失分だけ営業者の損失は減少する。営業者には資本収益税による25％の源泉徴収が義務づけられる（所得税法第43条１項３号，同条第43条１項２号）。営業税の納税義務があるのは営業者である（営業税法第５条１項１文）。但し，匿名組合員の利益持分が営業収益税に関係づけられていないときには，この匿名組合員の利益持分に課する加算規定（Hinzurechnungsvorschrift）がある（営業税法第8条３項）。

　資本会社の出資者が当該会社の匿名組合員である場合に，この匿名組合への出資を他人資本によって調達したときには，その借入れに伴う支払利息は25万ユーロまでは事業支出として課税所得から控除できる[53]。但し，それが短期的な出資のときには，これは認められない。その理由は，過大の他人資本調達を回避する目的からである。出資者が匿名組合員でもある場合において，他人資本を用いた匿名組合に対する出資が以下の条件を満たすときには，隠れた利

益配当とみなされる（法人税法第8a条1項2文）[54]。

① 匿名出資が少なくとも自己資本の50％を上回る。
② 貸付金のある出資者が少なくとも25％を出資している。
③ 第三者はその貸付金をその他同一条件のもとで貸与していない。
④ 報酬が250,000ユーロという免除の上限を上回る。

2.2 匿名組合員の取扱

　典型的匿名組合員の税務上の取扱としては，当該匿名組合員が利益を所得税法第4条もしくは第5条に従い，事業財産の比較によって算定するときには，匿名組合による収益はそれが支払われる年度の債権として把握される。典型的匿名組合員の出資が個人財産（Privatvermögen）に属するときには，その利益持分は所得税法第20条1項4号に従い資本財産からの所得として課税される。これに対して，匿名組合員の出資が事業財産に属するときには，事業所得として課税される（所得税法第15条，第20条3項）。

　匿名組合員の損失負担の定めがあるときには，匿名組合員に対する当該損失負担分は所得税法第6条1項2号に従い，投資に対する部分価値による評価減の規定のみが，通説では適用される。その結果，投資の価値減少が持続的に見込まれるときにのみ，評価減が行われる[55]。匿名組合員の出資が個人財産に属するときには，損失分は必要経費として処理される。匿名組合員の損失負担がその出資額を超えるときには，税務目的としてはマイナスの出資金勘定が設定されねばならない。匿名出資が営業者の税務上の事業財産のなかで行われるときには，原則として利益持分について営業税が課税される。但し，それが事業投資会社の場合には免税規定がある（営業税法第3条23号）[56]。資本会社としての匿名組合員が資本会社に出資を行い，営業者としての資本会社の利益持分の支払が事業支出ではなくて，隠れた利益分配に該当するときには，二重課税の回避の面から，資本会社としての匿名組合員に関して法人税法第8b条1項に従い課税されない。匿名組合員が個人財産の形で匿名出資を行い，1年を超えない期間でその売却によって売却益を得たときには，所得税法第22条2号，第23条1項1文2号により課税対象となる。但し，その金額が512ユーロを上回らないときには，非課税である。

3 非典型的匿名組合の処理

非典型的匿名組合とみなされるのは共同事業者と解しうるか否かである。その1つの要件が共同事業者と同様のリスク負担である。但し，判例ではこの事業者リスクについては，もう1つの要件となっている共同事業者のイニシアティブほど重視されていないのが現状である。したがって，秘密積立金及びのれんの参加がなくとも，個々のケースでは共同事業者とみなされうる[57]。また，損失負担の定めがなくとも，共同事業者のイニシアティブが十分あれば同じく税務上では非典型的匿名組合としての性質を有するとされる。これに対して，共同事業者のイニシアティブの要件に関しては，実務上ほとんど裁量の余地はない。というのは，商法第233条で規定する匿名組合員の監督権は本質的に商法第166条で規定する合資会社の有限責任社員と同一だからである[58]。その結果，営業者と匿名組合員との間の監督権についての定めが商法第233条で規定する範囲と相違せず，匿名組合員が利益参加のほかに秘密積立金及び企業ののれんに参加している場合には，一般に非典型的匿名組合とみなされる。

3.1 営業者及び非典型的匿名組合員の利益持分会計（第1段階）

非典型的匿名組合に該当するときには，税務上は合資会社の有限社員と同様にその組合員自身も所得測定の主体である。したがって，この匿名組合員に帰属する損益は所得処分に属する。この結果，この利益持分は営業者の利益をマイナスしてはならない。それ故に，営業者と匿名組合とが共に共同営業者として営む事業の税務上の成果は租税通則法（Abgabenordnung；AO）第180条に基づく特別の統一的な利益確定手続に従う。この点に関して，課税の公平性原則の結果としての所得税法第15条1項2号の範囲で，内部取引と外部取引とを対等に取り扱うという原則を根拠に，非典型的匿名組合も，たとえ商法上会社財産がなくとも税務貸借対照表を作成しなければならない。

この税務貸借対照表においては，まず第1段階として人的会社のそれと同様に営業者の事業財産も匿名組合員の出資も計上される。つまり，匿名組合員の出資は税務上の事業財産のマイナスとならず，匿名組合員の税務上の資本勘定に貸記される。この税務貸借対照表に基づいて営業者と非典型的匿名組合員の

第6節 税務上の取扱 211

利益持分が契約の定めによる利益分配率によって算定される。共同事業者としての営業者は営業税の納税義務があるが，しかしこれは匿名組合員にはない。内部出資としての匿名組合員はけっして共有財産を有しているわけではなく，営業税の課税主体ではないからである。課税の基礎となる営業者の収益については，所得税法もしくは法人税法の規定で測定された事業に対する利益が基礎となる。

3.2 非典型的匿名組合員の特別事業財産会計（第2段階）

次に，非典型的匿名組合員は，前述の第1段階で確定した利益持分のほかに，更に第2段階として特別事業財産（Sonderbetriebsvermögen）による所得算定が必要となる。

この算定にあたって，まず特別事業財産がその基礎となる。当該組合員が営業者に経済財を利用のために供している場合，あるいは組合員が出資のために借入れをしている場合等がこれに該当する。この特別事業財産に基づく特別貸借対照表（Sonderbilanz）により，特別事業収入（Sonderbetriebseinnahme）及び特別事業支出（Sonderbetriebsausgabe）から特別貸借対照表利益（Sonderbilanzgewinn）が算定される。この特別事業収入のなかには，例えば組合員が営業者の業務執行者として給料を得ていたり，営業者に経済財を有償で貸与したことにより賃貸料を得ているときのように，特別報酬（Sondervergütung）が含まれる。また，営業者から資金の借入れをしているときの支払利息などは特別事業支出に該当する。

このような形で算定された特別貸借対照表利益と，第1段階で算定された匿名組合員の利益持分の金額を加算して，最終的に匿名組合員の利益額が確定する。なお，この特別事業財産は営業者にはない。というのは，営業者の個人財産としての経済財は自己の営業財産に利用できないからである[59]。損失が発生したとき，非典型的匿名組合員は自己の出資額まで所得税の計算において損失発生年度にそれを計上できる。損失が所得税額を相殺できないときには損失の繰り戻しないし繰り延べが可能である。出資金がマイナスになる損失負担に関しては，所得税法第10d条に従い繰戻損失ないし繰延損失の処理はできない。マイナスの出資金は将来の利益でしか相殺できない（所得税法第15a条2項）。

資本会社としての匿名組合員に関する自己の持分を売却したことによる利益及び配当金は，法人税法第8b条により二重課税回避の面から非課税となる。但し，受取配当金の5％については事業支出控除の禁止により事業支出として控除されない。非典型的匿名組合員が資本会社であるときには，上述の受取配当金及び自己の出資持分売却益に伴う非課税規定は，共同企業体からの利益持分の範囲で算入される所得並びに共同事業者の持分が資本会社の持分に売却されたり，あるいは放棄されたときの損益にも適用される（法人税法第8b条6項）。資本収益税は非典型的匿名組合員からは徴収されない。既述のように，典型的匿名組合員には営業税は課税されない[60]。

第7節　国際的な会計基準とドイツ匿名組合

1　IFRSとドイツ匿名組合

IFRSでは，ドイツの匿名組合の会計処理と関係するのは金融商品に関するIAS第32号及びIAS第39号である。この金融商品を債務もしくは自己資本のいずれかに分類するかについては，契約の定めによる経済的内容が基準となる。経済的実質優先思考の立場から，経済的内容が法的内容と一致しないときには，前者が決定的となる。IAS第32号パラグラフ18によると，発行者の契約上の義務の有無が，自己資本または他人資本の区別を規定する。金銭もしくはその他の金融資産を第三者に引き渡したり，もしくは第三者に対して金融商品を潜在的に不利な条件で交換するといった契約上の義務が存在するときには，金融負債とみなされる。その結果，一定期間後にその返済請求権を資本提供者が有するか否かがその会計処理に大きく影響する。例えば，契約の定めにより，その保有者が一定期間後に解約告知権を有するとき，あるいは返済時点があらかじめ予定されているときには，その金融商品はIASの会計では他人資本と処理される。「したがって，正規の解約告知権が比較的に長期間にわたってありえなくとも，自己資本としての性質は十分ではない。この理由から，商法上の決算で行われる自己資本としての性格づけはたいていのケースでIFRSの決算では引き継がれない[61]。」

発行企業側において金融商品を自己の選択で取り消すか否かのオプションを有するときには，発行側がその保有者に対する通知によりその返済の意図を表明するときにはじめて義務が発生する。この時点ではじめて負債としての分類が必要となる[62]。

金融商品が負債と自己資本の要素を併せて有しているときには，両者を分離する必要がある。ドイツの匿名組合がそれに該当するときも同様である。匿名組合が自己資本とみなされるのは，IFRSによると，資金調達の関係から生じる義務を自己資本の権利の発行によって解消することができる場合である。「但し，義務の保有者が自己資本の相場変動によってリスクにさらされるのがその要件である。つまり，それに該当するのは，その付すべき時価による発行されるべき持分の数がすでに資金調達の関係に固定されているケースである。その結果，契約上の義務の解消時点では自己資本の義務の価値と一致しない[63]。」

このように，IFRSによると，資本提供者は自己資本の価値変動というリスクにさらされていることが自己資本計上の条件となる。しかし，ドイツ匿名組合は一般にこのようなIFRSでいう自己資本計上の条件を満たさない。したがって，ドイツ匿名組合はいわゆるIFRSの持分，つまり自己資本には該当せず，負債に属すると解される[64]。

2 アメリカGAAPとドイツ匿名組合

アメリカでは2つの種類のパートナーシップ（partnership）がある。サイレント・パートナーシップ（silent partnership）とシークレット・パートナーシップ（secret partnership）がそれである。前者の組合員は無限責任の出資者に相当する。これに対して，後者の組合員は匿名出資者として外部に現れてこない。いずれのタイプでも，このパートナーシップは，アメリカのGAAPでは貸借対照表上の自己資本に計上される。

このようなパートナーシップとドイツ匿名組合との比較検討は十分になされてきていない。このため，ドイツ匿名組合の会計処理についてアメリカのGAAPでは明確な基準がない。そこで，財務会計概念ステートメント（Statements of Financial Accounting Concepts ; SFAC）第6号における負債及び持分概念との関係で検討する必要がある。SFAC第6号パラグラフ36に従うと，資本

提供者の継続性及び資本提供者の返済可能性とが自己資本及び他人資本の区別にあたって重要となる。原則として資本提供が継続しており，その期間の限定がなければ，自己資本に計上される。これに対して，資本提供期間が限定されているときには，負債に計上される。提供された資本が返済されなければ義務が消滅するので，それは自己資本に属する。但し，資金調達の関係では，流入した資本が自己資本（持分）となるには，次の2つの条件が必要である[65]。

① 義務は，株式の定まった数の発行によって履行されねばならない（あるいは，もしこの決定が発行者によって下されるときには，履行されうる。）。

② 義務が変動する株式数の発行によって履行されねばならないし（あるいは，もしこの決定が発行者によって下されるときには，履行されうる。），さらに以下の2つの要件が満たされる。

　ⅰ）義務の貨幣価値におけるすべての変動が株式の一定の株数の時価（相場）の変動によって生じており，その金額がこの株式の時価変動と一致する。

　ⅱ）義務の貨幣価値が根拠となる株式の時価と同一方向に変動する。

その結果，義務の金額が定まっていれば，たとえ義務が株式において履行されねばならないとしても，流入する資本は負債と解されねばならない[66]。

アメリカのGAAPにおける負債と自己資本の定義に従うと，IRFSと同様にドイツの匿名組合は，資本提供の期間について契約の定めがあるときには常に負債と解される。というのは，ドイツの匿名組合は，前述のアメリカGAAPで規定する持分（自己資本）の要件を明らかに欠くからである。その要件を満たす場合にはじめて，ドイツ匿名組合はアメリカGAAPにおいて自己資本となる。しかし，ドイツの匿名組合は，実務上そのような要件を満たさないのが一般的である。したがって，ドイツ匿名組合は総じてアメリカGAAPでは負債と処理されるといってよい。

第8節　結

以上の論旨を整理すれば以下の通りである。

第1に，匿名組合の歴史は一般に中世のコンメンダまで遡ることができる。1794年プロシア国法では合資会社という名称のもとでこの匿名組合に類する規定を設けていた。その後，1861年普通ドイツ商法は第250条以下で文字通り匿名組合について明文化した。

　第2に，現行ドイツ商法はこの匿名組合を民法上の出資形態の一種とみなし，純粋の内部出資と解する。したがって，匿名組合員は債権者に対して義務を負わず，債務法上は営業者に対してのみ関係を有するにすぎない。

　第3に，匿名組合員の出資については金銭及び権利及び物財はもちろん，労務出資も認められるが，追加出資の義務はない。匿名組合は匿名組合員の利益参加が条件であり，損失負担は営業者との間で契約により自由に定めることができる。

　第4に，商法上匿名組合は典型的匿名組合と非典型的匿名組合との種類がある。前者においては当該組合員は営業財産及び業務管理に関与していないので，利益参加は商事貸借対照表の成果ではなくて，事業成果である。後者では当該組合員は営業者と共同で事業に参画しているので，利益の参加は商事貸借対照表をベースとし，さらに営業者の秘密積立金及びのれんにも関与する。

　第5に，営業者は匿名組合について商法上次のように会計処理する。匿名組合員の出資が財産対象物に該当するときには，その出資されたものを資産化する。その出資の期限が無期限であるが，資本提供者に一定の解約期間もしくは事後責任が設けられており，さらに損失負担及び劣後性といった一定の要件を満たすときには資本の部に，それ以外のときには負債の部にそれぞれ表示する。匿名組合員の利益持分については決算日に営業者の支払利息及び負債に計上する。組合員に対して損失負担の定めがあるときには，組合員の出資額を減額するとともに，それを臨時収益に計上する。一方，匿名組合員の側では，匿名組合員としての資格が資産としての要件を満たすときには，その取得原価で計上する。現物出資の場合には，当該資産の簿価または適正な時価で計上する。利益持分については債権及び受取利息として計上する。損失負担の定めがあるときには，当該資産を評価減させて，その費用を計上する。

　第6に，税務上では共同企業体とはみなされない典型的匿名組合について，営業者は組合員に対する利益持分を所得税法もしくは法人税法ないし営業税法

において所得算定上そのマイナスを示す事業支出と解される。一方，典型的匿名組合員の側では，利益持分は所得税法上債権として計上され，損失負担があるときには投資に対する部分価値評価による評価減がなされる。匿名組合員が資本会社の場合には，利益持分は二重課税の回避により課税されない。これに対して，匿名組合員が営業者と共同で事業に関与し共同企業体とみなされる非典型的匿名組合について，営業者は税務貸借対照表をベースとし，組合員との利益分配率により営業所得を算定する。この営業者には所得税法もしくは法人税法と営業税の納税義務がある。非典型的匿名組合員の側では，営業者と組合員が一緒に税務貸借対照表で各利益持分を算定した後に，さらに特別事業財産で算定された特別貸借対照表利益を加算して，匿名組合員の事業所得を算定する。

第7に，ドイツの匿名組合は，IFRS及びアメリカGAAPによる負債及び持分（自己資本）の定義に従うと，総じて負債として会計処理される。

このような特徴を有するドイツの匿名組合には，さらに様々な形態が生まれている。例えば有限会社匿名組合（GmbH & Still）[67]がその典型である。

注

(1) 匿名組合に関するわが国の文献には次のものがある。篠田三郎「非類型的匿名組合－その類型論的・法的構成 (1)(2)」『名城法学』第31巻第3・4号，1982年及び谷口勢津夫「ドイツにおける人的会社（共同営業者）課税『日税論集』第44号，2000年。同稿，「匿名組合課税問題—TKスキームに関する租税条約の解釈問題」『日税論集』第55号，2004年。
(2) A. Renaud, Das Recht der stillen Gesellschaften, Heidelberg, 1885年, 3-4頁。
(3) M. Häger・M. Elkemann-Reusch 編, Mezzanine Finanzierungsinstrumente, Berlin, 第1版, 2004年, 57頁。
(4) K. Lehmann, Lehrbuch des Handelsrechts, 第2版, Leipzig, 1912年, 341頁。
(5)(6) K. Lehmann, 前掲書注 (4), 342-343頁。
(7) K. Lehmann, 前掲書注 (4), 343頁。
(8)(9) K. Lehmann, 前掲書注 (4), 344頁。
(10) H. S. Werner, Mezzanine-Kapital, Köln, 2004年, 58頁。
(11) H. S. Werner, 前掲書注 (10), 60頁。
(12)(13) H. H. Hense, Die stille Gesellschaft im handelsrechtlichen Jahresabschluß,

(14) H. Rasner, Die atypische stille Gesellschaft, Bielefeld, 1961年，39頁。
(15) M. Häger・M. Elkemann-Reusch 編，前掲書注（3），112頁。
(16) H. S. Werner, 前掲書注（10），63頁。
(17) H. S. Werner, 前掲書注（10），54頁。
(18) G. Bezzenberger・T. Keul, § 85 Rechnungslegung, in : B. Riegger・L. Weipert 編，Münchener Handbuch des Gesellschaftsrechts, 第2巻（Kommanditgesellschaft, GmbH & Co. KG.・Publikums-KG・Stille Gesellschaft), München, 2004年，1683頁。
(19) M. Häger・M. Elkemann-Reusch 編，前掲書注（3），62頁。
(20) H. Heymann 編, Handelsgesetzbuch（ohne Seerecht), 第2巻，第2版, Berlin・New York, 1986年，662-663頁。
(21) M. Häger・M. Elkemann-Reusch 編，前掲書注（3），62頁。
(22) M. Häger・M. Elkemann-Reusch 編，前掲書注（3），64頁。
(23) M. Häger・M. Elkemann-Reusch 編，前掲書注（3），63頁。
(24) H. H. Hense, 前掲書注（12），63頁。
(25) M. Häger・M. Elkemann-Reusch 編，前掲書注（3），65頁。
(26) H. H. Hense, 前掲書注（12），113頁。
(27) 契約の定めた匿名組合員の出資額と現物出資された資産の適正な時価がイコールであれば特に問題はない。両者が異なる場合が生じうる。というのは，前者は両当事者間で匿名組合のチャンスやリスクを考慮して自由に定めることができるからである（H. H. Hense, 前掲書注（12），129頁）。特に非典型的匿名組合の場合にはその組合員はその出資金について秘密積立金及び場合によってのれんも取得できるので，出資金の過小評価もありうる。かりに前者が後者を上回るケースでは，通説では前者による評価と後者による評価との間で選択権が認められている（H. Adler・W. Düring・K. Schmaltz 編, Rechnungslegung und Prüfung der Unternehmen, 第1巻，第6版, Stuttgart, 1995年，363-364頁）。前者で評価したときには，その差額は商法第272条2項1号の資本準備金に計上される（H. Adler・W. Düring・K. Schmaltz 編，前掲書，364頁）。後者で評価するときには，両者の差額は費用または営業者の引き出しとして処理される（U. Blaurock, Handbuch der Stillen Gesellschaft, 第6版, Köln, 2003年，283頁）。
(28) H. H. Hense, 前掲書注（12），138頁。
(29) H. H. Hense, 前掲書注（12），274-275頁。
(30) H. H. Hense, 前掲書注（12），143頁。
(31) S. Briesemeister, Hybride Finanzinstrumente im Ertragsteuerrecht, Düsseldorf, 2006年，98頁。
(32) S. Briesemeister, 前掲書注（31），105頁。U. Blaurock, 前掲書注（27），154頁。

M. Häger・M. Elkemann-Reusch 編, 前掲書注（3）, 158頁。B. Brüggemann・M. Lühn・M. Siegel, Bilanzierung hybrider Finanzinstrumente nach HGB, IFRS und US-GAAP im Vergleich, (Teil1), in : Kapitalmarktorientierte Rechnungslegung, 第9号, 2004年, 348-349頁・350-351頁。
(33) S. Briesemeister, 前掲書注（31）, 104頁。
(34) H. H. Hense, 前掲書注（12）, 262-263頁。
(35) M. Häger・M. Elkemann-Reusch 編, 前掲書注（3）, 159頁。
(36) H. H. Hense, 前掲書注（12）, 275頁。
(37) H. H. Hense, 前掲書注（12）, 276-280頁。
(38) H. H. Hense, 前掲書注（12）, 281頁。
(39) H. H. Hense, 前掲書注（12）, 281-282頁。
(40) H. H. Hense, 前掲書注（12）, 308頁。
(41) H. H. Hense, 前掲書注（12）, 282-283頁。この簿記処理としては匿名組合員に関して出資金勘定と利益勘定が一般に用いられる（G. Bezzenberger・T. Keul, §85 Rechnungslegung, in : Münchener Handbuch des Gesellschaftsrechts, 第2巻, München, 2004年, 1820頁）。
(42) H. H. Hense, 前掲書注（12）, 397頁。
(43) H. H. Hense, 前掲書注（12）, 305頁。
(44) H. H. Hense, 前掲書注（12）, 307頁。
(45) H. H. Hense, 前掲書注（12）, 313頁。
(46) H. H. Hense, 前掲書注（12）, 314頁。
(47) U. Blaurock, 前掲書注（27）, 291頁。
(48) H. H. Hense, 前掲書注（12）, 354-355頁。
(49) H. H. Hense, 前掲書注（12）, 355頁。
(50) H. H. Hense, 前掲書注（12）, 380頁。
(51) H. H. Hense, 前掲書注（12）, 385頁。
(52) M. Häger・M. Elkemann-Reusch 編, 前掲書注（3）, 140頁。
(53) H. S. Werner, 前掲書注（10）, 87頁。
(54) M. Häger・M. Elkemann-Reusch 編, 前掲書注（3）, 145頁。
(55) この点に関して, 一方で典型的匿名組合員の損失負担分は税務貸借対照表のなかで直接的に簿価をマイナスできるという見解が支持される。匿名組合員の出資額に対する払戻請求権は変わらないが, しかしそれに対応する営業者の貸借対照表における債務は匿名組合員の損失負担分だけマイナスされるからである。他方, 営業者に対する債権としての匿名組合の表示を重視すると, 匿名組合員の貸借対照表において損失負担分だけ利益を減額すべきである（M. Häger・M. Elkemann-Reusch 編, 前掲書注（3）, 143-144頁）。

(56) M. Häger・M. Elkemann-Reusch 編, 前掲書注 (3), 144頁。
(57)(58) M. Häger・M. Elkemann-Reusch 編, 前掲書注 (3), 146頁。
(59) U. Blaurock, 前掲書注 (27), 554頁。
(60) 非典型的匿名組合出資を一定期間後に自己資本に転換するケースがある。このケースにおいて変更税法 (Umwandlungsteuergesetz) 第20条が適用される (M. Häger・M. Elkemann-Reusch 編, 前掲書注 (3), 151頁)。その結果, 資本会社はその時点までに形成された秘密積立金の取り崩しをその簿価による評価で回避する可能性から, 税務上, 簿価・中間価値・部分価値のなかで, その出資に伴う現物出資の処理に選択権がある。
(61) M. Häger・M. Elkemann-Reusch 編, 前掲書注 (3), 163-164頁。
(62) M. Häger・M. Elkemann-Reusch 編, 前掲書注 (3), 164頁。
(63) M. Häger・M. Elkemann-Reusch 編, 前掲書注 (3), 165頁。
(64) M. Häger・M. Elkemann-Reusch 編, 前掲書注 (3), 166頁。
(65)(66) M. Häger・M. Elkemann-Reusch 編, 前掲書注 (3), 170頁。
(67) H. W. Schoor・T. Natschke, Die GmbH & still in steuerrecht, 第4版, Herne/Berlin, 2005年。これについては, 拙稿,「ドイツにおける有限会社匿名組合の会計処理」『商学集志』第76巻第3号, 平成18年12月, 73-92頁参照。

第10章 新株予約権付社債の会計

第1節　序

　周知の通り，わが国の旧商法では旧転換社債と新株引受権付社債（ワラント債）があったが，2001年の商法改正に伴い，転換社債と非分離型新株引受権付社債は新株予約権付社債として一元化された。分離型新株引受権付社債は新株予約権を単独で発行できるようになったので，消滅した。ドイツではすでに1937年以降に転換社債の発行が認められている。本章では，ドイツにおけるこの転換社債及びワラント債（新株予約権付社債）の会計処理について検討する。

第2節　商法上の規定

　転換社債及び新株引受権付社債に関するドイツ法の沿革は以下の通りである。

　1937年株式法においてすでに転換社債の規定があった。それによると，この転換社債の発行に際して券面額を上回る価格で発行されたときには，その差額は法定準備金に計上されねばならないという規定であった（1937年株式法第130条2項3号）。この規定に関して次のような見解が一部に登場した。すなわち，転換権がまだ行使されていない段階では，その発行プレミアムから発行費用を差し引いた差額については，法定準備金に計上する必要はないとするものであった。その根拠は，転換社債がまだ転換されていないときには，それは依然として債権者証券としての性質をもつので，転換されていないプレミアムは収益として解された[1]。ただ，この規定が新株引受権付社債にどのように適用されるべきかについては，必ずしも明らかではなかったようである。

1965年株式法第150条2項3号は，その不明確な点を是正した。転換社債の発行に際して生じたすべての発行プレミアムが法定準備金に計上されることになったからである。しかし，その問題は解消したものの，一般的市場利子よりも低い利子による転換社債の発行の場合の処理問題が新たに生じた。この点に関してもまた，1965年株式法には不備があった。つまり，一方でプレミアムを伴う発行と，他方で市場の利子率よりも低い利子率による転換社債の発行は経済的には同じ性質をもつ財務取引にもかかわらず，会計上異なる処理は望ましくないからである。この点に関して，一般市場利子率を下回る利子率での新株引受権付社債の発行については，一方で債務証券と他方で持分証券との2つを明確に区別できるのがその特徴である。

このため，1985年商法はその点を踏まえて変更した。それは第221条1項1文で次のように規定する。債権者に対して株式の転換権もしくは引受権を付与する債務証書，すなわち転換債務証券は株主総会の決議において少なくとも資本金の4分3を占める多数により発行できる。ここで注目すべきは，法文上では転換債務証券は広義であり，いわゆる転換社債と新株引受権付社債を含む。また，株主はこの転換社債及び新株引受権付社債について引受権を有する（株式法第221条4項）。さらに，このような転換社債及び新株引受権付社債の発行プレミアムに関しては，資本準備金に計上されねばならない（商法第272条2項2号）。その場合，転換権もしくはオプション権の行使いかんは関係しない。行使されないときには，当初に設定された資本準備金を取り崩してはならない[2]。

第3節 商法上の処理

1 一般的な新株予約権付社債

1.1 一般市場利子率で発行プレミアムを伴う発行のケース

一般市場利子率で且つ発行プレミアムを伴う転換社債または新株引受権付社債が発行されるときには，その償還金額を上回る発行プレミアムは，前述の通り資本準備金に計上されねばならない。異なる相場で転換社債もしくは新株引受権付社債が発行されているときには，各発行ごとに発行価額が償還価額をど

の程度上回っているかについて確認する必要がある。その場合，ある発行で社債割引発行差金が生じているけれども，別の発行では発行プレミアムが生じているときには，両者を相殺し純額で示すのは妥当ではなく，総額で示さねばならない[3]。

1.2 一般市場利子率を下回る発行のケース

一般市場利子率を下回って社債が発行されるときには，その差額分は経済的には明らかに株式引受権の代償を示す。ここでは，その代償に相当する金額を把握する必要がある。その手掛かりとなるのは，発行企業側と起債引受銀行等との間で社債発行条件に関する取り決めである[4]。このような十分な取り決めがないときには，適切な見積が必要となる。この見積に対して期間が一致する一般的な市場利子率から出発しなければならない。例えば，社債の償還額が1,000で，オプション権が100であると仮定する。この100のオプション権は資本準備金に計上される。その結果，以下のように，社債の金額は900となる[5]。

（借）当座預金　　1,000　　（貸）資本準備金　　100
　　　　　　　　　　　　　　　　　社　　　債　　900

しかし，この処理法では社債が償還金額を示さず，商法上問題を含む（商法第253条1項2文）。このほかに，社債の償還金額を示すとともに，資本準備金に対する相手科目を資産として計上すべきとする見解もある。それは利用権（Nutzungsrecht）もしくは社債割引発行差金を意味する[6]。これによると，以下のように処理される。

（借）当　座　預　金　1,000　　（貸）資本準備金　　100
　　　借方債務超過差額　　100　　　　　社　　　債　　1,000

この借方債務超過差額は経済的には社債の償還期間にわたる利子費用に相当するので，商法第250条3項2文に従い，規則的に償却されねばならない。この処理法では債務の償還金額と発行価額との差額として借方側に借方債務超過差額としての計算限定項目を計上することができ，それには商法第250条3項1文による資産計上選択権が適用される[7]。言い換えれば，商法上は必ずしも

資産計上義務があるわけではない。なお，すでに計上した発行プレミアムに関する資本準備金については，転換権もしくはオプション権が行使されなくとも，それを取り崩して成果作用的に処理することはできない[8]。その理由は，プレミアムは旧株主からの出資という，構成員法上の法的立場の付与に伴う代償を示すからである[9]。

上のケースでは社債の払込額と償還金額とが一致していたので，貸方側の資本準備金と借方債務超過差額とがたまたま同額（100）となった。しかし，これは常に成り立つとは限らない。例えば，新株予約権の金額が150，社債の額面金額が1,000，払込金額が900であるとすれば，次のように仕訳される[10]。

（借）当 座 預 金 　900　　（貸）資本準備金　　150
　　　借方債務超過差額　250　　　　　社　　　債　1,000

この仕訳で示される借方債務超過差額250は，社債の額面金額（1,000）と普通社債の払込額（900－150＝750）との差額を示す。新株予約権付社債が無利息のときには，償還日が決算日以降12ヶ月を超える場合，税法目的として社債を5.5％の利率で割り引かねばならない（所得税法第6条1項3号）。

2　強制転換条項付新株予約権付社債

新株予約権付社債のなかには発行者側による強制転換条項のついたタイプもある。これについても基本的には転換されるまでは強制転換条項のないものに準じて処理される。すなわち，その発行時点において社債に関してはその名目金額で計上されるとともに，新株予約権については資本準備金に計上される。ただ，強制転換条項のある場合には，その条項のないタイプに比べて社債利率が比較的高いので，投資家にはリスクがある。このため，発行者がプレミアムを受け取るというよりは，むしろ契約上の転換義務は，発行者が借方債務超過差額を伴う発行となりうる。しかし，フリール（A. Friel）はこの点について次のように述べる。「なるほど転換義務，したがって事前契約は会社に対して転換権の行使及び転換義務のある社債保有者に対する引受契約の締結への実施しうる請求権をもたらす。しかし，この請求権は抽象的に個別売却性もしくは独自の換金性もなければ，個別強制執行の方法で遡及する意味をもたない。この

理由から，その請求権は資産としては計上できない[11]。」

いま，一般市場利子率を前提とした強制転換条項付新株予約権付社債を発行し，その際の新株予約権付社債の名目金額が1,000，発行プレミアムが50，払込額が1,050であり，強制転換権のない新株予約権付社債における発行プレミアムが100と見込まれると，次のように仕訳される[12]。

| （借）当座預金 | 1,050 | （貸）資本準備金 | 100 |
| 損　　失 | 50 | 社　　債 | 1,000 |

強制転換条項付新株予約権付社債について50の割引発行をし，強制転換権のない新株予約権付社債の発行の場合には50のプレミアムが生じると仮定すると，次のように仕訳される[13]。

| （借）当座預金 | 950 | （貸）資本準備金 | 50 |
| 損　　失 | 100 | 社　　債 | 1,000 |

一般市場利子率9％を下回る利率で強制転換条項付新株予約権付社債を名目金額1,000で発行し，普通社債の発行では50の借方債務超過差額が生じ，強制転換条項のない新株予約権付社債の発行では発行プレミアムが100だけ発生すると仮定すると，次のように仕訳される[14]。

（借）当　座　預　金	1,000	（貸）資本準備金	100
借方債務超過差額	50	社　　債	1,000
損　　　　失	50		

市場利子率を上回る利率11％で強制転換条項付新株予約権付社債を発行し，普通社債では50の発行プレミアムが生じる見込まれ，強制転換条項のない新株予約権付社債では50の発行プレミアムが生じると仮定すると，次のように仕訳される[15]。

（借）当座預金	1,000	（貸）資　本　準　備　金	50
損　　失	100	社　　　　債	1,000
		貸方債務超過差額	50

第4節 税務上の処理

1 ワラント債

　新株予約権付社債のうちでワラント債に相当するものに関する税務上の処理は以下の通りである。発行者側の処理は原則として商法に準ずる。この場合，税務貸借対照表では社債については商事貸借対照表と同様にその名目額で計上される。新株予約権に相当する部分については，それが公示されたあるいは隠れたものすべてを文献では把握すべきとする。その理由は，「税法上の意味における払込みは，出資者もしくはその近親者が出資関係によってもたらされた貸借対照表能力ある財産便益の拠出である[16]」からである。これに対して，税務当局では新株予約権が事実上行使される場合だけ計上すると捉える[17]。いずれにせよ，新株予約権の支払は将来の出資関係に基づくものと解される。借方債務超過差額については，商法上の資産計上選択権とは違って，税務上は資産計上義務があり，それは規則的に償却されねばならない。新株予約権が行使されなかったときには，税務上それは利益に戻し入れられる。

2 転換社債

　税法上，金融商品の各構成要素を明確に独立して評価できないものについては，原則としてその独立的な評価は強制されず，金融商品自体が一体として取り扱われる。但し，この一体的な処理の例外が転換社債のケースである。これについては商法第272条2項2号の規定に準じて社債部分と，新株予約権部分とに分別経理される。その結果，前者についてはその返済額で負債計上され，後者についてはまだ出資者でない者による出資者の期待権 (Anwartschaft) に対するプレミアム (Aufgeld) として税務上の自己資本とみなされる[18]。社債利息は事業支出として課税所得から控除できる（所得税法第4条4項・法人税法第8条1項）。転換時点まで発行者側はこの社債利息について25％の資本収益税による源泉徴収の対象となる（所得税法第43条1項）。

3 強制転換条項付新株予約権付社債

強制転換条項付新株予約権付社債を発行したときには、すでに触れたワラント債及び転換社債（強制転換条項のない新株予約権付社債）と同様に処理される。転換義務によって得られた対価は商法と同様に税法上も資産化できる性質をもたず、それは損失を示す。また、それは発行プレミアムとも相殺できない。これは税務貸借対照表の商事貸借対照表に対する基準性原則の適用に基づく。その結果、強制転換条項の付いた転換義務は税務上も認められず、課税所得から控除できる。

強制転換条項付新株予約権付社債の発行に際してプレミアムまたは割引を伴わず、経済上利子率を考慮して発行されるケースもある。転換権及び転換義務という転換要素が全体としてプラスの価値を有するときには、一般市場利子率を下回る利子率で発行される。このため、商法第250条3項の資産計上選択権と対照的に税務上は借方計算限定項目の計上義務がある[19]。これに対して、転換要素がマイナスの値を示し、その社債の利子率が市場利子率を上回るときには、税務上もまた貸方計算限定項目が計上されねばならない。

第5節 IFRSによる処理

IAS第32号によると、新株予約権付社債は以下のように自己資本としてのタイプと、他人資本としてのタイプによって以下のように処理される。

1 自己資本デリバティブとしての新株予約権付社債

自己資本タイプとしての新株予約権付社債は、その所有者からみれば株式取得の権利を有するコール・オプションである。これに対して、その発行者側では以下の3つの要件を満たすときには自己資本に計上される[20]。

① 転換権の行使後に、社債の名目金額と一定の株式とが交換される（IAS第32号16・22）。

② 履行の種類として株式の総額による決済（gross share settlement）が取り決められている（IAS第32号AG27）。

③ 自己資本の分類の前提を満たさないような履行の種類について所有者ないし発行者側の選択権がない（IAS第32号22・36, IAS第32号AG27）。

このような性質を有する新株予約権付社債は複合金融商品（compound financial instrument）とみなされる。その結果，それはその発行時点で社債としての他人資本と，転換権をもつ新株予約権たる自己資本とに区別経理される。いま，通常の新株予約権付社債の発行価額は100百万ユーロ，転換価額は1株あたり10ユーロ，年利率は7％，償還期間は3年，償還時点における転換により10百万ユーロの株式に転換可能となる。なお，この発行時点で新株予約権の付いていない社債の市場利子率は12％であるとする。このケースでは，次のように仕訳される[21]。

（1）発行時点（以下の単位はすべて百万ユーロ）

（借）現　　金　　100　　（貸）社　　　債　　88※
　　　　　　　　　　　　　　　新株予約権　　12※※

※　社債　$88 = 7/1.12 + 7/1.12^2 + 7/1.12 + 100/1.12^3$

※※新株予約権 $12 = 100 - 88$

この社債部分について発行時点でIASでは公正価値（fair value）で評価される。その後において社債は実効利子法（Effektivzinsmethode）による取得原価で次のように処理される。

（2）第1年度末

（借）支払利息　　10.6※　　（貸）社　　　債　　3.6
　　　　　　　　　　　　　　　　現　　　金　　7.0※※

※　$10.6 = 88 \times 12\%$　　※※　$7 = 100 \times 7\%$

（3）第2年度末

（借）支払利息　　11.0※　　（貸）社　　　債　　4.0
　　　　　　　　　　　　　　　　現　　　金　　7.0※※

※　$11 = (88 + 3.6) \times 12\%$　　※※　$7 = 100 \times 7\%$

（4）第3年度末

(借) 支払利息	11.5※	(貸) 社　　債	4.5
		現　　金	7.0※※

※　$11.5 = (88 + 3.6 + 4.0) \times 12\%$　　※※　$7 = 100 \times 7\%$

償還時点で新株予約権を行使し株式に転換したときには，次のように仕訳される。

(借) 社　　債	100	(貸) 資本金	100

新株予約権が行使されなかったときには，上記仕訳の貸方科目が現金となる。

2　他人資本としての新株予約権付社債

新株予約権が自己資本ではなくて他人資本としての性質を有する場合もある。それは以下のケースである[22]。

① 発行者もしくは所有者のいずれかが新株予約権の行使後に株式に代えて株式の株価を流動資金で引き渡す（純額現金決済 (net cash settlement)）選択権を有する（IAS第32号26, IAS第32号AG27）。
② 利息の支払及び償還金額が外国通貨で実施される（IAS第32号16 (B)）。
③ IAS第32号の意味における外部事象の発生後に，所有者の選択権の行使後，追加的なそれ以外の株式を得る（IAS第32号16 (b) (ii)）。

新株予約権が他人資本としての性質をもつときの会計処理は以下の通りである[23]。

(1) 発行時点の処理（但し株価は9ユーロ，行使価格は10ユーロとする。）

(借) 現　　金	100	(貸) 社　　債	88
		新株予約権	12

(2) 第1年度末

(借) 支払利息	7.0	(貸) 現　　金	7.0

(3) 第2年度末の株価が15ユーロのとき

このケースで新株予約権の時価を無視し，その本源的価値のみを考慮すると，次のように仕訳される。

　　　（借）　費　　　用　　　50.0 ※　　（貸）　新株予約権　　　　50.0
　　　　※　50 = 10 ×（15 − 10）

(4) 第3年度末の株価が9ユーロに下落したとき

　　　（借）　新株予約権　　　50.0　　　（貸）　新株予約権戻入益　　50.0

この第3年度末にみられるように，株価が行使価格を上回るときには損失が発生し，株価の上昇につれて，その損失は一層拡大する結果となる。

3　IASによる新株予約権の性格規定

IASによれば，新株予約権付社債の新株予約権が自己資本としての性質をもつのか，それとも他人資本としての性質をもつのかは，その条件によって左右される。

3.1　履行の種類

その1つの決め手となるのが履行の種類である。これには次の3つのケースがある[24]。
① 新株予約権の行使後に，所有者が株式の代わりにその株価に相当するものを純キャッシュで決済するケース（純額現金決済：現金と現金の交換の場合）。
② 新株予約権の行使後に，社債の名目額が返済され，社債の名目額と株価との差額について可変数の株式で支払われるケース（純額株式決済：株式と株式の交換の場合）
③ 新株予約権の行使後に，一定の自己株式が引き渡されるケース（総額現物決済：現金と株式との交換の場合）

この3つのケースのうちでIASによれば，ネットによる現金決済（①）及び純額による株式の決済（②）については，新株予約権は他人資本とみなされる。株式の引渡数があらかじめ定められ，社債の償還金額が機能通貨で実施される総額による株式決済（③）のみ，新株予約権は自己資本とみなされる。

3.2 交換条件

この履行のほかに交換条件も新株予約権の性格に影響する[25]。

まず，一定の現金額の内容が問題となる。IFRSの考え方では2005年6月まではこの現金額について外国通貨の場合には一定の現金に該当せず，したがって他人資本とみなされた。2005年7月以降は外国通貨で示される新株予約権付社債の新株予約権は他人資本ではなくて自己資本として取り扱われるように勧告された。

次は一定の株式数に関してである[26]。IAS第32号16（b）（ii）ではこの一定の株式数は発行時点を予定している。発行時点以降のこの一定の株式数について外部事象の発生に伴い，追加的な株式の提供も考えられる。この場合には，新株予約権は他人資本としてのデリバティブとみなされる。この典型例は株価指数による利子率もしくは税法規定，発行者の負債資本比率の変更などが主なものである。

第6節 結

以上の論旨を整理すれば以下の通りである。

第1に，商法上新株予約権付社債については一般市場利子率で発行し，発行プレミアムを伴うケースと，一般市場利子率を下回る利率による発行とで区別される。前者では償還金額を上回る発行プレミアムは資本準備金に計上される。後者では，一般市場利子率と社債利子率との差額は株式引受権の代償を示すので，資本準備金に計上される。また，社債の実際払込額（但し資本準備金相当額を控除する。）と社債の償還金額との差額については，借方債務超過差額とみなされるが，商法上はその資産化について選択権がある。

第2に，転換権またはオプション権の行使のいかんにかかわらず，発行プレミアムについては資本準備金に計上したままで，その取り崩しは認められていない。

第3に，強制転換条項付新株予約権付社債については，その強制転換条項のないものに準じて処理される。但し，借方債務超過差額については資産性に問題があるので，損失として処理する。

第4に，税法上新株予約権付社債については商法に準じて処理する。その結果，社債部分はその償還価額で，また新株予約権部分については税務上の払込みに相当するものとみなされる。借方債務超過差額については資産計上義務があり，転換または行使がなされないときには，新株予約権について利益に戻し入れられる。

　第5に，IFRSでは社債はその公正価値で評価されるのに対して，ドイツ商法ではその償還金額で計上される点に違いがある。また，利息の計上についてIFRSでは実効利子法が採用されているのに対して，ドイツ商法ではそのような処理は前提とされていない。また，ドイツでは借方計算限定項目または借方債務超過差額について償還期間にわたって定額法による償却が実施される。これらの点に両者の処理法は相違している。

注

（1）　W. Busse von Colbe, Handelsrechtliche Bilanzierung von Optionsanleihe und Optionsentgelten aus betriebswirtschaftlicher Sicht, in : W. Busse von Colbe・B. Großfeld・K. L. Kley・K. P. Martens,・K. G. Schlede, Bilanzierung von Optionanleihen im Handelsrecht, Heidelberg，1987年，所収，53頁。
（2）　H. Adler・W. Düring・K. Schmaltz 編, Rechnungslegung und Prüfung der Unternehmen, 第5巻，第6版，Stuttgart, 1997年，349頁。
（3）　H. Adler・W. Düring・K. Schmaltz 編，前掲書注（2），351頁。
（4）　H. Adler・W. Düring・K. Schmaltz 編，前掲書注（2），352頁。
（5）〜（7）　H. Adler・W. Düring・K. Schmaltz 編，前掲書注（2），353頁。
（8）（9）　H. Adler・W. Düring・K. Schmaltz 編，前掲書注（2），355頁。
（10）　W. Busse von Colbe，前掲論文注（1），61頁参照。
（11）　A. Friel, Wandelanleihen mit Pflichtwandlung in deutschen und US-amerikanischen Recht, Frankfurt am Main，2000年，267頁。
（12）（13）　A. Friel，前掲書注（11），268-269頁。
（14）（15）　A. Friel，前掲書注（11），271-272頁。
（16）　S. Briesemeister, Hybride Finanzinstrumente im Ertragsteuerrecht, Düsseldorf, 2006年，258頁。
（17）　H. Häuselmann・S. Wagner, Steuerbilanzielle Erfassung aktienbezogener Anleihen : Options-, Wandel-, Umtausch- und Aktienanleihen, in : Betriebs-Berater, 第57巻第47号，2002年11月，2431頁。なお，投資者側ではワラント債を取得したときには，債務証書

に相当する部分と，新株予約権に相当する部分とに資産を2つに分割してそれぞれ資産計上する。前者の投資有価証券はその償還金額で計上される。後者については一般市場利子率で発行されたときには，そこで把握される発行プレミアムが新株予約権とみなされる。これ自体は非償却性無形固定資産である。一般市場利子率を下回る利率でワラント債が発行されたときにも同様に投資有価証券はその返済金額で計上される。ただ，投資額とその返済金額との間に生じる差額は貸方債務超過差額として計上される。これは償還期間にわたって利益に戻し入れられる。新株予約権が行使されたときには，その行使価格による金額が投資有価証券として資産化される。これを売却したときには，半額所得手続が適用される。新株予約権の行使以前にワラント債を売却して得られた利益については半額所得手続は適用されない。その理由は，新株予約権は法人税法第8b条2項の持分に該当しないからである（H. Häuselmann・S. Wagner，前掲論文注（17），2432頁）。新株予約権を行使せずに失効したときには，それを利益作用的に取り崩す。

(18)　S. Briesemeister, 前掲論文注（16），264-265頁。なお，投資者側でもまた2つの経済財，つまり通常の利付債券部分と，オプションの取得分とにそれぞれ分けて資産化する。ただ，発行者側に統一的な法関係しかないときには，転換社債を保有する投資家はそれを一つの資産として計上する。転換権の行使によって得られた株式は投資有価証券の簿価に付加される。新株予約権の行使に追加払込の必要があるときには，その簿価に加算する。投資有価証券の価値増加には半額所得手続が適用される。転換された株式の売却益にはこの半額所得手続は適用されない。それは二重課税の回避目的から課税されないからである（法人税法第8b条2項）。

(19)　A. Friel, 前掲書注（11），275-276頁。なお，投資者側では転換要素のある金額を貸借対照表で分別経理する必要はない。というのは，債券全体が分離しておらず，別々に換金できないからである（A. Friel，前掲書注（11），282頁）。プレミアムを伴う強制転換条項の付いた新株予約権付社債が発行されているときには，その取得原価は債券の名目金額とプレミアムの支払の合計に一致する。割引発行のときには，その名目金額はこの割引分だけ控除して資産化される。このプレミアムもしくは割引を伴わず，一般市場利子率を上回ったりあるいは下回ったりする場合には，発行者側と同様に普通社債が低廉利子で取得したと仮定した場合に生じるはずの割引額が測定されねばならない。ここでは追加的な税務上の利益が投資者側に発生する。その逆の場合には架空上のプレミアムが発生する。それは投資者側では課税所得のマイナスとなる（A. Friel, 前掲書注（11），283頁）。

(20)　D. Isert・M. Schaber, Bilanzierung von Wandelanleihen nach IFRS, in : Betriebs-Berater, 第60巻第42号，2005年10月，2287頁。

(21)　D. Isert・M. Schaber, 前掲論文注（20），2287-2288頁。

(22)　D. Isert・M. Schaber, 前掲論文注（20），2288頁。

(23)　D. Isert・M. Schaber, 前掲論文注 (20), 2289頁。
(24)(25)　D. Isert・M. Schaber, 前掲論文注 (20), 2290頁。
(26)　D. Isert・M. Schaber, 前掲論文注 (20), 2291頁。

第4部 総括と展望

第11章
資本会計制度の特質と意義

　以上，ドイツを中心に資本会計制度について論究した。その特質と意義を以下の4点に整理し，各論点について最後に若干のコメントを加えることにしたい。

第1節　商事資本会計制度

1　資本金制度及び資本維持制度

　ドイツ商事資本会計制度は，補論で論究するオーストリア法及びフランス法と同様にEC会社法第2号指令が定める最低資本金制度及び資本維持制度を依然として堅持しており，それは今なお健在である。周知の通り，わが国の会社法は最低資本金制度を廃止した。イギリスのリックフォード（J. Rickford）を中心とした研究グループは，資本金制度が会社の倒産防止に役立たず，適正な配当を妨げコストがかかるので，それを廃止すべきとする結論を2004年に下した[1]。このリックフォード報告書に対抗して，ドイツ・オーストリア・フランス・オランダにおける研究者及び実務家の総勢40名から成る研究グループが結成された。ルター（M. Lutter）を代表とする研究グループは，最終的に「ヨーロッパにおける株式会社における資本」[2]を2006年に公表し，資本金制度の重要性を再確認した。それによると，この根拠として次の諸点を挙げている[3]。
　①　資本金は債権者保護に役立つ。
　②　資本金は出資者が無限責任ではない会社の資本調達に対する経済ルールである。
　③　資本金は出資者及び業務執行者に対する法の安定性につながる。
　④　資本金は倒産の事前防止に役立つ。

⑤ 資本金は特に財務制限条項を会社と締結できない弱者としての債権者保護に役立つ。
⑥ 最低資本金制度が設けられると，債権者に対して思いがけない損失からの影響を防ぐことができる。
⑦ 資本金のルールは株式プレミアムを利益とみなして配当したり，収益力をミスリードするシステムを妨げる。
⑧ 資本金は会社の乗っ取り防止に役立つ。
⑨ 資本金は容易に株式（新株予約権）の希薄化から少数株主を保護する。
⑩ 資本金による配当規制は出資者の圧力から経営者を解放する。
⑪ 資本金による配当規制は短期的な支払不能テストと異なり，長期的に影響するルールである。
⑫ かりに資本金制度を廃止するとすれば，経営者の責任が一層強化されねばならない。

また，最低資本金制度に関しても，その一定の意義がある[4]。具体的には次の諸点がその主なものである。

① 大規模の資本会社にはたしかにそれは必要ないとしても，中小企業には，それは創立者が有限責任の獲得に対する代償としての性質をもつ。
② 最低資本金制度は不採算となる企業の設立を防止できる。
③ 最低資本金制度は国民経済的なコストと結びついており，そのコストは特に現物出資に関する検査手続の簡素化を図れば減少する。

さらに配当規制に関しても従来通り貸借対照表に基づく資本維持が不可欠とされる。これを廃止し支払不能テストに全面的に委ねると，出資者に対する楽観主義的な配当へ傾斜しがちで，債権者保護にとってマイナスとなる。かりに支払不能テストを導入するとしても，それには欠点が多くあるので，そのような状況に応じた配当規制はあくまで貸借対照表による配当規制を補完する手段でしかすぎない。というのは，支払不能テストの結果に関して専門家による検証が必要であり，またその違反に対する罰則規定と出資者の損害賠償責任を適切に整備しなければならないからである[5]。そこで，ルター研究グループは差しあたり配当に関して一方で商法上の貸借対照表に基づいて決定するか，あるいはIFRSに基づく貸借対照表に基づいて決定するかのいずれかを選択適用す

る。但し，後者のケースでは配当金額の妥当性を検証するために，2年間の資金計画による支払能力の実施を追加条件とする[6]。

このようにドイツの商事資本会計制度は，後述する補論1のオーストリア及び補論2のフランスのそれらと同様に債権者保護の見地に基づく資本金制度及び資本維持制度が伝統である。この特徴は商事資本会計制度のいわば縦軸といってよい。

2 実質的自己資本概念と出資者借入金の資本化制度

しかし，これだけが唯一の特徴というわけではない。実はこの縦軸と並んでそれに劣らず重要なのは，同じく債権者保護を実質的に側面から補完し支柱となるもう1つの横軸である。それは2つの面から構成される。1つは経済的観察法に基づく責任資本としての自己資本の範囲であり，他の1つは出資者借入金の資本化制度である。

2.1 実質的自己資本概念

債務法上形式的には他人資本に属する項目が自己資本に関する一定の要件を満たすときには，債権者に対する責任資本たる機能的自己資本とみなされ，実質的自己資本の一部を構成する。この一定の要件としてHFAは劣後性・報酬の利益依存性及び損失負担・資本提供の長期性を重視する。これが通説的な自己資本のメルクマールと解される。このうちで第1要件の劣後性については異論がないが，第2及び第3の要件については解釈が分かれている。例えば第2の報酬の利益依存性については，利益の内容を年度剰余額・貸借対照表利益・配当可能利益のどれに限定するのか，利益の依存性について企業の期間業績に積極的に連動させるのか，それとも消極的に単に配当規制のある自己資本構成要素を維持すればよいのかがその論点である。厳格に解釈すれば，企業の期間業績を反映する年度剰余額を用いるのが望ましいであろうし，弾力的な解釈によれば，配当規制に伴う資本維持を重視して貸借対照表利益もしくは配当可能利益でもよいであろう。損失負担に関しても，各期間に生じた損失発生の都度その損失を負担するのか，それとも配当規制との関係で維持されるべき自己資本構成要素を取崩す前に当該損失を負担するのかがその論点である。

特に問題となるのが第3の資本提供の長期性である。これを無期限と捉え，且つ当該債務の解約権を付与せず，あるいは付与するとしても一定の解約告知期間後にはじめて解約権を認めるとする厳格な立場がある。これに対して，2年程度の返済期限があれば十分とする弾力的な立場もある。最低5年の返済期限とし，債券の発行者もしくは保有者に解約権を一定の解約告知期間後に認めるとする両者の中間的な折衷的立場もある。この場合，金融機関に対する自己資本比率規制に準じた実務上の責任資本を問題とするときには，折衷的な見解を適用しても特に支障はないであろう。金融制度法では，最低返済期限が5年で，2年間の解約告知期間の享益権を責任自己資本と捉える（金融制度法第10条4項）。

このように，各要件を比較的に厳格に捉える解釈と弾力的に捉える解釈とが対立している。責任資本としての実質的自己資本概念を問題とするとき，実務上は弾力的解釈を適用することに異論はないとしても，やはり理論的には厳格な解釈が妥当性をもつであろう。ただ，この点について今後はIFRSが規定する自己資本（持分）との調整が重要な課題となろう。

このような各要件の内容とは別に，そもそもこの3つの要件が果たして必要十分な要件なのかという根本的な問題も実はある。例えば，経営経済上の自己資本の機能面については形式的自己資本ほど厳格な要件は必要ではなく，むしろ利益依存的な報酬及び劣後性の2つだけで十分とする見解がある[7]。人的会社においては契約の定めで損失負担を除外しうるので損失負担の要件は不必要で，しかも資本提供の期間自体も特に要件とする必要がないとされる。また，実質的自己資本のメルクマールとして損失負担と劣後性の2つの要件で十分とする見解もある[8]。この点に関して，人的会社及び資本会社に共通する実質的自己資本のメルクマールを前提とするか，それとも資本会社だけのそれを対象とするかによって，その要件は異なってくると解される。前者であれば，合名会社の無限責任社員に対しては，会社が損失の場合でも出資額の4％に相当する最低報酬が認められており（商法第122条1項），報酬の成果依存性はない。合資会社の有限責任社員については，契約の定めで損失負担を除外できる（商法第121条）[9]。人的会社の社員には少なくとも決算日前6ヶ月間の解約告知期間を経れば出資の払戻が可能であり（商法第132条），資本提供の長期性も要件とな

っていない。したがって，人的会社及び資本会社に共通する実質的自己資本のメルクマールとしては，最終的にただ一つ劣後性だけが残るにすぎないであろう[10]。この劣後性についても単純劣後でよいのか特別劣後なのかという問題もある。一般に第三者としての債権者を保護すればよいので，単純劣後で十分である。これに対して，資本会社固有の実質的自己資本を問題とするときには，やはり既述の通りHFAの主張する3つの要件が少なくとも重要な手がかりとなろう。

　いずれにせよ，実質的自己資本に関する一定の要件を満たすものが事実上，商法上の会計主体となる。それとの関連で貸借対照表の貸方分類が問題となる。その点に関して，その会計主体を経済的な企業の担い手という会社構成員上の財産権（mitgliedschaftliches Vermögensrecht der Unternemensträger）を中心とした表示方法が考えられる。つまり，形式的自己資本と機能的自己資本を構成要素とする実質的自己資本と他人資本とによる分類，すなわち貸方二区分説である。ただ，この方式によると，実質的自己資本の内部において形式的自己資本と機能的自己資本を並列的に表示させることになる。このため，機能的自己資本が元来，債務法的性質を有することに対する誤解を招く恐れがある。そこで，制度上は形式的自己資本をそのままとし，機能的自己資本を形式的自己資本と他人資本との中間に独立させて表示する考え方もある。これは実質的には三区分説である。

　会計主体と損益計算及び利益処分との関係も問題となる。一般に他人資本の報酬は支払利息として費用処理されるのに対して，自己資本の報酬は利益処分として処理される。ここで特に問題となるのが機能的自己資本に関する報酬の取扱である。これはそもそも債務法上他人資本であるので，その報酬を支払利息として費用処理するというHFAの考え方がある。これによると，責任資本の面で他人資本を機能的自己資本と解しても，その報酬は依然として費用処理されてしまい，その自己資本的性質に適合した利益処分として処理されない。この機能的自己資本の報酬をかりに費用処理するにしても，その他の一般的債務に対する費用からひとまず区別することも考えられる。この詳細は後述する第3節のメザニンファイナンスのなかで触れる。

　これに対して，もう1つの考え方もある。それは，機能的自己資本の報酬を

利益処分とみなす考え方である。その場合，機能的自己資本の報酬を株主の配当と全く対等に取り扱う処理がまず考えられる。このほかに，それが債務法上あくまで他人資本の報酬であるので，株主への配当といった一般的な利益処分から一応区別し，優先的に実施されるべき性質と解し，それを利益処分の第1段階と捉える処理も考えられる。ここでは通常の株主に対する配当等は，この第1段階後に実施される利益処分の第2段階の対象となる。このように，機能的自己資本の報酬処理は実は損益計算及び利益処分計算との関係で重要な問題を提起するのである。これは，他人資本及び自己資本のなかでさらに優劣の順位が一層複雑化すると，場合によっては，それに応じて多段階方式による費用計算または利益処分計算の導入を示唆するといってよい。

2.2　出資者借入金の資本化制度

　一定の要件を満たす出資者借入金は，出資者のファイナンス責任の面から自己資本とみなされる。ただ，この出資者借入金の資本化制度に関してドイツとオーストリアでは若干その内容が異なる。現行ドイツ法では有限会社をベースとして資本金維持を中心とした判例ルールと倒産を中心とした新ルールとが併存しているのに対して，オーストリア法では補論1の(3)で示すように資本会社一般を対象とし，もっぱら倒産ルールを中心とするからである。両者とも債権者保護を前提とする点は共通する。この実質的自己資本概念及び出資者借入金の資本化制度がいわば横軸による債権者保護システムである。

　このように，すでに触れた縦軸とこの横軸とによる重層的な債権者保護システムがドイツ及びオーストリアの大きな特徴といってよい。

　わが国において最低資本金制度を会社法が廃止した関係で，債権者保護に対する制度上の後退は否めない。旧商法で認められていた利益準備金及び配当可能利益の資本金組入れ（旧商法第293条の2，第293条の3）は会社法の制定により認められず，資本準備金及びその他資本剰余金の資本金組入れに限定されることになった（会社計算規則第48条）。たしかに利益準備金及びその他利益剰余金は株主の払込資本とは明らかに源泉を異にしている。しかし，一方で払込資本を源泉とするその他資本剰余金が原則として配当財源となり会社の資本維持にマイナスの面を伴うことも否めない。そこでこれを補う一手段して，わが国の会

社法では廃止されたけれども，株主総会の普通決議を経て利益を源泉とする利益準備金及びその他利益剰余金の資本金組入れも，一定の意義を有すると解される。その際にこれが利益準備金またはその他利益剰余金による資本金組入れであることを分別経理しておく必要がある。例えば減資においてこの種の資本金組入れによる取崩額を資本準備金及びその他資本剰余金の資本金組入れによる取崩額よりも優先させれば，源泉別分類に配慮した減資を実施することができる。この点からは，利益準備金またはその他利益剰余金による資本金組入れをあえて禁止する必要はないであろう。これは明らかに債権者保護の見地から資本金維持及び企業維持に資するからである。同様に，留保利益課税のほうが配当可能利益課税よりも税負担が高い関係から認められる配当可能利益の資本準備金組入れというドイツ法独特の制度も一考に値する。

　このような事前的もしくは予防的債権者保護の仕組みに代えて，事後的なそれで十分とする考え方もアメリカ等を中心に一段と強くなる傾向である。もちろん，財務制限条項を会社に強く要求できる債権者だけであれば，それによるシステムで十分であり，そこには特に問題はない。しかし，会社に対して何ら要求できず，あくまで弱い立場の債権者が少なからず存在するのもまた事実である。したがって，この弱者としての債権者を保護するためには，やはり事前的もしくは予防的債権者保護システムは依然として有効な手段の一つであり不可欠であると解される。また，かりに会社と債権者との間で信用リスクを考慮した財務上の契約関係（財務制限条項）に重きを置くと，かなりコストがかかりコンフリクトに伴う損失も発生する可能性がある[11]。さらに，株主は無制限に利益チャンスをもつが，損失負担には有限責任であるので非対称的であり，その面で債権者はリスク面で不利となる可能性が高い[12]。これらの点からみて，法が最低限資本維持に関与し債権者を保護する仕組みは今なお重要な役割を果たすはずである。この意味で，ドイツ及びオーストリアの商事資本会計制度はわが国においても再検討する必要があると考えられるのである。

第2節　税務資本会計制度

　ドイツにおける税務上の所得計算は，オーストリアも同様に（これについては

補論1の(2)を参照)基準性原則に従い，商事資本会計制度と密接な関係にある。この点から税務貸借対照表は商事貸借対照表をベースとして作成される。ただ，両者の資本会計制度は必ずしもイコールではない。税務資本会計制度においても商事資本会計制度と同様に経済的観察法が重視されるが，しかしそこでは担税力の面にウエイトが置かれる。その結果，一方で所得税法上において共同事業者とみなされる場合，その出資者の利益持分は事業支出としては処理できず，所得処分として処理される。非典型的匿名組合の取扱がその代表例である。他方で法人税法上においては，債務法上は他人資本であっても利益参加及び清算剰余額の参加という要件を満たす享益権は実質的に担税力の面からは株式と同等の地位をもつ。したがって，それは税務上の自己資本とみなされ，その報酬は事業支出としてではなくて利益処分として処理される。この担税力の面から税務上の納税主体が問題となり，それに基づいて自己資本の範囲及び課税所得計算が関連づけられる。この税務上の自己資本の範囲は，明らかに債権者保護の立場に基づく商法上のそれとは範囲が異なる[13]。

　この点に関して，会社法，IAS第32号及びIAS第32号改正案，加えて2008年2月に改訂されたIAS第32号[14]も含めて自己資本及び他人資本の範囲の違いについて図示すれば〔図表11-1〕の通りである。

　さらに，出資関係に基づいて出資者が払込可能な資産を提供したときには税法固有の隠れた払込み概念が問題となる。これは商法上の資本準備金に類似するが，両者は必ずしも一致するとは限らない。それ故に，出資者が不当に安い価格で現物出資したときあるいは出資者がまだ価値を有する債権を放棄するときには，この隠れた払込みに該当する。なお，税法では隠れた払込みに関して客観性を重視し，出資者でない者が会社に与えないような特典を出資者が会社に与えたかどうかがその判断基準となる。これとの関連で，ドイツ税法では出資者の払込み及び払戻しを事業所得から除外し払込資本の変動を的確に把握するために，税務上の払込勘定が重視される。補論1の(2)で示すようにオーストリア税法でも同様に商法とは異なる出資者の払込み及び払戻しを厳密に処理するため，税法特有の明細リスト勘定が設けられている。両国とも適正な課税所得計算の面から税務上の払込資本に関する厳格な処理を商法に比べて要求しているといえよう。

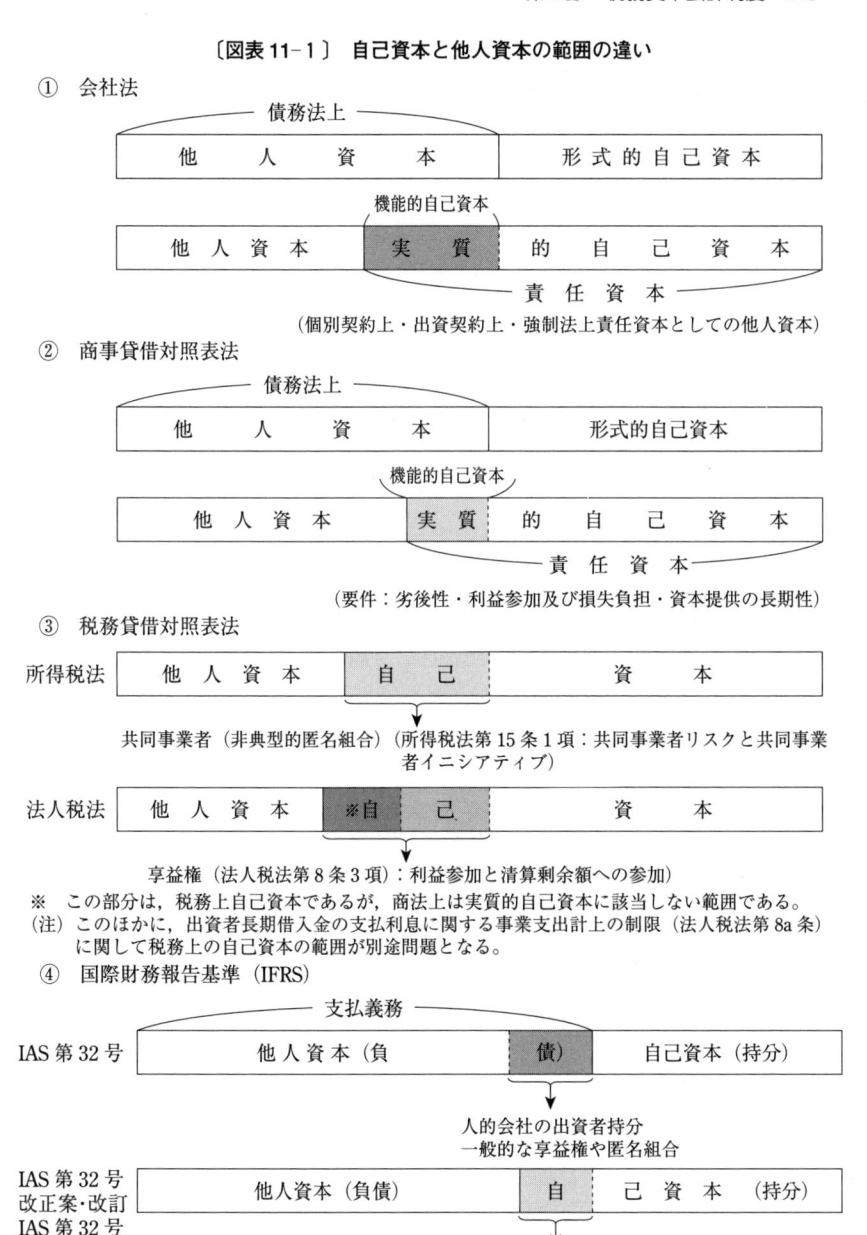

第2節 税務資本会計制度　245

〔図表 11-1〕 自己資本と他人資本の範囲の違い

① 会社法

```
         ┌──── 債務法上 ────┐
         │  他 人 資 本  │  形式的自己資本  │

              ┌ 機能的自己資本
         │ 他 人 資 本 │ 実質 │ 的 自 己 資 本 │
                      └─── 責 任 資 本 ───┘
```
（個別契約上・出資契約上・強制法上責任資本としての他人資本）

② 商事貸借対照表法

```
         ┌──── 債務法上 ────┐
         │  他 人 資 本  │  形式的自己資本  │

                 ┌ 機能的自己資本
         │ 他 人 資 本 │実質│ 的 自 己 資 本 │
                       └── 責 任 資 本 ──┘
```
（要件：劣後性・利益参加及び損失負担・資本提供の長期性）

③ 税務貸借対照表法

所得税法 │ 他 人 資 本 │ 自 己 │ 資 本 │

共同事業者（非典型的匿名組合）（所得税法第15条1項：共同事業者リスクと共同事業者イニシアティブ）

法人税法 │ 他 人 資 本 │※自│ 己 │ 資 本 │

享益権（法人税法第8条3項）：利益参加と清算剰余額への参加）

※ この部分は，税務上自己資本であるが，商法上は実質的自己資本に該当しない範囲である。
(注) このほかに，出資者長期借入金の支払利息に関する事業支出計上の制限（法人税法第8a条）に関して税務上の自己資本の範囲が別途問題となる。

④ 国際財務報告基準（IFRS）

```
              ┌──── 支払義務 ────┐
IAS第32号  │ 他人資本（負 │ 債） │ 自己資本（持分） │
```

人的会社の出資者持分
一般的な享益権や匿名組合

```
IAS第32号
改正案・改訂  │ 他人資本（負債） │ 自 │ 己 資 本 （持分） │
IAS第32号
```

永久劣後債（保有者に解約権がなく，発行者が報酬を決定）
金融商品（保有者に解約権があり最劣後的で，清算時に純資産に対する一定の分け前を有するもの）

ドイツにおいては出資者借入金の支払利息が一定の枠を超えたときには,他人資本の報酬について事業支出として認定されず,利益処分とみなされる。オーストリアでは補論1の(3)で示すように自己資本増加に対する利子の事業支出への計上が認められる。これらは,他人資本の報酬が税務上原則として事業支出として計上されるのに対して,自己資本に対する配当は利益処分となる処理の違いに伴う一定の調整を図る制度である。

このような特徴を有する両国の税務資本会計制度はわが国においても大いに学ぶ必要があろう。

第3節 メザニンファイナンス

メザニンファイナンスとは理念型の負債及び自己資本にストレートに属さず,いわば両者の性質を含む中間的な形態のファイナンスをいう。その典型が享益権及び匿名組合などである。ドイツでは商法上の負債と税務上の他人資本との範囲の相違により生じる差異に着目し,商法上は機能的自己資本に相当するが,税務上は負債に該当する結果としてその報酬が所得計算上事業支出として計上できるメザニンファイナンスの形態が実務上注目されている。ただ,メザニンファイナンスに属する項目の多くは,一部の例外を除き[15],IAS第32号に基づくと,原則として負債の部に表示される。

これに関する第1の問題は,その貸借対照表に関する表示問題である。すでに触れたように,貸借対照表の貸方二区分説を前提とすれば,このメザニンファイナンスに属する項目は負債または自己資本のいずれかに分類される。この二区分説が伝統的であり,国際的な会計基準の動向とも合致している。ただこのメザニンファイナンスの種類は多様化し,ますます増加傾向にある。交換社債,他社株転換社債,永久債,強制償還条項付優先株式（永久無議決権で,非参加的・累積的タイプのもの）,さまざまな複合金融商品などがこれである。その結果,企業のファイナンスに関する実態開示の方向及び経済的観察法（もしくは経済実質優先思考）を重視し,資本調達源泉に関する適切な開示の観点からは,この二区分説には自ずから一定の限界が存する。そこで重視されるのが貸借対照表の貸方三区分説である[16]。このメザニンファイナンスに属する項目を他

人資本と自己資本の間に第3区分を設けて収容し，さらにその内部で性質に応じて負債メザニンもしくは持分メザニンに細分することもできる。

　第2の問題はその報酬処理である。つまり，貸借対照表の貸方区分問題とその報酬に関する損益計算及び利益処分計算との関係である。これについて前述したように，両者の関係を全く切り離すこともできる。ここでは特に問題はなく，メザニンファイナンスに関して従来までの処理，すなわち債務法上の項目については支払利息として費用計上または出資者に関する配当については利益処分として処理すればよい。

　これに対して，両者をリンクさせたときには大きな問題が生じる。メザニンファイナンスに属する項目のうちで負債メザニンの報酬については支払利息，持分メザニンの報酬について利益処分としてそれぞれ処理することが考えられる。また，メザニンファイナンスが負債と資本の中間的性質をもつ点を考慮して，段階的な利益計算及び利益処分計算を想定することもできる。負債メザニンの報酬については資本的性質も有するので，その他の第三者たる債務の支払利息から区別する。したがって，この第三者たる債務の支払利息をまず優先的に収益から控除し，いわば第1段階として費用計上した後で，負債メザニンの報酬を第2段階の支払利息として費用計上する。これと同様に持分メザニンの報酬については負債的性質も有するので，まず優先的に第1段階として利益処分の対象とする。その後で，株主の配当等については第2段階としての利益処分の対象とする。いずれにせよ，費用計算及び利益処分計算の二段階方式がこれである。それを式で示せば次の通りである。

（収益－第1段階の費用）－第2段階の費用（負債メザニンの報酬）＝純利益
（分配可能額－第1段階の利益処分（持分メザニンの報酬））－第2段階の利益処分
＝繰越利益剰余金

第4節　個別論点

　その他の個別論点として重要なのは，ドイツにおける減資差益とストック・オプションの処理である。

前者において通常の減資は債権者保護手続を経る以上，特に有償減資に伴う減資差益については株主の配当財源となるが，しかし簡易の減資に関してはそもそも財務内容の悪化による欠損塡補が中心なので，その処理にあたっては株主の配当財源とはならない点は，わが国の会社法でも大いに学ぶ必要がある。たしかに会社法では減資差益について準備金とすることができる規定が新たに設けられた（会社法第447条1項）。しかし，減資の全額を準備金に計上しない場合には依然としてその他資本剰余金として配当財源となりうる。この点に関していえば，株主総会の特別決議及び債権者保護手続を経たからといって，減少した資本金の額が欠損の額を超えるときに，すでに会社財産が失われており財務内容の悪化に伴う欠損額の塡補によって生じる減資差益を，配当財源として認めてよいかは依然として弱者としての債権者保護及び企業維持の見地からは疑問が残る。

後者のストック・オプションに関して，ドイツでは費用及び払込資本増加として処理する国際的な動向とは一致せず，むしろストック・オプションの付与時点では未履行契約にすぎず仕訳を要しないとする見解も根強い。私見ではストック・オプションについて費用・利益処分説あるいは費用・繰延収益説も一考に値すると解される。ドイツがストック・オプションについて最終的にどの処理法をいかなる論拠から採用し制度化するのかは大いに関心のあるところである。

以上，ドイツの資本会計制度は，わが国の資本会計制度に対して示唆に富む考え方を数多く示しているといえよう。したがって，今後とも引き続きドイツ・オーストリア・フランスといったEU諸国の資本会計制度の推移と行方を十分に見極める必要があろう。それはまた延いてはわが国の資本会計制度をより一層充実させ拡充することに大いに寄与すると解されるのである。

注

（1） J. Rickford, Reformimg Capital, Report of the Interdisciplinary Group on Capital Maintenance, in : European Business Law Review, 第15巻第4号, 2004年, 919・971頁。
（2） M. Lutter 編, Das Kapital der Aktiengesellschaft in Europa, Berlin, 2006年。

（3） M. Lutter, Das（feste Grund-）Kapital der Aktiengesellschaft in Europa, 前掲書注(2), 所収, 5-6頁。
（4） H. Eidenmüller・B. Grunewald・U. Noack, Das Mindestkapital im System des festen Kapitals, 前掲書注（2）, 所収, 40-41頁。
（5） R. Veil, Kapitalerhaltung—Das System der Kapitalrichtlinie versus situative Ausschüttungssperren－, M. Lutter編, 前掲書注（1）, 所収, 112-113頁。
（6） M. Lutter, 前掲論文注（3）, 11頁。この研究グループの見解のほかには次の主な見解がある。① IFRSによる貸借対照表上の資本維持を支払能力テストで補完しても, やはり請求権のある債権者の権利を不当に危うくするので, 伝統的な資本維持を堅持すべきとする見解（J. Wüstemann・J. Bischof・S. Kierzek, Internationale Gläubigerschutzkonzeptionen, in : Betriebs-Berater, 第62巻第17号, BB-Special 5, 2007年4月, 13-19頁）。② 将来の資金計画による支払能力テストには不確実な予測が含まれており法の不安定性を招くだけでなく, 資本市場と関連しない中小企業に多大な影響を及ぼすので, 現行の貸借対照表による資本維持制度を変更すべきではなく, 今後のEU資本指令の改正動向を十分に踏まえたうえで検討すべきとする見解（D. Kleindiek, Perspektiven des Kapitalschutzes—Themen und Meinungen in der nationalen Diskussion, in : Betriebs-Berater, 第62巻第17号, BB-Special 5, 2007年4月, 2-7頁）。③ 少なくとも資本維持の完全な廃止はヨーロッパにおける少数債権者保護の面で問題を含むとする見解（G. Lanfermann・V. Röhricht, Stand der europäischen Diskussion zur Kapitalerhaltung, in : Betriebs-Berater, 第62巻第17号, BB-Special 5, 2007年4月, 8-13頁）。④ 短期的にはIFRSによる資金計画による支払能力テストを用いるべきであるが, 長期的には貸借対照表を用いた支払能力の予測を実施し, さらに債権者保護の追加的手段として純資産の一定範囲を配当規制すべきとする見解（M. Fuchs・B. Stibi, Solvenztests als Grundlage der Ausschüttungsbemessung－Anforderungen und betriebswirtschaftliche Gestaltungsmöglichkeiten, in : Betriebs-Berater, 第62巻第17号, BB-Special 5, 2007年4月, 19-24頁）。
（7） E. Eberhartinger, Bilanzierung und Besteuerung von Genußrechten, stillen Gesellschaften und Gesellschafterdarlehen, Wien, 1996年, 77・78・80頁。
（8） M. Lutter, Zur Bilanzierung von Genußrechten, in : Der Betrieb, 第46巻第10号, 1993年, 2446頁。R. Schweitzer・V. Volpert, Behandlung von Genußrechten im Jahresabschluß von Industrieermittenten, in : Betriebs-Berater, 第49巻第12号, 1994年, 825頁。U. Blaubrock, Handbuch der Stillen Gesellschaft, 第6版, Köln, 2003年, 277頁。また, 劣後性と損失負担とを明確に区別することはできず, 両者は負債及び資本の区分に関して一体とみなす考え方もある（S. Müller・N. Weller・J. Reinke, Entwicklungstendenzen in der Eigenkapitalabgrenzung, in : Der Betrieb, 第61巻第21号, 2008年5月, 1110頁）。

(9) この点に関してティーレはこの規定を例外と捉え（S. Thiele, Das Eigenkapital im handelsrechtlichen Jahresabschluß, Düsseldorf, 1998年，150頁），人的会社及び資本会社に共通する自己資本のメルクマールを，清算剰余額のみによる資本返済を原則とする。但し，清算前に返済義務があるときには劣後性・持続性・資本提供の成果依存的報酬を条件とする（S. Thiele，前掲書，163-164頁）。資本会社に関しては更に自己資本の要件として財産拘束による支払制限と，貸借対照表における当期損失との相殺の要件がさらに加わる。

(10) これに類するものとして倒産予測目的から自己資本と他人資本の区別を問題とすれば，劣後性だけが基準となるという見解がある（J. Bigus, Zur bilanziellen Abgrenzung von Eigen- und Fremdkapital, in : Die Betriebswirtschaft，第67巻第1号，2007年1／2月，9頁）。なお，ビグス（J. Bigus）は，ファイナンスに関する経済実態ないしリスク・チャンスの開示を目的とする場合には，自己資本の要件として①報酬の成果依存性，②返済請求権の成果依存性，③倒産時における法的立場，④意思決定権及び情報権の程度，⑤最低限度の資本提供期間の5つを重視する（J. Bigus, 前掲論文，12頁）。後者の目的にはメザニン資本を自己資本と他人資本の間に設ける必要があるとされる。

(11) (12) T. Bezzenberger, Das Kapital der Aktiengesellschaft, Köln, 2005年，198頁。ベルツェンベルガー（T. Bezzenberger）は資本金と資本準備金を払込資本（Einlagekapital）として一本化し，その払込資本の維持と，将来的には株式の全面的な無額面株式化を主張する（T. Bezzenberger, 前掲書，199頁）。

(13) この点に関して法人税法第8条3項2文において資本会社の比較可能性の面からは利益参加及び清算剰余額の参加の要件に加えて，理論的には損失負担も含めるべきとする見解もある（M. Groh, Eigenkapitalersatz in der Bilanz, in : Betriebs-Berater, 第48巻第27号，1993年，1890頁）。

(14) 2006年10月のIAS第32号改正案では，①保有者が解約できず，しかも発行者が自由裁量により報酬が予定されている永久債と，②保有者が公正価値で解約できる金融商品で，一定の要件を満たし，それが最劣後的地位で純資産に対する分け前を有するものについては，自己資本（持分）となる（改正案IAS第32号，パラグラフ16）。この修正案を受けて2008年2月に改訂されたIAS第32号では，解約可能商品及び清算時に支払義務が生じる金融商品については，企業の清算時に按分的な純資産に対する権利を有し，かつ清算時にその支払義務が最劣後地位であるという要件を累積的に満たすときには，自己資本（持分）と解される（改訂IAS第32号，パラグラフ16A・16C）。但し，解約可能商品については他企業に流動資金または金銭資金を提供したり，あるいは他企業に対して金銭債務を将来的に不利な条件で発行者に対して交換する契約上の義務がなく，この商品に算入できるキャッシュ・フローの見積の測定が年次成果あるいは純資産もしくは企業価値の変動に基づくことが付加的な要件としてさらに必要

となる。

(15)　この点に関してメザニンファイナンスの項目についてIFRS及びドイツ商法上は自己資本の要件を満たし，ドイツ税法上はその報酬について事業支出として課税所得から控除できる取扱とするためには，例えば享益権について返済期限を無期限とする方法もあるが，そのほかに一定の返済期限を設ける方法でも可能である。但し，その場合にはその発行者側に解約権を与え，返済時には当該発行者側の一定数の会社持分で返済するという契約を定める必要がある（M. Lühn, Ausweis von Genussrechten auf der Passivseite IFRS-Bilanz—unter besonderer Berücksichtigung von IDW RS HFA 9—, in：Die Wirtschaftsprüfung，第59巻第24号，2006年12月，1537-1538頁）。

(16)　この三区分説は，ハイブリッドなファイナンス形態を財務諸表利用者に明示させる意味でメリットがあり，事実，銀行監督法（Bankaufsichtsrecht）はこれをすでに導入し，コア資本・補完資本・第三者資金に分類している。

第12章 ドイツ資本制度の動向と行方

第1節 序

　わが国では会社法の制定により新たに有限会社を設立することはできなくなった。これに対して，ドイツの会社形態のなかで株式会社の数よりも圧倒的に多いのは有限会社である。特に中小企業においてはこれが最もポピュラーである。2004年のドイツ商工会議所の統計ではこの有限会社の数は約79万社で，株式会社は約15,000社といわれる。これを規制する有限会社法が制定されたのは1892年である。今，この有限会社に対して大きな変化が生じようとしている。というのは，欧州裁判所（Europäischer Gerichtof）が2002年11月5日の判決でEU領域内では事業の居住地が自由であるという判決を下したからである。その結果，イギリスですでに許容されているリミテッド・カンパニー（limited company）もまたドイツ国内において有限会社に相当する会社形態として認められるようになった。このリミテッド・カンパニーはドイツ有限会社に比べてコストを低く抑えて比較的短期間に会社を設立できるメリットがある。そこで，これを受けてドイツはこのリミテッド・カンパニー制に対処するため，有限会社法の現代化を図る必要に迫られたのである。その結果，2006年5月には「有限会社法の現代化及び権限濫用の抑制に対する法案」（Entwurf eins Gesetzes zur Modernisierung des GmbH-Rechts und zur Bekämpfung von Missbräuchen ; MoMiG）に対する参事官草案（Referententwurf），2007年5月にはこの政府草案（Gesetzentwurf des Bundesregierung）が正式に公表された。このなかに資本制度の改正点も含まれている。

　一方，ドイツの資本制度に関する最大の懸案事項は，その伝統的な資本制度とその代替案ともいわれる支払能力テストとの関係である。つまり，ドイツに

おいて伝統的な資本維持を前提とする配当規制に代えて，支払能力テストに代えるべきか否かという問題がこれである。それを導入するとすれば，ドイツ資本制度の抜本的な変革をもたらすはずである。

このような状況のなかで2007年11月に連邦法務省は「貸借対照表法の現代化法」（Gesetz zur Modernisierung des Bilanzrechts ; Bilanzrechtsmodernisierungsgesetz ; BilMoG）の参事官草案を公表した。また，2008年5月にはその政府草案を公表した。いずれもそのなかに資本制度の一部に関する改正案が含まれている。

本章では，そこでまずMoMiGにおける資本制度改正の概要を取り上げ，次に資本維持を前提とする配当規制と支払能力テストの関係に関する主な諸見解を整理し，最後にBilMoGの草案内容にも触れながら，ドイツ資本会計制度の動向と行方について検討する。

第2節 資本制度改正に関するMoMiG政府草案の概要

1 資本調達に関する改正案

1.1 最低資本金の引き下げに関する改正点

現行有限会社法の最低資本金は25,000ユーロである（有限会社法第5条1項）。これに対して，政府草案では10,000ユーロに引き下げられる（政府草案有限会社法第5条1項）。この資本金に関する第5条は，さらに次のように改正される。

第1に，現行有限会社法第5条1項においてすべての出資者の資本出資額は100ユーロでなければならないのに対して，政府草案ではすべての出資持分の額面金額は1ユーロでもよい（政府草案有限会社法第5条2項1文）。その結果，これとの関係で現行有限会社法第5条3項にある資本金の出資の金額が50で割り切れねばならないという文言は削除されている（政府草案有限会社法第5条3項2文）。

第2に，現行法では有限会社を1人の社員によって設立する場合には，当該社員に対して金銭出資の未払込分に関して担保（Sicherung）の設定が必要であり，それが実施されてはじめて商業登記簿への登記申請が可能である（有限会社法第7条2項3文）。政府草案では以下の隠れた現物出資（verdeckte Sacheinlage）

の条件をクリアーすればその担保設定の必要がない。ここでは隠れた現物出資という考え方が導入される。それは，たしかに形式的には金銭出資の契約で支払われるが，しかしその出資が経済的観察法では実体価値（Substanzwert）を含むときに生じる。その結果，出資者が将来的にこの隠れた現物出資で会社に対する義務を履行しうることが政府草案では新たに認められる。但し，隠れた現物出資の金額が払うべき金銭出資の金額に等しいことを出資者は説明する義務がある（政府草案有限会社法第8条2項2文）。この価値が等しくないときには，出資者はその差額を払い込まねばならない。

　第3に，政府草案は新たに最低資本金10,000ユーロを下回り，最低資本金の額を特に定めない事業者会社（Unternehmergesellschaft），すなわちミニ有限会社の設立を認めた（政府草案有限会社法第5a条1項）。但し，現物出資は認められず，金銭出資をした時点で登記申請が可能となる。ここでは前期繰越損失控除後の4分の1を法定準備金として設定し，当該準備金は資本金への組入れだけに処分されるにすぎない（政府草案有限会社法第5a条1項）。会社の資本金が10,000ユーロに達するときには，このミニ有限会社の規定は適用されない。

1.2　最低資本金の引き下げに対する反応

　MoMiG政府草案は明らかに最低資本金制度の一部を緩和した。最低資本金制度はたしかに会社が倒産するときに債権者保護の予防措置として必ずしも十分に機能しているとはいえない。しかし，既述の通りそれは出資者の有限責任に対する会社の創立者自身によるリスク負担（Risikobeitrag）の代償としての意味をもつ[1]。債権者保護の見地から会社設立にあたって採算のとれない事業を前提とした会社設立の防止に対する代償が最低資本金の金額であるという考え方がこれである。その金額をいくらに定めるかについてはもっぱら法政策上の問題とされる。MoMiG政府草案が25,000ユーロから10,000ユーロに最低資本金の金額を引き下げたのは有限会社の設立数をドイツ国内で促進させることが立法者の趣旨とされる。ただ，この目標を達成するには損失の社会化という恐れと，有限会社という会社形態の欠点との高い代償を支払うであろうという見解がある[2]。

　事業者会社による設立に際して資本金10,000ユーロを下回る会社の設立を認

めたのは，あくまでイギリスのリミテッド・カンパニー制に対処するためである。これにより株式会社の最低資本金の金額も将来的には引き下げられる可能性も否定できないであろう。しかし，最低資本金制度自体の廃止は当面は考えにくい。事実，2006年の第66回ドイツ法曹大会（Deutscher Juristentag）はその制度の強制適用について166：14：0という圧倒的多数でその存続を支持している。

2　資本維持及び出資者借入金の資本化制度に関する改正点

2.1　資　本　維　持

　資本維持との関係で重要なのは，いわゆる連結財務諸表に関するキャッシュ・プーリング（cash pooling）の処理である。このキャッシュ・プーリングは，特に親会社が銀行の場合において親子会社間における現金管理を合理的に実施するために行われる親会社と子会社間での資金授受をいう。このキャッシュ・プーリングに関して2003年11月にドイツ連邦通常裁判所は次のような判決を下した。親会社のキャッシュ・プーリング勘定に対する子会社の資金提供は，債権の返還請求権の有無にかかわらず，事実上子会社の債権による隠れた現物出資に該当し，したがって間接的に親会社の資本の払戻しに相当するという趣旨である。その結果，当該金額は有限会社法第30条１項に基づいて配当規制の対象となり，資本金維持に必要な資産は出資者に支払われてはならない。その判決は実務に衝撃を与えた。そこで，政府草案有限会社法第30条１項はその点を考慮し，次のような改正案を示す[3]。

政府草案有限会社法 第30条１項	資本金維持に必要な会社の資産は出資者に支払われてはならない。この１文は，支配契約もしくは利益引渡契約（株式法第291条）の契約の一部として行われたり，あるいは出資者に対して全額の反対請求権もしくは返還保証請求権によって裏付けのある支払には適用されない。加えて，１文は出資者借入金に経済的に合致する法取引による債権の支払に適用できない。

　この改正案では，従来通りその１文では出資者に対する会社財産の支払が資本金維持により原則として禁止される。但し２文以降においてその例外を明記

しているのがその特徴である。すなわち，親子会社間において資産交換（Aktivtausch）が成立し，出資者に対して反対請求権もしくは返還保証請求権がその支払金額の裏付けとなっているときには，1文の原則規定は適用されない。

2.2 出資者借入金の資本化制度
2.2.1 出資者借入金の資本化制度に関する改正案

　従来，判例ルールと新ルールから成る出資者借入金の資本化制度に関して，政府草案有限会社法は第30条1項3文を新たに設け，前者の廃止を提案する。その点について参事官草案理由書によると，出資者が堅実な商人として会社に対して自己資本を提供するであろう時点で出資者借入金が付与されても，この出資者借入金は責任自己資本とはみなされない。この判例ルールの廃止に伴い，将来的には出資者借入金の返済は第30条の類推適用を拒否できなくなる。この点に関して，政府草案理由書は次のように述べる。「同時に出資者借入金の資本維持額にパラレルに適用できない。他人資本として提供された金額は自己資本に算入されない。このような方法で自己資本化される出資者借入金に関するいわゆる判例ルールと新ルールとの混乱をもたらす二元化は除去される。それによって，有限会社法はより単純化され，中産階級の目標グループにとってわかりやすくなる[4]。」

　一方，新ルールは有限会社法第32a条及び第32b条から倒産法に新たに移行する（政府草案倒産法第39条1項5号）。これに伴い，新ルールの適用範囲は有限会社以外に株式会社，株式合資会社（Kommanditgesellschaft auf Aktien；KGaA），協同組合，自然人が無限責任社員でない合名会社，合資会社及び有限合資会社（GmbH & Co. KG）にも拡大される（政府草案倒産法第39条4項1文）。但し，債権者が会社の支払不能の恐れ（drohende Zahlungsunfähigkeit）あるいは支払不能の発生，もしくは債務超過のケースで会社の更生目的で持分を取得するときには，更生が持続する時点まではすでに存在する債権もしくは新たに供与する債権その他これに経済的に一致する法的債権に対しては，出資者借入金の資本化規定は適用されない（政府草案倒産法第39条4項2文）。なお，10パーセント以下しか出資していない少数出資者で業務執行に携わっていない者については従来通り

その例外措置は継承される（政府草案倒産法第39条5項）。

このように，政府草案は判例ルールと新ルールについて複雑化した内容を単純化し緩和化することを企図している。この点に関して政府草案理由書は次のように述べる。「出資者借入金に対する（倒産法上の）特別規定は堅持される。というのは，例えば個人責任（Durchgriffhaftung）のような代替案は納得できないからである。その際に出資者借入金規定の倒産法的適用は，原則として法形態に中立的に定められており，それによってそれに応じてそれ以外に外国会社にも及ぶ[5]。」

2.2.2 改正案に対する反応

この改正案には賛否両論がある。これを支持する立場は，判例ルールの廃止により出資者が会社に対して追加的な財政支援をする原則的な自由が確保される点をメリットとして指摘する。したがって，「提案されている新法は私的自治の原則（Grundsatz der Privatautonomie）に合致し，結果的に当該企業の問題のない資本調達によって国民経済にも有益である。出資者が将来的にむしろ自己の会社に貸付金を提供することを決定するであろうことが期待される。ここではこれまで債権者保護思考を強調しすぎたのであり，それを裏づけるのが10年の期限設定である[6]。」

これに対して，出資者借入金の資本化制度の簡素化，つまり判例ルールの廃止は正当ではないという批判的見解もある。これによると，自己資本化制度が複雑で，効果的でなく，会社の更生を妨げ，投資機会にとってマイナスであるという批判自体がそもそも根拠薄弱である。その見解では，出資者借入金の資本化制度は債権者保護の見地から出資者による資本調達の自由と資本調達の責任とのバランスを前提とするからであり，その結果，特定の出資者借入金をリスク資本と取り扱う[7]。この自己資本化制度の倒産法化はたしかに欧州裁判所の判例による法政策上の圧力に起因する。しかし，それは必ずしもそのコンセプト自体の学問的な意義の否定に通じない。「すなわち，1980年当時と同様に倒産法第135条及取消法（Anfechtungs-Gesetz）第6条の罰則制度が依然として不十分なものとして示されるはずであるとすれば，その資本保護による判例の継承について連邦通常裁判所は自由裁量の余地があるにちがいないであろう[8]。」

なお，MoMiG政府草案は判例ルールと新ルールとの間に何ら著しい債権者保護水準の違いはなく，判例ルールの廃止はこれまでの二元的な法律状況の簡素化をもたらす。しかし実務はすでにこれまで意図的な解決を実施しているという立場から，少なくとも判例ルールを廃止するとすれば，それを倒産法のなかに盛り込む必要があるという見解もある。これによると，倒産法及び取消法による解決を，伝統的な危機概念を基礎として再構築すべきであるという考え方がこれである。その結果，信用がなくなり，あるいは倒産の可能性が高い時点で供与されたり猶予されている借入金及びそれに経済的にみて相当する財務上の支援は，外部債権の劣後として位置づけるという考え方である[9]。

出資者借入金の資本化制度に関する判例ルールの廃止はその資本化制度そのものの法文上の明確化及び簡素化を企図する。ただ，判例ルールの廃止に伴う債権者保護思考の後退は明らかである。その点に関して，倒産法と関係なく事前的な債権者保護に独自の役割を果たす判例ルールの廃止に対する代替措置は全く必要がないのか，もしあるとすればどのような方法なのかについてもさらに慎重に検討する必要があろう。

第3節　資本制度と支払能力テスト

ドイツでは債権者保護の見地から最低資本金制度及び配当に関する資本維持制度が伝統的である。しかし，これはイギリスのリックフォード報告書（Rickford-Report）によって批判されている。現在，EU加盟国では連結財務諸表の作成はIFRSに基づくが，しかしそれは個別財務諸表にはまだ強制適用されていない。そこで，問題となるのが個別財務諸表についてIFRSを導入したときには，配当規制をどのように考えるべきかという点である。

例えばIFRSに基づいて作成された貸借対照表に関して従来型の資本維持に基づく配当規制を実施すべきなのか，それをさらに支払能力テストで補完するのか，あるいは貸借対照表による資本維持を支払能力テストに全面的に置き換えてしまうのがよいのか，また"情報提供による"債権者保護をベースにして個別契約上の配当規制を実施し，貸借対照表による資本維持を放棄すべきなのかといった様々な選択肢がある。なかでも，EU会社法第2号指令との関連で

は，資本維持を前提とした配当規制を従来通り堅持すべきなのか，それともIFRSに基づく財務諸表の作成を前提とし，配当に関する資本維持に代えていわゆる支払能力テストを導入すべきかが目下ドイツの大きな論点である。

以下，これに関する諸見解を整理し試論を展開する。

1　支払能力テスト批判説

まず支払能力テストに対する批判説から取り上げる。言い換えれば，これは従来の配当規制に関する資本維持堅持説ともみることができる。

ここでいう支払能力テストとは，将来のキャッシュ・フローの予測に基づいて企業の支払能力を判定し，その結果として配当支払を決定するものである。その場合，この予測期間は一般に2年間であり，しかもキャッシュ・フローの発生に対する確率を予測することがきわめて重要となる。この点が実は支払能力テストに対する厳しい批判の対象点となる。

その第1は，将来のキャッシュ・フローの予測に伴う法の不安定性をもたらすという問題である[10]。この点についてブステマン（J. Wüstemann）等は次のように述べる。「それによって複雑性が一期間で一物一価の詳細な計画に還元される。支払能力テストの結果は年度剰余額と全く同様にもはや配当可能額にとっての指標ではない。この金額は評価及び判断に高い主観性があるので，明らかに貸借対照表上の利益測定よりも大きな利益操作の余地があり，その理由から総じて明確に目標値がベターな近似値となる場合のみ合目的とみなされるにすぎない[11]。」特に将来の予測期間が長くなると，発生の確率が低下するという問題も含む。支払能力テストにはたしかに短期の支払能力には適するかもしれないが，しかし長期債務が考慮されない点は大きな問題となる。

第2は，支払能力テストを制度化した場合にはアメリカにみられるように，予測の問題が結局のところ経営者の判断に関する責任を裁判上で争うという問題である。これについてブステマン等は次のように述べる。「客観性が乏しい結果の支払能力テストは現行の情報非対称性の欠点を別の情報非対称性の構造によってのみ相殺するにすぎず，その結果としてヨーロッパの立法者の定める尺度に合致する債権者保護を，それに対立する罰則規定，責任規定及び取消請求規定の補完として保証することが示される。したがって，債権者保護シス

テムによる現行の貸借対照表に基づく資本維持を支払能力テストのために解除することは，ヨーロッパのなかにもまた経営者ないし（支払能力テストの監査義務が提案されるときには）経済監査士の個人責任及び罰則強化に対する原則的な帰結をもつであろう。この背景から支払能力テストの法の安定的な姿は，それがあるとすれば，不確定な法概念を長期にわたってはじめて強固な判例によって充足することで生じうる(12)。」

第3は，支払能力テストを導入するとしても，それを貸借対照表テストによって補完する必要が生じるという問題である。その場合，この貸借対照表テストが支払能力テストと対等な関係なのか，支払能力テストのあくまで補助手段なのかという点がさらに問題となる。これは，支払能力テストではポジティブな結果が得られるとしても，貸借対照表テストではネガティブな結果が生じたときにはいかに対処すべきかという避けて通ることのできない問題がある。また，貸借対照表テストを実施する場合，その作成に関する会計基準はどのような内容なのかも問題となる。すなわち，チャンスとリスクを非対称的でなく，両者を対等に取扱うIFRSの貸借対照表を基準とするのかという問題である(13)。

このような諸問題を考えると，現段階では支払能力テストの導入にはまだ解決すべき問題が山積している。したがって，その導入に対しては大きなハードルがあるというのが支払能力テストに対する主たる批判点である。「正式な支払能力テストの内容についてまだ不明確な点が存在する限り，かかる方式の法的導入もまた商法上の配当貸借対照表（Ausschüttungsbilanz）に対する補完としてほとんど支持できない(14)」というのがその具体的論述である。

2 支払能力テスト支持説

2.1 資本維持制度の問題点

これに対して，従来の資本維持に代えて支払能力テストを全面的に導入すべきであるという見解も展開されている。まず資本維持制度に対する第1の問題は，会社財産に関して貸借対照表を関連づける点である。たしかに貸借対照表は評価規定を通じて債権者と出資者の間における利害調整を図り，そのコントロールの面で必ずしも全面的にはその意義を否定できない。しかし，果たしてそれが十分に機能しているかは別問題とされる。

その１つの理由は配当規制に関して伝統的に用心の原則に大きく左右されるからである。このため，自己創設による無形資産の計上禁止及び実現利益のみの計上が要請される。その点ではIFRSのように時価の把握により会計操作の余地はない。だが，実現利益のみを重視するので，市場変動が考慮されない。それ故に，「その変動が激しいときには，それが配当決定を歪めるので，資本維持にとっての欠点が生じる。出資者は営業の経過が当期と同じかもしくはもっと良くなるにもかかわらず，ひょっとすると翌期の年次決算書においてもはや示されない資金を回収するために，（利益を—五十嵐挿入）引き出したくなりうるであろう[15]。」

２つめの理由は，会社の財務的危機が発生しているとき，用心の原則を前提とすると，経営者に対してネガティブな変化を把握する判断の余地を与えざるをえない結果をもたらす[16]。評価減もしくは引当金の計上の必要性に対する判断に関して継続企業を前提として評価すると，会社財産は財務的危機の際にこれに反して過大に評価される可能性があるからである。

３つめの理由は，用心の原則の適用は秘密積立金の設定につながるので，貸借対照表の情報目的を損なう点である[17]。

2.2 支払能力テストの根拠

以上の理由から，資本維持制度が十分に配当規制に機能していないので，それに代わるものが必要となる。これが支払能力テストにほかならない。ここでは企業の清算もしくは倒産の時点において債権者への弁済が出資者の払戻しよりも優先的に実施されねばならないという原則が存在する。言い換えれば，出資者の有限責任制度を前提とした場合には，出資者への資本移転を禁止する必要がある。この点に実は将来的なキャッシュ・フローに基づく配当測定の根拠がある。その際には当然何らそのような配当により支払不能をもたらさないことが条件となる[18]。ところが，伝統的な資本維持制度においては将来の支払能力は想定されていない。その結果，現行の資本維持制度においては配当可能であっても，支払能力テストではそれに反して配当規制されるケースもあるし，これとは逆に現行の資本制度では配当規制されていても，支払能力テストでは十分な流動性があると判断されると，配当可能となるケースもある。

資本制度による配当規制を全面的に廃止し，支払能力テストに完全に移行すべきであるという立場をすでに主張するのは既述のリックフォード報告書である。ここでは，取締役は2段階の配当テストを作成しなければならない。まず第1段階は支払能力テストである。第2段階は，通常の営業過程で予測される将来の債務弁済能力に関する合理的な期待について取締役は説明義務を負う。これに役立つのが貸借対照表テストである。但し，リックフォード報告書に従うと，この貸借対照表テストは実質的な配当規制に関与しない。というのは，純資産が支払能力テストに基づいて測定された配当額を下回っても，配当は許容されるからである。それを実施した場合には，その配当の妥当性については取締役の説明責任がある[19]。支払能力テストによる配当が不当であったことが判明したときには，取締役に対する罰則規定が提案されている。「それによって貸借対照表に基づき，しかも現行の資本維持システムによる事前的配当規制は事後的な罰則メカニズムによって置き換えられている[20]。」

現在，ドイツでは資本市場を指向する企業において連結財務諸表の作成に関してIFRSによるが，個別財務諸表の作成は商法規定に基づいて行われている。したがって，後者が配当規制に用いられている。しかし，この両者の併存はかなりコストがかかる。このため，「すべての資本市場を指向する企業が"単に"IFRS及び税務上の会計報告義務だけを満たしさえすればよいと仮定すると，多様な会計報告義務から起因する企業コストを減らすことができる。それは，貸借対照表による資本維持という伝統的なヨーロッパの債権者保護を支払能力テストに置換し，これがすでに存在する情報によるIFRS会計の債権者保護を補完するときに達成されるであろう。……〈中略〉……アメリカの法実務及びドイツですでに存在する支払能力の見積の多様な形態に対する実践が示すように，検証可能性に関する将来に方向付けられた手段は何ら克服すべき障害とはならないであろう。加えて支払能力テストの実施に対して企業はすでに存在するその企業計画データにさかのぼることができるので，コスト・ベネフィットの面で貸借対照表による資本維持に基づく現在の債権者保護よりもこの手段（支払能力テスト―五十嵐挿入）を優先的に評価することから出発しなければならない[21]。」

同様に現行法上の資本維持の欠点は貸借対照表への依存性だけでなく，拘束

される資本は経済的に意味のある自己資本を不完全にしか示さない点にある。加えて，個々のケースで資本構成について経済的に意味ある変動を妨げるというデメリットもある。そこで，支払能力テストによる配当規制を前提とすると，適切な自己資本維持を会計の目標とすることができる。その場合，法的な検証可能性の確保のために対象期間を短期間とする。会社の長期的存続可能性についてはメインの信用提供者による市場テストを受けるので，短期間の条件で十分だからである。ただ，この支払能力テストによる配当規制は法の不安定性をもたらすので，経営者に対する罰則規定を設けるべきであるという見解が，リックフォード報告書と同様にドイツでも展開されている[22]。

この支払能力テスト支持説のなかには，支払能力テストを二段階で実施すべきとする見解もある。ここでは，まず第1段階で予測キャッシュ・フロー計算書に基づく2年間の短期的な支払能力テストを実施する。次に第2段階としてリスクプレミアムを加味し，長期債務としての退職給付債務等を含めて長期的な支払能力テストを実施する。後者は事実上倒産法第19条における債務超過の判定に関する企業存続の可能性に対する予測にほかならない[23]。

3 その他の見解

3.1 暫定的資本制度堅持説

このほかに次のような見解もある。その1つは，当面の間は短期的に資本制度堅持説の立場に立つが，中長期的にはEU指令の動向及び支払能力テスト基準の整備状況を踏まえ，さらに資本市場と関連性のない中小企業の関係も視野に入れて資本制度の抜本的な改革に着手すべきであるという見解である[24]。短期的には支払能力テストに慎重な姿勢を示すこの見解は，ドイツにおけるさまざまなグループ及び団体の支払能力テストに対する現時点の一般的な反応を集約したものといってよい。

同様に2006年に開催された第66回ドイツ法曹大会は，貸借対照表による配当規制を支払能力テストに代えることに対して，160：7：7の投票結果により圧倒的多数で否決した。また，商事貸借対照表に関係づけた配当規制について支払能力テストで補完することについても12：153：7の投票結果により否決した。さらに，IFRSによる貸借対照表に関係づけた配当規制を支払能力テストで補

完すべきであるというルターの主張も56：60：53の投票結果で否決した[25]。

ドイツ弁護士団体の商法専門家委員会（Deutscher Anwaltverein durch den Handelsrechtsausschuss）も伝統的な貸借対照表による配当規制に代えた支払能力テストの導入には賛成していない[26]。

3.2 折衷説

資本維持制度と支払能力テストの折衷的見解もある。これにはさらに2つのタイプがある。1つは資本維持に基づく配当規制を一義的とし，支払能力テストを二義的ないし補完的とみなすタイプである。もう1つはその逆で，支払能力テストを一義的とし，資本維持を二義的と解するタイプである。

3.2.1 資本維持を一義的とし支払能力テストを二義的とみなすタイプ

このタイプの典型はルターを代表とする専門家グループによる「ヨーロッパにおける株式会社の資本」に関する報告書[27]である。これに従うと，EU第4号指令に基づく商法上の貸借対照表により配当規制，あるいはIFRSに基づく貸借対照表により配当規制のいずれかを選択適用する。但し，後者のIFRSを適用する場合には追加的に支払能力テストを必要とする。配当を支払能力テストによるプラスの結果だけでは判断しない。そうでないと確定的な自己資本（資本プレミアム）がやはり会社及びその機関で自由に処分されるからである。

ルターはこのような解決策について次のように述べる。「研究グループはこの解決策が妥協によるすべての欠点と矛盾自体を意識している。というのは，現実と不均等はいずれにしても支払能力テストによって偶然的に置き換えられうるからである。事実上，両者は異なる目標と異なる機能をもつ。けれども，研究グループは一方で会社にとってかなりのコスト負担を回避するために，他方で支持できない配当の回避及びそれ故にその資金調達の重大性のために，この解決を理想的とはみないが，しかし支持されうると考える[28]。」

ドイツ経済監査士協会は2006年9月に「資本維持の新構想及び配当測定に対するIDW提案」を公表した。これによると，一方で従来の資本維持及び配当規制について継承することを容認しつつ，他方で個別決算書にIFRSを選択適用したときには債権者保護の見地から実効性のある中長期的な会社の支払能力の予測の形で流動性に方向づけられた支払能力テストの導入を側面的に援護し

なければならない[29]。将来的にはこの支払能力テストをすべての資本会社に適用すべきかどうかについて今後検討する必要がある。なお，IFRSの貸借対照表を用いる場合には，不確定債務の計上の要件がドイツ商法よりも厳しいだけでなく未実現利益も計上されるので，それに修正を加えたうえでIFRSの貸借対照表による配当規制をまず実施し，その後で支払能力テストを実施すべきであるという見解もある[30]。

3.2.2 支払能力テストを一義的とし資本維持を二義的とするタイプ

このタイプは支払能力テストをまず実施する。それは短期的な支払能力判定には確かに有益ではあるが，しかしそれだけでは必ずしも十分ではない。そこで，次に長期的な面から貸借対照表による純資産テストを実施し，純資産からの配当であることをパスしなければならないという考え方である[31]。

この点に関して長期的な支払能力が問題であるので，債務超過の判定も役立ちうる。というのは，債務超過は将来の支払能力の予測とも解しうるからである。しかし，この債務超過の判定方法，すなわち倒産法における債務超過貸借対照表の判断には実践可能性の問題がある。そこで，この見解ではそれに代えて実践面を考慮し，この場合に用いる貸借対照表はドイツ商法上の貸借対照表もしくはIFRSの貸借対照表のいずれかでもよいとする。さらに，場合によっては純資産額のうちで債権者保護の見地から一定部分について追加的な配当規制を強化する方法も考えられるという。例えば最低資本金や任意の一定資本（企業が自由に選択できる一定の大きさ），純資産の一定割合などがそれである[32]。

3.3 試論の展開

このような諸見解を踏まえ，以下において試論を展開する。

まず資本維持をベースとした配当規制と支払能力テストが果たして代替的な関係にあるのかというのがまず第1の論点である。すなわち，資本維持に基づく配当規制と支払能力テストはそもそもなじまないのか，それとも両者を関係づけることはできないのかという問題である。配当は一般に会社財産の流出を伴い，それが認められるのは配当の支払によって会社の存続に何ら支障がないことが必要不可欠な条件である。配当の支払により会社がその後に倒産の事由，つまり支払不能ないしその恐れまたは債務超過に陥り財務内容の著しい悪

化をもたらすことを回避すべきであり，また企業の倒産の可能性に関する情報提供も場合によっては必要となる。

　この場合，IFRSの貸借対照表を用いるときには既述の通り不確定債務の計上の厳格化及び時価評価による未実現利益の計上が許容されるので，それをあらかじめドイツ商法の配当規制との関係で調整しておく必要があろう。このように考えると，資本維持による配当規制と支払能力テストによる倒産の可能性の確認とは必ずしも相反するものではなく，むしろ両者を関連づけて結合させることに大きな意義があると解される。事実，会社法と倒産法を別個のものとみなさずに，債権者保護の見地から両者を機能的に相互不可分なものとして一元化する統一理論（Einheitstheorie）が最近では展開されている[33]。また，財産評価に関して継続企業の仮定を前提とする商法第252条1項2号の規定との関係で企業存続の可能性に対する会計士監査も要求されており，ドイツ監査基準第270号「決算書監査の範囲における企業活動の継続の判断」がこの判断指針である[34]。したがって，資本維持による配当規制と支払能力テストとの結合を通じて債権者保護の一層強化を図ることができる。

　この結合方法には次の2つがある。1つはすでに触れたように両者を二元的に捉える方法である。もう1つは両者を二段階に捉える方法である。これは第1段階の結果を受けて第2段階を実施する方法である。私見では前者の資本維持を第1段階，後者の支払能力テストを第2段階とみなす。その理由は，前者が過去のデータによるもので確実性があり法の安定性に資するのに対して，後者は将来事象を前提とし主観的裁量の余地があり不確実性を伴うからである。ただ，この場合においてIFRSによる貸借対照表は実現可能利益の計上を許容し，収益の期待を示すので，問題を含む。この点から，実現原則及び用心の原則を基底とする現行ドイツ商法上の貸借対照表による資本維持があくまで第1段階として一義的である。この二段階法の立場に立つ筆者独自の見解では，第1段階の結果により財務内容の良否に応じて第2段階を弾力的に実施できるメリットがある。その場合，まず第1段階の資本維持による配当規制の結果として次の2つのケースを区別する。

(1) 資本維持に基づく配当財源があるケース

　資本維持に基づいて配当財源があるケースでは，原則として短期的な1年間

の支払能力を予測キャッシュ・フロー計算書（資金計画書）の作成により支払能力テストを実施する。但し，過去数年間にわたって収益性，財務健全性及びキャッシュ・フローといった主たる財務内容の状況について特に問題がなく，企業の格付けも高い評価を受けているときには，例外的にこの支払能力テストを省略できる。短期的な支払能力に問題がないことが判明したときには，計画通り配当財源の範囲での配当を実施する。

短期的な支払能力に問題があると判明したときには，中期的な支払能力テストもさらに実施し，企業の倒産リスクの有無について確認する。この手続は実質的に倒産法第19条における債務超過の判定上重要な企業存続の可能性の検討にほかならない[35]。その結果，企業の存続可能性に特に問題がないことが確認されたときには，例えば次の措置が考えられる。

1つめは予定通りの貸借対照表に基づく配当を実施する。但し，短期的な支払能力に関する経営者の判断を明確に表明し，その根拠について説明責任がある。2つめは短期的な支払能力にやや問題があるので，保守主義の見地から予定されている配当の一定額を減額をしたり，場合によっては当期の配当を見合わせてその繰延措置をとる。3つめは，短期的な支払能力が深刻な状況に陥る可能性があるときには，財務上の更生計画を示しその改善策を経営者は提示する。4つめは，支払不能の恐れがあるときには，倒産法第18条を考慮して倒産開始手続の申立も視野に入れて対応措置をとる。

(2) 資本維持に基づく配当財源がないケース

資本維持に基づく配当財源がないケースでは，短期的な支払能力テストのほかに，2年間程度の中期的な支払能力テストを実施する。両者の支払能力に特に問題がないことが判明する場合には，企業の存続可能性を開示する。短期的な支払能力には特に支障はないが，債務超過の可能性などにより中期的な支払能力にやや問題がある場合には，将来的な企業存続の可能性に対するリスクがあるので，財務内容の改善をめざす更生計画案を経営者は提出する。短期的及び中期的な支払能力にも問題があるときには，支払不能の恐れ及び債務超過の可能性が高いので，倒産開始手続申立の有無についても経営者は検討する。

このような二段階法により債権者保護を一層充実させることができ，企業の倒産に伴う債権者リスクをかなり事前に削減できるはずである。

なお，以上の内容は主として上場企業を対象としたものである。非上場企業に関しては支払能力テストは実務上煩瑣な手続である。そこで，それに代えて便宜的に純資産テストや流動性テストその他の手法で代用することも考えられる。これはあくまで暫定的な試論にすぎない。今後これをさらに精緻化する必要がある。

第4節　資本制度改正に関するBilMoG草案の概要

1　BilMoG参事官草案[36]

BilMoGのキーワードは会計規定の緩和（Deregulierung）と，決算書に関する情報機能の強化である。その参事官草案では，資本制度に関して次の諸点の改正が盛り込まれている。

第1は，未払込引受済資本金のうちで未請求額の処理法である。これについては貸借対照表の積極側に計上するが（商法第272条1項2文），引受済資本金から控除して表示することもできる（商法第272条1項3文）。言い換えれば，処理法について選択適用が認められている。参事官草案では後者による純額表示だけとなり，前者の表示は認められない（参事官草案商法第272条1項2文・3文）。

第2は自己持分の処理である。これについて1998年の「企業領域における統制及び透明化法」（Gesetz zur Kontrolle und Transparenz im Unternehmensbereich；KonTraG）の制定前までは自己持分に関して資産として取り扱われるとともに，それに相当する自己持分準備金の設定が義務づけられ，配当規制されていた。いわゆるコントラック法の制定により，消却目的で自己持分を取得する場合には，それを引受済資本金から控除して表示することに変更となった（商法第272条1項4文）。これに対して，BilMoG参事官草案では自己持分を取得したときには，その取得目的にかかわらず，額面金額もしくは計算価値からマイナスし，取得価格と額面金額もしくは計算価値との差額についてはその他の利益準備金からマイナスする（参事官草案商法第272条1a項2文）。また，当該自己持分を売却したときには，取得時の逆処理をし，売却金額のうちで取得原価に相当する金額までは額面金額もしくは計算価値とその他の利益準備金をそれぞれ増加

させる。売却価額と取得原価との差額については株式払込剰余金としての性格をもたないので，それについて処分制限をすることは難しい。そのため，その差額をその他の営業収益として処理する（参事官草案商法，理由書，第23，136-137頁）。しかし，この処理法については自己持分の売却に関して成果作用的処理と成果非作用的処理とがミックスされているという批判がある[37]。

第3は準備金的性質をもつ特別項目である。これは税法上の利益測定面から生じる項目である（商法第247条3項，第273条）。しかし，その項目はBilMoGのキーワードたる年次決算書の情報機能強化の面からは明らかに問題を含む。そこで，参事官草案はこれらの現行条文の削除を提案し，逆基準性（umgekehrte Maβgeblichkeit）を廃止する（参事官草案商法，理由書，第4，107頁）。

第4は自己資本変動計算書（Eigenkapitalspiegel）の作成である。連結決算書（Konzernabschluss）の作成義務のない資本市場性資本会社（kapitalmarktorientierte Kapitalgesellschaft）に対しても新たに，連結決算書の作成義務ある企業と同様にこの自己資本変動計算書の作成が義務づけられる（参事官草案商法第264条1項2文）。ここで資本市場性資本会社とは，有価証券取引法第2条5項の意味での組織化された市場で，あるいは組織化された市場での売買許可を得て有価証券を発行する資本会社を指す（参事官草案商法第264d条）。

第5は配当規制の範囲である。これまで資産化が禁止されている自己創設の無形固定資産（selbst geschaffener immaterieller Vermögensgegenstand des Anlagevermögens）及び貸借対照表副次項目（Bilanzierungshilfe）として積極側に計上が容認されている借方みなし税金（aktive latente Steuer）については，参事官草案ではIFRSと同様に両項目の借方計上が義務づけられる（現行商法第248条3項の削除・参事官草案商法第274条1項）。これに伴い，両項目の借方計上に対して配当規制される。すなわち，配当後に残るいつでも取り崩し可能な利益準備金に繰越損益を加減した金額が少なくともその借方計上された金額に等しいことが配当の条件である（参事官草案商法第268条8項）。但し，参事官草案では売買目的で取得した金融商品（Finanzinstrument）については付すべき価値で，つまり時価評価され（参事官草案商法第253条1項3文），その評価差益については既述の自己創設による無形固定資産及び借方みなし税金と違って配当規制されず，実現可能利益とみなされる（参事官草案商法，理由書，第10，105頁）。

2　BilMoG政府草案

BilMoG政府草案は基本的にこのBilMoG参事官草案を踏襲している。ただ，若干異なる点もある。

第1は自己持分の処理に関するものである。政府草案では自己持分を取得したときには，取得価格と額面金額もしくは計算価値との差額についてその他の利益準備金に代えて自由に処分可能な準備金（frei verfügbare Rücklage）と相殺することが提案されている（政府草案商法第272条1b条2文）。これにより，その他の利益準備金以外に商法第272条2項4号に規定する資本準備金，つまり出資者が自己資本として提供するその他の追加支払額ともまた相殺することができる（政府草案商法，理由書，第20，141頁）。また，自己持分の売却に関する処理についても修正されている。政府草案では，自己持分を売却したときには，その取得価格と額面金額もしくは計算価値との差額についてはその他の利益準備金ではなくて自由に処分可能な準備金を増加させ，さらに売却価額と取得価格との差額については，商法第272条2項1号で規定する拘束性のある資本準備金に計上する（政府草案商法第272条1b項）。このように，政府草案では自己持分の取得及び売却に関して基本的には経済的な面から資本減少及び資本増加，つまり資本取引と解する。

第2は配当規制に関するものである。政府草案では金融商品の時価評価に伴う評価差益についてもまた自己創設の無形固定資産及び借方みなし税金と同様に配当規制の対象となった（政府草案商法第268条8項）。但し，配当規制において参事官草案と違うのはいつでも取り崩し可能な利益準備金に代えて，政府草案では自由に処分可能な準備金に配当規制の対象が変更されている。また，借方みなし税金については翌5年間に予測される繰越損失額を考慮して計上する必要がある（政府草案商法第274条1項2文）。

以上がBilMoGの参事官草案及び政府草案に関する資本制度の主な改正点である。

第5節　結

　以上の論旨を整理すれば次の通りである。
　第1はMoMiG政府草案について以下の点が盛り込まれている。その1は，最低資本金が25,000ユーロから10,000ユーロに引き下げられている点である。この点から今後において株式会社の最低資本金の引き下げの可能性もありうる。しかし，最低資本金制度自体の全面廃止は当面考えにくい。その2は，連結財務諸表の作成に際して一定の条件のもとでキャッシュ・プーリングが容認されている点である。その3は判例ルール及び新ルールによる出資者借入金の資本化制度に関して，判例ルールの廃止及び新ルールの倒産法への移行により緩和化と簡素化が図られている点である。これはヨーロッパ倒産法の動向ともたしかに整合性を有する。しかし，判例ルールの廃止に伴う法の隙間から債権者のリスクが生じ債権者保護の仕組みの低下を招く危険性もまた否めない。
　なお，MoMiG政府草案はドイツ連邦議会で2008年6月26日に成立した。今のところ同年10月／11月以降に施行される予定である。
　第2は，配当規制に関する従来の資本制度とその代替案としての支払能力テストとの関係である。これにはさまざまな見解が提案されている。1つめは支払能力テストに対する全面的批判説である。そこではそれに含まれる将来キャッシュ・フローの予測に伴う主観性及び法の不安定性をその根拠とする。2つめは，資本制度自体に含まれる問題点を理由に，それに代えた支払能力テストの積極的導入説である。3つめはその他の見解もある。これには暫定的な資本維持堅持説や，資本維持と支払能力テストの折衷説がある。後者にはドイツ基準またはIFRSによる資本維持をベースとし，これを支払能力テストで補完する説と，支払能力テストをベースとし，それを資本維持で補完する説とがある。また，現行ドイツ商法上の貸借対照表による資本制度を前提とした配当規制をまず第1段階で実施し，その結果いかんにより財務内容の良否に応じて第2段階として支払能力テストを弾力的に実施する試論による二段階法も考えられる。
　第3に，BilMoGの参事官草案及び政府草案では資本制度の一部に関する見

直しが提案されている。例えば，未払込引受済資本金のうちで未請求額に関する純額表示への一本化，自己持分の処理について資産化的取扱から原則として資本取引的取扱への変更，逆基準性の廃止に伴う準備金的性質をもつ特別項目の計上禁止，資本市場性資本会社で連結決算書の作成義務のない会社に対する自己資本変動計算書の作成義務化，自己創設による無形固定資産及び借方みなし税金の借方計上並びに金融商品の時価評価に伴う評価差益に関する一定条件のもとでの配当規制などがその主な改正内容である。

このBilMoG草案のなかには，MoMiG草案のように最低資本金額の引き下げは盛り込まれておらず，最低資本金制度そのものは従前通り堅持されている。また，第3節で論究した支払能力テストの導入も時期尚早として見送られ，貸借対照表による資本維持制度は依然として健在である。IFRSへの接近を意識し，年次決算書に関する情報機能の強化面からたしかに自己創設による無形固定資産及び借方みなし税金のオンバランス化及び金融商品の時価評価がBilMoG草案のなかで提案されている。しかし，これらについては分配面から一定の配当規制を課し，配当計算に影響しないように配慮している。以前から批判の強い逆基準性の廃止は提案されているものの，商事貸借対照表と税務貸借対照表との間における基準性原則自体はこれまでと同様に継承されている。このようなBilMoG草案の内容から判断すると，ドイツ資本制度の伝統は基本的に踏襲されているといってよい。

いずれにせよ，EUの方向を含めて今後のドイツ資本制度の動向と行方に関して大いに注目する必要があろう。

注

（1） D. Kleindiek, Perspektiven des Kapitalschutzes —Themen und Meinungen in der nationalen Diskussion－, in : Betriebs-Berater, 第62巻第17号, BB Special 5, 2007年4月, 3頁。
（2） D. Kleindiek, 前掲論文注（1）, 4頁。
（3） 参事官案では第30条1項によれば，資本金が出資者との契約に基づく前給付によって確保されているときに支払が会社のためになされるときには1文の禁止は適用されず，堅実な商人としての会社の出資者に自己資本が流入するであろう時点に会社の資

金提供が成される場合にも，出資者借入金の返還について1文は適用されない。
(4) 政府草案MoMiG理由書A, Allgemeiner Teil, 58頁。この政府草案と同じ見解がすでに示されている（U. Huber・M. Habersack, Zur Reform des Rechts der kapitalersetzenden Gesellschaftsdarlehen, in : M. Lutter 編, Das Kapital der Aktiengesellschaft in Europa, Berlin, 2006 年，所収，432-433頁）。
(5) 新たに追加される政府草案有限会社法第64条2項3文によると，堅実な商人として注意した場合を除き，出資者への支払により会社が支払不能となるときには，業務執行者はその支払に対して責任を負うことになる。別言すれば，会社の信用力がなくなり，債務超過もしくは支払不能のために倒産の可能性があるときには，業務執行者は将来的にもまた出資者への当該支払及び返済を拒否できる。この支払に伴い，会社が支払不能に陥るときには業務執行者の損害賠償責任義務が生じる。この政府草案は，現行有限会社法第64条2項の強化を意味する。
(6) K. J. Schiffer, Alea jacta est ? Praxisanmerkungen zur vorgesehenen Deregulierung des Eigenkapitalersatzrechts, in : Betriebs-Berater, 第61巻第37号，BB Special 7, 2006年9月，16頁。
(7) K. Schmidt, Eigenkapitalersatz, oder : Gesetzesrecht versus Rechtsprechungsrecht?, in : Zeitschrift für Wirtschaftsrecht, 第27巻第42号，2006年10月，1926頁。
(8) K. Schmidt, GmbH-Reform, Solvenzgewährleistung und Insolvenzpraxis – Gedanken zum MoMiG-Entwurf—, in : GmbH-Rundschau, 第98巻第1号，2007年1月，9頁。
(9) J. Thiessen, Eigenkapitalersatz ohne Analogieverbot – eine Alternativlösung zum MoMiG-Entwurf, in : Zeitschrift für Wirtschaftsrecht, 第27巻第6号，2007年2月，253頁。この見解に関連して判例ルールを倒産法に移行する際に倒産法第135条の取消期限を適切に延長すればよいという見解もある（P. Hommelhoff, Für eine minimalinvasive und dennoch höchst effektive Reform des Eigenkapitalersatzrechts, in : Schriftenreihe der Gesellschaftsrechtlichen Vereinigung 編, Die GmbH-Reform in der Diskussion, Köln, 2006年，所収)。
(10) D. Kleindiek, 前掲論文注（1），5頁。
(11) J. Wüstemann・J. Bischof・S. Kierzek, Internationale Gläubigerschutzkonzeptionen, in : Betriebs-Berater, 第62巻第17号，BB Special 5, 2007年4月，17頁。
(12) J. Wüstemann・J. Bischof・S. Kierzek, 前掲論文注（11），13頁。
(13)(14) D. Kleindiek, 前掲論文注（1），5頁。
(15) A. Engert, Solvenzanforderungen als gesetzliche Ausschüttungssperre bei Kapitalgesellschaften, in : Zeitschrift für das gesamte Handels- und Wirtschaftsrecht, 第170巻，2006年，312頁。
(16) A. Engert, 前掲論文注（15），313頁。
(17) A. Engert, 前掲論文注（15），314頁。

(18) M. Fuchs・B. Stibl, Solvenztests als Grundlage der Ausschüttungsbemessung-Anforderungen und betriebswirtschaftliche Gestaltungsmöglichkeiten, in : Betriebs-Berater, 第62巻第17号, BB Special 5, 2007年4月, 20頁。アメリカの配当規制において支払能力テストと関係するのが模範事業会社法（Model Business Corporation Act）とカリフォルニア州法（California Corporations Code）である。前者の第6.40(c)(1)条によれば, 持分支払不能テスト（equity insolvency test）と貸借対照表テストが中心である。持分支払不能テストについては, 現金在高が短期債務を上回り, 且つ適当な期間に関して事業計画に関するキャッシュ・フロー計算書に基づいて支払能力テストを実施する。貸借対照表テストについては, 資産が負債及び清算剰余額をベースとした優先株式の請求額の合計を上回ることを条件とする。これに対して後者の第500条及び第501条による配当規制によれば, まず支払不能テストをクリアするときには, 次に原則として留保利益による配当を実施する。留保利益がなく, あるいは留保利益を上回る配当を実施する場合には, 資産合計が少なくとも負債の125％を上回るという貸借対照表テストを満たす必要がある。この場合, 資産合計にはのれん, 研究開発費及び繰延費用は除外される。

(19) J. Rickford 編, Reformimg Capital, Report of the Interdisciplinary Group on Capital Maintenance, in : European Business Law Review, 第15巻第4号, 2004年, 980頁。この点に関連して支払能力テスト原則を示す見解もある（M. Fuchs・B. Stibl, Solvenztests als Grundlage der Ausschüttungsbemessung-Anforderungen und betriebswirtschaftliche Gestaltungsmöglichkeiten, in: Betriebs-Berater, 第62巻第17号, BB Special 5, 2007年4月, 20-21頁。これについては, 拙稿,「ドイツ資本制度の動向」『商学集志』第78巻第1号, 平成20年6月, 40-42頁参照。

(20) G. Lanfermann・V. Röhricht, Stand der europäischen Diskussion zur Kapitalerhaltung, in : Betriebs-Berater, 第62巻第17号, BB Special 5, 2007年4月, 11頁。

(21) B. Pellens・D. Jödicke・M. Richard, Solvenztests als Alternative zur bilanziellen Kapitalerhaltung?, in : Der Betrieb, 第58巻第26／27号, 2005年7月, 1401頁。

(22) A. Engert, 前掲論文注（15）, 334-335頁。M. Richard, Kapitalschutz der Aktiengesellschaft, Frankfurt am Main, 2007年, 210-215頁, 228-230頁。この点に関して貸借対照表による配当規制に代わる支払能力テスト導入の条件は, 第1に債務超過の問題, 第2に支払能力テストに関する予測期間の問題, 第3に経営者の責任及び罰則問題のクリアであるという見解もある（C. Jungmann, Solvenztest- versus Kapitalschutzregeln, in : Zeitschrift für Unternehmens- und Gesellschaftsrecht, 第35巻第5号, 2006年9月, 680-682頁）。

(23) P. Marx, Der Solvenztest als Alternative zur Kapitalerhaltung in der Aktiengesellschaft, Baden-Baden, 2006年, 196-199頁。

(24) D. Kleindiek, 前掲論文注（1）, 7頁。これに関連して貸借対照表による配当規制

と支払能力テストの優劣を即断することはできず，この決着は市場参加者に委ねるべきであるという見解もある（C. Kuhner, Zur Zukunft der Kapitalerhaltung durch bilanzielle Ausschüttungssperren im Gesellschaftsrecht der Staaten Europas, in : Zeitschrift für Unternehmens- und Gesellschaftsrecht, 第34巻第6号, 2005年12月, 736-737頁)。

(25) 66. Deutscher Juristentag, Reform des gesellshaftsrechtlichen Gläubigerschutzes, 2006年, 21頁。

(26) Stellungsnahme des Deutschen Anwaltvereins durch den Handelsrechtsausschuss, Zum Referententwurf eines Gesetzes zur Modernisierung des GmbH-Rechts und zur Bekämpfung von Missbräuchen（MoMiG), 2007年2月, 5頁。

(27) M. Lutter 編, 前掲書注（4)。

(28) M. Lutter, Das（feste Grund-) Kapital der Aktiengesellschaft in Europa, in : M. Lutter 編, 前掲書注（4), 所収, 11頁。なお, この点に関してIFRSの貸借対照表による配当規制については批判的見解もある。というのは, 投資家への有用な会計情報の提供を一義的とするIFRSは時価評価を含んでおり, かなりの裁量の余地があるので, このIFRSをベースとした支払能力テストの導入は債権者保護のレベルの低下を招くからである（M. Merschmeyer, Die Kapitalschutzfunktion des Jahresabschlusses und Übernahme der IAS/IFRS für die Einzelbilanz, Frankfurt am Main, 2005年, 292-293頁)。

(29) IDW, Vorschläge des IDW zur Neukonzeption der Kapitalerhaltung und zur Ausschüttungsbemessung, Pressinformation 8/06, 2006年9月, 1-7頁。B. Pellens・T. Sellhorn, Zukunft des bilanziellen Kapitalschutzes, in : M. Lutter 編, 前掲書注（4), 所収, 484-487頁。

(30) R. Veil, Kapitalerhaltung-Das System der Kapitalrichtlinie versus situative Ausschüttungssperren, M. Lutter 編, 前掲書注（4), 所収, 112頁。

(31) M. Fuchs・B. Stibl, 前掲論文注（18), 24頁。

(32) M. Fuchs・B. Stibl, 前掲論文注（18), 23頁。

(33) E. T. Bicker, Gläubigerschutz in der grenzüberschreitenden Konzerngesellschaft, Berlin, 2007年, 54-59頁。この点に関してIFRSの貸借対照表による配当規制だけで十分債権者保護は図られ, ドイツ商法は支払不能及び債務超過の判定を要求していないので, 支払能力テストをIFRSの貸借対照表に対する補完として導入する必要はないという見解もある（H. J. Böcking・A. Dutzi, Gläubigerschutz durch IFRS-Rechnungslegung im Jahresabschluss und ergänzenden Solvenztest, in : Zeitschrift für Betriebswirtschaft, Special Issue 6, 2006年6月, 15頁)。また, 統一理論に関連して貸借対照表による資本維持と並んで支払不能の前兆を示す債務超過の判定も決算において導入すべきとする見解もある（K. Schmidt, Insolvenzgründe und Haftung für

Insolvenzverschleppung, in : M. Lutter編, 前掲書注 (4), 所収, 206頁)。

(34) IDW Prüfungsstandard 270 (Die Beurteilung der Fortführung der Unternehmenstätigkeit im Rahmen der Abschlussprüfung, in : Die Wirtschaftsprüfung, 第56巻第14号, 2003年12月, 775-780頁。これによると, 財務内容に応じて第1段階はクイック・チェック, 第2段階は精査, 第3段階は更生監査が実施される (E. Scheffczyk, Untersuchung der rechtlichen Überschuldung bei der Jahresabschlussprüfung im Rahmen der Going-Concern-Annahme, Köln, 2007年, 220頁)。

(35) P. Marx, 前掲書注 (23), 198頁。

(36) この概要については, 拙稿,「ドイツ会計制度の動向」『産業経理』第68巻第2号, 平成20年7月, 26-29頁参照。

(37) K. Küting・M. Reuter, Abbildung von eigenen Anteilen nach dem Entwurf des BilMoG-Auswirkungen in der Bilanzierungs- und Bilanzanalysepraxis-, in : Betriebs-Berater, 第63巻第13号, 2008年3月, 659-661頁。

補論 1

オーストリア資本会計制度（1）
―商事資本会計制度―

第1節 序

　EU加盟国では，欧州共同体契約第31条1項に基づいて加盟国地域内での市場統合及び第三者保護を基本理念とした制度が導入されている。なかでも重要なのは資本会社を中心とした会計規制である。これに関してはすでに1978年のEC会社法第4号指令及び1983年の会社法第7号指令が制定された。その結果，これに即して加盟国は国内法の変換を進めてきたのである。したがって，大きなフレームワークからみれば，EU加盟国間においてはすでに資本会社に関する共通した会計規制が実施されてきているといってよい。その点から，相当程度資本会社間の会計規制は調和化されてきているけれども，完全に一致し統一しているわけではない。細部に至ると，EU加盟国間でも考え方の違いが生じている箇所も少なくない。その典型が特に資本の部に関する規定である。

　ここでは，オーストリア[1]の商事資本会計制度を取り上げて，特にそれを古くから関連性の強いドイツ法と比較しながら，その特徴を明らかにする。なお，オーストリア商法典は2005年にその現代化のために企業法典（Unternehmensgesetzbuch : UGB）に呼称変更され，2007年から施行されている。

第2節 資本の部の分類

　まず最初にオーストリア企業法における自己資本の部における分類についてみていく。

　企業法第224条3項のなかで資本の分類が示されている。自己資本の部は以

下のように分類される。

額面資本金・資本準備金（拘束性資本準備金（gebundene Kapitalrücklagen）・非拘束性資本準備金（nicht gebundene Kapitalrücklagen））・利益準備金（法定準備金・定款準備金・その他の準備金）・貸借対照表利益（貸借対照表損失）そのうち繰越利益／繰越損失

　EC会社法第4号指令第9条によれば，自己資本は引受済資本金，株式払込剰余金（Agio），再評価準備金（Neubewertungsrücklagen），繰越損益（Ergebnisvortrag），当期損益（Ergebnis des Geschäftsjahres）に大別される。なお，このうちで準備金はさらに法定準備金，定款準備金，その他の準備金に細分される。これに対して，ドイツ商法では自己資本は次のように分類される（ド商法第266条）。すなわち，引受済資本金，資本準備金，利益準備金，繰越利益（繰越損失），年度剰余額（年度欠損額）である。利益準備金はさらに法定準備金，自己持分準備金，定款準備金，その他の利益準備金に細分される。

　オーストリア企業法の資本分類をEC会社法指令及びドイツ商法と比較すると，全体的にはドイツ商法と類似する。ただ，両者の間には差異もいくつかある。その第1は，ドイツ商法ではEC会社法指令と同様に引受済資本金という用語が用いられているけれども，オーストリア企業法ではそれに代えて額面資本金という用語が用いられている。第2は，オーストリア企業法では資本準備金を拘束性のあるものと拘束性のないものとに分けているのに対して，ドイツ商法ではそのような細分化はなされていない。第3は，オーストリア企業法では繰越損益について独立した表示はなされずに，貸借対照表利益または貸借対照表損失の内訳項目として表示される。第4は，オーストリア企業法ではドイツ商法における利益準備金の一構成要素としての自己持分準備金が例示されていない。この4点が資本の分類に関するオーストリア企業法とドイツ商法との違いである。

　なお，これ以外に自己資本に準ずる項目としては，匿名組合員による出資と享益権とがある。前者は匿名組合員による事業者への匿名出資である。これにおいて例えば秘密積立金及びのれんへの参加，または広範囲な業務執行権限の付与といった条件が契約上明記されているときには，匿名組合員は自己資本提供者にかなり類似する。その結果，この匿名組合員の出資金勘定を自己資本と

の関連で以下の表示が提案されている。例えば，自己資本の金額の後で非課税準備金の前かあるいは自己資本の内部で表示するという主張である[2]。これに対して，後者は，債務法上の契約に基づいて株主に類似する財産権を有する点にその特徴がある。この享益権に関しては，すべての債権者の弁済後に返済請求権をもつ劣後性，報酬の成果依存性及び出資金額の損失負担，さらに資本提供に対する期限の制限がない長期性といった要件をすべて満たすときには，この享益権は自己資本とみなされる。その結果，自己資本の内部で利益準備金の後かあるいは自己資本の最終項目として表示される[3]。このような匿名組合と享益権の処理法については，ドイツ法とほぼ同様である[4]。

第3節　資本金の増加及び減少

1　株式と資本金

　株式会社は法人格を有する会社制度であって，その社員はその出資によって株式に分割された資本金に関与するが，個人的には会社の債務には責任がない（オ株式法第1条）。このような株式会社の定義にみられる株式に分割された資本金を中心とした考え方は，ドイツ法及びフランス法と同じであるのみならず，ひいてはそれらの基本法たるEC会社法第2号指令と共通する。つまり，資本金と株式は連動しており（オ株式法第6条），両者は密接な関係にある[5]。わが国のように，資本金と株式は切断していない。この株式には額面株式と無額面株式とがある。この2つの株式を会社のなかで併行して発行することはできない（オ株式法第8条1項）。額面株式における額面の最低価額は1ユーロでなければならず，資本金との割合は，資本金と額面金額の比率で決定される（オ株式法第8条2項）。一方，額面額をもたない無額面株式についてもまた，その発行株式数との割合で資本金と関係づけられる。この1株あたりの資本金に相通じる金額は1ユーロを下回ってはならない（オ株式法第8条3項）。このようにオーストリア法の無額面株式もドイツ法及びフランス法と同様に不真性無額面株式と解される。

　額面株式の額面金額もしくは無額面株式の1株あたりの資本金を下回る割引

発行はいずれも認められない（オ株式法第9条）。なお，最低資本金が定められており，70,000ユーロである（オ株式法第7条）[6]。これに対して，ドイツ株式法ではそれは50,000ユーロである（ド株式法第7条）。さらに，この資本金の額並びに資本金を分割した額面金額の額面とその株数，無額面株式にあってはその株数について定款に記載する必要がある（オ株式法第17条）。この点もドイツ株式法と共通する（ド株式法第23条）。すべての株式は議決権をもつが，議決権のない優先株式を発行することができる（オ株式法第12条）。

2　資本金の増加

資本金が増加するケースには次の3つがある。1つめは通常の新株発行によるケース，2つめは条件付資本増加のケース，3つめは認可資本による増加のケースである。

2.1　通常の新株発行

新株発行によって資本金を増加させるには，資本金に対する割合が少なくとも4分の3を占める多数による決議が必要である（オ株式法第149条1項）。資本金の増加に伴い，定款変更も必要となる。この新株発行のケースでは金銭による出資と現物出資とがある。なお，ドイツ株式法では議決権のない優先株式の発行に際しては，定款で過半数より高い議決の必要を定めることができる（ド株式法第182条1項2文）。これに対して，オーストリア株式法では議決権のない優先株式を資本金の3分の1までしか発行できず（オ株式法第115条2項），定款で過半数による決議でその発行を決定できる（オ株式法第149条）[7]。

2.2　条件付資本増加

転換権もしくは新株引受権の行使に基づいて資本金が増加するのが条件付資本増加である（オ株式法第159条）。これには①転換社債もしくは新株引受権付社債の発行，②複数企業の併合の準備，③従業員，取締役及び監査役あるいは結合企業の一員にストック・オプションを付与した場合がある。条件付資本の額面金額は額面金額全体の2分の1を上回ってはならず，また条件付資本の付与を決議した時点で存在する資本金の10分の1を上回ってはならない（オ株式法

第159条4項)。但し，無額面株式を発行する会社については，従来の資本金と資本金の増加額との割合を株数で算定する。なお，③のストック・オプションを従業員等に付与する場合には，資本金の5分の1を上回ってはならない（オ株式法第159条5項）。条件付資本の範囲が資本金の2分の1で且つ当期の条件付資本増加の決議が資本金の10分の1という制約はドイツ法と全く同じである（ド株式法第192条3項）。しかし，ストック・オプションの資本金に占める割合を20％以下とすることが，2001年に新たに定められた（オ株式法第159条5項）。なお，ドイツ株式法ではストック・オプションの資本金に占める割合は，条件付資本の決議時点ですでに存在する資本金の10分の1以下と規制されるが（ド株式法第192条3項），しかしオーストリア株式法のようにストック・オプションの割合が資本金の20％以下という規制はない。

2.3 認可資本の増加

　ドイツ株式法第202条と同じく，オーストリア株式法第169条において，定款の定めで取締役に対して一定の額面金額まで新株の発行によって資本金を増加させる権限が与えられうる。これか認可資本である。その権限は定款変更によって5年以内に与えられ，それには株主総会で少なくとも資本金の4分の3を占める多数による決議が必要である。この認可資本の額面金額は資本金の2分の1を上回ってはならない（オ株式法第169条3項）。

　ドイツ株式法においてはこの認可資本の範囲で無限定の適正意見による監査証明を受けた年度剰余額を示している場合には，会社の従業員に対する株式発行をその他の利益準備金に対して振替可能な年度剰余額を用いて実施することができる（ド株式法第204条3項）。ここでは従業員自身には実際の金銭出資は行われない。このような制度はオーストリア株式法には認められていない。また，ドイツ株式法では株主総会の決議による準備金の減少によって資本金を増加させることができる（ド株式法第207条1項）[8]。

　このような準備金の資本金組入れ制度もオーストリア株式法自体には存在しない。但し，これは株式法とは別の資本修正法（Kapitalberichtigungsgesetz；KapBG）のなかで規定される。これは1967年5月19日に正式には「会社財産による資本金増加について会社法上の規定に関する連邦法（Bundesgesetz）」とし

て制定された。この第2条に株主総会の過半数の決議により会社財産に基づく資本金組入れが認められる。その財源として公示準備金及び繰越利益，特定目的に設定された準備金で，資本金組入れを実施してもその目的に反しない準備金，さらに法定準備金のうちで資本金の10分の1または定款で定められた金額を上回る金額があれば，その超過額が認められる（オ資本修正法第2条3項）。このなかには貸借対照表利益は含まれていない。貸借対照表利益は分配可能な金額を示すというのが立法者の趣旨であると考えられるからである。しかし，貸借対照表利益をその財源から区別する必要はなく，その規定には問題がある[9]。このため，ウィーンの商事裁判所ではこの貸借対照表利益を会社財産の資本金組入れに利用することを認めている。この点を回避し資本修正法に即して処理するとすれば，年度剰余額を一度任意準備金に設定しておけばよい。

3 資本金の減少

資本金が減少するケースは，通常の減資，簡易の減資，そして株式の消却による各方法である。この3つの方法はドイツ株式法と全く同様である（ド株式法第222条～第239条）。

3.1 通常の減資

通常の減資を実施するにあたっては，株主総会において資本金の4分の3を占める多数による決議が必要である（オ株式法第175条1項）。額面金額の引き下げもしくは株式の併合によって資本金は減少する。いずれの場合にも，額面金額もしくは1株当たりの資本金は1ユーロを下回ってはならない（オ株式法第175条4項）。この通常の減資の実施に際しては債権者保護手続が要求される（オ株式法第178条）。減資登記の公告後6ヶ月以内に債権者から申し出があったときには担保が提供されねばならない。株主に対する払戻を伴う有償減資は債権者保護手続を経た通常の減資によってのみ実施されうる（オ株式法第178条2項）。

3.2 簡易の減資

貸借対照表損失の塡補や資本準備金への振替のために減資を実施するのが簡易の減資である（オ株式法第182条1項）。ここでは準備金の取り崩し及び減資差

益によって，株主への支払はできない（オ株式法第184条）。この簡易の減資の実施に際しては，通常の減資と違って債権者保護手続を要しない。この簡易の減資の決議に関して，貸借対照表損失が中間決算もしくは年次決算書で公式的に確定している必要はない。その理由は，オーストリア株式法第182条1項には，"さもなければ表示されるはずの貸借対照表損失"という表現が用いられているし，また実施された会社更生が，貸借対照表への遡及的な表示を通じて明らかとなるからである（オ株式法第188条及び第189条）[10]。この簡易の減資を実施するには，減資後もなお資本金の10分の1を上回る株式法第130条で規定する拘束性準備金が存在し，また非拘束性資本準備金，定款準備金及びその他の利益準備金をあらかじめ，すべて取り崩しておくことがその条件である（オ株式法第183条）。

この規定もドイツ株式法第229条以下の簡易の減資規定とほぼ符合している。ただ，若干両規定の間に差異がある。オーストリア株式法では簡易の減資を実施するにあたって，拘束性準備金が重視され，そのなかにオーストリア企業法第229条2項1号から4号までの資本準備金と法定準備金とが含まれる。その結果，この減資後に拘束性準備金が資本金の10分の1に相当する金額だけ維持されることがその条件となる。言い換えれば，資本準備金であっても拘束性のない企業法第229条2項5号に該当する資本準備金は資本金の10分の1の範囲のなかであえて維持する必要はなく，簡易の減資を実施する前にあらかじめ取り崩しておかねばならない。つまり，それは簡易の減資からは除外されている。これに対して，ドイツ株式法第229条で規定する簡易の減資においては，この減資にあたっては資本準備金について拘束性の有無による区別をしていない。したがって，オーストリア企業法では非拘束性資本準備金に該当する資本準備金，すなわちドイツ商法第272条2項4号で規定する"出資者が自己資本として支払うその他の追加払込額"もまた，資本金の10の1の範囲に含まれる。

この点は利益準備金の取崩額及び減資から得られる金額を資本準備金に組み入れる場合についても同じく当てはまる。拘束性準備金が資本金の10分の1を上回らないときには，利益準備金の取崩額及び減資から得られる減資差益を拘束性準備金に計上することができる（オ株式法第186条）。その結果，利益準備金の取崩額は法定準備金に，減資差益は拘束性資本準備金にそれぞれ計上され

る。ドイツ株式法も利益準備金の取崩額及び減資差益を資本準備金に計上できる（ド株式法第231条1文）。ただ，それを拘束性のある資本準備金なのか，それとも拘束性のない資本準備金なのかについては明らかではない[11]。ドイツ株式法は拘束性の有無で資本準備金を区別していない（ド株式法第231条1文）。

簡易の減資を決議した年度から2年間に予想通りの損失が実際に発生しなかったり，あるいはその計上が過大であったことが判明したときには，その差額分について拘束性資本準備金に計上する（オ株式法第185条）。この点はドイツ株式法も同様である（ド株式法第232条）。ここでもドイツ株式法は拘束性の有無を前提としていないので，計上すべき資本準備金が拘束性のあるものか否かについては，少なくとも法文上は明らかではない。

簡易の減資を実施した場合には，債権者保護の見地から拘束性準備金が資本金の10分の1に達するまでは利益分配はできない（オ株式法第187条1項）。資本金の100分の4を上回る利益配当を支払う場合には，減資の決議後2年を経過していることが条件である（オ株式法第187条2項）。但し，債権者に対する債権が弁済されたり保証されたりするときには，この限りでない。この点はドイツ株式法と同様である（ド株式法第233条）。

欠損填補目的で簡易の減資を実施したときに生じる減資差益は，損益計算書を通じて拘束性資本準備金に示される（オ株式法第190条）。この点はドイツ株式法と異なる。ドイツ株式法は，欠損填補の目的により簡易の減資で生じた減資差益だけでなく，すべての減資差益を損益計算書に表示すべきことを要求している（ド株式法第240条）[12]。

3.3 株式の消却

株式は強制的もしくは会社による自己株式の取得によって消却される（オ株式法第192条2項）。これは通常の減資手続を適用して実施される。但し以下のケースのように，発行額が全額支払われていれば，通常の減資規定を適用することなく，簡易の減資規定を準用することができ，債権者保護手続を要しない。

① 会社に無償で提供された株式を消却する場合
② 貸借対照表利益，任意準備金もしくは企業法第225条5項2文でいう自己株式準備金の負担で株式を消却する場合

このうちで②は株式の利益消却である。この株式の消却制度もまたドイツ株式法とかなり類似している（ド株式法第237条）。ただ，多少違いもある。②の株式の利益消却に関してオーストリア株式法はその範囲のなかに自己株式準備金を含めるが，ドイツ株式法はそれを除外する（ド株式法第237条3項第2号）。自己株式準備金は自己株式の取得に伴い，配当規制の関係で設定される。ドイツではこの自己株式準備金は自己株式が売却され消却されたとき，あるいは積極側に計上された自己株式について取得原価よりもより低い金額が計上される場合に限り，取り崩すことができる（ド商法第272条4項）。オーストリア企業法でも自己株式が会社の財産から除かれたり，より低い金額で計上された場合に限り，取り崩すことができる（企業法第225条5項2文）。

　問題は自己株式準備金も株式の利益消却の財源になりうるか否かである。この自己株式準備金は主として配当規制の見地から設定されるもので，原則として会社に留保しておかねばならない準備金である。したがって，それを株式の利益消却の財源として利用するのは妥当ではない。株式の利益消却の財源としては配当可能利益に限定するのが望ましい。オーストリアでは簡易の減資手続で実施される株式の利益消却に伴う減資差益についても簡易の減資で実施された過大損失分に関する修正差額と同様に，拘束性資本準備金に計上される（オ株式法第192条5項）。資本準備金への計上という点で，これはドイツ株式法と同様である（ド株式法第237条5項）。

第4節　準　備　金　等

1　資　本　準　備　金

　既述の通り，オーストリア企業法第224条3項Aによれば，資本準備金には拘束性のある項目と拘束性のない項目との2種類がある。企業法第229条2項は資本準備金の種類として次の5つの項目，すなわち①額面超過差額金，②転換社債もしくは新株引受権付社債のプレミアム，③社員が自己の持分の優先権の授与に対して支払う追加払込額，④株式法第185条・第192条5項及び有限会社法第59条に基づく減資差益，⑤会社法上の結合によって生じるその他の追加

払込額の5つを例示する。これに関して，株式法は①から④までの項目を拘束性資本準備金と規定する（オ株式法第130条2項）。これに対して，非拘束性の資本準備金は⑤である。この5つの資本準備金のうち，①，②及び③はドイツ商法第272条2項の1号から3号までの項目とほぼ同一である。ところが，④の減資差益についてはドイツ商法は明示していない。

ドイツ株式法第150条2項に従うと，ドイツ商法第272条2項1号から3号までの資本準備金と利益準備金を併せて資本金の10分の1に達するまで，毎期の年度剰余額（但し繰越損失があれば，これをマイナスする。）の5％を積み立てねばならない。これと同じ趣旨の規定がオーストリア株式法にもある（オ株式法第130条2項及び3項）。既述の通り，そのなかには拘束性のある資本準備金として④の減資差益が含まれているのがその特徴である。ドイツ商法は法文上この減資差益を明示していない。

この④の対象となる減資差益の1つは，株式法第185条による減資である。これは，減資決議の年度もしくはその決議後2年間において損失が事実上発生しなかったり，あるいは相殺されなかったことが判明したときに，その過大損失と減資分との差額は拘束性資本準備金に計上しなければならないという規定である。もう1つは，株式法第192条5項で規定する簡易の減資に準じて実施される株式消却に伴う減資差益である。

この結果，オーストリア企業法とドイツ商法との資本準備金について例示されている項目の違いは，減資差益の取扱である。簡易の減資及び簡易の株式消却で生じる減資差益を拘束性のある資本準備金に表示するようにオーストリア株式法が定めたのは1997年以降であり，かなり最近になってからである。従来は損失塡補にかかわりなく，資本準備金への計上が許容されていたけれども，1997年の倒産改正法（Insolvenzänderungsgesetz）を受けて損失塡補に伴う簡易の減資に関して，減資差益の資本準備金計上が可能となった。しかも，それは拘束性資本準備金の一種に属することになった。これにより，オーストリア株式法では簡易の減資及び株式の消却を実施するに際して，あらかじめ単に定款に基づく利益準備金及びその他の利益準備金と並んで拘束性のない資本準備金も取り崩しておく必要がある。ドイツ株式法第229条2項では利益準備金及び繰越利益をあらかじめ取り崩しさえすればよく，資本準備金を取り崩す必要はな

い。なお，オーストリア法では繰越利益は貸借対照表利益の一つの構成要素のため，すでに貸借対照表利益の計算プロセスのなかに含められる。

ドイツ商法では資本準備金の一項目として減資差益は例示されていない。これは資本会社の一般規定を想定した結果，やや特殊な項目としての減資差益を例示していないと解される[13]。株式法の特別法に従うと，この減資差益は当然計上せざるをえないはずである。言い換えれば，オーストリア企業法は，株式法上で生じるこの減資差益の取り扱いを，法文上明確に拘束性のある資本準備金として明示したと考えられる。なお，オーストリア企業法では通常の減資に基づく減資差益については資本準備金への計上に対する言及はない。したがって，ドイツ株式法と同様に，そこで生じる減資差益は株主に対して処分の対象となり，配当財源の一種とみなしうる。

⑤に該当するのは，コンツェルンにおいて孫会社あるいは姉妹会社に対して財政援助としての助成金の支給である[14]。そのなかには，会社法上のほかに例えば会社更生のための債権放棄といった経営経済的要因によるものも含まれるとする見解もあるが，しかし他方でそれについては成果作用的に処理すべきとする反対説もある[15]。また，このほかに⑤のなかには，税法上の隠れた払込みに相当するものが含まれるとする考え方もある[16]。オーストリア法では，ドイツ商法第272条2項4号において規定しているように，「社員が自己資本のなかに支払うその他の追加払込額」という文言となっていないからである。

2 利益準備金

2.1 法定準備金

法定準備金はわが国の利益準備金制度と同じものである。これについては，拘束性準備金の金額が額面資本金の10分の1もしくは定款の定めのあるそれを上回る一定の金額に達するまで，毎年の年度剰余額（但し繰越損失があるときはこれを控除する。）の5％以上を積み立てねばならない（オ株式法第130条3項）。基本的にはこの規定はドイツ株式法第150条2項の法定準備金の設定方法ときわめて類似する。両者とも法定準備金の設定に際して資本準備金も計算要素として含める点で共通する。ただ，既述の通りオーストリア法では法定準備金の設定に際して，簡易の減資で生じる減資差益と簡易の減資に準ずる株式の消却に伴

う減資差益とを含むことが明文化されているのに対して，ドイツ株式法ではそれを含むかどうかは法文上明らかではない。また，ドイツ株式法第150条では法定準備金と資本準備金の合計額が資本金の10分の1またはそれを上回る定款で定めた金額に達していないときには，この法定準備金の取り崩しについてそれを上回っている場合に比べて厳格な制限を加えている。これに対して，オーストリア株式法ではこの法定準備金の取り崩しに関して10%を超えているか否かでその取扱に区別を設けていない[17]。

拘束性資本準備金と法定準備金から成る拘束性準備金は，"さもなければ表示されるはずの"貸借対照表損失の填補以外には取り崩すことができない（オ株式法第130条4項1文）。但し価値減少の填補及びその他の損失の相殺のために任意準備金が存在していても，法定準備金の取り崩しを妨げるものではない（オ株式法第130条4項2文）。その結果，任意準備金としての損失填補準備金を取り崩さず，その取り崩しに先立ってあらかじめ法定準備金を欠損填補のために取り崩すことができる。この株式法第130条1項と2項との関係から，次のような解釈が生じる。法定準備金に対する拘束性資本準備金取崩の補助性 (Subsidiarität) がこれである。つまり，価値減少の相殺及びその他の損失の補填に定められている任意準備金を取り崩さずに法定準備金を取り崩すことができる。しかし，拘束性資本準備金の取崩に際しては，法定準備金の取崩の場合とは異なり，前述の任意準備金を含め，すべての任意準備金が存在していないことがその条件である[18]。

この点に関連してドイツ株式法は欠損填補に対する準備金の取崩順序については，特に定めていない。それ故に，まず法定準備金を取り崩し，次に拘束力のある資本準備金を取り崩すこともできるし，その逆も可能である。法定準備金はその設定に際して資本準備金と併せて変動しうる調整項目であるので，この法定準備金を処分に際して優先的に取り崩すべきであるという立場[19]に立てば，オーストリア株式法もドイツ株式法も同様となる。

2.2 定款準備金とその他の準備金

利益準備金には，法定準備金のほかに定款準備金とその他の準備金とがある。両者はドイツ株式法第266条3項のそれとほぼ同一内容である。

3 貸借対照表利益

　オーストリア企業法では年度剰余額もしくは年度欠損額を表示する必要はなく，貸借対照表利益もしくは貸借対照表損失を示すだけでよく，これは資本準備金及び利益準備金から区別されて独立表示される。ドイツ商法でも年次成果の利益処分額を示すこの方式は認められているけれども（ド商法第268条1項），年度剰余額もしくは年度欠損額を表示するのが原則である（ド商法第266条3項）。この点から，オーストリア企業法ではこの貸借対照表利益（あるいは貸借対照表損失）を通じて貸借対照表と損益計算書とが連携している。ちなみに，この貸借対照表利益は，年度剰余額に一方で非課税準備金の取崩額を加算し，他方で非課税準備金の繰入額を減算して算出される（企業法第231条3項）。この算定プロセスがドイツ法と異なるのは，非課税準備金の取崩額及び繰入額が独立項目として明示される点である。ドイツ法ではこの準備金の取崩額及び繰入額については基準性原則に基づいて商事貸借対照表上の年度剰余額の計算プロセスのなかに含まれるため，その取崩額及び繰入額を明示する必要はないと解される。

　オーストリア株式法では年次決算書の確定に関してドイツ株式法と同じスタンスをとっている。すなわち，取締役及び監査役が年次決算書の確定を株主総会で決定しない限り，監査役がそれを承認した段階で，それは確定する（オ株式法第125条2項）。但し，取締役及び監査役が株主総会にその確定を決定したり，あるいは監査役が年次決算書を承認しないときには，株主総会の決議で年次決算書が確定する（オ株式法第125条3項）。取締役は監査役及び株主総会に対して利益処分案を提出し（オ株式法第126条2項），株主総会は毎年，貸借対照表利益の処分を決定する（オ株式法第126条1項）。監査役が確定した年次決算書に株主総会は拘束される（オ株式法第126条3項1文）。この点はドイツ株式法と全く同様である。

　オーストリア株式法では，このほかに定款に別段の定めがある場合に貸借対照表利益の全額あるいはその一部分について処分しないことができる（オ株式法第126条3項2文）。これと類似した規定がドイツ株式法第58条3項2文にもある。ドイツ株式法では年度剰余額の処分に関して株主総会が年次決算書を確定

する場合にのみ，定款規定に基づいて年度剰余額の2分の1を上限として，その他の利益準備金に計上することができる。取締役及び監査役が年次決算書を確定する場合にも，年度剰余額の2分の1を上限としてその他の利益準備金に計上できる（ド株式法第58条1項・2項）。このように定款規定もしくは取締役の判断で年度剰余額の2分の1を限度として利益処分に関する権限がドイツ株式法では取締役の権限として付与されている。これに対して，オーストリア法では，年度剰余額の2分の1までの範囲による取締役の処分権限は与えられていないし，また定款により貸借対照表利益の全額またはその一部を処分しないことを定めることができる点で，ドイツ株式法との違いがある。

4 配当規制

資本の部のうちで額面資本金及び拘束準備金が配当規制される。後者は，すでに触れたように拘束性資本準備金と法定準備金（積立を要する利益準備金）から成る。また，開業費及び営業拡大費もしくは繰越税金費用（これはオーストリア企業法第198条10項に従い計算限定項目と解される。）を借方計上したときには，ドイツ商法第269条・第274条2項3文と同様に配当規制の対象となる（企業法第226条2項）。

オーストリア法では，次の項目に対して独自の配当規制がある（企業法第235条）。1つめは，固定資産に関する価値減少が持続的に見込まれるために実施された臨時的な評価減について価額取戻のための増額（Zuschreibungsbetrag）である。2つめは，固定資産における税法上の評価減から設定された評価積立金（Bwertungsreserve）の取り崩しについて，当該固定資産の消滅等以外の理由から取り崩して得られる収益である。但し，この配当規制は，あくまで評価積立金の取り崩しだけであって，所得税法第9条で規定する投資準備金の取り崩しによる収益及び所得税法第10条で規定する投資免除額等は含まれない。3つめは，合併や企業形態の転換といった組織再編（Umgründung）に際して，簿価とそれを上回る付すべき価値（höher beizulegender Wert）との差額として生じる資本準備金の取り崩しに基づく収益である[20]。

このような企業法第235条による配当規制の規定は，純粋の配当に動機づけられた増額及び特定のケースにおける準備金の取り崩しを規制する目的をも

つ。そのため，債権者保護規定がここでは問題となる。「純然たる帳簿利益の配当を制限することによって，配当規制は情報目標と配当算定との間におけるコンフリクトの軽減に寄与する[21]。」このようなオーストリア企業法第235条にみられる配当規制はドイツ法にはない。

5　自己株式の取扱

自己株式の取得は以下のケースに限られる（オ株式法第65条1項）。
① 直接的に差し迫った重大な損害を未然に防止する場合
② その取得が無償もしくは金融機関による売買手数料の実施で行われる場合
③ 包括的な権利を継承する場合
④ 18ヶ月以内に株主総会の権限に基づいて株式を従業員その他会社の構成員等に供与する場合
⑤ 少数株主を補償することに対して法的に定められている場合
⑥ 減資規定に基づいて株主総会の決議で株式を消却する場合
⑦ 金融機関が株主総会の承認を得て，有価証券の売買目的で取得する場合，但しこの目的で取得した株式は資本金の100分の5を上回ってはならない。
⑧ 株主総会の権限が及ぶ18ヶ月以内に会社の株式が銀行法の意味における規制された市場もしくは一般大衆に開かれた秩序立って機能するOECD加盟国での証券市場において認可されている場合，但しここでは自己株式の取引は取得目的としてはありえない。また株主総会は，株主総会の決議に代えて自己株式の消却の権限を取締役に委ねることもできる。

自己株式の取得にはさらに以下の3つの条件がある。

第1に，①・④・⑦・⑧に従って取得した自己株式の資本金に対する割合は，会社がすでに取得し，なお保有するその他の自己株式と合わせて資本金の100分の10を上回ってはならない（オ株式法第65条2項1文）。

第2に，①・④・⑤・⑦・⑧のケースでは自己株式準備金を設定する場合に限って自己株式の取得が認められるにすぎない。但し，そこでは純資産が資本金及び法もしくは定款に基づく拘束性準備金を上回っていることがその条件で

ある（オ株式法第65条2項2文）。

　第3に，①・②・④・⑤・⑦・⑧のケースでは，当該株式についてその発行価額が全額払い込まれている必要がある（オ株式法第65条2項3文）。

　上記の①から⑧以外で自己株式を取得したときには，会社はその取得後1年以内にそれを転売しなければならない（オ株式法第65a条1項）。また，強制的に取得された自己株式の割合が資本金の10分の1を上回るときには，その超過分についてその取得後3年以内に転売しなければならない（オ株式法第65a条2項）。自己株式が上記の期間内に売却されないときには，自己株式は消却されねばならない（オ株式法第65a条3項）。

　オーストリア株式法の自己株式取得の考え方は，基本的にドイツ株式法のそれと類似する。ただ，両者の間には大きな違いもある。それは，オーストリア法では1999年における民法上の株式買戻法（Aktienrückerwerbsgesetz）の制定により，自己株式の買い戻しが原則として上場企業に制限されるのに対して，ドイツ法ではすべての会社にそれが許容される点である[22]。

第5節　結

　以上の考察に基づき，オーストリアの資本会計制度の特徴をドイツのそれと比較して整理する。

　第1に指摘すべきは，オーストリアの資本会計制度は全般的にいってドイツのそれとそのフレームワークにおいて類似しているといってよい。両国の間にはその意味で密接な関連性をうかがい知ることができる。

　第2に，しかしそれは全く同一というわけではない。細部にはいくつかの相違点も少なからず存在している。以下，その点を列挙する。

　その1は，いわゆる資本金に関してドイツ法では引受済資本金という用語が用いられているのに対して，オーストリア法では額面資本金という用語が用いられている。

　その2は，資本準備金がオーストリア株式法では拘束性のあるものと，拘束性のないものとに分類されているのに対して，ドイツ法ではそのような2つの明確な分類はなされていない。

その3は，オーストリア法では貸借対照表において単に貸借対照表利益を表示すればよく，年度剰余額の表示が念頭に置かれていないのに対して，ドイツ法では年度剰余額の表示を原則とし，それに代えて貸借対照表利益を表示することも認められている。

　その4は，条件付資本増加の一形態としてのストック・オプションに関してオーストリア法では資本金の5分の1を上回ってはならないという制限が設けられているのに対して，ドイツ法では条件付資本増加の全体の総量規制はあるけれども，ストック・オプション自体の個別規制はない。

　その5は，ドイツ法では準備金の資本金組入れ制度が株式法にあるけれども，オーストリアではこの制度は株式法自体ではなく，資本修正法にある。

　その6は，簡易の減資の実施に関してオーストリア法では貸借対照表損失の表示が必ずしも中間決算もしくは年次決算の段階で確定している必要はないのに対して，ドイツ法では価値損失の相殺ないしその他の損失の補填といった状況があることがその条件となっている。

　その7は，簡易の減資に伴って生じる減資差益に関して，オーストリア法では拘束性のある資本準備金に計上され，この拘束性資本準備金と法定準備金の合計が資本金の10分の1に達するまで利益配当が規制されるのに対して，ドイツ法では資本準備金をそのように拘束性の有無で2つに分類しておらず，すべての資本準備金と法定準備金の合計が資本金の10分の1に達するまで利益配当が規制される。

　その8は，簡易の減資に際してオーストリア法ではあらかじめ拘束性のない資本準備金を取り崩す必要があるのに対して，ドイツ法にはそれは明文化されておらず，必ずしもそれを取り崩す必要はない。

　その9は，オーストリア法では簡易の減資により貸借対照表損失の填補目的で生じた減資差益についてだけが損益計算書に表示されるのに対して，ドイツ法ではすべての減資差益が，その種類を問わず損益計算書に表示される。

　その10は，株式の消却に関してオーストリア法では自己株式準備金も財源のなかに含まれているのに対して，ドイツ法ではそれは除外される。

　その11は，オーストリア法ではドイツ法とは異なり，非拘束性資本準備金のなかにコンツェルンにおける孫会社等への財政援助による助成金や，税法上の

隠されたる出資額に相当するものも含まれる可能性がある。

その12は，ドイツ法では年度剰余額に関する定款もしくは取締役による利益処分の権限が年度剰余額の2分の1を限度として認められているのに対して，年度剰余額に関する取締役の利益処分の権限はオーストリア法では認められていないが，定款により貸借対照表利益の全額またはその一部について処分しないことを定めることができる。

その13は，債権者保護の見地から，固定資産の評価減に関する価値取り戻しや，企業再編に伴い簿価と付すべき価値との差額などについてオーストリア法ではドイツ法にない独自の配当規制がある。

その14は，オーストリア法では自己株式の買い戻しが原則として上場企業に制限されるのに対して，ドイツ法ではそのような制限はなく，すべての会社に許容される。

このように，オーストリアの資本会計制度は，基本的にはドイツ法にほぼ準じている。しかし，細部の規定を仔細に検討すると，資本準備金について拘束性の有無に関する区別や，さらに固定資産の価額との戻しに伴う増額及び企業組織の再編に伴う時価評価と簿価との差額に対する独自の配当規制といった面から，債権者保護の見地がドイツ法よりもより強化されていると結論づけることができるのである。

注

(1) オーストリア商法の出発点は1897年5月10日の商法典（Handelsgesetzbuch）であり，1906年に有限会社法，また1965年に株式法がそれぞれ制定され，幾たびの改正を経て1990年には会計法（Rechnungslegungsgesetz），1996年にはEU加盟に伴う会社法改正法（EU-Gesellschaftsrechtsänderungsgesetz），1998年にはユーロの導入に伴う法改正（Euro-Justiz-Begleitsgesetz, Euro-Finanzbegleitsgesetz）などによって大幅な法改正が実施されてきている。既述の通り，2005年に商法の現代化から企業法が制定された。オーストリアの会計制度に関しては，瓶子長幸「オーストリア商法会計制度の特徴」『會計』第148巻第4号，平成7年及び同稿，「オーストリア商法評価規定の特徴」『経営学論集』（専修大学）第68巻，平成11年参照。

(2) M. Straube, Kommentar zum Handelsgesetzbuch, 第2巻，第2版，Wien, 2000年，516頁。

（3） M. Straube, 前掲書注（2）, 517-518頁。
（4） ドイツにおける享益権及び匿名組合の処理については, 第8章及び第9章参照。
（5） オーストリア株式法の発展については, S. Kass・C. Burger・G. Eckerkt, Die Entwicklung des österreichischen Aktienrecht, Wien, 2003年を参照。
（6） ユーロ導入前では100万シリングが最低資本金であった（S. Kass・C. Burger・G. Eckerkt, 前掲書注（5）, 509頁。
（7） M. Winner, §149. Voraussetzungen, in : P. Doralt・C. Nowotny・S. Kalss 編, Kommentar zum Aktiengesetz, 第2巻, 2003年, 所収, 1486頁。
（8） 資本金に組み入れられる資本準備金及び法定準備金に際しては, いくつかの条件がある。1つはドイツ商法第272条2項1号から3号までの資本準備金と法定準備金の合計が資本金の10分の1もしくは定款の定めによりそれを上回るときには, その超過額を資本金に組み入れることができる（ド株式法第150条4項）。但し, ドイツ商法第272条2項4号の資本準備金及びその他の利益準備金についてはそのような制約はなく, その全額を資本金に組み入れることができる。
（9） M. Winner, 前掲論文注（7）, 2027頁。
（10） B. Kropff・J. Semler 編, Münchener Kommentar zum Aktiengesetz, 第7巻：§222-227, 第2版, München, 2001年, 76頁。
（11） 通説は, この減資差益をドイツ商法第272条2項1号から3号までの拘束力のある資本準備金に準じたものと解する。その根拠は, 1965年旧株式法第150条2項はその点を明文化しており, またその減資差益を仮に株主に対する配当可能な財源とみるのは, 明らかにドイツ株式法第232条及び第237条で規定する債権者保護に反する結果となるからである（H. Adler・W. Düring・K. Schmaltz 編, Rechnungslegung und Prüfung der Unternehmen, 第4巻, 第6版, 1997年, 238頁）。
（12） この点において, オーストリア株式法における減資差益の表示方法に関する以下に示すような改善案が提唱されている。これによると, 減資の目的を大きく2つに区別する。1つは, 減資が貸借対照表損失の塡補を目的とする場合である。この場合には減資差益を損益計算書に示す。そうしないと, 簿記的に貸借対照表損失を除去できないからである。しかも, この処理法についてオーストリア株式法第190条で規定している簡易の減資による貸借対照表損失を塡補する場合だけでなく, さらにすべての簡易の減資や, 株式の消却による減資差益及び通常の減資による貸借対照表損失の塡補にも拡大適用できる。これに対して, 株主に対する財産処分としての減資を実施するもう1つの場合には, 損益計算書に減資差益を表示するのは妥当ではない。それは成果に対して中立的だからである（B. Kropff・J. Semler 編, 前掲書注（10）, 155頁）。なお, 減資による準備金への組入れも同様に単に貸方項目の交換として処理すべきであるが, オーストリア株式法第190条がこれに反して損益計算書への表示を規定しているのは, 簡易の減資手続による減資の準備金への組入れが貸借対照表損失の塡補の

場合に限られるからである（B. Kropff・J. Semler 編，前掲書注（10），155頁）。
(13) この点に関して，ドイツ株式法第229条及び第232条で規定する簡易の減資に伴う減資差益と，株式法第237条で規定する株式の消却に伴う消却額は株式法上の資本準備金として特別に表示される（Kölner Kommentar zum Aktiengesetz, 第1巻, §1-75 AktG, 第2版, 1988年, Köln・Bonn・München, 447頁）。
(14) M. Straube，前掲書注（2），521頁。
(15) R. Bertl・E. Eberhartinger, u. a., Eigenkapital, Wien, 2004年, 162-163頁。
(16) M. Straube，前掲書注（2），521頁。
(17) E. Grüber, §130AkG, in : P. Doralt・C. Nowotny・S. Kalss 編, 前掲書注（7），所収, 1426頁。
(18) C. Nowotny, Gebundene Rücklagen, in : Zeitschrift für Gesellschafts- und Unternehmensrecht, 1996年, 78頁。
(19) H. Adler・W. Düring・K. Schmaltz 編, 前掲書注（11），246頁。
(20) この点に関して，企業形態の組織再編を実施しても，企業法第235条3項で規定するように，承継財産について「付すべき価値」による評価を適用せずに，簿価（Buchwert）を用いるときには，その規定は適用されず，評価差益は配当規制の対象とはならないとされる（J. Reich-Rohrwig, Grundsatzfragen der Kapitalerhaltung bei der AG, GmbH sowie GmbH & Co. KG, Wien, 2004年, 44頁脚注201）。さらに，合併・買収や企業分割といった企業再編において新たに持分権の発行を伴わない場合，具体的には投資勘定と資本勘定との相殺消去で生じる帳簿利益（Buchgewinn）を資本準備金に計上しなければならないが，拘束性資本準備金に計上する必要はない（J. Reich-Rohrwig, 前掲書, 44頁及び C. Nowotny, 前掲論文注（18），74-75頁）。
(21) M. Straube，前掲書注（2），560頁。
(22) E. A. Baldamus, Reform der Kapitalrichtlinie, Köln・Berlin・Bonn・München, 2002年, 142頁。

補論1

オーストリア資本会計制度（2）
―税務資本会計制度―

第1節　序

　会計上，自己資本と他人資本の区別はきわめて重要である。それは，一方で貸借対照表の貸方分類にとって欠くことができないだけでなく，他方で損益計算とも密接な関係をもつ。というのは，他人資本の提供に対する報酬は支払利息として費用処理されるのに対して，自己資本の提供に対する報酬は配当として利益処分処理されるからである。このような会計上の自己資本と他人資本の区別は基本的に税務上も同様である。ただ，会計上もしくは商法上の自己資本と他人資本の区分基準はそのまま税法上にも適用されるわけではない。両者の間には少なからず差異も存在している。そこで，ここではオーストリア税法における自己資本[1]を特に取り上げて，その特徴を明らかにする。

第2節　オーストリア税法における自己資本の基本的スタンス

　まず，オーストリア税法における自己資本の基本的スタンスについてみていく。

　この点について，ルッペ（H. G. Ruppe）は次のように主張する。税法上の自己資本は，投資者が企業の成果全体にプラスの場合もマイナスの場合も直接的に関係しており，会社の危機のときには自己の財産損失のリスクを全額負担する。一方，他人資本は少なくとも部分的に固定的な請求権をもち，危機のときに高い安全性を有するとされる。両者の区別において決定的なのは，契約上の

定めもしくは事実上存在する企業の財産価値（秘密積立金及びのれん）への参加である[2]。単なる成果（利益及び損失）の参加は二義的にすぎず，出資者としての権利の行使もまた同様である。これに対して，ガスナー（W. Gassner）によれば，税務上の自己資本と他人資本の区別にとって重要なのは，資本流入が税務上の典型的な自己資本よりも会社の担税力をより強く負担させることになるか否かである。つまり，より強く負担させるときには税法上の他人資本となり，そうでないときには税法上の自己資本となる。純利益と清算利益としての純財産だけが負担されると，ハイブリッドな資本による担税力の負担は，典型的な自己資本のそれと同一となる[3]。

オーストリア所得税法では自己資本と他人資本の区別を共同事業体に見出しうるのに対して，法人税法ではそれを隠れた自己資本（verdecktes Eigenkapital）に見出しうる[4]。

第3節　所得税法における共同事業体

1　共同事業体の概要

共同事業体について規定するのは所得税法第23条2項である。これによると，出資者が共同事業者と解されねばならない会社，例えば合名会社及び合資会社についての出資者の利益持分は事業経営による所得とみなされる。その結果，法が定める共同事業体においては，その共同事業体の範囲で得られた利益はこの共同事業体ではなくて，出資者に按分的に税法上把握される。したがって，出資者に帰属すべき利益持分は，共同事業体においては税法上事業支出として控除できない。「ここから，共同事業体に対する出資資本（Beteiligungskapital）の提供は税法上自己資本として性格づけられねばならないという結論が得られる[5]。」しかし，判例（Judikatur）はこの要求に重きを置かず，むしろ出資概念について経済的解釈をする[6]。この点は特に重要である。なぜならば，たとえ出資関係を前提としなくとも，この共同事業体が実質的に内在すると経済的にみて判断できるのであれば，共同事業体のなかに含められたり，あるいは出資者に類似する立場となるからである。ここで留意すべきは，商法上における出

資者の立場と異なる場合が生じるとしても，税法上の共同事業者としての特性を放棄する理由はないという点である。この点に関して法文上，合名会社及び合資会社の出資者は問題なく自動的に共同事業体をもつと解される[7]。但し，合名会社及び合資会社の出資者が常に共同事業体を有すると考える必要はない。当該出資者が共同事業体でない旨の契約を定めればよいからである。このように，共同事業体を決定するのは出資者の立場ではない点に注意を要する。この共同事業体について，法は特に規定しておらず，契約関係の全体からそれについて判断する必要がある。

2　共同事業体の要件

　この共同事業体の要件として①企業家イニシアティブと，②企業家リスクの2つがある。

　①は，資本提供者が企業の業務執行自体について共同で参画したり，あるいは少なくとも業務執行への影響力を行使できる可能性があるときに満たされる[8]。しかし，この要件はあまり厳格に適用されてはならない。というのは，合資会社の有限責任社員には会社の業務執行が除かれるのが普通だからである。その点から，判例では法の指導理念に合致した共同事業者の権利が付与されているときには，この企業家イニシアティブの要件は満たされていると解する[9]。その結果，資本提供者に対して通常は合資会社の有限責任社員のように全く業務執行権限が与えられず，単に監督権のみが付与される実務で一般的な場合でも，企業イニシアティブは認められる。

　②は，資本提供者が企業の経済的成果（利益と損失）に参加し，しかも秘密積立金及びのれんといった企業の実体（Substanz）に関する持分（Anteil）を有するときに満たされる。後者の企業の実体参加が具体化されるのは，事業の売却あるいは清算といった際における資本提供者の脱退時である[10]。判例は，この企業家リスクを特に重視し，すでに触れた企業家イニシアティブよりも重きを置く傾向にある。その結果，それほど企業家イニシアティブが明確でない出資については，十分な企業家リスクが決定的に重要となる。

　企業家リスクの要件に関しては，一方で毎期の損益にはたしかに参加するが，しかし秘密積立金及びのれんについての参加がない場合には，企業家リス

クに該当しない。企業の売却あるいは清算時において簿価ベースによる財産参加であっても特に企業家リスクの要件を満たす。すなわち，企業財産全体に関する財産参加については，それが物権上の契約であれ，あるいは債務法上の契約であれ，その性質を問わない[11]。

　リスクのネガティブ面，つまりリスク負担ないし損失に対する参加に関する問題がある。一方で所得税法第23条2項に従うと，合資会社の有限責任社員については通常の場合，自己出資額までしか責任を負担しなくとも，共同事業者とみなされる。他方で通常の場合は自己の出資額までしか損失に参加しない真正の (echt) 匿名組合員は共同事業者とはみなされない。この点から，ルッペは次のように考える。「かくして，出資損失のリスクは，実定法上の決定では異なる基準として適当ではないし関係づけられない。しかし，その点から必然的にこのリスクの排除自体もまた企業家ないし共同事業者としての立場の否定につながらないことが結論として得られる。この理由から，(それ自体としてみると) 内部関係で明示された合資会社の有限責任社員の責任免除は，共同事業者としての特性をもたない。逆に，財産に参加した匿名組合は，たとえ自己の出資が損失負担をしなくとも，共同事業者である[12]。」このルッペの見解[13]は，出資額についての毎期の損失負担の定めがなくとも，財産参加の条件を満たしさえすれば，それは企業家リスクにとって重大な役割を果たすというものである。

　これと同様にスターリンガー (C. Staringer) も次のように述べる。「企業家イニシアティブと企業家リスクを評価すると，後者の基準に決定的な重要性があることがふさわしいことが総じて判明する。この理由から，共同事業体概念の決定的メルクマールとなるのは，企業家リスクである。これにより，自己資本及び他人資本の画定にとってもまた，資本提供が資本提供者に対して共同事業者に合致するリスク・ポジションを示すときに収益税目的にとっての自己資本の存在にプラスの材料を示すという結論が得られる[14]。」

3　様々な出資

　このような意味で共同事業体を捉えるとき，資本会社以外の人的会社並びに出資形態がこれとどのような関係にあるのかが問題となる。まず合名会社及び

合資会社の無限責任社員について判例では原則として特段の調査をせずに共同事業者の立場にあると解される。事業財産への参加がないとき，あるいは当該関係者が内部関係により債権者の要求でその他の出資者から損害賠償されておらず，あるいは告訴されていない場合においても，依然として無限責任社員は共同事業者のままである。この判断の前提は通常のケースのみである。例えば自己の持分が信託の形で他の者に属する合名会社の出資者並びに自己の典型的な出資者としての権利がもはや帰属しないような形で著しく拘束されている地位の者については，いずれも共同事業者ではないとされる。

合資会社の有限責任社員は通常は共同事業者とみなされる。この法的立場が出資契約上の特段の定めにより法的に典型的なものに比べて後退していれば，共同事業者としての立場の拒否は可能である。民法上の出資について判例では共同事業者とみなすための多くの基準を示してきている。その際に実務上はこの民法上の出資に関して多様な形態があるので，一般的な基準の確立は不可能である。そこで，共同事業体の有無に関する決定には，契約の全体内容から判断する必要がある。最近における判例上の傾向として重視されるのが，固定資産への参加，のれんへの参加，簿価ベースでの成果への参加，企業イニシアティブの展開並びに企業リスクの引受などである[15]。ただ，ここでは財産への参加，企業イニシアティブ及び企業家リスクの3つの面が注目されており，従来までのように企業イニシアティブと企業家リスクの2つの面だけを重視してきたこれまでの判例スタンスとはやや異なる方向が示唆されている。

次は匿名組合についてである。本来，匿名組合は単に内部関係上の法的請求権を有するにすぎない。しかし，それが一定の要件を満たすときには，実質的に事業者と同様の共同事業者と解される。その結果，この利益持分は，所得算定上事業支出として控除できず，所得処分として処理される。所得税法第27条に従うと，匿名組合員の利益持分は資本財産所得とみなされる。所得税法第21条から第23条においては，共同事業者とみなされる匿名組合の利益持分及び給付報酬もまた事業所得に含まれる。従来，判例では匿名組合員の法的関係に関して，税務面において固定資産価値への参加が共同事業者であるのか債権者であるのかについては，匿名組合契約上の全体内容から判断するという立場が1926年のライヒ財政裁判所（Reichsfinanzhof；RFH）の判例ですでに見出される。

その後の判例では一定の秘密積立金への参加と，財産の価値増加との間が区別される。具体的にいうと，匿名組合員が脱退するときに過大な減価償却により喪失した利益持分を修正しても，かかる秘密積立金への参加は共同事業体にとっては十分ではないとされる。なぜならば，共同事業者的性質には価値増加への参加が不可欠だからである[16]。その結果，匿名組合契約の終了時点において当該匿名組合員の出資額もしくは会社財産への参加が要求されるか否かが重要な手掛かりとなる。このような匿名組合のタイプを，一般にすでに触れた真正もしくは典型的匿名組合から区別して非典型的匿名組合という。

その後，1953年の行政裁判所 (Verwaltungsgerichthof) はその判決のなかで匿名組合員の共同事業者が秘密積立金及び企業のれんに参加している点を明示したのである。この考え方が今日でも継承されている。その場合，最近では匿名組合の解消時点で解約の簿価ベースによる条項も特に問題はないとされる。このように，最近の行政裁判所の判例では共同事業者の立場の判断として匿名組合の解消時点において企業財産に対する債務法上の参加が特に重視されていることがわかる。すなわち，それに基づく一元的な判断基準への傾斜がこれである。業務執行権限，協力権，損失参加等を含めた包括的な判断では必ずしも明確ではないからである[17]。

要するに，オーストリアの判例では共同事業体を構成する基本的な2つの面，つまり企業イニシアティブ及び企業家リスクを中軸に置きながらも，一方ではそれ以外に業務執行権などといった要素も加味し包括的な契約全体から判断する広義説と，他方で逆に基本的要素のうちで財産価値増加の参加を中心とする企業リスクだけを一義的とみる狭義説とがある。最近では特に狭義説が重視される傾向にあるといってよい。いずれにせよ，各要件を満たしたときには税務上自己資本とみなされる。税務上の自己資本に該当しない資本提供の場合には，他人資本と解される。このように，共同事業者に関係した自己資本と他人資本の区分に関しては，企業イニシアティブ及び企業家リスクの面のうちで，後者に特にウェイトが置かれる点からみて，明らかに経済的観察法が重視されている。

第4節　法人税法上の出資資本

オーストリア法人税法における自己資本と他人資本の区別を理解するうえで重要なのが出資資本（Beteiligungskapital）の捉え方である。

1　法人税法第8条の規定

この点に関する手掛かりは法人税法第8条の規定である。

法人税法第8条1項　所得の測定において出資者，構成員としての特性もしくはそれに類似する特性における者が支払う限り，すべての種類の払込み及び拠出額は除外される。

同条2項　所得の測定においては，当該所得が公示のもしくは隠れた配当（offene oder verdeckte Ausschüttung）の方法で分配されるか，あるいは引き出されるか，それとも別の方法で処分されるかは重要ではない。

同条3項　所得分配は以下の場合にも仮定されねばならない。
① 銀行法及び保険監督法の意味における利益参加資本（Partizipationskapital）
② 納税義務者が利益及び清算利益（Liquidationsgewinn）に参加権のある享益権に関するすべての種類の配当

1.1　出資による払込みと払戻し

法人税法上の自己資本概念を考えるうえで法人税法第8条1項における出資による払込みと払戻しが鍵となる。これは一般に出資者もしくは所有者としての特性をもつ者が法人に対して直接的もしくは間接的に出資法上の行為により，すべての財産増加を意味する。したがって，法人税法における出資による払込みは，持分所有者の所有権から法人の所有権への財産移転を前提とする。つまり，法人に対する経済財及びその他の資産の出資を一種の交換とみなし，資産の売却と会社持分の取得とみなす（所得税法第6条14号）。これに対して，法人の交換に類する取引は（非課税の）財産増加ではあるが，しかし同時に経済

財によっては損耗控除の測定及び投資控除の対象となれば税額に影響する取得取引でもある[18]。一方，出資の払戻し（Einlagerückzahlung）はこの出資による払込みの逆交換（Rücktausch）を意味する。

出資による払込みには以下のものがある（所得税法第4条12項）。

① 株式会社，有限会社及び協同組合（Genossenschaft）が調達した資本金
② 資本準備金として表示されねばならないその他の払込み及び拠出額（Zuwendung）
③ 銀行法及び保険監督法の意味における利益参加資本
④ 法人税法第8条3項1文の意味における享益権資本（Genußrechtkapital）
株式会社や有限会社の持分と同様に，法人の利益参加及び清算利益への参加と結合した場合に限り，この享益権資本の実質が存する。
⑤ 隠れた資本金（verdecktes Grund-, Stamm- oder Genossenschaftskapital）。これは個々のケースでは負債ではなくて払込みとみなされる持分所有者の債務である。

これに対して，出資による払込みに含まれないものは以下の通りである[19]。

① 資本修正法が定める会社財産による資本金増加，いわゆる利益準備金による資本金組入れ。
② 無償もしくは低廉による労働力の提供に基づく用役の払込み（Nutzungseinlage）
③ 完全機関（Vollorganschaft）の範囲における損失引受け
④ 組織再編に伴う利益の一部の資本金もしくは資本準備金への組入れ（所得税法第4条12項2号）

出資による払戻しに該当するのは以下のケースである[20]。

① 通常の減資による資本金の払戻し
② 株式消却目的での株式取得（株式法第192条）
③ 資本準備金の貸借対照表利益への振替及び配当を通じたその払戻し
④ 商法上直接的に払戻しが禁止されている支払もしくは相殺による調達した資本金及び資本準備金の払戻し
⑤ 有限会社法第74条における追加出資の払戻し
⑥ 協同組合の清算前の協同資本の払戻し

⑦　配当以外の形で法人の清算以前における利益参加資本及び享益権資本の払戻し
⑧　租税法上隠れた資本金として取り扱われる会社債務の返済

1.2　明細リスト勘定

　この税務上の出資による払戻しの範囲は必ずしも商法上のそれとは一致しない。例えば，後者の規定において出資による払戻しの禁止は，貸借対照表利益の配当宣言，通常の減資もしくは合併及び分割における追加払込みを除くすべての形態で想定されているのに対して，前者においては，所得税法第4条12項で定める既述のタイプだけに限定されるからである。そこで，この両者の差異を明らかにし，税務上の所得算定目的で特別に設けられるのが明細リスト勘定（Evidenzkonto）[21]である（所得税法第4条12号）。この明細リスト勘定には①資本金下位勘定（Nennkapital-Subkonto），②準備金下位勘定（Rücklagen-Subkonto），③貸借対照表利益下位勘定（Bilanzgewinn-Subkonto），④みなし資本下位勘定（Surrogatkapital-Subkonto），⑤借入資本下位勘定（Darlehenskapital-Subkonto）の5つがある。

1.2.1　資本金下位勘定

　これは資本金に関係する出資の払込みの変動を記録する勘定である。金銭による出資では実際に調達された資本がこの資本金下位勘定に計上され，現物出資のときには税務上基準となる価値，すなわち当該資産の普通価値（gemeiner Wert）で評価されねばならない。例えば，現物出資による資産の普通価値は1,500ユーロであるが，企業法上では1,200ユーロで計上したときには，この差額300ユーロがこの資本金下位勘定に記録される。資本準備金の資本金組入れを実施したときには，準備金下位勘定から資本金下位勘定への振替が必要となる。利益準備金の資本金組入れの場合には，税法上の出資による払込みは存在しない。このため，その実施後10年が経過するまではこの資本金下位勘定以外の中間的なリストとして把握しておき，10年経過後にはじめて資本金下位勘定に振り替える[22]。

　通常の減資の場合には，実際の返済額がこの資本金下位勘定の金額まで減額される。これを超過するときには利益配当とみなされる。簡易の減資の場合に

は，出資の払戻しに該当しない。このため，貸借対照表利益下位勘定もしくは準備金下位勘定にその減資額は振り替えられる。株式消却目的での株式取得と関係する減資のときには，その取得額は資本金下位勘定からマイナスされる。それを上回る金額は準備金下位勘定からマイナスされる。

1.2.2 準備金下位勘定

これは資本準備金及び利益準備金の変動を記録する勘定である。一般に資本準備金は企業法第229条2項のケースで計上される。この場合，企業法と税法では有形固定資産による出資の払込みに関して異なる評価となる。税法上の評価が企業法上の評価よりも高いときには，その差額は準備金下位勘定に記入される[23]。利益準備金については原則として明細リストに記入すべき払込みはない。但し，貸借対照表利益を払込みに振り替える場合は別である。その際に後述する貸借対照表利益下位勘定の金額が十分にあれば，この全部またはその一部を準備金下位勘定にある払込みに振り替えできる選択権が会社のしかるべき責任機関に認められる[24]。

1.2.3 貸借対照表利益下位勘定

これは資本準備金のなかの払込みを取り崩し，それを準備金下位勘定に振り替える場合や，簡易の減資を実施し，資本金下位勘定を減額したものが振り替えられる場合に記入される[25]。これ以外のケースとしては，法人と持分所有者との財産移転取引に関して生じる。すなわち，第三者との比較ではありえない法人にとって有利な取引の場合には，隠れた払込みが生じる。これは自己資本としては把握されず，企業法では当期損益として計上されるが，しかし税務上では出資による払込みの一種としてこの貸借対照表利益下位勘定に計上される。資本準備金の払込み額が貸借対照表利益下位勘定に振り替えられるときには，それを利益配当あるいは出資の払戻しとするかの決定について会社に選択権があり，会社の判断に委ねられる[26]。

1.2.4 みなし資本下位勘定

ここに記録されるのは，利益参加資本及び実質享益権資本の財産増加とその変動である[27]。この勘定は表示資本金と類似して計上される。例えば，利益参加資本あるいは実質享益権資本の発行価額のうちで額面資本金に相当する額はこの勘定に計上され，両者の差額は既述の準備金下位勘定に収容される。

1.2.5 借入資本下位勘定

会社の債務が隠れた資本金に該当するときには，この勘定に記入する。これを弁済したときには，それをマイナスする[28]。持分所有者がそれを放棄したときには，貸借対照表利益下位勘定に振り替えられる。借入金について会社更生の定めがあるときには，債務が再び復活したときに税務上隠れた資本とみなされ，貸借対照表利益下位勘定は借入資本下位勘定に振り替えられる。これがないときには，債務の弁済は配当としての性質をもつ。

1.3 設 例

いま，ある有限会社の年次貸借対照表の資本の部が以下の内容であると仮定する[29]。

	××1年12月31日	××2年12月31日
資本金	1,000,000ユーロ	1,180,000ユーロ
資本準備金	120,000	110,000
利益準備金	150,000	70,000
貸借対照表利益	100,000	70,000

	期首 + 期中	=期末
資本金	500,000(ア)+100,000(イ)(ウ)	=600,000
資本準備金	80,000(エ) +40,000(イ)−50,000(キ)	= 70,000
利益準備金	20,000	= 20,000
貸借対照表利益	30,000(オ) −30,000(カ)+50,000(キ)	= 50,000
明細リスト勘定	630,000 +140,000 −30,000	=740,000

(ア) 資本金1,000,000ユーロのうち500,000ユーロ分は実際に調達した金額を示し，資本金下位勘定に示される。

(イ) 新しい出資者が100,000ユーロを出資し，40,000ユーロのプレミアムを支払った。その結果，資本金下位勘定及び資本準備金下位勘定に記入される。

(ウ) 利益準備金は当期中に80,000ユーロについて資本修正により資本金に振り替えられたが，まだ所得税法第32条の規定する10年を経過していないので，払込みには記入されない。

(エ) ××1年末に資本準備金は120,000ユーロであるのに対して，その下位勘定が80,000ユーロにすぎないのは，吸収合併の範囲で合併資本が40,000ユーロの利益持分（貸借対照表利益と利益準備金）を含んでいたからである。

(オ) 30,000ユーロの貸借対照表利益下位勘定は年度損失の塡補に伴う前期の資本準備金の一部取り

崩しに基づく。
(カ) 100,000ユーロの前期の貸借対照表利益による宣言された配当の範囲で出資者はすべての存在する払込みを出資の払戻しによる処分を決定した。その結果，70,000ユーロの利益配当と30,000ユーロの出資の払戻しを示す。
(キ) 決算日に50,000ユーロの資本準備金の一部取り崩しがあり，その結果，それに対応する金額は資本準備金下位勘定から貸借対照表利益下位勘定に振り替えられる。

この設例から明らかなように，オーストリア税法における明細リスト勘定は，所得算定の面から企業法上の出資の払戻しと異なる税務上の出資の払戻しの範囲を明確にフォローできる仕組みとなっているのである。この考え方はドイツ税法にはなく，わが国においても大いに参考になるといえよう。

1.4 公示の払込みと隠れた払込み

税法上の出資たる払込みには公示の払込みと隠れた払込みとがある。前者は資本会社の設立または資本増加に際して生じるものである。この典型は金銭による払込みと現物出資である。この公示の払込みにはさらに法人が持分，享益権及び転換社債の発行に際して受け取る発行プレミアムも含まれる。但し，オプション債（Optionsanleihe）の発行から生じる発行プレミアムは，その発行時点ではまだ債務としての性質を有し，オプションの行使によってはじめて資本に振り替えられる。後者の隠れた払込みは，法人に対して直接的もしくは間接的に関係する者が直ちには払込みとして認識できない拠出をいう。

この隠れた払込みはさらに直接的な隠れた現物出資と，間接的な隠れた現物出資に分かれる。直接的な隠れた現物出資は，持分所有者が相続税法の意味における贈与が存在せずに経済財を贈与するケースである。間接的な隠れた現物出資は，法的にみて出資的取引とみなされる。例えば持分所有者が法人に対して経済財を著しく低い価格で売却したときに，これが生じる。というのは，法人の当該資産に関する取得原価は普通価値で計上されねばならず，その結果，普通価値との差額は隠れた払込みとみなされるからである[30]。

隠れた払込みにはこのような現物出資に関するもののほかに，さらに持分所有者が法人に対して有する出資に基づく債権放棄も含まれる。また持分所有者の法人に対する補助金がその本質において債務法上の関係ではなくて出資関係

に起因するときには，その補助金も隠れた払込みに該当する。更生契約 (Besserungsvereinbarung) を締結する際に，会社が更生したときにはじめて資本提供者は資本の返還を受けるという定めがあるときには，隠れた払込みが生じる[31]。

2 法人税法における自己資本の論点

法人税法上の自己資本に関しては，個別論点がいくつかある。例えば，すでに触れた参加資本及び享益権資本，さらに出資者借入金，匿名組合員の出資，自己資本増加利子（Verzinsung des Eigenkapitalzuwaches），自己持分などがある。

2.1 参 加 資 本

参加資本とは，実質出資（Substanzbeteiligung）としての性質をもつ株式法上の享益権に類するもので，保険業及び金融機関で発行される。銀行法第23条4項及び保険業法第73c条の意味における参加資本は次の性質を有する[32]。

① 払込資本
② 解約告知権を放棄し企業の存続期間に提供される。
③ 特別な規定を遵守した場合だけ払い戻されうる。
④ その報酬は利益に依存する。
⑤ 株式資本と同様に，損失を全額負担する。
⑥ 清算収入に参加する権利を有する。

このような性質を有する参加資本は，法人税法上自己資本とみなされる。

2.2 享 益 権 資 本

株式法第174条の意味における享益権は民法上会社に対する貸付金であり，それを証券化したのが享益証券である。したがって，それを発行する企業側にとっては，基本的に特別な事情がないときには，それは原則として債務証券としての性質を有する。しかし，この享益権に関してその契約の定めにより自己資本と類する性質をもつときには，この享益権は自己資本として取り扱われる。その一定の要件として①劣後性，②報酬の成果依存性，③全額までの損失負担，④資本提供の無期限性とみる見解がある[33]。ただ，④についてドイツ

のHFAでは，単に資本提供の長期性に着目し，その期限については特に言及していない[34]。享益権の返済請求権が清算時点に発生し，しかもすべての債権者の弁済後にはじめて享益権が返済され，倒産時には債権者としての立場が予定されておらず，つまり劣後性の要件があれば十分であるという見解もある[35]。さらに，破産時に債権者としての地位がなく，返済されなければ十分であるという考え方もある[36]。自己資本とみなす要件については見解の相違はあるにせよ，享益権自己資本としての責任的性質もしくは責任資本としての特徴をもつときには，自己資本とみなされる。

　税務上も享益権が株式に匹敵する出資と認められるときには，その享益権は税法上自己資本と解される。しかし，その要件は必ずしも企業法上のそれと同一ではない。出資たる「払込みとしての性質がふさわしい参加資本及び享益権資本に関して法人税法第8条3項1号における独自の規定に遡る。享益権の商事貸借対照表上の性格づけは決定的ではない。それ故に，資金流入が税法上自己資本であり，したがって払込みを示す位置関係が可能であるけれども，企業法上は他人資本が存在する。これとは全く逆に税法上は他人資本だが，商法上は自己資本に該当するケースも考えられる[37]。」

　問題は，税務上の自己資本の要件である。オーストリア法人税法第8条3項1文に従うと，それはドイツ法人税法第8条3項2文と同様に事実上利益参加と清算利益の参加という要件を意味する。この要件を満たせば，税法上の自己資本と解される。ここに商法上の自己資本の範囲と相違する法人税法独自の自己資本に対する考え方を見出すことができる。

2.3　出資者借入金

　出資者借入金の取扱をめぐってオーストリアにおいて古くから議論がある。判例では資本調達の自由の原則がある。それ故に，借入金の形態と会社の資本増加とが著しく第三者に一般的な形態と相違する場合に限り，当該借入金は会社にとって隠れた自己資本と認定されるにすぎない。この点に関して行政裁判所は1953年にその判決を下した。すなわち，資本の追加出資がその提供者において問題となれば，それは借入金ではなくて実質的に隠れた自己資本から出発しなければならないという点がその根拠である[38]。このように，出資者が法

人に対して貸付金を供与するとき，一定の条件を満たす場合には出資者借入金は会社にとって自己資本とみなされる。この一定の条件として判例は以下のものを指摘する[39]。

① 納税義務者には事業への資金提供に関する選択の自由があり，ファイナンスの決定において自己資本とするか他人資本とするかに関して指図されない。

② 出資者の資本会社に対する貸付金としての債権は，それが会社にとって経済的成果にプラスの材料を与える特別な事情においてのみ，自己資本化されうるにすぎない。このため，資本流入は経済的な要素であったのであり，隠れた自己資本とみなされる。

③ このような特別な事情が具体的なケースで存在する証明は，税務当局に義務がある。これには特に厳格な要求が設定されねばならない。

④ 会社が債務を同じ有利な条件で資本市場から調達できなかったであろう事実は，まだかかる特別な事情が存するのかどうかの判断に際しては借入れ時点が注目されねばならない。その後に生じる経済的あるいは税務上の展開には隠れた自己資本の仮定は拠り所となりえない。

この①から④までの特徴をルッペは次のように整理する。第1に自己資本の流入に関する経済的必要性が中心となっている。第2に，出資者借入金の自己資本化に際して第三者比較が根拠づけられている。第3に，出資者借入金が借入金提供者の立場であるか，それとも出資者の立場に類する権利及び義務を有するかの判断は，最終的に判例に従う[40]。

第1点からは出資者借入金の税務上の処理に関していわゆる経済的観察法がベースとなっている。この場合，ルッペは次の2つを区別する。

1つは，出資者借入金の資金流入が明らかに借入関係に基づく場合である。ここで経済的観察法は，法人税の納税義務が法形態の基準原則に支配されることを前提とする。言い換えれば，出資者借入金を自己資本化するのは原則として根拠づけられない。というのは，基礎となる事実は経済的連関性がないからである。このケースにおいて第三者との比較を行っても，この結論は変わりがない。

これに対して，もう1つは資金流入が借入金の性格をもつのか自己資本の性

格をもつのかについて明確でないケースである。ここでは，はっきりしない資金流入によって他人資本に典型的な形での会社の支払能力が減少するのか，あるいは資金流入によって単に典型的な自己資本と同じ負担が生じるのかについて検討されねばならない。この決定に関して拠り所となるのは法人税法第8条3項の享益権の処理である。享益権に関して利益の参加及び清算利益の参加の定めがあるときには，当該享益権は事実上自己資本と解される。この基準に照らして出資者借入金の処理を行うべきであるとされる[41]。ルッペは前者の利益参加は二義的にすぎず，損失負担も同様であるのに対して，後者の財産参加が一義的と主張する。

このルッペとほぼ同じ立場に立ちながらも，経済的観察法に批判的なのがセルーア・ルードヴィヒ（G. Cerha・C. Ludwig）である。資金流入が自己資本かあるいは他人資本かを示すのは，資金流入の契約の定めに従って判断されねばならないからである[42]。

このほかに三者がもはや他人資本を提供しないであろう財務状況があるときにだけ，出資者借入金の自己資本化は認められるが，しかしそれ以外の通常のケースはいわゆる隠れた払込みとして処理できないという見解もある[43]。この見解に関連して，出資者借入金の自己資本化については，事情が不明確で家族契約に類似して関係者が税務上不利益を蒙らねばならなかった場合，あるいは資本受入者に対する経済的帰属に対する前提が連邦租税通則法（Bundesabgabenordnung）第24条に基づいて存在している場合といった例外的なケースだけ認めるべきである見解が有力視されている[44]。このような特殊なケースでは推定上の借入は経済的所有と解されねばならず，税務上の他人資本には該当しないからである。さらに，オーストリア法では出資者借入金の法規定が明確でない以上，ファイナンスの中立的な課税の面から隠れた自己資本の必要性を疑問視する見解もある[45]。

いずれにせよ，出資者借入金を隠れた自己資本とみなすか否か，みなすとするとその要件は何かについて，判例及び文献では多種多様な見解が展開されている。

2.4 自己資本増加利子

　税務上自己資本及び他人資本との区別とは直接的に関係しないが，税務上の自己資本との関連でオーストリア所得税法にはユニークな制度がある。それは，自己資本増加分に関する利子相当分を事業支出として控除できる制度である。これは，自己資本によるファイナンスの税務上の不利を是正し，少なくともその軽減を図るために設けられた（所得税法第11条）。これによると，自己資本の増加は過去7年間で最も高かった自己資本の在高と当期の自己資本との比較によって算定される。当期の自己資本は期末の金額ではなくて，期中平均額による。利子率については法の定めによる。この自己資本増加利子を計上したときには，特別利益として25％課税される（所得税法第11条1項2文）。この特別利益は当該年度が損失のときも課税される。

　この自己資本利子の事業支出計上は，税務上，他人資本によるファイナンスに伴う支払利息は事業支出として控除できるのに対して，自己資本による配当は利益処分として処理されるので，後者の不利な面を改善したり緩和したりする効果をもつ。この点に関して自己資本と他人資本とにおけるこの点の不公平を解消するために，投下された資本に関する仮定上の自己資本利子を計上すべきとすることが提案された。しかし，立法者はこの見解に従わず，自己資本利子ではなくて，毎年の自己資本増加の利子という考え方を導入した。その結果，これによって事実上，企業の自己資本ファイナンスは増加せず，むしろ企業利益の留保ないしその再投資による自己金融の面のみが税務上有利となった。このため，いわゆるファイナンスの中立性という要求はすでに根拠のないものとなっているという，この制度への厳しい批判がある[46]。

第5節　結

　以上の論旨を整理すると以下の通りである。
　第1は，特に人的会社を中心として税法上の共同事業体のなかに企業法とは明らかに異なる税法固有の自己資本概念を見出すことができる。この共同事業体の要件は，企業イニシアティブと企業家リスクである。判例はこの2つのうちで後者の企業家リスク，具体的には経済的成果への参加と，秘密積立金及び

のれんの参加とを特に重視する傾向がある。この共同事業体に該当するときには，債務法上の性質を有していても，それは税法上の自己資本として取り扱われる。

第2は，この共同事業体に類似する匿名組合もまた税務上の自己資本とみなされる。ここで留意すべきは，匿名組合に関する企業法上と税法上の処理である。つまり，企業法上は単に事業活動の利益及び損失に参加する匿名組合は負債として取り扱われ，会社の財産に参加したり，広範囲な業務管理の権限をもつ匿名組合は企業法上自己資本に相当する。しかし，税法上は既述の2つの要件をクリアしなければ税法上の自己資本に該当しない。その意味で，税法上の自己資本に帰属する匿名組合の範囲は企業法上のそれよりも狭い。

第3は，法人税法上の自己資本について払込みが特に重要である。これには公示の払込みと隠れた払込みとがある。前者は基本的に企業法上の資本準備金にほぼ相当するが，必ずしも両者は一致するとは限らない。というのは，利益参加及び清算利益の参加の定めのある享益権については，債務法上の性質を有するとしても，法人税法上の自己資本とみなされるからである。また，後者の隠れた払込みはまさしく企業法には存在せず，法人税法固有の自己資本の範囲を示すといってよい。

第4は，税務上の出資に関する払戻しについて企業法上のそれとの違いを明らかにするため明細リスト勘定が設けられている。これには資本金下位勘定，準備金下位勘定，貸借対照表利益下位勘定，みなし資本下位勘定及び借入資本下位勘定がある。

第5は，企業法上において出資者借入金の自己資本化は劣後契約と利益依存的報酬であるが，税法上はその処理について様々な見解が展開されている。例えば出資者借入金が民法上明確であるときには自己資本化されず，債務のままであるのに対して，民法上の性格がはっきりしないときの出資者借入金は成果参加及び清算利益の参加を条件に税法上の自己資本と解する見解がある。しかし，この見解を否定する説もある。さらにオーストリアでは資本調達の中立的な課税面から，隠れた自己資本の必要性を疑問視する見解も一部にある。

第6は，自己資本自体の額には直接的に関係しないが，この一期間中に増加した自己資本の利子が認められている点である。また，他人資本利子が資産増

加もしくは事業収入と経済的に関係しないときには，隠れた利益配当とみなされる。

第7は，自己資本増加分を利子相当額とみなし，事業支出として控除できる制度がある。

このように，オーストリア税法における自己資本は明らかに企業法上のそれとは異なり，税法独自の考え方を有していると最終的に結論づけることができる。これは基本的にはドイツ税法と類似性をもつが，税務上の出資に関する払戻としての明細リスト勘定の設定及び自己資本増加利子の計上にドイツ税法とは異なる方向も示されている。

注

(1) オーストリアの資本会計制度の概要については，補論1の (1) 参照。
(2) H. G. Ruppe, Die Abgrenzung von Eigenkapital und Fremdkapital in steuerlicher Sicht, in : H. G. Ruppe・P. Swoboda・G. Nitsche, Die Abgrenzung von Eigenkapital und Fremdkapital, in : Schriftenreihe des Österreichischen Forschungsinstitutes für Sparkassenwesen, Sonderband, Wien, 1985年, 所収, 20頁。
(3)(4) E. Eberhartinger, Bilanzierung und Besteuerung von Genußrechten, stillen Gesellschaften und Gesellschafterdarlehen, Wien, 1996年, 148頁。
(5) C. Strainger, Eigen- und Fremdkapital im Steuerrecht, in : R. Bertl・E. Eberhartinger・A. Egger・W. Gassnert・S. Kalss・M. Lang・C. Nowotny・C. Riegler・J. Schuch・C. Staringer編, Eigenkapital, Wien, 2004年, 所収, 257頁。
(6) H. G. Ruppe, 前掲論文注 (2), 13頁。
(7) H. G. Ruppe, 前掲論文注 (2), 14頁。
(8)(9) C. Strainger, 前掲論文注 (5), 257頁。
(10) C. Strainger, 前掲論文注 (5), 258頁。
(11) H. G. Ruppe, 前掲論文注 (2), 19頁。
(12) H. G. Ruppe, 前掲論文注 (2), 20頁。
(13) 財産参加こそが一般に共同事業者のメルクマールにとって一義的であるというルッペの見解に従うと，利益参加自体も不要となると解される (E. Eberhartinger, 前掲書注 (3), 148頁)。
(14) C. Strainger, 前掲論文注 (5), 258頁。
(15) H. G. Ruppe, 前掲論文注 (2), 15頁。
(16) H. G. Ruppe, 前掲論文注 (2), 17頁。

(17) H. G. Ruppe, 前掲論文注 (2), 18頁。
(18) W. Wiesner, Körperschaftsteuerrechtliche Einlagen und Entnahmen, in : W. Doralt・A. Kranich・W. Nolz・P. Quantsch 編, Die Besteuerung der Kapitalgesellschaft, Festschrift für Egon Bauer, Wien, 1986年, 所収, 358頁。
(19) Bundesministerium für Finanzen, Steuerliche Behandlung von Einlagenrückzahlungen iSd § 4 Abs 12 und §15 Abs 4 EStG, in : Amtblatt des österreichischen Finanzverwaltung, 88/1988, 1998年3月, 2.2.4。
(20) Bundesministerium für Finanzen, 前掲資料注 (19), 2.3.1。
(21) Bundesministerium für Finanzen, 前掲資料注 (19), 3.2。
(22) Bundesministerium für Finanzen, 前掲資料注 (19), 3.2.1. (2)。
(23) Bundesministerium für Finanzen, 前掲資料注 (19), 3.2.2. (2)。
(24) Bundesministerium für Finanzen, 前掲資料注 (19), 3.2.2. (3)。
(25) Bundesministerium für Finanzen, 前掲資料注 (19), 3.2.3. (1)。
(26) Bundesministerium für Finanzen, 前掲資料注 (19), 3.2.3. (4)。
(27) Bundesministerium für Finanzen, 前掲資料注 (19), 3.2.4. (1)。
(28) Bundesministerium für Finanzen, 前掲資料注 (19), 3.2.5。
(29) Bundesministerium für Finanzen, 前掲資料注 (19), 3.3。
(30) KStG, 第3版, Kodex, Wien, 2005年, 181頁。
(31) KStG, 前掲書注 (30), 182頁。
(32) KStG, 前掲書注 (30), 411-412頁。
(33) M. Straube 編, Kommentar zum Handelsgesetz, 第2巻 : Rechnungslegung, 第3版, Wien, 2000年, 517頁。
(34) HFA, Zur Behandlung von Genußrechten in Jahresabschluß von Kapitalgesellschaften, in : Die Wirtschaftsprüfung, 第47巻第13号, 1994年7月, 420-421頁。
(35) M. Straube 編, 前掲書注 (33), 102頁。
(36) E. Eberhartinger, 前掲書注 (3), 109頁。
(37) G. Cerha・C. Ludwig, Die Qualifikation von Eigen- und Fremdkapital bei der Kapitalgesellschaft und ihre Auswirkung auf die Einkommensermittlung, in : H. Bergmann 編, Praxisfragen zum Körperschaftsteuerrecht, Festschrift für Harald Werilly, Wien, 2000年, 所収, 105頁。
(38) C. Ziegler・A. Kauba, Verdeckte Einlagen und verdeckte Ausschüttungen im Körperschaftsteuerrecht, in : H. Bergmann 編, 前掲書注 (37), 所収, 339頁。
(39) H. G. Ruppe, 前掲論文注 (2), 22頁。なお, このルッペには出資者借入金の隠れた自己資本に関する詳細な論文として次のものがある。H. G. Ruppe, Gesellschafterdarlehen als verdecktes Eigenkapital im Körperschaftsteuer- und Bewertungsrecht, in : W. Doralt・P. Hassler・A. Kranich・W. Nolz・P. Quantschnigg 編, Die Besteuerung der

Kapitalgesellschaft, Festschrift für Egon Bauer, Wien, 1986年，所収，305-322頁参照。
- (40) H. G. Ruppe, 前掲論文注 (2), 23頁。
- (41) H. G. Ruppe, 前掲論文注 (2), 30頁。
- (42) G. Cerha・C. Ludwig, 前掲論文注 (37), 111-112頁。
- (43) C. Ziegler・A. Kauba, Verdeckte Einlagen und verdeckte Ausschüttungen im Körperschaftsteuer, in : M. H. Bergmann 編, 前掲書注 (37), 所収, 341頁。
- (44) C. Strainger, 前掲論文注 (5), 264頁。
- (45) E. Eberhartinger, 前掲書注 (3), 213頁。C. Staringer, 前掲論文注 (5), 264頁。
- (46) C. Strainger, 前掲論文注 (5), 261-262頁。

補論 1

オーストリア資本会計制度 (3)
—出資者借入金の自己資本化法—

第1節 序

　オーストリアにおいては2003年の会社法改正に伴い,「自己資本化される出資者給付に関する連邦法」(Bundesgesetz über eigenkapitalersetzende Gesellschafterleistungen) が制定された。これは、1991年5月8日の最高裁判所 (Oberster Gerichthof, OGH) 及びドイツの判例や文献に依拠して法文化されたのである。会社が財務的に危機的状況に陥り、信用を一般市場の条件で得ることができないような時点で、出資者によって会社に提供される借入金については、自己資本化の性質を有すると解されねばならず、直接的にも間接的にもその返済されないのである。すなわち、最高裁判所の判例は、出資者に対していわゆる"ファイナンスの責任"を課すのである。ここでは、このオーストリアにおける出資者借入金の自己資本化法 (Eigenkapitalersatz-Gesetz ; EKEG) について論究する。

第2節 出資者借入金の自己資本化法の制定

1 自己資本化法の趣旨

　自己資本化法が制定されたのは、その草案目標によると、出資者が会社に対してどのように資金調達をするかを自由に決定しうる出資者の利益と債権者保護との利害調整にあるといわれる。一方、会社機関にはいかなるファイナンスの形態が経営経済的に最も意味のあるものであるかは原則として判断に任され

ている。このため，出資者借入金は資本増加として本質的に弾力的なファイナンス手段といわれる[1]。この原則に対する制限が要求されるのは，企業の危機が発生した場合である。「この状況のなかで出資者のファイナンスの責任（ファイナンスの結果責任）が現れる。危機の際における出資者借入金の受け入れは，成果がマイナスのときに出資者が自己の返済請求権を適用し，債権者の責任資金を減少されることによって，リスクが部分的に会社債権者に移転させる形に通じてはならない。危機の時に供与される出資者借入金は，それが短期的なつなぎ融資でない限り，部分的に自己資本と同じく取り扱われる。危機が持続する限り，その返済請求権は失われる[2]。」

この自己資本化法の制定趣旨は，間接的に倒産手続のタイムリーな開始を達成することにもある。というのは，破産開始に際して出資者に破産時残余財産請求権の割当分がなかったり，あるいは会社の信用に対する担保がないときには，会社更生のチャンスがどの程度であるのかについて，出資者は信用供与に関して十分に検討するはずだからである。その結果，この自己資本化法は，破産の引き延ばし戦術に対抗しうる性質も有するとされる。

2 自己資本化法の骨子

上記の自己資本化法における目的からみて，会社を支配する出資者がその対象となる。逆にいえば，会社に対して支配的な影響をもたない少数派の出資者に対しては，この自己資本化法は適用されない。出資者の給付に関しては，それが短期的なつなぎ融資（kurzfristige Überbrückungshilfe）の性質をもたない限り，すべての信用が含まれる。問題は，短期的なつなぎ融資の具体的内容である。金銭債務であれば，60日がその基準となり，買掛金及びその他の信用については6ヶ月が基準となる。但し，会社が危機のときに債権の弁済に関する支払猶予及び支払延期した債権は例外的に自己資本化されない。これまで会社の危機に関して，従来は主観的な色彩の濃い信用力のないことが想定されていた。しかし，自己資本化法はそれに代えて客観基準を導入した。すなわち，1997年の企業組織再編法（Unternehmensreorganisationsgesetz ; URG）に従い，貸借対照表の計数値を用いることになった。それにより，会社の危機が推定される。この反証は，企業組織再編法による組織再編成が存在しなかったことに通じうる[3]。

自己資本化法は出資者の特別法であり，そのため出資者でない者は例外的にしか把握されない。つまり，信託（Treuhandschaft），コンツェルンへの出資及び事実上の支配といったように，迂回を回避するときに必要な場合がこれに該当する[4]。

第3節 自己資本化法の沿革

1 自己資本化法制度までの経緯

オーストリアにおける自己資本化法のルーツはドイツである。ドイツの連邦通常裁判所はすでに1959年の判決のなかで資本化に関する判例法を展開しはじめたのである。その判例法の考え方は以下の通りである[5]。

① 信用力がなくあるいは倒産しそうな有限会社の出資者が，この状況で必要なさらなる資本投資の代わりに出資者借入金の全額を供与するときには，この金銭は責任資本として取り扱われねばならない。

② この借入金の額は，会社の返済にもかかわらず積極資産が定款の定めによる資本金の額を維持し，したがって返済しても欠損金が生ぜずにあるいはすでに存在する欠損金がそれ以上に増加しない場合にはじめて出資者に返済することができる。

③ この禁止の解除前に返済されてしまった借入金の額を業務執行者は会社財産の返還を要求しなければならず，倒産管財人はそれを要求することができる。

1989年のドイツ連邦通常裁判所も判例のなかでこの自己資本化法について以下のような判断を下した。すなわち，出資者が有限会社に危機のなかでの継続を可能とし，外部者の方法で十分な資本を調達して存続しうる会社の原因となる場合にだけ，出資者は責任資本だけを投下するという考え方である[6]。これはドイツ有限会社法第30条を中心とした出資者借入金の自己資本化法に関する判例ルールである。

この判例ルールによる自己資本化法と並んで，ドイツではさらに有限会社法32a条を中心とした新ルールと呼ばれる自己資本化法もある。これは，単に資

本金維持に必要な範囲までの出資者借入金の自己資本化と異なり，倒産法との関係で出資者借入金の全額が自己資本化されるのがその特徴である。このケースでは，もちろん倒産法による倒産手続の開始もしくは個別強制執行（Einzwangsvollstreckung）の実施がその自己資本化法適用の条件である。

2 自己資本化法への発展

2.1 1991年最高裁判所の判決

　オーストリアにおける自己資本化法に対する直接的な契機は，すでに触れたドイツの判例ルールに基づく1991年のオーストリア上級裁判所の判決である。それ以降，これに即した多くの判決が下された。その基となった判決内容は以下の通りである[7]。

　原告は有限会社の出資者であると同時に，業務執行者でもあり，会社に貸付金を提供した。この貸借契約に関しては原告がいつでもその返済を要求できるという定めがあった。この借入金は会社には財務的逼迫に対するつなぎ融資的役割を果たした。その後の会社財産に関する破産手続において，原告はその貸付金を破産債権として申し出たが，しかし被告の破産管財人はそれを否認した。その結果，上級裁判所は次の判断を下した。

　「出資者が出資者による追加出資の資金調達方法を用いずに，それに代えて出資者借入金による"準自己資本調達"（Quasi-Eigenfinanzierung）の方法をとるとき，この資金調達方法により出資者が追加出資の返済に際して防せごうとしたのと同一のリスクが債権者に対して関連する場合には，規制の隙間が生じてしまい，それは準用によって防がれねばならない。そこから，会社の信用力がないときに有限会社の出資者が会社に貸付金を提供する場合，この貸付金は有限会社第74条1項を準用して返済禁止となる。このため，この借入金は会社が更生されるまで間接的にも直接的にも返済されてはならない。この原則は，会社の倒産及び清算のときにも適用され，自己資本化される出資者借入金の請求権はその他の債権者の請求権に対して劣後的に返済されねばならないことに通じる。その他の債権者が弁済され，しかも清算時にまだ分配可能財産が存在するときにはじめて，自己資本化される出資者借入金は一般的な配当率の計算以前に弁済されねばならない。会社が貸付時点で信用力がなく，すなわち第三者

によって一般市場での条件では全く信用がもはや獲得できず，しかも自己資本もしくは出資者借入金がなければ清算せざるをえないであろうときにも，自己資本化される出資者借入金は存在する。信用力問題の判定においては，貸借対照表の数値，収益力，まだ利用できる担保といった具体的な会社の資金調達状況，しかしまた何よりも具体的な借入，その返済期間，その範囲及び保証の種類並びに会社の資金計画もまた重要となる。このデータに基づいて，借入の性格づけにとって基準となる提供時点の面からは，メインバンクもしくはその他の会社の構成メンバーではない信用提供者が当該貸付金を提供したであろうかという点が（事後的に）判断されねばならない[8]。」

このように，オーストリアにおいて出資者借入金の自己資本化に対する判決が下されたのである。それは明らかにドイツの判例ルールを前提としており，新ルールを含まないのがその特徴である。なお，この判決は，既述の通り以下に示すオーストリア有限会社法第74条1項の規定をベースとしたものである。

有限会社法第74条1項　払い込まれた追加出資は，それが貸借対照表上の欠損金の塡補に必要ないときに限り，出資者に払い戻すことができる。

この規定は，ドイツ有限会社法第30条2項1文とほぼ同じ内容となっている[9]。つまり，オーストリア1991年の最高裁判所の判決は，ドイツ有限会社法第30条2項1文に類似する判例ルールを準用したものといってよい。

2.2　1993年倒産法改正案

1991年最高裁判所の判決後，オーストリアにおいて出資者借入金の自己資本化に対する制度化の動きが表面化してきた。1993年倒産法改正政府法案 (Ministerialentwurf für ein Insolvenzänderungsgesetz) のなかで，この出資者借入金の自己資本化に対する以下の有限会社法第74条の改正が提案された[10]。

有限会社法　　　　堅実な商人としての出資者が特に会社の信用力がないときに
第74a条1項改正案　自己資本を提供するであろう時点で，会社の出資者がそれに
　　　　　　　　　代えて貸付金を提供したときには，会社の財産に関して破産

もしくは和議の際に貸付金の返済請求権を要求できない。しかし，当該債権は強制和議（Zwangsausgleich）もしくは和議として把握される。

同条2項改正案　堅実な商人としての出資者が自己資本を提供するであろう時点で特に会社の信用力がないときに会社の第三者がそれに代えて貸付金を提供し，出資者がその貸付金の返済に対して担保を与えたりあるいはその保証をしたときには，その第三者は破産，強制和議もしくは予備審査において担保もしくは保証の要求に対して弁済ではなかった金額に対してだけ，割合的弁済を会社の財産について要求できる。

同条3項改正案　この規定は，1項もしくは2項に基づく貸付金の提供に経済的に合致する出資者貸付金もしくはそれ以外の法取引にも意味のあるように適用される。

第74b条改正案　会社が第74a条2項及び3項のケースで破産開始前の最終年度に貸付金を返済したときには，担保を設定したりあるいは保証した出資者は会社に返済した金額を会社に支払わねばならない。その義務は，貸付金の返済時点で出資者が保証もしくは担保を設定した金額までにすぎない。

　　　　　　　　　　出資者が，債権者に担保として提供した対象物を会社はその弁済として提供した経済的に合致するその他の法行為にも適用される。

　この有限会社法改正案は明らかにドイツ有限会社法第32a条及び第32b条をベースとする[11]。つまり，それはドイツの出資者借入金の自己資本化に関する新ルールを基礎としたものである。しかし，その点は大きな批判の対象となった。たとえば，ドイツ破産法及びドイツ取消法で定められている取消の事実は，返済に対して継承されるべきではないし，有限会社法第74条を会社法上の考え方に準用した最高裁判所の判例は考慮されるべきではない。さらに，それ以外の出資者の共同責任が盛り込まれていないといった諸点がその主な批判点である。加えて，一般的な返済禁止を定めたことの欠点，不適切な期限設定，

債権者保護の後退，自己資本化の不適切な表現といった数々の欠点をもつドイツ有限会社法を，そもそもオーストリアに制度化することに対する批判もある。

2.3 2002年自己資本化法政府草案

既述の通り，1997年にオーストリアでは企業組織再編法が制定された。このなかではじめて自己資本化法に関する特別規定が導入されたのである。それは第21条のなかで次のように規定する。

企業組織再編法第21条　組織再編措置は自己資本化の規定の適用を受けない。

この企業組織再編法では企業が倒産せずにまだ信用力があることが前提である（企業組織再編法第1条1項）。したがって，企業が倒産しないときに必要となる企業の組織再編がこの法律では中心となる。これに対して，自己資本化法では企業の信用力がなくなっており，会社の危機的な状況が発生していることを前提とする。この意味で，企業組織再編法は元来自己資本化法とは異なる方向を示す。

このような経緯を経て，2002年にようやく自己資本化法の政府草案が提出された。この概要[12]は以下の通りである。

基本事実（第1条1項～4項），把握される出資者（第2条1項～3項），信託（第3条1項～2項），結合企業とコンツェルン（第4条1項～2項及び第5条1項～3項），匿名組合（第6条1項～2項），合資会社（第7条），考慮される必要のない出資（第8条），債権の非適用（第9条），更生に対する持分取得（第10条），払戻の禁止（第11条1項～3項），担保（第12条），自己資本化される出資者の担保（第13条1項～3項及び第14条），指示（第15条），効力（第16条），施行（第17条）

この政府草案の目的は，債権者保護と出資者の利益を調整し，出資者のファイナンスを自由に決定できる点にある。原則としていかなるファイナンスの形態をとるかは会社の機関に委ねられている。しかし，この原則の制限が必要となるのは，企業の危機が発生する場合である。この状況ではいわゆるファイナンス責任が生じるからである[13]。この政府草案の内容は会社を支配する出資

者に重点が置かれている。逆にいえば，少数出資者はそれから除外されている。

政府草案の骨子は以下の通りである。会社の危機のときに出資者が信用を提供するときには，その信用は自己資本化される（自己資本化法政府草案第1条2項）。この自己資本化法は資本会社及び有限責任の組合，代表権のある無限責任の出資者が自然人ではない人的会社といった資本維持義務のある会社に適用される（自己資本化法政府草案第1条2項）。会社が危機となるのは，組織再編が必要であるときで，具体的には企業組織再編法第23条で定める自己資本比率が8％を下回ったり，あるいは推定上の債務弁済期間が15年間を上回るケースである（自己資本化法政府草案第1条3項）。組織再編が必要でないとされるには，出資者が信用供与の時点で会社の危機的状況を知っていたという前提が必要である（自己資本化法政府草案第1条4項）。

2.4 自己資本化法の制定

この政府草案をもとにして2003年にオーストリアでは自己資本化法が制定された。その規定の概要は以下の通りである。

基本事実（第1条），危機（第2条1項〜3項），信用供与（第3条1項〜3項），把握される会社（第4条），把握される出資者（第5条1項〜2項），投票による行為（第6条），信託（第7条），結合企業（第8条），コンツェルン（第9条1項〜2項），匿名組合（第10条1項〜2項），合資会社（第11条），考慮される必要がない出資（第12条），更生に対する持分取得（第13条），払戻の禁止（第14条1項〜3項），自己資本化される出資者の担保（第15条1項〜3項及び第16条），指示（第17条），効力発生（第18条），施行（第19条）

すでに触れた政府草案との注目すべき違いは以下の通りである。第1は，基本事実が政府草案では第1条のなかで1項から4項まであったが，現行法ではその2項から4項までの規定が削除されてしまっている。第2は，政府草案ではなかった危機が現行法では第2条に登場している。第3は，同じく政府草案ではなかった信用供与規定が現行法では第3条に含まれている。第4は，政府草案では結合企業とコンツェルンの規定が第4条及び第5条としてまとめられ

ていたが，現行法では両者が分けて規定されている。

第4節　自己資本化法の概要

1　会社の危機に関する内容

1.1　従来の解釈

　会社の危機のときに出資者が提供する信用は自己資本化される（自己資本化法第1条）。ここで問題となるのは会社の危機に関する具体的内容である。この点に関して従来の判例ではドイツ有限会社法第32a条において規定されている正規の商人による資本調達の行動（Finanzierungsverhalten eines ordentlichen Kaufmannes）の考え方及び信用力がないことをもって危機と定義するドイツ最高裁判所の判例の考え方を基本的に踏襲していたのである。しかし，この根拠に対する法理論上の批判がオーストリアで生じた。まずは"正規の商人の資本調達による行動"についての主な批判点は次の通りである[14]。

① 　この"正規の商人の資本調達による行動"は法律上の問題ではなくて，財務論及び経営経済学上の問題にすぎない。

② 　資本会社においては自己資本の調達は税務上負担されているので，租税回避として出資者借入金の方法による資本調達への移行が高まった。このため，立法者は，"自己資本の流入"が要請されたときには，出資者借入金を自己資本の調達と同様に課税する引き金となった。それに基づいて，この範囲においてオーストリアの立法者もまた，経営経済的に必要であるときには，出資者借入金に代えて自己資本を調達する正規の商人の資本調達行動を考慮した。

③ 　この法規定の制定化問題に取り組んだ憲法裁判所（Verfassungsgerichthof；VfGH）は，この財務論的及び経営経済的問題の解明に対して，出資者借入金の提供に代えて，自己資本の流入の要請時点に対するその客観的なメルクマールが存在するのかに関する検討をレヒナー（Lechner）に依頼した。その結果，それには十分な客観的メルクマールは存在せず，その法文化は憲法違反になるという結論が得られた。

④　ミラー（Miller）・モジリアーニ（Modigiliani）理論との関係で企業利益の極大化にとって，自己資本と他人資本の関係は不適切であり，堅実な商人の資本調達行動は客観化できない。

⑤　堅実な商人の資本調達行動は出資者借入金を自己資本化することに対して不適当である。というのは，この問題に関わる判事は全く信頼のある判定基礎を見出しえないからである。

次は危機の定義として信用力のない点に関する批判である[15]。

①　信用力のないという財務状況の判断に関して，実務上は客観的に合理的に行動する者と第三者との比較はほとんど不可能である。この第三者比較に対する客観的なメルクマールは確定できない。

②　このような法の不安定性は，通常なされた出資者借入金についても会社更生に反する面をもつ。というのは，信用力がないことがすでに発生したかどうか不明な場合，立法者はその債権者の立場とその担保を失わせないためには，その借入金を取り除くことが強制されるからである。けれども，それを取り除くと，逆に会社と構成員との間の出資関係による忠実義務に反するので，出資者からクレームをつけられる結果となる。

このように，この信用力がないことを中心とした法文化は疑問視されたのである。

1.2　新しい解釈

このような点から，会社の危機の判定に関して新しい方向が模索された。それがすでに触れた企業組織再編法第23条で導入された客観的な計数値に基づく判定の方向である。

自己資本化法第2条は，第1に会社の危機について次のように規定する。会社は以下のケースにおいて危機にあるとみなされる。

①　会社が支払不能なとき　（破産法第66条）
②　会社が債務超過であるとき　（破産法第67条）
③　会社が再編を要する限り，（企業組織再編法第23条でいう）自己資本比率が8％を下回り，（企業組織再編法第24条でいう）推定上の債務弁済期間が15年間を上回るとき

オーストリア破産法第66条によると，支払不能は，会社が支払資金の不足により自己の支払期限の到来している債務を支払うことができず，それに対して必要な資金をすぐに獲得できない見込みの状況をいう。この支払不能から区別されるのが単なる支払の滞り（Zahlungsstockung）である。これは，契約に必要な資金が流入する見込みのある場合をいい，これは遅くとも60日以内に解消する場合にのみ認められる[16]。

オーストリア破産法第67条における債務超過の判定に関して，判例では修正二段階方式（modifizierte zweistufige Methode）が用いられる[17]。これは，清算価値で評価された資産が債権者の弁済に不十分であり，且つ企業の継続の予測（Fortbestehensprognose）がネガティブであるときに，倒産法上の債務超過と判定される。その場合，清算価値評価による計算的債務超過（rechnerische Überschuldung）の判定においてマイナスの自己資本の除去後もしくは清算時に債権者の弁済後に要求することを債権者が説明したり，当該債務のために何ら倒産手続が開始されないときには，その債務を計上する必要はない（破産法第67条3項）。但し，出資者はマイナスの自己資本の除去もしくは清算時にすべての債権者の弁済後にはじめて弁済を要求し，しかもその劣後的弁済のチャンスにより何ら倒産手続を開始する必要がないことを明確にもしくは暗黙のうちに説明しなければならない[18]。このような劣後債権を債務超過貸借対照表に負債化する必要もなく，要求されてもいない。

一方，継続の予測に関しては企業の存続が危ぶまれている場合には常に実施されねばならない。この予測に関して資金計画，収益計画，さらに流動性計画などを加味し，将来収益が将来費用を上回らねばならない[19]。

企業組織再編法第23条で規定する自己資本比率は以下のように算定される[20]。まず分子としての自己資本は企業法第224条3A項でいう自己資本及び非課税準備金（企業法第224条3B項）の合計額である。次に分母としての総資本は貸借対照表の合計額から企業法第225条6項の棚卸資産よりマイナスできる前受金を除いた金額である。

この自己資本比率が8％を下回るか否かが問題となる。推定上の債務弁済期間は次のように計算される（企業組織再編法第24条1項）。まず分子としての金額は，貸借対照表で示される引当金（企業法第224条3項C）及び債務（企業法第224条

3項BⅢ及びBⅣ）の合計額から，現金預金に流動資産としてのその他の有価証券及び持分，さらに棚卸資産から控除できる前受金の合計額を控除した金額である。次に，分母としての金額は通常の営業活動からの資金余剰の金額である。

　この資金余剰の金額は次のように算定する（企業組織再編法第24条2項）。①通常の営業活動の成果をベースとし，②この金額から通常の営業活動で生じる所得税を減額し，③固定資産の減価償却費及び固定資産の減少に伴う損失を加算し，固定資産の増価及び固定資産の減少に伴う利益をマイナスし，④長期の引当金変動を考慮して計算する。

　なお，自己資本化法第2条1項3号において，信用供与の時点で以下のケースの場合だけ信用が自己資本化されるにすぎないことを定めている。

① 　最終に作成された決算書から，自己資本比率が8％を下回り，推定上の債務弁済期間が15年間を上回ることが明らかなとき
② 　適時に作成される年次決算書から，これが明らかであろうとき
③ 　年次決算書もしくは中間決算書がこれを示すであろうことを信用提供者が知っていたりあるいは彼にとって明白なとき

　特に①は問題がない。②に関しては，営業年度から5ヶ月以内に年次決算書が作成されていない場合は（商法第222条1項），適時に作成されていたとはいえない[21]。

2　信用供与の内容

　自己資本化法は信用供与（Kreditgewährung）について次のように規定する。
　第1に，自己資本化法の意味における借入金に該当しないものとして，60日を超えない金銭債務及び6ヶ月を超えない買掛金もしくはその他の借入金，あるいは危機以前に供与された借入金の延長あるいは支払猶予がある（自己資本化法第3条1項）。従来，つなぎ融資については会社がすでに支払不能もしくは債務超過でないことが要求された。というのは，破産を回避する借入金は常に自己資本に相当するものとみなされるからである。これに対して，自己資本化法はこのような制約を設けていない。つまり，支払不能を回避するためのつなぎ融資を自己資本としては取り扱わない。その結果，60日を超える金銭債務だ

けが自己資本化法の対象となる。また6ヶ月以内の買掛金その他の債務については，自己資本化法の対象ではなく，6ヶ月を超えた買掛金等が自己資本化法の対象となる。但し，出資者が自己の給付に対して，それよりも長い期間の支払期間が業種において慣行であることを出資者が立証するときには，その6ヶ月の期間を延長できる（自己資本化法第3条2項）。

また，会社の危機以前に供与された借入金の延長あるいは猶予は自己資本化法の信用供与に該当しないという考え方が導入された。会社の財務状況が良好なときに供与した借入金について支払猶予していたものについては，自己資本化として取り扱わない。その結果，「自己資本化法は，これまで適用範囲の大部分を失う[22]」ともいわれる。

第2に，会社に財あるいは労働サービスが利用のために提供されたときには，信用供与に関係するのは対価を伴うものに限られる（自己資本化法第3条3項）。このように，所有権の移転を伴わない単なる財の利用目的による引き渡しは自己資本化法の対象から除外される。但し，その例外は例えばセール・アンド・リース・バックである[23]。会社が出資者に財を売却し，これをリースするこの方式では，当該物件を経済的には担保となった所有権の付与に対する信用供与と同一視できるからである。

第3は，資金計画による借入金に関してである。これはリスク資本あるいは危機のときの資金調達ともいわれ，出資者が企業目的の達成のために会社に長期的な資金計画に基づいて提供した信用である。オーストリア上級裁判所はこの資金計画による借入金について資本化的性質をもつとすでに明確に定めてきた。一方，ドイツ連邦裁判所は法取引上の定め，つまり当事者間の合意があるときに限り，この資金計画による借入金を自己資本化の対象とみなす判決を下した。但し，この判決後もそれ以外に会社の信用力がなく，必要な自己資金が足りないときもその資金計画による借入金は自己資本化されるとする文献上の見解もある[24]。このように，ドイツで自己資本化法が適用される信用供与については，貸付金の提供に経済的に合致する法原則と広く定義されている。債権の支払猶予もそれに含まれる。けれども，オーストリア自己資本化法では財務内容が良好時の借入金の支払猶予には自己資本化法が適用されない。

3 自己資本化法の適用範囲

3.1 会社の種類

自己資本化法が適用されるのは資本会社，協同組合及び自然人が無限責任社員でない人的会社である（自己資本化法第4条）。

資本会社のうちで有限会社が自己資本化法の適用を受けることはいうまでもない。有限合資会社もまたこの適用を受ける。ここで有限合資会社とは，合資会社の無限責任社員について自然人ではなくて有限会社がなる会社形態である。合資会社の有限責任社員もまた自己資本化法が適用される。さらに，払込みのみならず，それ以外に分割払込みといった非典型的匿名組合員もまた合資会社の有限責任社員に類似するときには，自己資本化法が適用される。投資ファンド企業に関しては，一般に多額の信用提供者に付与されるような情報権及び監督権に匹敵する権利を契約上有しないときには，まだ非典型的匿名組合とはみなされない[25]。株式会社も自己資本化法の適用を受ける。但し，その場合には出資者が会社に対して資本金の25％以上の株式を保有していることが前提である（自己資本化法第5条1項2号）[26]。なお，文献では25％以下の出資比率であっても，企業結合，少数による株主総会への出席，株主の代表，その他の株式会社への影響力，監査役に対する指名等といった企業への影響力を有するときには，自己資本化法が適用されるべきであるという見解もある[27]。

なお，オーストリア自己資本化法は有限責任の法形態に適用されるので，有限責任を前提とする組合及び団体もそこには含まれる。

3.2 出資者の範囲

自己資本化法の適用される出資者は以下の者に限られる（自己資本化法第5条）。

① 会社を支配する出資者。例えば，出資者に議決権の多数が帰属する場合，指揮もしくは監督機関の構成員の多数を選定し解任する権利が出資者に帰属する場合，契約の定めで議決権のような意思決定権に属する権利を出資者がもつ場合，出資者が支配的影響力を行使できる場合がこれに該当する（自己資本化法第5条2項）。

② 少なくとも25％の持分を出資している出資者。
③ 議決権の多数をもち，出資者のように，たとえ会社に出資していなくとも会社に支配的影響を行使する出資者。その場合，信用契約上の典型的な情報権，影響力及び担保は除外される。

信託 (Treuhand) に関してその受託者 (Treuhänder) が自己の名称ではあるが，第三者としての委託者 (Treugeber) のために出資持分を有するときには，受託者はその出資を委託者のためと考える。したがって，このケースでは委託者が出資者とみなされ，この委託者が貸付金を提供したときには，当該貸付金は自己資本化法の適用を受ける。受託者がその信託であることを明確化していないときにも，受託者は出資者とみなされる（自己資本化法第7条1項）。受託者が会社の出資者のために信用を供与したときには，委託者の出資者の立場と危機の認識は受託者にも転嫁する（自己資本化法第7条2項）。但し，受託者として信用を第三者のために供与し，その信託が明らかなときには，当該信用は自己資本化法の適用を受けない（自己資本化法第7条3項）。

出資者としてみなされる者が，信用供与を自己資本化するであろう時点で，追加的に匿名出資者として出資するときには，信用と同一視される（自己資本化法第10条1項）。ここで，匿名組合は，事業への出資ではなく，純然たる内部出資を意味する。匿名組合員が少なくとも債務法上企業価値に25％出資し，合資会社の有限責任社員と同様の共同決定権をもっているとき，あるいは支配的影響力を有するときにも，当該組合員は出資者とみなされる（自己資本化法第10条2項）。

結合企業において与信者が持分権その他の権利を有し，間接的に支配的な影響力を行使できる場合（第1のケース），少なくとも33％の持分について信用を受ける会社に間接的に出資している場合（第2のケース），直接的もしくは間接的に少なくとも25％出資している場合（第3のケース）には，この与信者は出資者とみなされる（自己資本化法第8条）。このうちで，第1のケースと第3のケースは，与信者が信用を受ける者に対して支配する点で共通する。これに対して，第2のケースは，与信者が支配しない点に違いがある。

問題となるのは，第1のケースで，例えばA社がB社を支配し，B社がC社を支配し，A社がC社に与信するときである。このケースでは，単に持分権だ

けでなく，その他の権利を間接的に有しているケースである。このなかには，民間財団（Privatstifung）の財産寄贈者が取消権を留保していたり，あるいは代表任命権を有する場合には，その財産寄贈者は自己資本化法第8条の与信者とみなされる（自己資本化法第8条1号）。

また，第2のケースは，与信者が中間会社に40％出資しており，この中間会社が信用を受ける者に例えば90％を出資しているとすると，40％×90％＝36％の出資比率となる。このため，この与信者は自己資本化法第8条2項で規定する33％の出資比率を上回るので，自己資本化法の適用を受ける（自己資本化法第8条2号）[28]。

さらに，第3のケースは，例えばA社がB社に対して51％出資し，B社がC社に25％出資しているとすると，A社はC社に対して12.75％だけ間接的に出資している場合である。したがって，これは2号には該当しないが，A社がB社を支配し，B社はC社に対して少なくとも25％出資しているので，A社はC社に信用を供与するときには，A社は出資者とみなされ，自己資本化法の適用を受ける[29]（自己資本化法第8条3号）。

与信者が中間会社に40％を出資しており，この中間会社が25％を信用を受ける者に出資していると，与信者の間接的な出資比率は40％×25％＝10％であり，且つ与信者が信用を受ける者に直接的に22％を出資し，しかもそれを通じて直接的もしくは間接的に信用を受ける者を支配しているときには，与信者の出資比率は10％＋22％＝32％である。この比率は25％を上回るので，やはり自己資本化法の適用を受け，当該与信者は出資者とみなされる。

コンツェルン企業が信用を受ける会社に出資していないが，しかし信用授与者の出資者である他のコンツェルングループの指示により，与信者が信用を提供するときもまた，与信者は出資者とみなされる（自己資本化法第9条1項）。ここで注意しなければならないのは，この第9条でいうコンツェルンは株式法第15条及び有限会社法第115条でいう法的な独立企業を統一的に指揮するだけでなく，支配目的で出資する場合も含まれる点である。すなわち，前者に該当するのは，連結グループのなかでA子会社がB子会社に対して，X親会社の指示で信用を供与するケースであり，X親会社が出資者とみなされる。これに対して，親会社は関連会社に出資し当該会社を支配しており，この関連会社がやは

り出資し支配している民間財団に対して信用を供与するケースが，後者に該当する。

第5節　結

1　オーストリア自己資本化法の特質

以上の論旨を整理すれば以下の通りである。

第1に，オーストリアの出資者借入金に関する自己資本化法はドイツ有限会社法第30条の判例ルールを基礎とし，1991年の上級裁判所の判決をその制定の直接的な契機としたものである。

第2に，1993年倒産法改正案のなかで有限会社法第74条の改正案との関連で出資者借入金の自己資本化法案がはじめて提出された。しかし，この法案はドイツ有限会社法第32a条及び第32b条をベースとし新ルールと呼ばれる倒産法を中心とした内容であった。このため，その批判が高まった。

第3に，1997年企業組織再編法の制定のなかで自己資本化法の特別規定が導入され，その結果を受けて2002年にこの自己資本化法の政府草案が提出された。これを基に2003年にようやく自己資本化法が制定されたのである。

第4に，従来はドイツと同様に会社の危機には信用力のない点が重視されていたが，しかし自己資本化法ではその主観的性質の面から，これまでの支払不能及び債務超過のほかに客観的な方向として企業組織再編法ですでに制度化されている計数値，つまり自己資本比率が8％を下回るかあるいは推定上の債務弁済期間が15年間を上回るという基準が導入された。

第5に，信用供与としては60日を超えない金銭債務及びその他の信用，危機的状況前に供与された信用の延長または支払猶予，さらにつなぎ融資は自己資本化法の適用を受けない。

第6に，自己資本化法の対象は資本会社及び自然人が無限責任社員でない人的会社である。その結果，有限会社が無限責任社員となる有限合資会社もその適用を受ける。

第7に，出資者の範囲には会社を支配する出資者だけでなく，信託関係があ

る場合には一定の要件を満たす委託者及び受託者，非典型的匿名組合員，特定の結合企業やコンツェルンも含まれる。

2　自己資本化法の意義と問題点

　このような特質を有するオーストリア自己資本化法の意義について最後に論及することにしたい。

　第1に指摘すべきは，ドイツの自己資本化法では有限会社法をベースとしたもので，それがその他の会社形態にも準用される方式をとっているのに対して，オーストリアの自己資本化法では有限会社法第74条の規定が自己資本化法制定の直接的な契機となったが，その制定にあたっては資本会社及び特定の人的会社を対象として含む包括的な法としての性質を有する点にその大きな意義を有すると解される。ドイツの出資者借入金の自己資本化法についてはその意味で賛否両論があるが，しかしオーストリアでは出資者借入金の自己資本化法という形でドイツに比べて更に発展させたタイプとなっている。

　第2は，ドイツの自己資本化法は有限会社法において判例ルールと新ルールとのいわば二段階方式がとられているのに対して，オーストリアではそれに代えて一段階方式が前提とされている点にその大きな意義がある。ドイツでは有限会社法第30条を中心に欠損金が生じたり債務超過に陥るときには資本金維持との関連で判例ルールが適用され，そうでないときには第32a条及び第32b条を中心として倒産法との関連性で新ルールがそれぞれ適用される。オーストリアの自己資本化法はそのようなドイツ方式を採用していない。法の安定性の面から見ると，ドイツの二段階方式は望ましい制度とはいえないからである。そこで，オーストリアはそのドイツ方式を拒否し，会社法及び倒産法の両者を一元的に取り扱う点にその大きな特徴とその意義を見出すことができる[30]。

　第3は，この自己資本化法の適用にあたってドイツで重視されている信用力のない点に代えて，企業組織再編法ですでに制度化されている自己資本比率及び推定上の債務弁済期間といったかなり客観的な計数値が用いられている点にその適用にあたっての改善がみられる点も見落とすことはできないであろう。法の実践性をかなり意識した内容となっている。

　この3点に自己資本化法の意義を有すると考えられる。けれども，それにつ

いて問題点も指摘されている。例えば，自己資本化法を有限会社法第74条の適用と果たして解しうるのかという問題である。つまり，有限会社法第74条では追加出資が関連するけれども，自己資本化法における出資者借入金の自己資本化は追加出資とは異なり，払込みとみるべきであるという見解もある[31]。また，自己資本化法は会社更生にとってマイナスに作用したり，あるいは出資者借入金を果たして機能的自己資本とみるファイナンスの責任が法制度のなかで妥当性をもつのかといった問題点などである[32]。

いずれにせよ，この自己資本化法は債権者保護の見地を一層徹底されたものであり，ドイツの制度よりもさらに発展させた点で，その意義を有すると解される。これと同じ制度は，特に倒産法との関連でイタリアの民法第2467条に2004年に導入され，またスペインでも破産法第92条に2004年にそれぞれ導入されている[33]。わが国では会社法の制定により債権者保護システムがかなり低下している。その意味で，わが国においてもこの自己資本化法の制度化に向けて債権者保護の見地から検討すべきであろう。

注

(1)(2) M. Fellner・M. Mutz, Eigenkapitalersatz-Gesetz, Wien, 2004年，15頁。
(3) M. Fellner・M. Mutz, 前掲書注(1), 16頁。
(4) M. Fellner・M. Mutz, 前掲書注(1), 17頁。
(5) H. von Gerkan,・P. Hommelhoff 編, Handbuch des Kapitalersatzrechts, Köln, 2002年，6頁。
(6) M. Fellner・M. Mutz, 前掲書注(1), 20-21頁。
(7)(8) M. Fellner・M. Mutz, 前掲書注(1), 22-23頁。
(9) ドイツ有限会社法第30条2項の規定については第8章参照。
(10) A. Schopper・N. Vogt, Eigenkapitalersatzgesetz, Wien, 2003, 年, 13-14頁。
(11) ドイツ有限会社法第32a条1項の規定及び第32b条の規定については，第8章参照。なお，上記の規定のうちで第32a条3項2文及び3文は1998年に追加されたもので，オーストリアの1993年倒産法改正案当時にはなかった規定である。
(12) A. Schopper・N. Vogt, 前掲書注(10), 297-301頁参照。
(13) J. Zehetner・D. C. Bauer, Eigenkapitalersatzrecht, Wien, 2004年，149-150頁。
(14) M. Delliger・T. Keppert, Eigenkapitalersatzrecht, Wien, 2004年，41頁。
(15) M. Delliger・T. Keppert, 前掲書注(14), 42-43頁。

(16) M. Fellner・M. Mutz, 前掲書注（1），54頁。
(17) この詳細は，拙稿,「オーストリア倒産法における債務超過の判定」『商学集志』第75巻第 4 号，平成18年 3 月，1-15頁参照。
(18) M. Fellner・M. Mutz, 前掲書注（1），55頁。
(19) A. Schopper・N. Vogt, 前掲書注（10），63-64頁。
(20) J. Zehetner・D. C. Bauer, 前掲書注（13），50-51頁。
(21) M. Dellinger・F. Mohr, 前掲書注（14），14頁。
(22) M. Dellinger・F. Mohr, 前掲書注（14），30-31頁。
(23) M. Dellinger・F. Mohr, 前掲書注（14），43頁。
(24) M. Fellner・M. Mutz, 前掲書注（1），64頁。
(25) M. Fellner・M. Mutz, 前掲書注（1），30頁。
(26) 25％の株式保有でも株主は企業家的出資となりうるので，ドイツ文献では一定の株式保有比率ではなくて，全体状況からの判断を重視する。つまり，出資比率が低くとも，すべての関係が注目される。
(27) M. Fellner・M. Mutz, 前掲書注（1），33頁。
(28) J. Zehetner・D. C. Bauer, 前掲書注（13），76頁。
(29) J. Zehetner・D. C. Bauer, 前掲書注（13），78頁。
(30) A. Schopper・N. Vogt, 前掲書注（10），27頁。
(31) J. Zehetner・D. C. Bauer, 前掲書注（13），13頁。
(32) J. Zehetner・D. C. Bauer, 前掲書注（13），40頁。
(33) U. Huber・M. Habersack, Zur Reform des Rechts der kapitalersetzenden Gesellschafterdarlehen, in : M. Lutter 編, Das Kapital der Aktiengesellschaft in Europa, Berlin, 2006年，所収，384頁。

補論2

フランス商事資本会計制度

第1節　序

　1978年EC会社法第4号指令及び1983年会社法第7号指令をEU加盟国はそれぞれ国内法に変換した結果，資本会社における会計基準の調和化はすでに図られてきている。ただ，細部に関しては依然として各国の伝統を引き継いでおり，必ずしも完全に統一しているわけではない。とりわけその点が顕著に現れているのは，資本の部の内容である。既述のEC会社法第4号指令第9条によれば，資本の部は引受済資本金，プレミアム，再評価準備金，繰越利益，当期利益に大別される。EU加盟国はこの会社法第4号指令第9条を基にして国内法に変換した。ドイツ商法では資本の部は引受済資本金，資本準備金，利益準備金，繰越利益，そして年度剰余額に大別される。ここではフランスの資本会計制度を取り上げて[1]，その特徴を明らかにする。

第2節　フランスにおける資本の分類

1　フランス商法における資本の分類

　フランス商法自体はドイツ商法と異なり，商法規定自体のなかでは自己資本（capitaux propres）の分類について言及していない。1983年11月29日デクレ（décret）第83-1020号第13条のなかで資本の分類について触れている。それによると，自己資本（capitaux propres）及びその他の自己資金（autres fonds propres）は次のように分類される。

A　自己資本：1 資本金（capital）・2 発行差益それに準ずる差益（primes d'emissen et primes assimilées）・3 再評価差額金（ecarts de réevaluation）・4 準備金（réserves）（(1) 法定準備金（réserve légale）・(2) 定款あるいは契約による準備金（réserves statutaires ou contractuelles）・(3) 規則に基づく準備金（réserves réglementées））・5 当期損益（résultat de l'exercice）・6 投資助成金（subventions d'investissement）・7 法定引当金（provisions réglementées）

　B　その他の自己資金：1 利益参加証券の発行額（produit des émissions de titres participatifs）・2 条件付前受金（avances conditionnnées）

2　プラン・コンタブル・ジュネラルにおける資本の分類

　資本分類に関するこの規定との関係で，1999年プラン・コンタブル・ジュネラル（Plan Comptable Général）では，一般勘定プラン（Plan de compte général）のなかで，資本勘定（comptes de capitaux）について，次のものを指摘する[2]。

　10 資本金・準備金（capital et réserves）・11 繰越損益（report à nouveau）（貸方残高または借方残高）・12 当期損益・13 投資助成金・14 法定引当金・15 リスク・費用引当金（provisions pour risques et charges）・16 固定負債（emprunts et dettes assimilées）・17 資本参加関連債務（dettes rattachées à des participations）・18 事業所，参加会社連絡勘定（comptes de liaison des établissements et sociétés en participation）

　このように，資本勘定は固定負債及びリスク・費用引当金も含む最広義の資本概念ともいえる。このうちで差しあたり関心あるのは10から14までである。というのは，前述の1983年のデクレではその範囲を自己資本と規定しているからである。

　この自己資本のうちで，13の投資助成金及び14の法定引当金を除き，当期損益の処分後（apès affection du résultat）の金額を純資産（situation nette）という（プラン・コンタブル・ジュネラル第434-1条）。これは，1982年のプラン・コンタブ

ル・ジュネラルにおいて出資額・再評価差額・利益処分済以外の利益・繰越損失の合計額に対応するといわれる。ただ，1983年11月29日のデクレでは，この純資産という用語に触れておらず，同様に商事会社の商法典にも言及されていない。

プラン・コンタブル・ジュネラル第521-1条における貸借対照表の様式では，自己資本のなかで引受済資本金から繰越損益までの金額をひとまず集計してから，この小計額に投資助成金及び法定引当金の金額を加算して自己資本の合計を最終的に算出する方式が例示されている。また，同じく第421-2条で例示された貸借対照表の様式では，そのような自己資本のなかで小計の算出プロセスは省略されている。

なお，上述の自己資本に属する項目のほかに，1983年デクレと同様に"その他の自己資金"項目もある。例えば利益参加証券の発行（emission de titres participatifs）や国家による条件付前受金がその典型である。このほかに永久劣後債（titres subordonnés à durée indéterminée ; TSDI），株式償還債（obligations remboursabre en actions ; ORA）などもそれに含まれる[3]。利益参加証券とは，①7年以内に発行企業によって返済されないこと，②その報酬が固定部分と，企業の成果に応じて変動部分から支払われること，③その保有者は債務と同一の権利を有するが，しかし議決権もないし準備金及び清算時の剰余金の分配もないという特徴をもつ債務証券である[4]。株式償還債は，支払による返済の可能性がなく，しかもその保有者による返済要求がなく資本化が予定されている債務証券である。発行企業がその債務弁済を株式によって償還することが予定されているときも同様である[5]。

このようなその他の自己資金は，上述の自己資本とリスク・費用引当金の中間に独立した区分を設けて表示される（プラン・コンタブル・ジュネラル第521-1条の貸借対照表のひな形における自己資本の脚注参照）。つまり，その他の自己資金は自己資本と負債の中間項目と解されている。その他の自己資金は自己資本の金額と合計され，貸借対照表上でその合計額が表示される。

自己資本及びその他の自己資金の範囲を総称して自己資金と解する見解もある[6]。

第3節 資本金

1 資本金の概要

フランスでは最低資本金制度があり，公開会社では225,000ユーロ，非公開会社では37,000ユーロと定められている（商法第224-2条）。また，商法第225-1条によると，株式会社（société anonyme）とは，資本金が株式によって分割された会社と定義されている。したがって，株式と資本金との間には緊密な関係がある。これはドイツ法と同様である。資本金と株式が切断されているわが国とは対照的である。

株式には額面株式（action avec valeur nominale）と無額面株式（action sans valeur nominale）とがあり，後者は1999年からその発行が認められている。無額面株式といっても，この発行に伴って増加する資本金をその株数で除した無額面株式1株あたりの資本金（pair）を算出し，その金額未満での割引発行は認められていない。また額面株式（valeur nominale）は定款で自由に定めることができ（商法第228-8条），それを法的に定めることは要求されていない。ただ，株式の払込みの条件，株式の発行価格，株式の配当支払などに関して，依然として立法者は額面金額を完全には放棄しておらず，それを暗黙のうちに堅持している[7]。例えば従来の1966年旧会社法規定第179条と同様に，新株はその額面金額によって，またこの金額に株式発行差益（prime d'emission）を加えて発行されると今なお規定しているからである（商法第225-128条）。それ故に，1株当たりの資本金を下回る株式発行は認められない。

2 資本金の増加

資本金は以下のケースで主に増加する[8]。

第1は新株の発行によるケース（商法第225-128条）である。そこでは株式発行差益を伴う場合と，それを伴わない場合とがある。なお，この新株発行に伴う新株発行費は株式発行差益と相殺することができる（商法第232-9条）。

第2は，特定の規則に従い資本金を増加させるケースである。これには議決権を伴わない優先株式の発行や特定準備金（réserve spéciale）（例えば長期純増価準

備金）の資本金組入れなどがある。

第3は，準備金，当期利益もしくは株式発行差益の資本金組入れによるケースである（商法第225-149条）。この資本金組入れに際して，株主に株式を交付するときには配当の10％以内に制限される（商法第232-14条）。

第4は，会社に対する債務の資本化によるケースである。この実施にあたっては，その債権が流動化し，請求可能なものでなければならない。

第5は，現物出資（apports en nature）に伴うケースである。

第6は，従業員の株式購入オプションあるいはストック・オプションの行使によるケースである（商法第225-177条・第225-187条）。このストック・オプションは従業員もしくはその他の者に付与される（商法第225-177条）。オプションの付与者が行使価格でオプションを行使するとき，新株発行によって資本金の増加を伴うが，この行使価格と資本金との間に生じる差異は株式発行差益である。

第7は，報酬プランで留保された資本金の増加である。

第8は，企業の貯蓄プランに関連した報酬で留保された資本金の増加である。

第9は，株式配当によるケースである（商法第232-18条）。

第10は，転換社債の転換によるケースである。

3 資本金の減少

これに対して，資本金は額面金額の引き下げか，あるいは株式数の減少によって実施される。既述の通り，額面金額の法定最低額が削除された関係で，前者の手続が比較的一般的とされる。資本金は次のケースで減少する。

第1は，損失補塡の目的で資本金を減少させるケースである。商法第225-248条によれば，2年以内に会社が資本金の2分の1の金額まで自己資本を回復することができなかったときには，株主総会の特別決議で準備金で相殺できない損失と少なくとも等しい金額に資本金を減額しなければならない。また，減資後に直ちに資本金増加を実施する方法（coup d'accordéon）もある。これは欠損金を塡補し，企業のフレッシュ・スタートを目的とする財務政策である。この場合，自己資本がプラスであれば，通常はその損失に等しい準備金を資本

金に組み入れた後に，損失を塡補するために減資を実施する制度である。もちろん，準備金の資本金組入れではなくて，債務の資本化による資本金増加も可能である。これに対して，自己資本が資本金の2分の1を下回るときには，現金による払込にせよ，あるいは債務の資本化にせよ，一般に損失に等しい金額で資本金を増加させておき，次にその損失を塡補する目的で減資する。

　欠損塡補は株式発行差益でも実施される。それは例えば次のように仕訳される。

　　　（借）　株式発行差益　×××　　（貸）　繰越損失　×××

　これについて「この手続は減資の実質的達成を容易にするために，特に利用される[9]。」この処理はたしかに商法第225-248条の面では適法であるが，慎重な立場から資本金の2分の1に関する計算結果に影響しないように，損失の計算について必要不可欠な準備金で資本増加を考慮しておく必要がある。損失の発生に伴い，会社の自己資本が資本金の2分の1を下回るときには，取締役会または理事会は，4ヶ月以内に臨時株主総会を招集し，会社を解散するか否かの決議をしなければならない（商法第225-248条1項）。もし会社が解散しないことを決議したときには，2年以内に損失を塡補しなければならない。但し，その場合に自己資本が少なくとも資本金の2分の1でなければならない（商法第225-248条2項）。つまり，自己資本の2分の1を下回るときには，臨時総会を招集して会社の解散の是非を決定しなければならない。

　第2は，損失塡補を目的とせずに資本金を減額させるケースである。これには次の3つの場合がある。1つは各株式の一部について払い戻す場合である。いわゆる有償減資がこれである。2つめは，減額した資本金を株式発行差益に振り替える場合である。例えば，これに従うと，次のように仕訳される。

　　　（借）　資本金　　　　×××　　（貸）　株式発行差益　×××

　この処理について法もしくは規則が特に規定していないので，適法とされる[10]。わが国の会社法でも，これに類する処理が新たに認められるようになった（会社法第447条）。これは財務的にみて減資から生じる配当課税制度を回避できるメリットを有する。3つめは株式の消却（annulation d'actions）の場合であ

る。ここでは株式数の減少を伴う。この株式を消却する目的で株主総会の決議により取締役会または理事会に一定の株数を購入する権限を与えることができる（商法第225-207条）。特に上場企業に対しては，会社の資本金の10％以内で自己株式の取得と，その取得から２年以内での株式消却が許容される（商法第225-209条）。フランス商法では，会社財産の減少を伴う実質的減資に限って債権者保護手続が必要となる。株式の消却目的で自己株式（propres actions）を取得したときには，フランスでは次のように処理される。例えば，１株の額面金額100ユーロの株式1,000株を１株あたり80ユーロで自己株式を取得すると，次のように仕訳される。

（借）　自己株式　　　　　80,000　　（貸）　現金預金　　80,000

　この自己株式は，プラン・コンタブル・ジュネラルによると，その他の財務固定資産に示される。つまり，自己株式は資産として取り扱われる。次にこの自己株式を消却したときの処理が問題となる。プラン・コンタブル・ジュネラル第442-27条は以下のように規定する。すなわち，株式の消却は会社財産の一部処分（partage partial de l'actif social）と解される。その結果，上述の例の場合には，自己株式の取得原価が株式の額面金額を下回るので，それは額面法を前提として次のように仕訳される。

（借）　資本金（額面金額）　100,000　　（貸）　自　己　株　式　80,000
　　　　　　　　　　　　　　　　　　　　　　株式発行差益　20,000

　自己株式の取得原価と額面金額との差額は，株式発行差益または払込額とみなされる。これは，わが国の減資差益もしくは資本金減少差益に相当するものである。これに対して，上記の自己株式の取得原価が１株あたり150ユーロであれば，次のように仕訳される。

（借）　資本金（額面金額）　100,000　　（貸）　自己株式　　150,000
　　　　配当可能準備金　　　50,000

　このケースでは一部の清算と捉えて配当可能準備金（réserves distribuables）に50,000ユーロが負担される。この配当可能準備金のなかには，もちろん法定準

備金や定款準備金は含まれない。それらには配当規制がある。もし配当可能準備金がないときには，その差額は当期の臨時損失として処理される。ここから，フランスでは減資差益の処理について明文化していないが，プラン・コンタブル・ジュネラルによると，それは株式発行差益または配当可能準備金に負担させると解される[11]。

4 資本の償却

資本金の増加及び減少と並んで，フランスでは資本の償却（amortissement du capital）とよばれる制度がある。これは，定款の定めもしくは株主総会の決議により配当可能利益を用いて株式を償却する制度である（商法第225-198条）。これを通じて会社の将来の清算が容易になる。いわゆる償還株式（action de jouissance）がこれである。この株式が償還されても資本金は減少しない。償却された償還株式を享益株という。これは会社の清算の場合に額面金額に対する償還請求権はない[12]。

第4節　資本性差益と再評価差額金

1 資本性差益

資本性差益の主なものは以下の通りである。例えば，株式発行差益，合併差益，転換社債転換差益などである。

フランスでは金銭による出資株式（actions souscrites en numéraire）に関しては，その引受に際して額面金額の4分の1以上を，また発行差益がある場合には，その全額を払い込む義務がある（商法第225-144条）。つまり，全額払込主義に代えて分割払込主義がとられている。例えば，8,000株の新株を1株当たりの額面金額10ユーロ，その発行価額15ユーロで発行し，2分の1の払込みがあったとすると，次のように仕訳される。

（借）株主-引受済請求済資本金　80,000　（貸）引受済請求済資本金　40,000
　　　　　　　　　　　　　　　　　　　　　　株式発行差益　　　　40,000

(借) 株主-引受済未請求資本金　40,000　　（貸）引受済未請求資本金　40,000

　株式発行差益に関しては引受時に全額払い込まねばならないので，5ユーロ（15ユーロ－10ユーロ）×8,000株で40,000ユーロとなる[13]。新株発行費用はこの株式発行差益と相殺することができる（商法第232-9条2項）。この株式発行差益の使途は当期損失もしくは繰越損失の塡補，資本金の組入れ，準備金への振替である。但し，この最後の準備金の振替に関しては，法定準備金の設定が義務づけられている当期利益（繰越損失があれば，これをマイナスする。）の5％に満たない場合に限り，許容される（商法第232-10条）。

　フランスでは株主総会の決議で，この株式発行差益を株主の配当財源に利用することが認められている（商法第232-11条）。それは，会社の財務内容あるいは自己資本の金額を問わず，実施することができる[14]。わが国の会社法も一定の手続を経ればほぼ同様である（会社法第448条，会社計算規則第49条2項）。

2　再評価差額金

　フランスでは，1983年法律第83-353号により，再評価に関する規定が商法典（旧商法第12条4項）に設けられるまで，不規則な形で法的な再評価が定められてきた。1945年，1959年，1977～78年（1976年の再評価）にそれが具体的に実施されてきた。とりわけ，1945年から1959年までの間には法的な再評価が実施され，その再評価差額金は資本金組入可能再評価特別準備金に計上されねばならなかった。資本金に組み入れないときには，再評価特別準備金に計上される。1959年から1976年末に実施された任意の再評価は非償却性固定資産を対象としたもので，その差額金が資本金に組み入れられず，当該関係の要素が企業の資産から流出したときには，繰越利益と相殺され，しかるべき機会に，その繰越利益残額は資本金にも組み入れられうる。1976年の法的再評価は償却性固定資産及び非償却性固定資産に対して実施されたものである。これに伴って生じた再評価差額金については，資本金に組み入れることができるが，しかし株主に配当として処分したり，あるいは損失補塡に用いることはできない。1980年から1983年にかけての任意の再評価を実施したときには，非償却性固定資産の再評価差額金については，プラン・コンタブル・ジュネラルの1052という勘定番

号に属するが，償却性固定資産に関する再評価差額金は1486の任意再評価特別引当金に計上する方法が認められる。また，両者を一括して任意再評価差額金として1052のなかに表示することもできる。

既述の通り，1983年に再評価差額金についての規定が商法のなかに盛り込まれることになった。それによると，有形固定資産及び金融固定資産の全体の再評価を実施したときには，その現在価値 (valeur actuelle) とその簿価 (valeur nette comptable) との間の再評価差額金は損失塡補には利用できず，貸借対照表上の負債と区別して示される。この規定は現行商法にもなお継承されている (商法第123-18条)。注意すべきは，固定資産のうちで無形固定資産が再評価の対象から除外されている点である。有形固定資産と金融固定資産のみが再評価の対象である。また，かかる固定資産の現在価値はその利用価値 (valeur d'utilité) を想定したもので，再調達価値が一つの基準となる[15]。これに基づいて把握される再評価差額金は，資本金組入れに利用できるが，株主に対する配当財源としては利用できない (商法第232-11条4項)。

第5節 準 備 金

1 法定準備金

1.1 本来の意味での法定準備金

プラン・コンタブル・ジュネラルによれば，法定準備金には本来的な意味での法定準備金と，それ以外の法定準備金とがある。前者は，株式会社の有限責任制度を前提として当期純利益のうちで (もし繰越損失があれば，これを当期純利益からマイナスする。) 少なくとも5％を資本金の10分の1に達するまで毎期積み立てねばならない準備金をいう (商法第232-10条)。この法定準備金の設定基準は基本的にドイツ株式法第150条1項と同様である。ただ，ドイツ株式法における法定準備金は，資本準備金と合わせて資本金の10分の1まで設定すればよく，フランス商法では資本準備金を含めて設定する方式をとっていない。また，ドイツ法では定款の定めにより法定準備金の最低積立額を資本金の10分の1よりも高く設定できるが，フランス商法では資本金の10分の1を超えて設定

するときには，法定準備金の枠内ではなくて，それとは別の定款準備金もしくは任意準備金として設定する。なお，わが国の会社法では剰余金の配当により減少する剰余金の額に10分の1を乗じた額が，資本準備金または利益準備金に計上される（会社法第448条4項）。この法定準備金は欠損填補に利用できる。なお，フランス商法上，法定準備金の資本金組入れは明文化されていない。しかし，それは認められるとする見解もある[16]。その理由は，その資本金組入れが資本維持をより強固なものとし，会社の債権者保護に大いに資するからである。

1.2 長期純増価

本来の意味での法定準備金のほかに，長期純増価（plus-values nettes à long terme）もこの法定準備金に含まれる。これは，長期の増価を考慮して設けられた課税の軽減制度により生じる。その長期純増価は通常は企業内に投資されたままとなっている事実から，非課税とされる。この長期純増価を設定するに先立ち，前述の意味での本来的な法定準備金をあらかじめ設定しておく必要がある。

2 取崩不能準備金

取崩不能準備金（réserves indisponibles）の典型は自己株式準備金である。
フランス商法では自己株式の取得は以下のケースに限定されて許容されている[17]。その主なものは，第1に従業員に自己株式を供与する場合である（商法第225-208条）。第2は，株式を上場している企業が通常の株主総会による決議で取締役もしくは理事会に自己株式の取得に対する権限を与える場合である（商法第225-209条）。このケースにおいて取得株式数は資本金の10％という制限があり，またその財源については法定準備金を除く準備金，つまり配当可能な準備金に限られる（商法第225-210条）。第3は，自己株式を2年以内に資本金の10％の範囲で減資の手続で消却する場合である（商法第225-209条2項2文）。第4は，取得した自己株式を従業員等に対するストック・オプションとして利用する場合である（商法第225-209条3項）。

3 定款もしくは契約による準備金

　定款もしくは契約による準備金のうちで，前者は定款で定める準備金の設定が毎年の通常総会で義務づけられる。これは，株主への配当に利用できないし，自己株式の取得あるいはその払戻にも利用できない。定款に別段の定めがなければ，この定款準備金は損失塡補もしくは資本金組入れに利用することができる。

4 規則による準備金

　規則による準備金には，例えば長期純増価に関する特別準備金，投資助成の授与による準備金，その他の規則による準備金などがある。ここで長期純増価特別準備金の対象となるのは，当期利益，次期繰越利益，非課税の通常の準備金などであり，すでに触れた法定準備金のなかに表示される純増価準備金とはやや性質を異にする。

5 その他の準備金

　このほかにその他の準備金 (autres réserves) もある。この典型が任意準備金である。これは通常の株主総会による決議において利益としての処分を行わず，会社に利益を留保させるために設定された準備金である。これは，損失塡補，株主総会での決議により株主への配当，自己株式の取得などに用いることができる。

第6節　投資助成金と法定引当金

　自己資本にはこのほかに投資助成金や法定引当金といったフランス固有の項目もある。

1 投 資 助 成 金

　助成金には営業助成金 (subvention d'exploitation)，損失補塡助成金 (subvention d'équilibre) 及び投資助成金 (subvention d'investissement) の3種類がある。前二者

はその助成の支給を受けた時点で直ちに利益に計上される。これに対して，設備に対する助成金もしくは長期的な企業活動への資金調達の便を図るために支給されるのが投資助成金である。これに対しては，課税制度によりその支給時点で即座に課税対象となるものと，課税が延期されるものとがある。前者は臨時利益に計上される。後者はここでいう自己資本の部に計上され，その後一定期間にわたって利益に取り崩される。

2 法定引当金

　法定引当金は本来的意味での会計上の引当金と性質を異にしている。これは，税法が定める用語で，リスクないし費用に関係した引当金の定義に合致する。したがって，これは会計上の費用性をもつ引当金というよりは一種の利益留保性の引当金としての性質を帯びる。これには従業員参加のための投資引当金，価格上昇引当金，時価変動引当金，鉱床及び油田復元引当金，減価償却に関係しない財務政策的評価減引当金，1976年の再評価に伴う特別再評価引当金，海外進出引当金，海外取引リスク引当金などがその主な項目である。これらの法定引当金に関して次のような見解が主張される。会計上の費用性に該当せず，純然たる税務面から設定される引当金のときには，この法定引当金の計上は認められねばならない。しかし，例示した法定引当金のなかに会計上設定すべき費用性引当金が含まれている場合は別である。すなわち，会計上設定すべき引当金の範囲が税務上の引当金の範囲に達していないときには，その差額は純粋の税務上の引当金に該当する。それ故に，それはここでいう法定引当金として表示される。しかし，会計上の引当金の計上範囲が税務上のそれよりも上回るときには，法定引当金の計上は認められない。その理由は，一方で利益から控除される会計上の引当金を計上しておきながら，他方ですでに会計上の範囲内にとどまる税務上の引当金を独立して計上するのは問題だからである[18]。

第7節 配当規制

1 配当規制に関する規定

株主に対する配当規制を定めているのが商法232-11条である。これは以下のように規定する。

> 商法第232-11条
> 1項 処分可能利益は，当期利益から繰越損失を控除した額，並びに法もしくは定款を適用して準備金に計上されるべき金額から構成され，次期繰越利益への振り替えによって増加する。
> 2項 さらに，株主総会は処分する準備金として払い込まれた投資金額の分配を決議することができる。その場合には，その決議はその払込額がなされている準備金の項目を明確に指示する。しかし，配当は当期の処分可能利益から優先的に支払われる。
> 3項 減資の場合を除き，その後に資本金もしくは定款が分配を禁止する準備金の合計額に自己資本が達していなかったり，あるいは達しないようなときには，株主にはいかなる分配もすることはできない。
> 4項 再評価差額金は処分可能ではない。それは資本金に全額もしくはその一部を組み入れることができる。

この規定から株主への配当財源となりうる構成要素は，第1に当期利益（但し繰越損失分は除く。），第2に法もしくは定款の定めで設定すべき金額で受益者への振り替えによって増加したもの，第3に株主総会が処分の権限を有する準備金，具体的にはその他の準備金，株式発行差益，規則による準備金である。ここで注目すべきは，既述の通り株式発行差益がフランス商法では株主総会の決議により株主への配当財源として利用できる点である。しかも，その配当への処分に関しては，会社の財務内容あるいは自己資本の状態のいかんを問わず，随時に可能である。減資差益はこの株式発行差益に属すると考えられているので，減資差益も株主総会の決議で配当財源として実質的には株主への払戻は可能である。この点はフランス商法の大きな特徴といってよい[19]。

2 配当可能利益の計算

いま,貸借対照表が以下の内容を示すとする。

ここで配当可能な部分だけをまず考慮するときには,処分可能利益は当期利益 (252),繰越利益 (46),拘束されない準備金 (株式発行差益 (60) + 長期増価特別準備金 (30) + その他の準備金 (120) = 210) の合計であり,508となる。かりに償却されていない借方に示されている3つの項目,すなわち株式交付費・創立費・研究開発費の合計額が340であるとすると,配当可能利益は次のように算出される。この340を拘束されない準備金 (210) で最初に補塡し,なお足りない金額 (130) については当期利益及び繰越利益の合計 (298) で負担しなければならない。その結果,298 − 130 = 168が配当可能利益となる[20]。また,償却すべき3つの項目の費用額が150であれば,既述の508 − 150 = 358が配当可能利益となる[21]。

貸借対照表

株式交付費	×× ×		資本金	500
創立費	×× ×		株式発行差益	60
研究開発費	×× ×	×× ×	再評価差額金	160
			法定準備金	50
			取崩不能準備金	20
			定款(あるいは契約)準備金	200
			長期増価特別準備金	30
			その他の準備金	120
			繰越利益	46
			当期利益	252
			投資助成金	30
			法定引当金	132
				1,600

出典:P. Dufils・C. Lopate 編, Mémento Pratique Francis Lefebvre, Comptable 2006, Levallois, 2005年,1146頁。

第8節 自己株式

1 自己株式の取得ケースとその規制

　フランス商法では，自己株式の取得に関しておよそ次の3つのケースが認められている。第1は，上場企業が自己株式を取得するケースである（商法第225-209条）。第2は，従業員に自己株式を供与する目的で自己株式を取得するケースである（商法第225-208条）。第3は，損失填補を目的とせずに減資のために自己株式を取得するケースである（商法第225-207条）。このようなケースにおいて会社が自己株式を取得する際には条件がある。その1は，発行済株式総数の10％を上回って自己株式を取得することができず，且つその株式がすべて払込済でなければならない（商法第225-210条1項）。これはいわば総量規制である。その2は，自己資本が資本に分配不能な準備金を加算した金額を下回る自己株式の取得は禁止される（商法第225-210条2項）。これは財源規制である。ただ，EC会社法第2号指令に基づくこの規定は問題を含むとされる。というのは，自己株式の取得は自己資本の変動をもたらさないからである[22]。ここで分配不能準備金のなかに法定準備金及び定款準備金が含まれる。その3は，法定準備金を除き，会社が自己株式全体の価値に少なくとも等しい金額の自己株式準備金を設定しなければならない（商法第225-210条3項）。これは自己株式を取得したときに取崩不能準備金の設定を要求したものである。

2 上場企業における自己株式の取得

2.1 自己株式取得の条件とその一般的処理

　上場企業においては，株主総会は取締役会もしくは理事会に対して会社の資本金の10％までの自己株式の取得についての権限を与えることができる（商法第225-209条1項）。但しその権限の付与機関は18ヶ月を超えることはできない。上場企業では以下の目的で自己株式を取得できる。第1は，自己株式を消却するケースである。但し，これは2年以内に資本金の10％の範囲で実施されねばならない。第2は従業員への自己株式の供与目的である。第3は自己株式の保有である。いわゆる金庫株としての取扱である。そのうちで第2の従業員への

供与目的で自己株式を取得したときには，一時所有の有価証券として流動資産の部に計上される。第1の減資及び第3の金庫株のケースでは，自己株式をその他の金融固定資産の部に計上する。

期末においては，会計上の自己株式が分類される箇所にかかわらず，一般原則に従って，それは評価される。つまり，財産目録の価値（valeur d'inventaire）として当該自己株式の期末直前1ヶ月内の平均相場を算出し，それが自己株式の取得原価よりも低いときには，評価減引当金（provision pour dépréciation）を設定しなければならない。但し，消却目的で取得した自己株式については評価減引当金は設定されない。また，自己株式を譲渡したときには，その種類を問わず，取得原価とその譲渡金額との差額は当期の損益に計上される。

2.2　従業員への供与目的による自己株式の取得

従業員への供与目的で会社が自己株式を取得するのは，企業成果への参加のケースと，ストック・オプションのケースとがある。特に問題なのは，後者のストック・オプションに関してである。ストック・オプションの計画を決定したときには，会社は従業員に対して契約上の義務を負う。しかし，企業がまだその目的の自己株式を取得していない限り，会計上問題とならない。そこには将来のリスクを含みうるけれども，果たしてそのリスクに対して引当金が設定されるべきかである。この点に関して，フランスの規則は特に明言していない。まだ自己株式を取得していない場合には，起こりうるオプション行使に伴うオプションの行使価格が自己株式の見積取得価格を下回るときにその差額について，リスク引当金（provision pour risques）を設定しなければならない。すでに自己株式を取得している場合には，同様に株価が行使価格を上回るときにその差額についてリスク引当金が設定され，さらに自己株式の取得価格が株価を上回るときにその差額について評価減引当金も設定されねばならない[23]。この引当金は毎期ごとに再設定されねばならず，評価減の引当金は期末直前1ヶ月の平均相場との比較によって計算されねばならない。従業員が権利を行使して会社の自己株式を取得したときには，会社の自己株式の取得価格と従業員の行使価格との差額は当期の損益に計上される[24]。ストック・オプションが従業員によって権利行使期限までに行使されなかったときには，それを株式の消

却として決議したときを除き，当該自己株式を一時所有の有価証券から金融固定資産に再分類する。

第9節　フランス資本会計制度の特徴

　フランスにおける資本会計制度の特徴を整理すると，次の通りである。
　第1に指摘すべきは，株式会社は株式に分割された資本金をもつ制度と解され，ドイツ法と同様に資本金と株式との間の緊密な関係が重視されている。わが国のように，資本金と株式の切断を前提とする考え方とはかなり相違する。
　第2に，最低資本金制度が定められており，公開会社と非公開会社とは区別されている。
　第3に，額面株式のほかに，無額面株式の発行が1998年以降ようやく認められるようになったが，これについても1株あたりの資本金を算出し，それを下回る割引発行は認められていない。その意味でドイツ法（及びオーストリア法）と同様に無真正無額面株式といわれる。
　第4に，資本勘定は資本及び準備金，繰越損益，当期損益，投資助成金，法定引当金，リスク・費用引当金，固定負債，資本参加関連債務，事業所・参加会社連絡勘定から成り，貸借対照表の貸方科目のうちで流動負債を除く部分である。広義の資本の部（自己資金）に相当するのは，自己資本とその他の自己資金である。自己資本は資本金，資本性差益，再評価差額金，準備金，繰越損益，当期損益，投資助成金，法定引当金から成る。税法との関係でこの自己資本のなかに投資助成金及び法定引当金が含まれている。その他の自己資金を構成するのは利益参加証券の発行及び国家による条件付前受金である。その他の自己資金は自己資本と負債の間に表示されるため，貸借対照表貸方側に関する三区分を前提とする。前掲の自己資本の構成要素のうちで，投資助成金及び法定引当金を除く利益処分後の項目について純資産という用語が用いられている。
　第5に，株式発行差益については，株式交付費との相殺が認められるだけではなく，株主総会の決議で，企業の財務内容のいかんを問わず，取り崩して株主への配当財源とすることができる。この点はドイツ法のほうがやや厳格であ

る。というのは，ドイツでは株式払込剰余金に相当する項目は欠損填補もしくは資本金組入れ以外には利用できないからである。わが国の会社法では株式交付費については株主の払込資本（資本金等増加限度額）から控除できることになった（会社計算規則第37条1項2号）。

　第6に，法定準備金の設定基準はドイツ法と同様であり，当期利益の5％を資本金の10分の1に達するまで積み立てねばならない。但しフランス法では法定準備金だけを単独で設定する必要がある。ドイツ株式法は利益準備金の設定にあたって資本準備金も加味するのが違いである。なお，ドイツ株式法では定款の定めにより，法定準備金の設定を資本金の10分の1よりも高く設定できるが，フランス商法ではその割り当てを10％よりも高く設定したときには，法定準備金ではなくて定款準備金に計上される。わが国の会社法では，剰余金の配当に関して資本金の4分の1に達するまで剰余金の配当額の10分の1を準備金に設定する。この場合，その他資本剰余金とその他利益剰余金との配当割合により，前者を原資とするときには資本準備金に，また後者を原資とするときには利益準備金をそれぞれ計上する（会社法第445条4項，会社計算規則第45条）。

　第7に，フランス商法では資本の償却制度がある。これは配当可能利益で株式を減少させるが，資本金は減少しない制度である。これはドイツ株式法にはなく，わが国のかつての償還株式に相当する。なお，この償還株式は，わが国の会社法では取得条項付株式として取り扱われる（会社法第107条1項3号）。

　第8に，減資差益の処理は明文化されていないが，株式発行差益に準じるものと解される。したがって，フランス商法では株式発行差益は株主総会の決議により配当財源となりうる。なお，減資差損は配当可能な準備金にチャージされ，一種の清算とみなされる。

　第9に，自己株式の取得によりその株式を消却したときには，株式数が減少するので，会社の財産の一部清算として減資とみなされる。それ以外は自己株式はドイツ株式法と同様に資産として取り扱われる。これに対して，わが国の会社法では自己株式は株主資本の控除として処理される（会社計算規則第108条2項）。

　第10に，利益処分の権限は原則として株主総会にある。ドイツ株式法もこれと同様である。ただ，ドイツ株式法では取締役及び監査役が年次決算書を確定

するときには，年度剰余額の2分の1を限度としてその他の利益準備金に計上できる利益処分の権限が認められる。さらに定款の定めで年度剰余額についてこの2分の1を上回るかあるいは下回る部分についても利益処分の権限を取締役及び監査役に付与できる (株式法第58条2項)。わが国の会社法でも剰余金の配当は原則として株主総会の権限である (会社法第454条1項)。但し，取締役会設置会社は一事業年度の途中で一回だけ取締役会の決議で剰余金の配当を決定できる (会社法第454条5項)。会計監査人設置会社は，一定の要件を満たすときには定款の定めで剰余金の配当を取締役会の決議で実施できる (会社法第459条1項)。

第11に，会社の自己資本が資本金の2分の1を下回るときには，臨時株主総会を招集して会社を解散するか否かの決議が要求される。このような財務内容がかなり悪化した場合，一種の解散命令がある。ドイツ法では年次貸借対照表等において資本金の2分の1に相当する損失が発生したときには，取締役は遅滞なく株主総会を招集し，その旨の報告が義務づけられているが (ドイツ株式法第92条1項)，しかしフランス法のように会社の解散の是非に関する決議までは要求されていない。わが国の明治32年商法第174条にドイツ法と同様の規定があったが，昭和13年の改正で削除され，現在の会社法にもそのような規定はない。但し，スイス債務法にはこれに類似した規定がある[25]。

フランスの資本会計制度はこのような特徴を有している。基本的にはドイツ法に類似しているが，しかし依然として細部に関しては各国の伝統を色濃く反映しているといえよう。

注

(1) この概要については，次の文献を参照。小林量「ドイツとフランスにおける資本制度」『商事法務』第1601号，2001年7月，32頁以下。
(2) プラン・コンタブル・ジュネラルの邦訳に関しては，岸悦三訳「プラン・コンタブル・ジュネラル会計原則（1999年版）(2)」『経営学部紀要』(東亜大学) 第14号，2001年3月，138-141頁及び岸悦三訳『フランス会計基準』同文舘，2004年を参照した。
(3) P. Dufils・C. Lopater 編, Mémento Pratique Francis Lefebvre, Comptable 2006,

Levallois, 第25版, 2005年, 1225頁。
（4） P. Dufils・C. Lopater 編, 前掲書注（3), 809頁。
（5） P. Dufils・C. Lopater 編, 前掲書注（3), 905頁。
（6） P. Dufils・C. Lopater 編, 前掲書注（3), 1163-1164頁。
（7） B. Mercadal・P. Janin 編, Mémento Pratique Francis Lefebvre, Sociétés Commerciales 2004, Levallois, 2003年, 922頁。
（8） P. Dufils・C. Lopater 編, 前掲書注（3), 1170-1180頁。
（9） P. Dufils・C. Lopater 編, 前掲書注（3), 1181頁。
（10）（11） P. Dufils・C. Lopater 編, 前掲書注（3), 1182頁。
（12） B. Mercadal・P. Janin 編, 前掲書注（7), 920頁。
（13） P. Dufils・C. Lopater 編, 前掲書注（3), 1172頁。
（14） P. Dufils・C. Lopater 編, 前掲書注（3), 1145頁。
（15） P. Dufils・C. Lopater 編, 前掲書注（3), 1220頁。
（16） B. Mercadal・P. Janin 編, 前掲書注（7), 1110頁。
（17） この概要については, 小林量, 前掲論文注（1), 33頁参照。
（18） P. Dufils・C. Lopater 編, 前掲書注（3), 1202頁。
（19） これに対して, ドイツ法では商法第272条2項4号でいう社員によるその他の追加払込額を除き, 原則として資本準備金については欠損填補と資本金組入れ以外には利用できないからである（ド株式法第150条3項及び4項)。わが国の会社法では, 剰余金の配当に際して剰余金の配当による減少する剰余金の10分の1を乗じた額を資本準備金または利益準備金として計上しなければならない（会社法第445条4項)。さらに, 剰余金の配当後の資本準備金または利益準備金の額についても一定の規制がある（会社計算規則第45条)。
（20）（21） P. Dufils・C. Lopater 編, 前掲書注（3), 1146頁。
（22） EC会社法第2号指令第15条の趣旨は, 株主への分配が, 資本プラス取崩不能準備金の合計を下回るような純資産を結果的にもたらす場合には, すべての株主への分配を規制する点にある。それは自己株式は売り手となった株主になされた"分配"（distribution）とみなされる。しかし, 自己株式が消却されずに, 会社によって保有されているときには, 問題を含む。ただ, この自己株式取得の財源規制は, 会社が債務及び資本を払い戻すことができない場合には, 正当化される（B. Mercadal・P. Janin 編, 前掲書注（7), 964頁)。
（23） P. Dufils・C. Lopater 編, 前掲書注（3), 1187-1188頁。引当金を設定する点ではドイツも同様である。ただ, その引当金を債務性引当金と捉えるのが通説である（O. Lücke, Stock Options, Baden-Baden, 2003年, 240頁)。
（24） P. Dufils・C. Lopater 編, 前掲書注（3), 1190頁。
（25） 直近の貸借対照表において株式資本金の2分の1と法定準備金の合計がもはや填補

されないときには,取締役は株主総会を招集して会社の再建策を提出しなければならず,債務超過の恐れがあるときには,中間貸借対照表の作成が義務づけられている(スイス債務法第725条)。なお,スイスの資本会計制度については,拙稿,「スイスの資本会計制度」『会計学研究』第22号,平成20年3月,29-50頁参照。

参 考 文 献

Achleitner, A. K.・Wollmert, P. 編, Stock Options, 第 2 版, Stuttgart, 2002年
Adler, H.・Düring, W.・Schmaltz, K. 編, Rechnungslegung und Prüfung der Aktiengesellschaft, 第 1 巻, 第 4 版, Stuttgart, 1968年
Adler, H.・Düring, W.・Schmaltz, K. 編, Rechnungslegung und Prüfung der Unternehmen, 第 1 巻, 第 6 版, Stuttgart, 1995年
Adler, H.・Düring, W.・Schmaltz, K. 編, Rechnungslegung und Prüfung der Unternehmen, 第 4 巻, 第 6 版, Stuttgart, 1997年
Adler, H.・Düring, W.・Schmaltz, K. 編, Rechnungslegung und Prüfung der Unternehmen, 第 5 巻, 第 6 版, Stuttgart, 1997年
Adler, H.・Düring, W.・Schmaltz, K. 編, Rechnungslegung und Prüfung der Unternehmen, 補巻, 第 6 版, Stuttgart, 2001年
Baetge, J.・Brüggemann. B., Ausweis von Genussrechten auf der Passivseite der Bilanz des Ermittenten, in : Der Betrieb, 第58巻第40号, 2005年10月
Baetge, J.・Kursch, H. J.・Leuschner, C. F.・Jerzembek, L., Die Kapitalabgrenzung nach IFRS, in : Der Betrieb, 第59巻第40号, 2006年10月
Baldamus, E. A., Reform der Kapitalrichtlinie, Köln・Berlin・Bonn・München, 2002年
Bertl, R.・Eberhartinger, E. u. a., Eigenkapital, Wien, 2004年
Bezzenberger, G.・Keul, T., § 85 Rechnungslegung, in : Riegger, B.・Weipert, L. 編, Münchener Handbuch des Gesellschaftsrechts, 第 2 巻（Kommanditgesellschaft, GmbH & Co. KG.・Publikums-KG・Stille Gesellschaft), München, 2004年
Bezzenberger, T., Das Kapital der Aktiengesellschaft, Köln, 2005年
Bicker, E. T., Gläubigerschutz in der grenzüberschreitenden Konzerngesellschaft, Berlin, 2007年
Bigus, J., Zur bilanziellen Abgrenzung von Eigen- und Fremdkapital, in : Die Betriebswirtschaft, 第67巻第 1 号, 2007年1／2月
Blaurock, U., Handbuch der Stillen Gesellschaft, 第 6 版, Köln, 2003年
Böcker, P., Die Überschuldung im Recht der Gesellschaften mit beschränkter Haftung, Baden-Baden, 2002年
Böcking, H. J.・Dutzi, A., Gläubigerschutz durch IFRS-Rechnungslegung im Jahresabschluss und ergänzenden Solvenztest, in : Zeitschrift für Betriebswirtschaft, Special

Issue 6, 2006年6月

Böckli, P., Schweizer Aktienrecht, 第2版, Zürich, 1996年

Bormann, M., Eigenkapitalersetzende Gesellschafterleistungen in der Jahres- und Überschuldungsbilanz, Heidelberg, 2001年

Braun, E., Insolvenzordnung, 第2版, München, 2004年

Brezski, E.・Lübbehüsen, T.・Rohde, T.・Tomat, O., Mezzanine-Kapital für den Mittelstand, Stuttgart, 2006年

Briesemeister, S., Hybride Finanzinstrumente im Ertragsteuerrecht, Düsseldorf, 2006年

Brüggemann, B.・Lühn, M.・Siegel, M., Bilanzierung hybrider Finanzinstrumente nach HGB, IFRS und US-GAAP im Vergleich, (Teil1), in : Kapitalmarktorientierte Rechnungslegung, 第9号, 2004年

Buck, C., Die Kritik am Eigenkapitalersatzgedanken, Baden-Baden, 2006年

Bundesministerium für Finanzen, Steuerliche Behandlung von Einlagenrückzahlungen iSd §4 Abs 12 und §15 Abs 4 EStG, in : Amtblatt des österreichischen Finanzverwaltung, 88/1998, 1998年3月

Busse von Colbe, W., Handelsrechtliche Bilanzierung von Optionsanleihe und Optionsentgelten aus betriebswirtschaftlicher Sicht, in : Busse von Colbe, W.・Großfeld, B.・Kley, L.・Martens, K. P.・Schlede, K. G., Bilanzierung von Optionanleihen im Handelsrecht, Heidelberg, 1987年, 所収

Cerha, G.・Ludwig, C., Die Qualifikation von Eigen- und Fremdkapital bei der Kapitalgesellschaft und ihre Auswirkung auf die Einkommensermittlung, in : Bergmann, H. 編, Praxisfragen zum Körperschaftsteuerrecht, Festschrift für Harald Werilly, Wien, 2000年, 所収

Coenenberg, A. G., Jahresabschluß und Jahresabschlußanalyse, 第17版, Landsberg am Lech, 2000年

Delliger, M.・Keppert, T. K., Eigenkapitalersatzrecht, Wien, 2004年

Döllerer, G., Verdeckte Gewinnausschüttung und verdeckte Einlage bei Kapitalgesellschaften, 第2版, Heidelberg, 1990年

Doralt, P.・Kalss. S. 編, Kommentar zum Aktiengesetz, 第2巻, 第1版, Wien, 2003年

Dross. C., Genußrechte, München, 1996年

Deutsches Rechnungslegungsstandards Committee (DRSC), Comments on the 'Equity and Liability Milestone One Draft', 2005年11月

Dufils, P.・Lopater, C. 編, Mémento Pratique Francis Lefebvre, Comptable 2006,

Levallois, 第25版, 2005年

Eberhartinger, E., Bilanzierung und Besteuerung von Genußrechten, stillen Gesellschaften und Gesellschafterdarlehen, Wien, 1996年

Eberhartinger, E.・Engelsing, L., Zur steuerrechtlichen Behandlung von Aktienoptionen bei den optionsberechtigten Führungskräften, in : Die Wirtschaftsprüfung, 第54巻第2号, 2001年1月

Eidenmüller, H.・Grunewald, B.・Noack, U., Das Mindestkapital im System des festen Kapitals, in : Lutter, M. 編, Das Kapital der Aktiengesellschaft in Europa, Berlin, 2006年, 所収

Ekkenga, J., Bilanzierung von Stock Options Plans nach US-GAAP, IFRS und HGB, in : Der Betrieb, 第57巻第36号, 2004年9月

Emmerich, G.・Naumann, K. P., Zur Behandlung von Genußrechten im Jahresabschluß von Kapitalgesellschaften, in : Die Wirtschaftsprüfung, 第47巻第20号, 1994年10月

Engert, A., Solvenzanforderungen als gesetzliche Ausschüttungssperre bei Kapitalgesellschaften, in : Zeitschrift für das gesamte Handels- und Wirtschaftsrecht, 第170巻, 2006年

European Financial Reporting Advisory Group (EFRAG), Discussion Paper "Distinguishing between Liabilities and Eguity", 2008年1月

Financial Accounting Standards Board (FASB), Milestone Draft, 2005年7月

Fellner, M.・Mutz, M., Eigenkapitalersatz-Gesetz, Wien, 2004年

Forstmoser, P.・Meiner-Hayoz, A.・Nobel, P., Schweizerisches Aktienrecht, Bern, 1996年

Friel, A., Wandelanleihen mit Pflichtwandlung in deutschen und US-amerikanischen Recht, Frankfurt am Main, 2000年

Fischer, R.・Lutter, M.・Hommelhoff, P., Kommentar zum GmbHG, 第12版, Köln, 1987年

Förschle, G.・Hoffmann, K., Überschuldung und Sanierung, in : Budde, W. D.・Föeschle, G. 編 Sonderbilanzen, 第3版, München, 2002年

Frantzen, C., Genußscheine, Köln・Berlin・München, 1993年

Fuchs, A., §192, Voraussetzung (1-169), in : Kropff, B.・Semler, J. 編, Münchener Kommentar zum Aktiengesetz, 第6巻 (§179-221), 第2版, München, 2005年, 所収

Fuchs, M.・Stibl, B., Solvenztests als Grundlage der Ausschüttungsbemessung-

Anforderungen und betriebswirtschaftliche Gestaltungsmöglichkeiten, in : Betriebs-Berater, 第62巻第17号, BB Special 5, 2007年 4 月

Gebhardt, G., Konsistente Bilanzierung von Aktienoptionen und Stock Appreciation Rights—eine konzeptionelle Auseinandersetzung mit E-DRS11 und IFRS ED 2—, in : Betriebs-Berater, 第58巻第13号, 2003年 3 月

Gehde, B., Eigenkapitalersetzende Gesellschafterleistungen in Deutschland und den USA, Berlin, 1997年

Gerkan, H. von. · Hommelhoff, P. 編, Handbuch des Kapitalersatzrechts, Köln, 2002年

Gosch, D. 編, Körperschaftssteuergesetz, München, 2005年

Götz, J., Überschldung und Handelsbilanz, Berlin, 2004年

Groh, M., Eigenkapitalersatz in der Bilanz, in : Betriebs-Berater, 第48巻第27号, 1993年

Groh, M., Genußrechtskapital und Maßgeblichkeitsgrundsatz, in : Betriebs-Berater, 第50巻第11号, 1995年11月

Groh, M., Der qualifizierte Rangrücktritt in der Überschuldungs- und Steuerbilanz der Kapitalgesellschaft, in : Der Betrieb, 第59巻第24号, 2006年 6 月

Grüber, E., §130 AkG, in : Doralt, P. · Nowotny, C. · Kalss, S. 編, Kommentar zum Aktiengesetz, 第 2 巻, 2003年, 所収

Habersack, M., Wandelschuldverschreibungen, Gewinnschuldverschreibungen, in : Kropp, K. · Semler, J. 編, Münchener Kommentar zum Aktiengesetz, 第 6 巻, 第 2 版, München, 2005年, 所収

Häger, M. · Elkemann-Leusch, M. 編, Mezzanine Finanzierungsinstrumente, Berlin, 第1版, Berlin, 2004年, (第2版, Berlin, 2007年)

Haun, J., Hybride Finanzierungsinstrumente im deutschen und US-amerikanischen Steuerrecht, Frankfurt am Main, 1996年

Hauptfachausschuß des Instituts der Wirtschaftsprüfer in Deutschland (HFA), Entwurf einer Verlautbarung, Zur Bilanzierung von Genußrechten, in : Die Wirtschaftsprüfung, 第46巻第14号, 1993年 7 月

HFA, Zur Behandlung von Genußrechten im Jahresabschluß von Kapitalgesellschaften, in : Die Wirtschaftsprüfung, 第47巻第13号, 1994年 7 月

Häuselmann, H. · Wagner, S., Steuerbilanzielle Erfassung aktienbezogener Anleihen : Options-, Wandel-, Umtausch- und Aktienanleihen, in : Betriebs-Berater, 第57巻第47号, 2002年11月

Hennrichs, J., Kündbare Gesellschaftseinlagen nach IAS 32, in : Die Wirtschaftsprüfung,

第59巻第20号,2006年10月

Hense, H. H., Die stille Gesellschaft im handelsrechtlichen Jahresabschluß, Düsseldorf, 1990年

Heerma, J. D., Passivierung bei Rangrücktritt : widersprüchliche Anforderungen an Übershuldungsbilanz und Steuer bilanz ?, in : Betrieds-Berater, 第60巻第10号, 2005年3月

Herrmann. H., Quasi-Eigenkapital im Kapitalmarkt- und Unternehmensrecht, Berlin・New York, 1996年

Herzig, N., Steuerliche und bilanzielle Probleme bei Stock Options und Stock Appreciation Rights, in : Der Betrieb, 第52巻第1号, 1999年1月

Herzig, N.・Lochmann, U., Bilanzierung von Aktienoptionsplänen und ähnlichen Entlohnungsformen-Stellungsnahme zum Positionspapier des DRSC-, in : Die Wirtschaftsprüfung, 第54巻第2号, 2001年1月

Heymann, H. 編, Handelsgesetzbuch (ohne Seerecht), 第2巻, 第2版, Berlin・New York, 1986年

Hoereth, U.・Zipfel, L., Genussscheine als Alternative zu Aktien, http.//www.ey.com./global/download.nsf/Germany/STH. 2001年10月

Hoffmann. E., Einführung in die Körperschaftsteuer, 第2版, Herne・Berlin, 2003年

Hommelhoff, P., Die Gesellschafterdarlehen als Beispiel institutioneller Rechtsfortbildung, in : Zeitschrift für Unternehmens- und Gesellschaftsrecht, 第17巻第3号, 1988年7月

Hommelhoff, P., Eigenkapitalersetzende Gesellschafterdarlehen und Konkursantragspflicht, in : Knobbe-Keuk, B.・Klein, F.・Moxter, A. 編, Handelsbilanz und Steuerbilanz, Festschrift für Georg Döllerer, Düsseldorf, 1988年, 所収

Hommelhoff, P., Für eine minimalinvasive und dennoch höchst effektive Reform des Eigenkapitalersatzrechts, in : Schriftenreihe der Gesellschaftsrechtlichen Vereinigung 編, Die GmbH- Reform in der Diskussion, Köln, 2006年, 所収

Honsell, H.・Vogt, N. P.・Watter, R. 編, Kommentar zum Schweizerischen Privatrecht, Obligationsrecht (Art. 530-1186 OR), Basel/Frankfurt am Main, 1994年

Huber, U.・Habersack, M., Zur Reform des Rechts der kapitalersetzenden Gesellschafterdarlehen, in : Lutter, M. 編, Das Kapital der Aktiengesellschaft in Europa, Berlin, 2006年, 所収

Hultsch, C.・Roß, N.・Drögemüller, S., Zum Nachrangerfordernis bei Eigenkapitalausweis von Genussrechtskapital im handelsrechtlichen Jahresabschluss, in :

Betriebs-Berater, 第62巻第15号, 2007年4月

International Accounting Standards Committee (IASC), Framework for the Preparation of Financial Statements ; The Element of Financial Statements, 1989年4月

Institut der Wirtschaftsprüfer in Deutschland (IDW), Prüfungsstandard 270 (Die Beurteilung der Fortführung der Unternehmenstätigkeit im Rahmen der Abschlussprüfung, in : Die Wirtschaftsprüfung, 第56巻第14号, 2003年12月

IDW, Vorschläge des IDW zur Neukonzeption der Kapitalerhaltung und zur Ausschüttungsbemessung, Pressinformation 8/06, 2006年9月

Isert, D.・Schaber, M., Bilanzierung von Wandelanleihen nach IFRS, in : Betriebs-Berater, 第60巻第42号, 2005年10月

Jacobs, O. H.・Portner, R., Die steuerliche Behandlung von Stock-Option-Plans in Deutschland, in : Achleitner, A. K.・Wollmert, P. 編, Stock Options, 第2版, Stuttgart, 2002年, 所収

Jäger, B.・Lang, F., Körperschaftsteuer, 第17版, Achim, 2005年

Jungmann, C., Solvenztest- versus Kapitalschutzregeln, in : Zeitschrift für Unternehmens- und Gesellschaftsrecht, 第35巻第5号, 2006年9月

Kampmann, H., Die Kapitalstruktur der Unternehmung in der handelsrechtlichen Rechnungslegung, Bielefeld, 2001年

Kass, S.・Burger, C.・G. Eckerkt, G., Die Entwicklung des österreichischen Aktienrecht, Wien, 2003年

Kelle, H., Die Bilanzierung von Stock Options, Düsseldorf, 2002年

Kleindiek, D., Perspektiven des Kapitalschutzes —Themen und Meinungen in der nationalen Diskussion—, in : Betriebs-Berater, 第62巻第17号, BB Special 5, 2007年4月

Kölner Kommentar zum Aktiengesetz, 第1巻, §1-75 AktG, 第2版, Köln・Bonn・München, 1988年

Knobbe-Keuk, B., Bilanz- und Unternehmenssteuerrecht, 第9版, Köln, 1993年

Kodex, ESTG, 第4版, Wien, 2006年

Kodex, Handelsrecht, 第29版, 2004年

Kodex, 第3版, KStG, 第3版, Wien, 2005年

Kostkiewicz, J. K.・Bertchinger, U.・Breitschmid, P.・Schwander, I., OR, Handkommentar zum Schweizerischen Obligationsrecht, Zürich, 2002年

KPMG Deutsche Treuhand- Gesellschaft AG編, Eigenkapital versus Fremdkapital nach IFRS, Stuttgart, 2006年

Kropff, B.・Semler, J., Münchener Kommentar zum Aktiengesetz, 第 7 巻, 第 2 版, München, 2001年

Kuhner, C., Zur Zukunft der Kapitalerhaltung durch bilanzielle Ausschüttungssperren im Gesellschaftsrecht der Staaten Europas, in : Zeitschrift für Unternehmens- und Gesellschaftsrecht, 第34巻第 6 号, 2005年12月

Kurth, T.・Delhaes, W., Die Entsperrung kapitalersetzender Darlehen, in : Der Betrieb, 第53巻第51／52号, 2000年 6 月

Kuthe, T., Die Änderungen im System der eigenkapitalersetzenden Gesellschafterdarlehen, Lohmar・Köln, 2001年

Küting, K.・Kessler, H., Eigenkapitalähnliche Mittel in der Handelsbilanz und Überschuldungsstatus, in : Betriebs-Berater, 第49巻第30号, 1994年

Küting, K.・Weber, C. P., Handbuch der Rechnungslegung, 1a, 第 1 版, Stuttgart, 1995年

Küting. K.・Kessler. H., Genußrechtskapital in der Bilanzierungspraxis, in : Betriebs-Berater, 第51巻第 8 号, Beilage 4, 1996年 2 月

Küting, K.・Dürr, U. L., IFRS 2 Share-based Payment-ein Schritt zur weltweiten Konvergenz ?, in : Die Wirtschaftsprüfung, 第57巻第12号, 2004年 6 月

Küting, K.・Dürr, U. L., Mezzanine-Kapital ―Finanzierungentscheidung im Sog der Rechnungslegung, in : Der Betrieb, 第58巻第29号, 2005年 7 月

Küting, K.・Wirth, J.・Dürr, U. L., Personenhandelsgesellschaften durch IAS 32 (rev. 2003) vor der Schuldenfalle ?, in : Die Wirtschaftsprüfung, 第59第 3 号, 2006年 2 月

Küting, K.・Reuter, M., Abbildung von eigenen Anteilen nach dem Entwurf des BilMoG-Auswirkungen im der Bilanzierungs-und Bilanzanalysepraxis―, in : Betriebs-Berater, 第63巻第13号, 2008年 3 月

Lanfermann, G.・Röhricht, V., Stand der europäischen Diskussion zur Kapitalerhaltung, in : Betriebs-Berater, 第62巻第17号, BB-Special 5, 2007年 4 月

Lang, B., Körperschaftsteuererhöhung und -minderung bei offenen und verdeckten Gewinnausschüttungen während der fünfzehnjährigen Übergangszeit, in : Der Betrieb, 第54巻第40号, 2001年10月

Lange, J., Bilanzierung von Stock Options, in : Die Wirtschaftsprüfung, 第55巻第 7 号, 2002年 4 月

Lehmann, K., Lehrbuch des Handelsrechts, 第 2 版, Leipzig, 1912年

Lehmann, M., Verdeckte Gewinnausschüttungen―Eine Analyse aus der Sicht der betriebswirtschaftlichen Steuerlehre―, in : Ballwieser, W.・Böcking, H. J.・Drukarczyk, J.・Schmidt, R. H. 編, Bilanzrecht und Kapitalmarkt, Festschrift für Adolf Moxter, Düsseldorf, 1994年, 所収

Leuschner, C. F.・Weller, H., Qualifizierung rückzahlbarer Kapitaltitel nach IAS 32―ein Informationsgewinn？, in : Die Wirtschaftsprüfung, 第58巻第 6 号, 2005年 3 月

Lücke, O., Stock Options, Baden-Baden, 2003年

Lühn. M., Bilanzierung und Besteuerung von Genussrechten, Wiesbaden, 2006年

Lühn, M., Ausweis von Genussrechten auf der Passivseite IFRS-Bilanz―unter besonderer Berücksichtigung von IDW RS HFA 9―, in : Die Wirtschaftsprüfung, 第59巻第24号, 2006年12月

Lutter, M.・Hommelhoff. P., Nachrangiges Haftkapital und Unterkapitalisierung, in; Zeitschrift für Unternehmens- und Gesellschaftsrecht, 第 8 巻第 1 号, 1979年 1 月

Lutter, M., Zur Bilanzierung von Genußrechten, in : Der Betrieb, 第46巻第49号, 1993年12月

Lutter, M., Ausgabe von Genußrechten und Jahresabschluß, Knobbe-Keuk, B.・Klein, F.・Moxter, A. 編, Handelsrecht und Steuerrecht, Festschrift für Georg Döllerer, Düsseldorf, 1989年, 所収

Lutter, M., §221 AktG, in : W. Zöllner編, Kölner Kommentar zum Aktiengesetz, 第 5／1 巻, 第 2 版, Köln・Berlin・Bonn・München, 1995年, 所収

Lutter, M., Das（feste Grund-）Kapital der Aktiengesellschaft in Europa, in : Lutter, M. 編, Das Kapital der Aktiengesellschaft in Europa, Berlin, 2006年, 所収

Luttermann, C., Unternehmen, Kapital und Genußrechte, Tübingen, 1998年

Marx, P., Der Solvenztest als Alternative zur Kapitalerhaltung in der Aktiengesellschaft, Baden-Baden, 2006年

Memento, Bilanzrecht für die Praxis, 2007/2008, 第 2 版, Freiburg, 2007年

Mercadal, B.・Janin, P. 編, Mémento Pratique Francis Lefebvre, Sociétés Commerciales 2004, Levallois, 2003年

Merschmeyer, M., Die Kapitalschutzfunktion des Jahresabschlusses und Übernahme der IAS/IFRS für die Einzelbilanz, Frankfurt am Main, 2005年

Müller, M., Wohin entwickelt sich der bilanzrechtliche Eigenkapitalbegriff？, in : Förschle, G.・Kaiser, K.・Moxter, A. 編, Rechenschaftslegung im Wandel, Festschrift für Wolfgang Dieter Budde, München, 1995年, 所収

Müller, T.・Reinke, R., Behandlung von Genußrechten im Jahresabschluß, in : Die Wirtschaftsprüfung, 第48巻第17号, 1995年 9 月

Müller-Känel, O., Mezzanine-Finance, 第 2 版, Bern・Stuttgart・Wien, 2003年

Müler, S・Weller, N・Reinke, J., Entwicklungstendenzen in der Eigenkapitalabgrenzung, in : Der Betrieb, 第61巻21号, 2008年 5 月

Nowotny, C., Gebundene Rücklagen, in : Zeitschrift für Gesellschafts- und Unternehmensrecht, 1996年

Pellens, B.・Jödicke, D・Richard, M., Solvenztests als Alternative zur bilanziellen Kapitalerhaltung ?, in ; Der Betrieb, 第58巻第26／27号, 2005年 7 月

Pellens, B.・Sellhorn., Zukunft des bilanziellen Kapitalschutzes, in : Lutter, M. 編, Das Kapital der Aktiengesellschaft in Europa, Berlin, 2006年, 所収

Preißer, M. 編, Unternehmenssteuerrecht und Steuerbilanzrecht, 第 4 版, Stuttgart, 2005年

Priester, H. J., Die Erhöhung des Stammkapital mit kapitalersetzenden Gesellschafterdarlehen, in : Knobbe-Keuk, B.・Klein, F.・Moxter, A. 編, Handelsrecht und Steuerrecht, Festschrift für Georg Döllerer, Düsseldorf, 1988年, 所収

Rasner, H., Die atypische stille Gesellschaft, Bielefeld, 1961年

Reich-Rohrwig, J., Grundsatzfragen der Kapitalerhaltung bei der AG, GmbH sowie GmbH & Co. KG, Wien, 2004年

Renaud, A., Das Recht der stillen Gesellschaften, Heidelberg, 1885年

Renger, E., Gläubigerschutz durch § 32a GmbHG, Frankfuft am Main, 2004年

Rickford, J., Reformimg Capital, Report of the Interdisciplinary Group on Capital Maintenance, in : European Business Law Review, 第15号第 4 号, 2004年

Roß, N.・Pommerening, S., Bilanzierung von Mitarbeiterbeteiligungsprogrammen auf Basis von Wandelanleihen, in : Die Wirtschaftsprüfung, 第54巻第12号, 2001年11月

Roß, N.・Baumunk, S., Bilanzierung nach deutschen GoB, in : Kessler, M.・Sauter, T. 編, Handbuch Stock Options, München, 2003年, 所収

Ruppe, H. G., Die Abgrenzung von Eigenkapital und Fremdkapital in steuerlicher Sicht, in : Ruppe, H. G.・Swoboda, P.・Nitsche, G., Die Abgrenzung von Eigenkapital und Fremdkapital, in : Schrifenreihe des Österreichischen Forschungsinstitutes für Sparkassenwesen, Sonderband, Wien, 1985年

Ruppe, H. G., Gesellschafterdarlehen als verdecktes Eigenkapital im Körperschaftssteuer- und Bewertungsrecht, in : Doralt, W.・Hassler, P.・Kranich, A.・Nolz, W.・Quantschnigg, P. 編, Die Besteuerung der Kapitalgesellschaft, Festschrift für Egon Bauer, Wien, 1986年, 所収

Schaber, M.・Kuhn, S.・Eichhorn, S., Eigenkapitalcharakter von Genussrechten in der

Rechnungslegung nach HGB und IFRS, in : Betriebs-Berater, 第59巻第 6 号, 2004年 2 月

Scheffczyk, E., Untersuchung der rechtlichen Überschuldung bei der Jahresabschlussprüfung im Rahmen der Going-Concern-Annahme, Köln, 2007年

Scheffler, E, Eigenkapital im Jahres- und Konzernabschluss nach IFRS, München, 2006年

Schiffer, K. J., Alea jacta est ? Praxisanmerkungen zur vorgesehen Deregulierung des Eigenkapitalersatzrechts, in : Betriebs-Berater, 第61巻第37号, BB Special 7, 2006年 9 月

Schmeisser, W.・Hahn, M.・Schindler, F., Aktienoptionsprogramme als Vergütungskomponente, München, 2004年

Schmerbach, U., Überschuldung, in : Wimmer, K. 編, Frankfurter Kommentar zur Insolvenzordnung, 第 4 版, München, 2006年, 所収

Schmidt, K., Quasi-Eigenkapital als haftungsrechtliches und als bilanzrechtliches Problem, in : Havermann, H. 編, Bilanz- und Konzernrecht, Festschrift für Reinhard Goerdeler, Düsseldorf, 1987年, 所収

Schmidt, K., Finanzplanfinanzierung, Rangrücktritt und Eigenkapitalersatz, in : Zeitschrift für Wirtschaftsrecht, 第20巻第30号, 1999年 7 月

Schmidt, K., Gesellschaftsrecht, 第 5 版, Köln・Berlin・Bonn・München, 2002年

Schmidt, K., Eigenkapitalersatz, oder : Gesetzesrecht versus Rechtsprechungsrecht ?, in : Zeitschrift für Wirtschaftsrecht, 第27巻第42号, 2006年10月

Schmidt, K., Insolvenzgründe und Haftung für Insolvenzverschleppung, in : Lutter, M. 編, Des Kapital der Aktiengesellschaft in Europa, Berlin, 2006年, 所収

Schmidt, K., GmbH-Reform, Solvenzgewährleistung und Insolvenzpraxis―Gedanken zum MoMiG-Entwurf―, in : GmbH-Rundschau, 第98巻第 1 号, 2007年 1 月

Schmidt, M., Eigenkapital nach IAS 32 bei Personengesellschaften, in : Betriebs-Berater, 第61巻第28／29号, 2006年 7 月

Schneider, D., Messung des Eigenkapital als Risikokapital, in. Der Betrieb, 第40巻第 4 号, 1987年 1 月

Schneider, D., Investition, Finanzierung und Besteuerung, 第 7 版, Wiesbaden, 1992年

Schoor, H. W.・Natschke, T., Die GmbH & Still im Steuerrecht, 第 4 版, Herne・Berlin, 2005年

Schopper, A.・Vogt, N., Eigenkapitalersatzgesetz, Wien, 2003年

Schultze zur Wiesch, D. Zur Bilanzierung von typischen stillen Beteiligungen, in :

Förschle, G.・Kaiser, K.・Moxter, A. 編, Rechenschaftslegung im Wandel, Festschrift für Wolfgang Dieter Budde, München, 1995年, 所収

Schultze zur Wiesche, D.・Ottersbach, J. H., Verdeckte Gewinnausschüttungen und verdeckte Einlagen im Steuerrecht, Berlin, 2004年

Schweitzer, R.・Volpert, V., Behandlung von Genußrechten im Jahresabschluß von Industrieermittenten, in : Die Betriebs-Berater, 第49巻第12号, 1994年

Siegel, T., E-DRS : Ersparter (Fiktiver) Aufwand als tatsächlicher Aufwand?, in : Betriebs-Berater, 第56巻第39号, 2001年9月

Siegel, T., Bilanzierung von Aktienoptionen und der Charakter eigener Aktien, in : Wagner, U. 編, Zum Erkenntnisstand der Betriebswirtschaftslehre am Beginn des 21. Jahrhunderts, Festschrift für Erich Loitlsberger zum 80. Geburtstag, Berlin, 2001年, 所収

Simons, D., Erfolgsneutrale oder erfolgswirksame Buchung von Aktienoptionsprogrammen?, in : Die Wirtschaftsprüfung, 第54巻第2号, 2001年1月

Smerkda, U., Die Finanzierung mit mezzaninem Haftkapital, Köln, 2003年

Söffing. G. 編, Besteuerung der Mitunternehmer, 第5版, Herne・Berlin, 2005年

Standardisierungsrat, Stellungsnahme zu Änderungsvorschlagen zum IAS 32, 2006年10月

Steinbach. M., Der standardisierte börsennnotierte Genussschein, Wiesbaden, 1999年

Stellungsnahme des Deutschen Anwaltvereins durch den Handelsrechtsausschuss, Zum Referententwurf eines Gesetzes zur Modernisierung des GmbH-Rechts und zur Bekämpfung von Missbräuchen (MoMiG), 2007年2月

Strainger, C., Eigen- und Fremdkapital im Steuerrecht, in : Bertl, R.・Eberhartinger, E.・Egger, A.・Gassnert, G.・Kalss, S.・Lang, M.・Nowotny, C.・Riegler, C.・Schuch, J・Staringer, C. 編, Eigenkapital, Wien, 2004年, 所収

Straube, M., Kommentar zum Handelsgesetzbuch, 第2巻, 第2版, Wien, 2000年

Swoboda, P., Der Risikograd als Abgrenzungskriterium von Eigen- versus Fremdkapital, in : Stöppler, S. 編, Information und Produktion, Festschrift für Waldemar Wittmann, Stuttgart, 1985年, 所収

Teller, H.・Steffan, B., Rangrücktrittvereinbarungen zur Vermeidung der Überschuldung bei der GmbH, 第3版, Köln, 2003年

Thiele, S., Das Eigenkapital im handelsrechtlichen Jahresabschluß, Düsseldorf, 1998年

Thiele, S., Die Bilanzierung von Aktienoptionsplänen auf der Basis bedingter Kapitalerhöhung vor dem Hintergrund des GoB-Systems—Ist die Kritik an E-DRS11 gerechtfertigt？—, in：Die Wirtschaftsprüfung, 第55巻第14号, 2002年7月

Thiessen, J., Eigenkapitalersatz ohne Analogieverbot—eine Alternativlösung zum MoMiG-Entwurf, in：Zeitschrift für Wirtschaftsrecht, 第27巻第6号, 2007年2月

Uhländer, C., Eigenkapitalersetzende Darlehen im Steuer- und Gesellschaftsrecht —ein systematischer Überblick—, in：Betriebs-Berater, 第60巻第2号, 2005年1月

Vater, H., Stock Options, Herne・Berlin, 2004年

Veil, R., Kapitalerhaltung—Das System der Kapitalrichtlinie versus situative Ausschüttungssperren—Lutter, M. 編, Das Kapital der Aktiengesellschaft in Europa, Berlin, 2006年, 所収

Vervessos, N., Das Eigenkapitalersatzrecht, Köln, 2001年

Wassermeyer, F., Eigenkapitalersetzende Leistungen aus der Sicht des Steuerrechts, in：Zeitschrift für Unternehmens- und Gesellschaftsrecht, 第21巻第4号, 1992年10月

Werner, H. S., Mezzanine-Kapital, Köln, 2004年

Werner, H. S., Stilles Gesellschaftskapital und Genussrechtskapital, 第4版, Göttingen, 2004年

Westerfelhaus, H., Neue BFH-Rechtsprechung zum verdeckten Eigenkapital, in：Der Betrieb, 第43巻第41号, 1990年10月

Wiedemann, H., Eigenkapital und Fremdkapital, in：Beisse, H.・Lutter, M.・Närger, H. 編, Festschrift für Karl Beusch, Berlin・New York, 1993年, 所収

Wiesner, W., Körperschaftsteuerrechtliche Einlagen und Entnahmen, in：Doralt, W.・Kranich, A.・Nolz, W.・Quantsch, P. 編, Die Besteuerung der Kapitalgesellschaft, Festschrift für Egon Bauer, Wien, 1986年, 所収

Winnefeld, R., Bilanz-Handbuch, 第4版, München, 2006年

Winner, M., §149. Voraussetzungen, in：Doralt, P.・Nowotny, C.・Kalss, S. 編, Kommentar zum Aktiengesetz, 第2巻, 2003年, 所収

Wüstemann, J.・Bischof, J.・Kierzek, S., Internationale Gläubigerschutzkonzeptionen, in：Betriebs-Berater, 第62巻第17号, BB Special 5, 2007年4月

Zehetner, J.・Bauer, D. C., Eigenkapitalersatzrecht, Wien, 2004年

Ziegler, C.・Kauba, A., Verdeckte Einlagen und verdeckte Ausschüttungen im Körperschaftsteuerrecht, in：Bergmann, H. 編, Praxisfragen zum Körperschaftsteuerrecht, Festschrift für Harald Werilly, Wien, 2000年, 所収

Zöllner, W., Kölner Kommentar zum Aktiengesetz, 第5／1巻, 第2版, Köln・Berlin・Bonn・München, 1995年

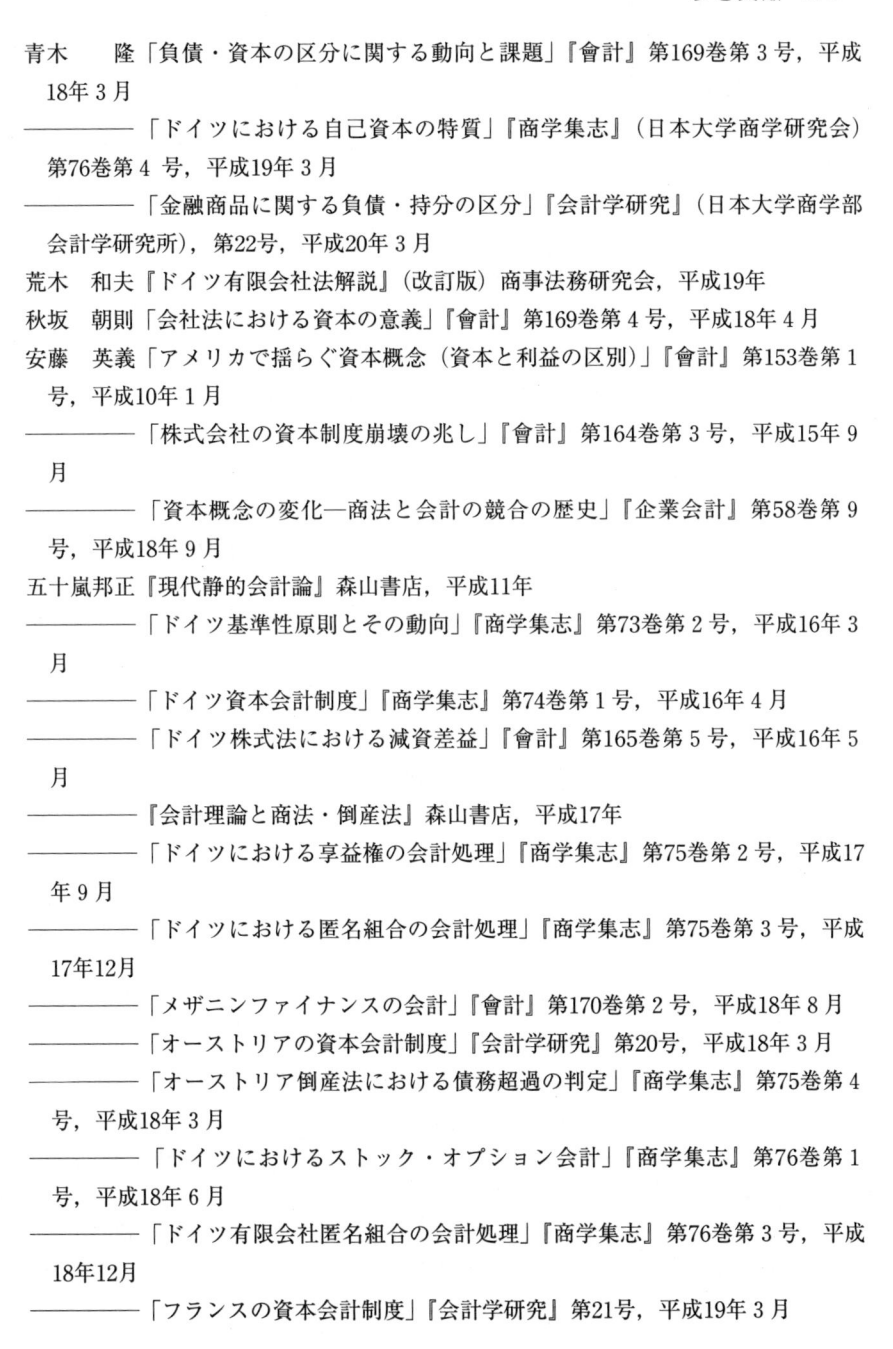

青木　隆「負債・資本の区分に関する動向と課題」『會計』第169巻第3号，平成18年3月

─────「ドイツにおける自己資本の特質」『商学集志』（日本大学商学研究会）第76巻第4号，平成19年3月

─────「金融商品に関する負債・持分の区分」『会計学研究』（日本大学商学部会計学研究所），第22号，平成20年3月

荒木　和夫『ドイツ有限会社法解説』（改訂版）商事法務研究会，平成19年

秋坂　朝則「会社法における資本の意義」『會計』第169巻第4号，平成18年4月

安藤　英義「アメリカで揺らぐ資本概念（資本と利益の区別）」『會計』第153巻第1号，平成10年1月

─────「株式会社の資本制度崩壊の兆し」『會計』第164巻第3号，平成15年9月

─────「資本概念の変化─商法と会計の競合の歴史」『企業会計』第58巻第9号，平成18年9月

五十嵐邦正『現代静的会計論』森山書店，平成11年

─────「ドイツ基準性原則とその動向」『商学集志』第73巻第2号，平成16年3月

─────「ドイツ資本会計制度」『商学集志』第74巻第1号，平成16年4月

─────「ドイツ株式法における減資差益」『會計』第165巻第5号，平成16年5月

─────『会計理論と商法・倒産法』森山書店，平成17年

─────「ドイツにおける享益権の会計処理」『商学集志』第75巻第2号，平成17年9月

─────「ドイツにおける匿名組合の会計処理」『商学集志』第75巻第3号，平成17年12月

─────「メザニンファイナンスの会計」『會計』第170巻第2号，平成18年8月

─────「オーストリアの資本会計制度」『会計学研究』第20号，平成18年3月

─────「オーストリア倒産法における債務超過の判定」『商学集志』第75巻第4号，平成18年3月

─────「ドイツにおけるストック・オプション会計」『商学集志』第76巻第1号，平成18年6月

─────「ドイツ有限会社匿名組合の会計処理」『商学集志』第76巻第3号，平成18年12月

─────「フランスの資本会計制度」『会計学研究』第21号，平成19年3月

――――――「ドイツ会計制度における自己資本概念」『商学集志』第77巻第1号，平成19年7月
――――――「ドイツ貸借対照表法における自己資本」『會計』第172巻第2号，平成19年8月
――――――「ドイツにおける出資者借入金の資本化制度」『商学集志』第77巻第2号，平成19年9月
――――――「スイスの資本会計制度」『会計学研究』第22号，平成20年3月
――――――「ドイツ資本制度の動向」『商学集志』第78巻第1号，平成20年6月
――――――「ドイツ会計制度の動向」『産業経理』第68巻第2号，平成20年7月
壹岐　芳弘「会社法における剰余金の会計規制と配当規制を中心として」『企業会計』第66巻第4号，平成19年1月
――――――「会社法における資本剰余金と利益剰余金の区別」『産業経理』第67巻第4号，平成20年1月
今福愛志・田中建二「負債と資本の区分再考」『企業会計』第53巻第9号，平成13年9月
桃田　龍三「負債と資本の区分の会計問題」『企業会計』第53巻第9号，平成13年9月
神作　浩之「ドイツ法における『資本準備金』制度の一考察――新株引受権附社債および転換社債の会計処理を中心として――」商法会計制度研究懇談会編『商法会計に係る諸問題』企業財務制度研究会，所収，平成9年
――――――「商法理論からみたストック・オプションの本質」ストック・オプション等株式関連報酬制度研究会委員会報告『ストック・オプション等の会計をめぐる論点』企業財務制度研究会，所収，平成11年
川村　義則「負債と資本の区分問題の諸相」『金融研究』（日本銀行金融研究所），第23巻第2号，平成16年6月
神田秀樹・武井一浩編『新しい株式制度』有斐閣，平成14年
岸　　悦三訳「プラン・コンタブル・ジュネラル会計原則（1999年版）(2)」『経営学部紀要』（東亜大学）第14号，平成13年3月
――――――『フランス会計基準』同文舘，平成16年
古賀　智敏「自社株式を対象とした売建プット・オプションと資本の準負債化」『企業会計』第55巻第7号，平成15年7月
小林　　量「ドイツとフランスの資本制度」『商事法務』第1601号，平成13年7月
斉藤　静樹「株式購入オプションの会計基準とその争点」『會計』第170巻第1号，平成18年7月

佐藤　文雄「商法会計における配当可能利益の分配規制」『會計』第156巻第4号，平成11年10月
篠田　三郎「非類型的匿名組合─その類型論的・法的構成 (1)(2)」『名城法学』第31巻第3・4号，昭和57年
篠原　繁「自己株式の取得と実現利益─イギリス会社法の新展開─」『會計』第167巻第6号，平成17年5月
田中　建二「負債と資本の区分再考」『企業会計』第53巻第9号，平成13年9月
────『金融商品会計』新世社，平成19年
谷口勢津夫「ドイツにおける人的会社（共同営業者）課税」『日税論集』第44号，平成12年
────「匿名組合課税問題─TKスキームに関する租税条約の解釈問題」『日税論集』第55号，平成16年
────「デットとエクイティに関する法原理についての研究会」報告書，『金融研究』平成13年9月
徳賀　芳弘「負債と資本の区分」『企業会計』第55巻第7号，平成15年7月
中村　忠『資本会計論』増訂版，白桃書房，昭和50年
────「制度会計論序説」『会計学研究』第18号，平成16年11月
野口　晃弘『条件付新株発行の会計』白桃書房，平成16年
濱本　明「債務超過判定に係る判例研究」『會計』第169巻第6号，平成18年6月
────「連結債務超過における諸問題」『会計学研究』第21号，平成19年3月
平野　嘉秋「日本版LLC・LLPと課税上の論点」(5・6)『国際税務』第25巻第3号・第4号，平成17年3月・4月
平松　健『西ドイツの有限会社─理論と実務』三修社，昭和60年
瓶子　長幸「オーストリア商法会計制度の特徴」『會計』第148巻第4号，平成7年10月
────「オーストリア商法評価規定の特徴」『経営学論集』（専修大学）第68巻，平成11年
細田　淑允『スイス会社法概説』法律文化社，平成9年
増田　政章「資本調達手段としての享益証券」『比較法・政治研究』（近畿大学）第1号，昭和62年
────「西ドイツにおける享益証券について」『私法』（日本私法学会）第50号，昭和63年
村田　英治「会計制度とエンティティ概念」『経理研究』（中央大学経理研究所）第51号，平成20年3月

弥永　真生「ヨーロッパ諸国における『金庫株』法制」（上）・（下）『商事法務』第1586号・第1587号，平成13年2月
─────『「資本」の会計』中央経済社，平成15年
柳　　裕治『税法会計制度の研究』森山書店，平成13年
輿与野禎倫『ストック・オプション会計と公正価値会計』千倉書房，平成15年

著 者 略 歴

1949年　東京都に生まれる
1972年　一橋大学商学部卒業
1978年　一橋大学大学院商学研究科博士課程単位取得
　同年　福島大学経済学部専任講師
1979年　福島大学助教授
1985年　日本大学商学部助教授
1988年　日本大学教授
1995年　一橋大学博士（商学）
1999年～2001年　税理士試験委員
2002年　国税庁税務大学校講師（現在に至る）
2008年　日本金属工業株式会社　社外監査役

著　書

『静的貸借対照表論』森山書店，1989年
『静的貸借対照表論の展開』森山書店，1993年
『静的貸借対照表論の研究』森山書店，1996年
　（日本会計研究学会太田・黒澤賞受賞）
『基礎　財務会計』森山書店，1997年（第11版，2007年）
『演習　財務会計』森山書店，1998年（第5版，2007年）
『現代静的会計論』森山書店，1999年
『現代財産目録論』森山書店，2002年
『会計理論と商法・倒産法』森山書店，2005年

資本会計制度論

2008年11月5日初版第1刷発行

著　者　© 五十嵐　邦正
　　　　　　いがらし　くに　まさ

発行者　　菅　田　直　文

発行所　株式会社　森山書店　〒101-0054　東京都千代田区神田錦町1-10林ビル

TEL 03-3293-7061　FAX 03-3293-7063　振替口座00180-9-32919

落丁・乱丁はお取りかえします　　　　　　　印刷／製本・シナノ

　　　本書の内容の一部あるいは全部を無断で複写複製する
　　　ことは，著作権および出版社の権利の侵害となります
　　　ので，その場合は予め小社あて許諾を求めてください。

ISBN 978-4-8394-2067-3